U0929742

墨竹工卡年鉴

མལ་གྲོ་གུང་དཀར་གྱི་ལོ་རིམ་མེ་ལོང་།

2022

（总第12卷）

墨竹工卡县人民政府办公室　编

图书在版编目（CIP）数据

墨竹工卡年鉴. 2022 / 墨竹工卡县人民政府办公室编.—北京：方志出版社, 2022.12
ISBN 978-7-5144-5331-7

Ⅰ. ①墨… Ⅱ. ①墨… Ⅲ. ①墨竹工卡县—2022—年鉴 Ⅳ. ①Z527.54

中国版本图书馆CIP数据核字（2022）第258507号

责任编辑：刘方圆
责任校对：刘玉霞
责任印制：梅中英
出 版 者：方志出版社
地　　址：北京市朝阳区潘家园东里 9 号（国家方志馆4层）
邮　　编：100021
网　　址：http://www.zgfzcb.cn
发　　行：方志出版社图书营销中心（010-67110500）
印　　刷：河南金宝丽印刷科技有限公司
开　　本：889毫米 × 1194毫米　1/16
印　　张：20.75
字　　数：585千字
版　　次：2022年12月第1版
印　　次：2022年12月第1次印刷
定　　价：350.00元

墨竹工卡县行政区划图

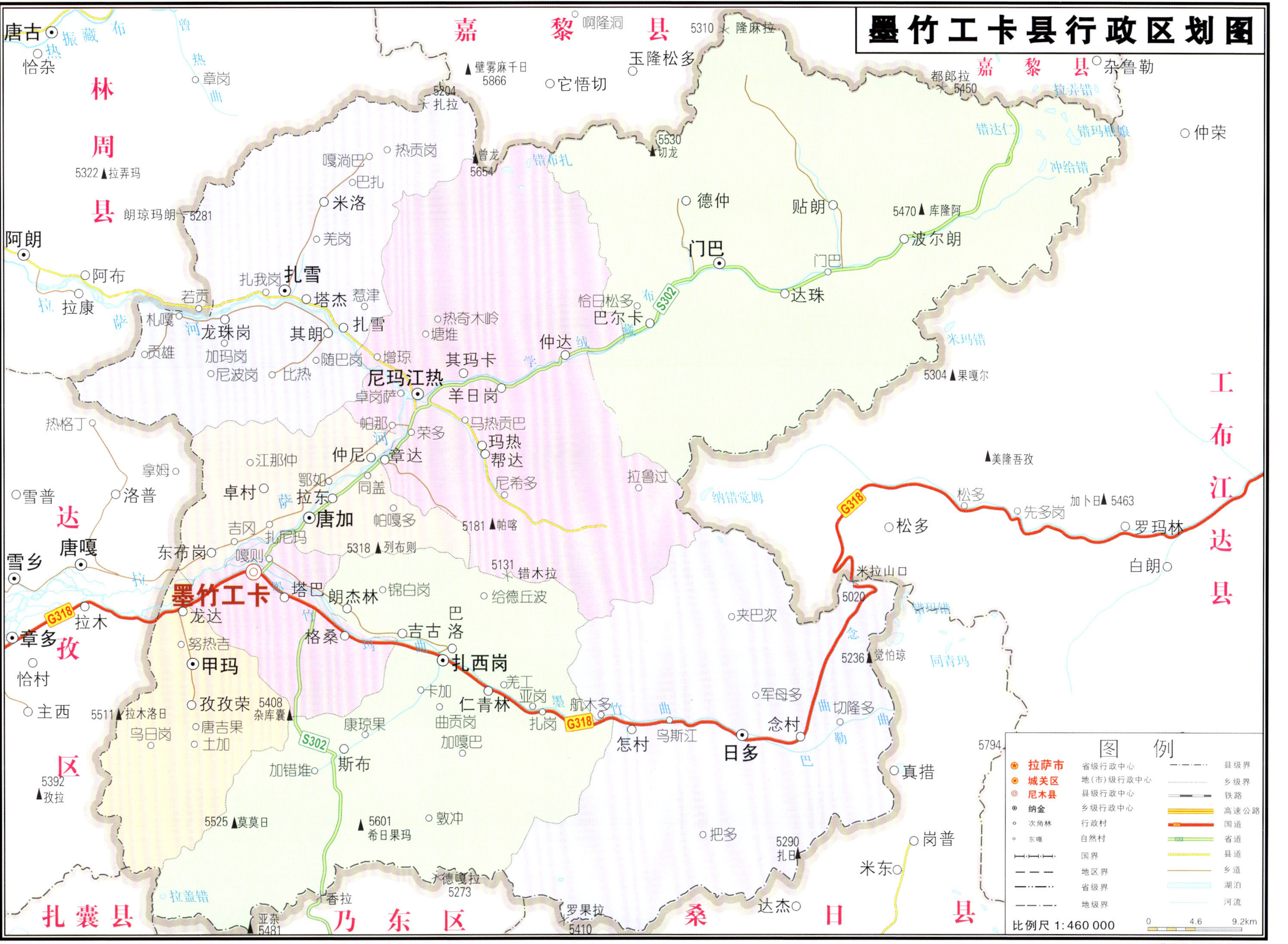

西藏自治区测绘院编制
审图号：藏S（2018）022号

2021年2月16日，西藏自治区党委副书记、主席齐扎拉（前左二），自治区党委副书记、拉萨市委书记严金海（前左一）一行到华泰龙矿业开发有限公司调研

2021年6月9日，中央纪委国家监委驻中国农业银行纪检监察组组长、中国农业银行党委委员汤军（中）一行到农行墨竹工卡县支行调研

2021年11月9日，江苏省委常委、南京市委书记韩立明（前排右二）出席第三届“格桑花开·南京墨竹周”开幕式

2021年3月25日，西藏自治区人大常委会副主任唐明英（中）一行到墨竹工卡县人民医院调研

2021年8月26日，西藏自治区审计厅党组副书记、厅长徐景浙（右一）一行到墨竹工卡县调研审计工作

2021年3月5日，西藏自治区住建厅党组副书记、厅长格桑（右三）一行到墨竹工卡县检查指导生活污水、生活垃圾处置工作

2021年1月27日，西藏自治区教育厅党组副书记、厅长尼玛次仁（右二）一行到墨竹工卡县中学考察整体搬迁事宜及教育教学工作

2021年11月12日，拉萨市人大常委会党组书记、主任贺鹏（前排左二）一行到墨竹工卡县调研“人大代表之家”提档升级工作

2021年3月10日，住建部城市建设司二级巡视员曹燕进（左二）、村镇建设司农村垃圾治理处三级调研员胡建坤（左五）一行到墨竹工卡县调研城乡生活垃圾污水治理情况

2021年10月25日，江苏省纪委监委派驻省法院纪检组组长、省法院党组成员韦瑞瑾（左二）带领江苏高院考察团一行到墨竹工卡县人民法院调研

2021年7月8日，西藏自治区党委宣传部副部长周黎明（中）一行到墨竹工卡县调研

2021年3月4日，西藏自治区卫健委常务副主任王寿碧（左一）一行到墨竹工卡县人民医院调研医共体工作

2021年1月21日，西藏自治区经济和信息化厅党组成员、副厅长赵亚（左二）一行到墨竹工卡县现代农业示范园调研

2021年9月24日，西藏自治区农业农村厅党组成员、副厅长林木（后排右四）出席墨竹工卡县第四届“中国农民丰收节”庆祝活动

2021年11月24日，西藏自治区住房和城乡建设厅副厅长李进忠（左二）一行到墨竹工卡县调研农村住房安全情况

2021年11月10日，西藏银行副行长李军（左一）一行到墨竹工卡县支行检查指导工作

2021年8月25日，拉萨市委副书记、常务副市长，江苏省对口支援西藏拉萨市前方指挥部党委书记、总指挥沈海斌（左三）一行到墨竹工卡县格桑花开产业园区调研

2021年3月19日，拉萨市委常委、常务副市长占堆（左三）出席墨竹工卡县“学党史、悟思想、办实事、开新局”全面推进乡村振兴——墨竹工卡县农田水利道路交通“最后一公里”惠民工程集中开工仪式

2021年2月1日，拉萨市2021年文化科技卫生法律爱国爱教宣传“五下乡”集中示范服务活动启动仪式在墨竹工卡县举行。拉萨市委常委、宣传部部长吴亚松（中）出席

2021年8月25日，以拉萨市人大常委会副主任张慧（中）为组长，“西三县区”人大常委会主要负责人为组员的全市“代表之家”提档升级工作交叉考察组一行到墨竹工卡县考察交流

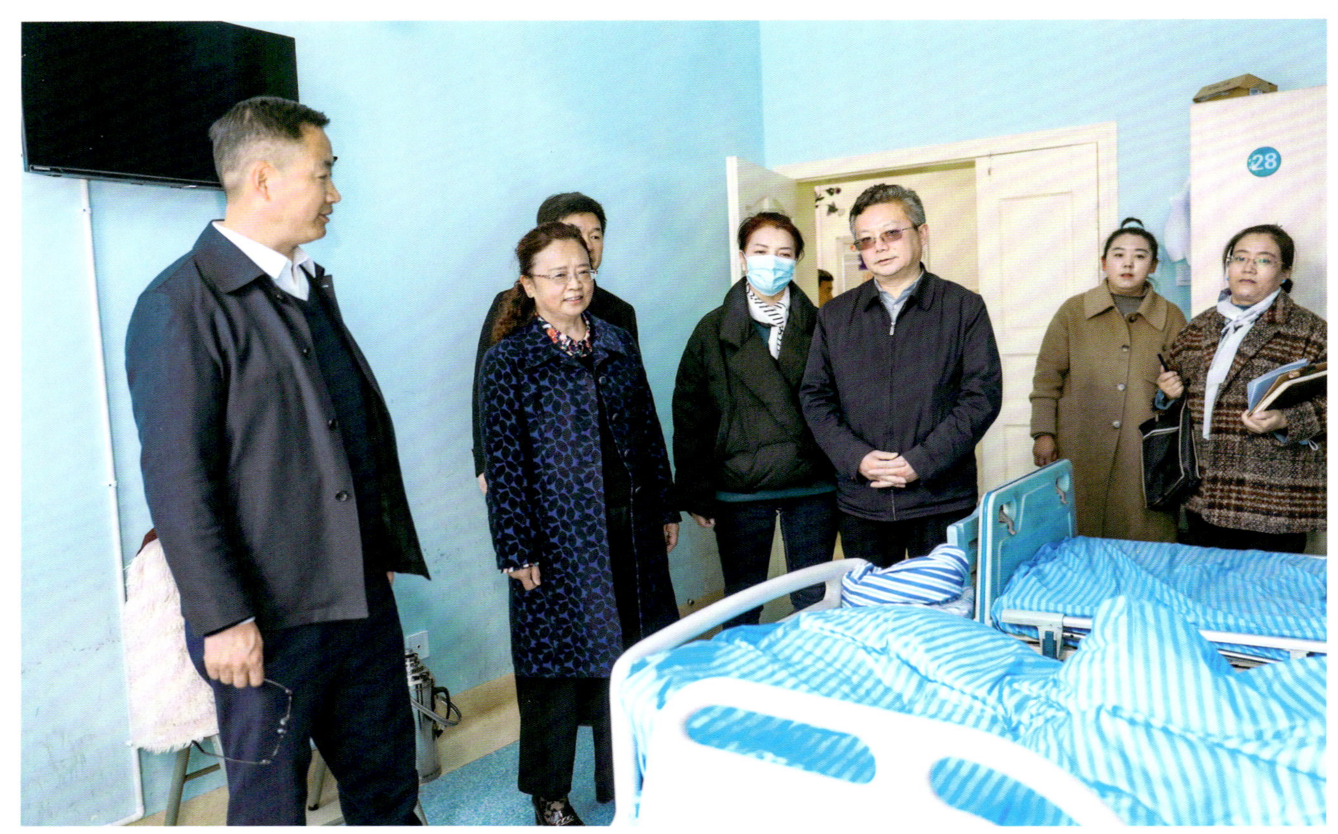

2021年3月4日，拉萨市副市长张永林（右三）一行到墨竹工卡县人民医院调研

2021年3月4日，拉萨市政府党组成员、副市长陆从福（前排右二）一行到墨竹工卡县调研产业发展情况

2021年9月24日，拉萨市政府党组成员、副市长扎西白珍（前排中）一行到墨竹工卡县“中国农民丰收节”展销现场了解墨竹小菜籽油产品

2021年7月22日，青海省气象局人工影响天气中心主任李林（右一）一行到墨竹工卡县气象局交流考察工作

2021年8月10日，拉萨市卫健委主任扎西德吉（左一）一行到墨竹工卡县人民医院调研

2021年9月27日，拉萨市教育局党组副书记、局长普琼（右三）一行到墨竹工卡县调研教育工作

2021年11月2日，拉萨市应急管理局党委书记米玛次仁（左三）一行到墨竹工卡县矿山、危化企业开展安全大检查

2021年4月27日，共青团拉萨市委员会书记王红杰（前排右三）一行到墨竹工卡县参观少先队建设情况

2021年12月23日，拉萨市妇联党组副书记、主席达珍（中排右一）一行到墨竹工卡县开展向单亲母亲、孤残儿童送温暖关爱活动

2021年9月15日，拉萨市总工会党组书记索朗罗布（左四）参加江苏省总工会与墨竹工卡县总工会援藏工作座谈会

2021年7月8日，县委书记沈鹏里（前排右一）为墨竹工卡县“两优一先”优秀个人颁奖

2021年6月18日，县委副书记、县长巴桑（中）出席南京市医疗保障局、江苏恒瑞医药股份有限公司药品物资捐赠仪式并致辞

2021年1月20日，墨竹工卡县疫情防控、安全生产、信访工作安排部署会召开

2021年3月11日，中国共产党墨竹工卡县第九届纪律检查委员会第六次全体会议召开

2021年6月28日，墨竹工卡县第十四届人民代表大会第一次会议第一次全体会议召开

2021年12月22日，2021年度墨竹工卡县卫生健康系统总结会暨2022年工作部署会议召开

2021年1月9日，“宁墨情深·扎西德勒”天边墨竹最西藏文艺展演暨第三届南京墨竹周闭幕式举行

2021年3月18日，墨竹工卡县举行机械化春耕春播仪式

2021年4月29日，墨竹工卡县庆祝中国共产党成立100周年和西藏和平解放70周年系列活动启动仪式举行

2021年5月31日，墨竹工卡县乡村振兴局揭牌

2021年6月28日，“宁墨情深·礼赞百年”爱在墨竹百对佳人集体婚典举行

2021年7月1日，墨竹工卡县党建教育基地揭牌仪式举行

2021年7月1日，“赤心向党、砥砺奋进”墨竹工卡县庆建党百年主题活动在甲玛乡赤康村举行

2021年7月8日，墨竹工卡县开展“两优一先”表彰暨书记讲党课活动

2021年7月13日，“松赞故里、幸福‘油’你——第四届西藏·墨竹小油菜花文化旅游节”庆祝活动

2021年7月24日，墨竹工卡县扎西岗乡斯布村庆祝“望果节”

2021年7月30日，墨竹工卡县举行庆祝中国人民解放军建军94周年慰问演出

2021年8月6日，墨竹工卡县开展“致敬建党百年、情暖百名老兵”送健康暨县退役军人服务中心与服务站示范创建活动

2021年8月31日，墨竹工卡县消防救援大队党史教育主题公园揭牌仪式举行

2021年9月3日，墨竹工卡县举行“学党史、办实事”农机具发放仪式

2021年9月8日，墨竹工卡县举行庆祝第37个教师节文艺汇演暨表彰大会

2021年10月15日，墨竹工卡县松赞艺术团一行到江苏省南京市开展交流培训

2021年11月3日，第三届“格桑花开·南京墨竹周”暨“天边墨竹最西藏”净土产品与文化博览会开幕仪式在南京市国际博览中心举办

2021年11月4日，第三届格桑花开大学生就业创业特训营开营仪式举行

2021年11月5日，第三届“携手与‘宁’·‘墨’契共赢”发展恳谈会在南京举行

2021年10月13日，墨竹工卡县举行西藏自治区体育局送体育下基层民族传统马术表演

2021年6月23日，中央广播电视台亚非中心采访团一行到墨竹工卡县采访经济社会变化情况

2021年8月3日，墨竹工卡县非物质文化遗产传承与展示中心成立

墨竹工卡小油菜榨油厂生产现场（摄于2021年）

墨竹小油菜（摄于2021年）

甲玛乡二期搬迁点风景（摄于2021年）

甲玛霍尔康庄园（摄于2021年）

松赞干布纪念馆（摄于2021年）

门巴乡德仲景区（摄于2021年）

2021年11月6日，墨竹工卡县大力实施高标准农田建设

工卡镇夏季风景（摄于2021年）

墨竹玛曲风景（摄于2021年）

思金拉措（摄于2021年）

黑颈鹤（摄于2021年）

野岩羊（摄于2021年）

《墨竹工卡年鉴》编纂委员会

主　　任：巴　桑

副 主 任：任彦芳

委　　员：卢　刚　索朗多吉　龚华君　洛桑加央　格桑巴珠
顿　珠　德　曲　占堆曲杰　尼玛央金
尼玛次仁（宗教事务局）　梅　子　扎西旺堆（巡察办）
米玛措姆　巴　桑　旦增曲珍　任松涛　阿旺曲珍
洛桑次仁　拉　巴　旦增罗布　次仁旺堆　张　浩
达瓦次仁　向巴卓玛　邓晓刚　尼玛曲珍　何学志
黄　洋　扎西玉杰　伦　珠　索朗央宗　洛桑多吉
汪治国　边巴次仁　德　吉　宗　吉　赤列坚参
次卓嘎　达　瓦　晋美多吉　普布次仁　黄　丹
刘　勇　李树范　王　栋　白玛伦珠　普布次成
旭　东　尼玛次仁（县中学）　巴桑顿珠　陈海平
达瓦多吉　格来多加　陈春渠　扎西次仁　旦增曲珠
索朗加措　扎西旺堆（思金拉措旅游公司）　史秀玉　王小芬
旺堆次仁　扎西顿珠　平措扎西　王吉泽　益西查巴
马发强

《墨竹工卡年鉴》编辑部

主　　编：任彦芳

副 主 编：洛桑加央

编　　辑：张亮子　旦增达吉　侯永红

图片编辑：刘泽刚

摄　　影：洛　克

编辑说明

一、《墨竹工卡年鉴（2022）》以马克思列宁主义、毛泽东思想、邓小平理论、“三个代表”重要思想、科学发展观、习近平新时代中国特色社会主义思想为指导，坚持辩证唯物主义和历史唯物主义的立场、观点和方法，始终坚持“实事求是、质量第一、存史资政、服务大众”的办鉴宗旨，全面、系统、翔实地记述墨竹工卡县2021年度政治、经济、文化、社会等各项事业的基本情况，为社会各界与国内外人士了解和研究当今墨竹工卡县提供翔实资料。

二、《墨竹工卡年鉴（2022）》正文采取分类编辑法，以类目、分目、条目为主要框架结构，条目为主要叙事单元，个别包含多方面资料的条目，则设次分目，在段落间加插楷体标题提示，方便读者查阅全书。

三、《墨竹工卡年鉴（2022）》载录墨竹工卡县2021年经济社会发展的基本资料，设有特载、大事记、县情概览、中国共产党墨竹工卡县委员会、墨竹工卡县人民代表大会、墨竹工卡县人民政府、中国人民政治协商会议墨竹工卡县委员会、纪律检查（监察）、人民团体、军事、法治、经济管理、社会事业、城市建设·环保、交通·通信、金融、乡（镇）概况、国有企业、附录、索引等内容。

四、《墨竹工卡年鉴（2022）》统计数据使用法定计量单位，价值指标绝对数凡未注明的，按2021年价格计算。计量单位一律以1984年国务院颁布的《中华人民共和国法定计量单位》为准，个别常用成习惯且不便换算的用市制，如农田土地面积单位“亩”。标点符号以2011年发布的《标点符号用法》（GB/T 15834—2011）为准；数字以2011年发布的《出版物上数字用法》（GB/T 15835—2011）为准。

五、《墨竹工卡年鉴（2022）》入鉴资料、图片均由各撰稿单位提供，并经主要负责人审核。部分资料由编辑部收集，主要数据和统计资料由统计局提供，部分数据由各相关部门提供。由于统计口径等原因，相关部分的个别数据与统计资料不一致的，以统计资料为准。

目 录

特 载

大事记

县情概览

中国共产党墨竹工卡县委员会

综述

办公室工作

组织工作

宣传工作

统一战线(宗教事务)

巡察工作

党校

墨竹工卡县人民代表大会

综述

办公室工作

墨竹工卡县人民政府

综述

办公室工作

应急管理

人民团体

工会

共青团

妇联

军　　事

人民武装

武警墨竹工卡县中队

法　　治

政法委及综治

公安

检察

法院

司法行政

经济管理

发展和改革

财政

审计

自然资源

统计

经济和信息化

税务

市场监督管理

社会事业

民政

人力资源和社会保障

卫生健康

医疗保障

墨竹工卡县人民医院

疾病预防控制

墨竹工卡县中学

气象

城市建设·环保

住房和城乡建设

生态环境保护

城市管理和综合执法

交通·通信

交通运输

中国农业银行股份有限公司墨竹工卡县支行

西藏银行股份有限公司墨竹工卡县支行

乡(镇)概况

工卡镇

甲玛乡

唐加乡

门巴乡

国有企业

墨竹工卡县思金拉措旅游发展有限公司

墨竹工卡农牧业净土产业发展有限公司

中国人民财产保险股份有限公司西藏分公司墨竹工卡县分公司

国网墨竹工卡县供电公司

墨竹工卡县城市建设投资经营有限公司

附　　录

特　载

立足新起点　谋划新发展　展示新形象
奋力书写全面建设
社会主义现代化墨竹的精彩华章

——在中国共产党墨竹工卡县第十届委员会第三次全体（扩大）会议上的报告

中共墨竹工卡县委书记　沈鹏里

（2022年1月9日）

2021年是中国共产党成立100周年、西藏和平解放70周年，也是“十四五”规划开局之年。县委常委会坚持以习近平新时代中国特色社会主义思想为指导，认真贯彻新时代党的治藏方略，全面落实中央和区市决策部署，立足新发展阶段，贯彻新发展理念，构建新发展格局，推动高质量发展，坚持稳中求进工作总基调，统筹新冠肺炎疫情防控和经济社会发展，团结带领干部群众凝心聚力、攻坚克难，全县呈现出社会大局和谐稳定、综合实力持续攀升、生态环境大幅改善、乡村振兴加快推进、群众福祉日益增进、党的建设全面加强、受援工作成效显著的良好态势，实现了“十四五”发展稳健开局和全面起步。

一、总结过去一年的奋斗历程，准确研判当前面临的发展态势，以更加昂扬的斗志乘势而上、扬帆起航

一年来，我们把政治建设摆在首位，“两个维护”更加坚定。旗帜鲜明讲政治，紧跟习近平总书记步伐，县委常委会带领全县人民坚定不移听党话、跟党走，在政治立场、政治方向、政治原则、政治道路上始终同以习近平同志为核心的党中央保持高度一致。在学习宣传贯彻十九届六中全会、习近平总书记视察西藏重要讲话精神等工作中对标看齐，坚决落实中央、区市决策部署，确保各项工作在墨竹落地生根、开花结果。

一年来，我们坚守安全稳定底线、深化基层治理，社会大局和谐稳定。始终坚持对十四世达赖和达赖集团的定性不动摇，全力维护公共安全和社会稳定，深入开展政法队伍教育整顿，常态化推进扫黑除恶专项斗争，积极推进社会治理创新，加快民族团结创建，健全寺庙管理长效机制，加强矛盾纠纷排查化解，推进应急管理体制改革，安全生产形势总体平稳，社会大局和谐稳定，中华民族共同体意识不断筑牢。

一年来，我们致力转型升级、推动提质增效，综合实力持续攀升。全年完成地区生产总值48.69亿元，同比增长6.2%，全社会固定资产投资增速96.7%，公共财政预算收入完成5.6亿元。规模以上工业增加值增速9.6%，农牧民人均可支配收入完成21066元，同比增速15.8%。招商引资项目36个，到位资金40.95亿元，位居全市前列，特色品牌知名度、美誉度和传播力不断提高。

一年来，我们践行绿色发展理念、全力补齐短板，生态环境大幅改善。坚持把"两山"理念贯穿经济社会发展全过程和各领域，全面加强污染源综合治理，有力有序推进国土空间规划编制，扎实推进国土空间生态恢复治理，深入开展造林绿化工程和农村人居环境综合治理，高效推进矿区生态修复，生态环境大幅度改善，绿色发展底色日益亮丽。

一年来，我们聚焦有效衔接、改善城乡面貌，乡村振兴加快推进。坚持把防止规模性返贫作为重要任务，全力巩固脱贫成果，全县脱贫户人均纯收入达14774.15元。第二批"美丽乡村·幸福家园"建设扎实推进，7个乡（镇）污水处理厂有序运行，349国道、507省道、农村公路、"溪桥工程"、老城区、甲玛乡特色小城镇、工卡镇棚户区基础设施改造等项目建设有序实施，城乡面貌持续改善，乡村振兴全面提速。

一年来，我们倾力保障民生、立足为民解困，群众福祉日益增进。坚持以人民为中心的发展思想，持续抓好540件民生实事，应届高校毕业生就业率达100%，8所小学、40所幼儿园供暖工程全覆盖，医疗、文化、健康养老等公共服务体系更加健全，累计完成疫苗接种10万余剂次，人民群众生活水平显著改善，获得感、幸福感、安全感大大增强。

一年来，我们坚持党要管党、全面从严治党，党的建设全面加强。基层组织基础不断夯实，赤康样本作用彰显，"党建微公园"开放使用，"幸福驿站"打通联系群众最后一公里，从急难险重岗位提拔使用干部占80%以上，完成十届县委第一轮巡察，查处违纪违法问题34件38人，全面从严治党取得明显成效。

一年来，我们聚力合作共赢，深化宁墨交流，受援工作成效显著。积极开展对口受援工作，主动加强与对口支援省市的沟通衔接，以增进民族团结为主线，深入推进教育援藏，巩固推进医疗援藏，精准推进就业援藏，有效推进产业援藏，加强人才智力帮扶，创新援藏工作机制，持续办好第三届"格桑花开·南京墨竹周"，推进多层次、宽领域交往交流交融，开创了援藏工作新局面。

一年来，我们深入学习贯彻习近平新时代中国特色社会主义思想。贯彻落实党的十九届六中全会、习近平总书记"七一"重要讲话以及在西藏视察时的重要讲话精神，顺利召开我县第十次党代会和县委十届一次、二次全会，高质量推进党史学习教育、"三更"专题教育和"三新"大讨论大学习活动，精心组织"赤心向党·砥砺奋进"庆祝建党百年主题活动、"宁墨情深·礼赞百年"百对佳人集体婚典、2021年"中国农民丰收节"等系列庆祝活动，努力营造庆祝中国共产党成立100周年和西藏和平解放70周年浓厚氛围，凝聚起听党话、跟党走的强大合力。顺利完成县乡村三级领导班子换届，隆重举行"两优一先"表彰大会，极大激发干部群众奋力走好现代化建设新征程的信心和决心，在学史中明理增信、崇德力行。

一年来，县委常委会充分发挥统揽全局、协调各方的作用，统筹做好各方面工作。支持人大及其常委会依法履行职能，支持政府和各职能部门依法行政，支持政协加强政治协商、民主监督和参政议政，支持审判机关和检察机关依法独立行使职权。扎实推进新形势下的统一战线和民族宗教工作。注重发挥工会、共青团、妇联等人民团体联系群众的桥梁纽带作用。加强党管武装，强化国防动员和后备力量建设，开创了军民共建的新局面。

这些成绩的取得，根本在于以习近平同志为核心的党中央坚强领导和总书记的领航掌舵，在于习近平新时代中国特色社会主义思想和总书记关于西藏工作的重要论述、新时代党的治藏方略的科学指引，是总书记和党中央特殊关怀、区市党委坚强领导和南京市大力支持、全县各族干部群众共同努力的结果。在此，我代表墨竹工卡县委向所有关心、支持和参与墨竹改革发展的同志们、朋友们，表示衷心的感谢，并致以崇高的敬意！

同时，我们也要清醒地认识到，推动长治久安和高质量发展，仍面临一些不足和挑战。主要是：反分裂斗争进入关键期，维护稳定工作有待加强；产业转型升级成效不明显，服务业发展相对滞后，竞争力和抗风险能力有待增强；主城区辐射带动能力不强，各乡（镇）错位发展水平有待提高；全面推进乡村振兴面临的任务艰巨繁重，民生领域有待完善；个别领导干部和个别领域消极腐败现象仍然存在，党风廉政建设和反腐败工作有待改进，等等。对此，我们要积极面对、切实解决。

当前的墨竹站在了新的历史起点上，我们要立足新发展阶段，把握重大历史机遇，锚定各项目标任务，凝聚共识力量，推动工作再上新台阶。从国家层面看，新发展阶段就是要把“两个确立”真正转化为统筹“两个大局”的实践自觉，作为实现中华民族伟大复兴的定海神针和指路明灯。从全自治区层面看，新发展阶段就是要把着力推进“四个创建”、努力做到“四个走在前列”作为抓好“四件大事”、实现“四个确保”的重要载体，努力“建设美丽幸福西藏、共圆伟大复兴梦想”。从全市层面看，新发展阶段就是要立足拉萨“怎么看、怎么办、怎么干”，围绕建设“两城三区”，示范先行、走在前列。从我县层面看，新发展阶段就是要聚焦“撤县设市”，建设“三区两中心”，将墨竹打造成为全市乃至全区高质量发展和长治久安的先行示范县。面对机遇与挑战并存的发展现实，全县上下必须坚定不移按照习近平总书记指引的方向，以追赶奔跑的姿态、争先进位的意识、奋进落实的作为，用非常之策和非常之举应对非常之时，全力在新征程中跑出“加速度”，以优异成绩回应群众期盼。

二、务必坚定必胜信念，加快推进事关全局的各项任务，以更加有力的举措突破重点、再上台阶

2022 年是党的二十大召开之年，是实施“十四五”规划承上启下之年，也是我们深入贯彻落实十九届六中全会、中央第七次西藏工作座谈会、自治区、拉萨市第十次党代会精神，推动墨竹高质量发展的关键之年，做好 2022 年的经济工作，意义特殊而重大。

全县经济工作的总体要求是：坚持以习近平新时代中国特色社会主义思想为指导，深入贯彻党的十九大和十九届历次全会及中央第七次西藏工作座谈会精神，贯彻落实习近平总书记关于西藏工作的重要论述和新时代党的治藏方略，贯彻落实自治区、拉萨市第十次党代会精神，认真学习贯彻中央和自治区经济工作会议精神、十届市委二次全体会议精神，坚持稳中求进工作总基调，立足新发展阶段、完整准确全面贯彻新发展理念、服务和融入新发展格局，以推动高质量发展为主题，以深化供给侧结构性改革为主线，以改革创新为根本动力，以满足人民日益增长的美好生活需要为根本目的，巩固拓展新冠肺炎疫情防控和经济社会发展成果，统筹做好“四件大事”，实现“四个确保”，继续做好“六稳”“六保”工作，保持经济运行在合理区间，保持社会大局稳定，以优异成绩迎接党的二十大胜利召开。

关于今年经济社会发展的各项具体工作，后面巴桑县长还要作具体安排，我就全县工作的发力重点强调几点意见。

*第一，坚定不移推进民族团结。*坚持以维护祖国统一、加强民族团结为着眼点和着力点，提升社会治理体系和治理能力现代化水平，进一步铸牢中华民族共同体意识。一要坚决维护社会和谐稳定。坚持总体国家安全观，以政治安全为根本，以人民安全为宗旨，落实维护稳定第一责任，推动社会局势从持续全面稳定走向长治久安，旗帜鲜明坚决有力反分裂、反渗透、反破坏。深入推进平安墨竹创建，持续深化政法队伍教育整顿。要统筹发展与安

全，严格落实安全生产责任制，加强道路交通、建筑工地、非煤矿山、危险化学品、民用爆炸物品等重点行业领域安全隐患排查整治，严防各类安全事故发生。二要铸牢中华民族共同体意识。加强“五史”和西藏地方与祖国关系史宣传教育，深入开展新旧西藏对比教育、“五观”“两论”教育和民族团结进步宣传教育，广泛开展“中华民族一家亲，同心共筑中国梦”主题宣传。要加强宗教事务管理，全面落实利寺惠僧政策，深化法制宣传教育，积极引导宗教与社会主义社会相适应。要深化宁墨合作，放大援藏工作效应。三要持续深化民族团结进步创建。夯实“九进”，进一步推进创建工作人文化、大众化。要广泛开展自力更生教育，积极争创国家通用语言文字规范县，加强爱国主义和民族团结进步教育基地建设，将墨竹打造成自治区级民族团结进步模范县，努力在推进中华民族共有精神家园建设上走在前、作表率。

第二，全力推动经济高质量发展。当前全国新冠肺炎疫情形势依然严峻，对经济的冲击影响或将持续更长时间，我们决不能有丝毫松劲和懈怠。全县上下要切实增强做好经济工作的责任感和紧迫感，牢牢抓住产业这个“压舱石”，充分发挥主观能动性，全力补欠账、稳增长、提速度，持续巩固拓展经济发展的良好态势。一要推动工业经济提质增效。大力实施工业强县战略，推进矿业独大向“一主多辅”转变，延伸拓展矿产业链，提高矿产业现代化水平，促进矿山产业提档升级。加快发展藏医藏药、节能环保、文化旅游等新产业新业态，积极引进一批农牧产品加工、建筑建材等领域的优质企业，多措并举促进产业发展提质增效。突出抓好“格桑花开”产业园区建设和招商引企，加快机动车检测中心等项目建设，进一步提升园区集聚作用。二要千方百计抓项目稳投资。要加强项目谋划，争取对本级确定和上级有投资意向的绿色能源产业、人居环境整治、旅游基础设施改造等项目，要持续跟进、紧抓不放，争取尽快下达资金计划。对“美丽乡村・幸福家园”、高标准农田、双创二期等续建项目，要加快推进，2022 年春节后尽快开工建设。对塔巴生态宜居建设、县医院提标扩能、知不拉铜多金属矿二期改扩建等新建项目，要及早做好项目前期工作，确保早启动、早竣工、早受益。强化督促检查，建立县级领导包抓项目清单，全力做好服务保障，确保项目建设顺利推进。三要全力促消费扩内需。围绕矿区消费升级，大力发展矿山服务业，打造“拉萨东部综合服务中心”。常态化整治便民市场环境秩序，探索“夜间经济”“小吃街”。统筹农村客运、农村电商网点等资源，加快推进城乡物流配送网络一体化，不断拓宽农牧产品销售渠道。要加大旅游景区景点的开发力度，推出红色爱国游、蓝色温泉游和绿色生态游三大旅游系列产品，打造以嘎则温泉酒店为新水准的“一站式康养温泉旅游目的地”和以日多温泉民宿为新功能的“家庭式休闲温泉休憩带”，加快推进“雪域温泉康养旅游中心”建设。

第三，尽心竭力保障和改善民生。始终坚持把改善民生、凝聚人心作为经济社会发展的出发点和落脚点，努力让群众的获得感更足、幸福感更满、安全感更强。一要推动社会事业健康发展。始终把就业作为最大的民生，深入实施人才素质提升工程，发挥“格桑花开人才＋计划”辐射带动作用，搭建多渠道就业平台，推动高校毕业生等重点群体更高质量和更充分就业。始终把教育事业放在优先位置，聚焦“六个提升”“六大校园建设”，巩固深化“五个 100%”成效，加快推进“互联网＋教育”创建。持续放大“墨竹南京班”示范效应，不断提升教育教学水平。要科学精准做好常态化新冠肺炎疫情防控，守护人民群众生命安全和身体健康，深化“组团式”医疗援藏工作，推进智慧健康医疗服务，积极推进以院包科，打造特色科室。二要认真办好民生实事。接续办好 540 件民生实事，解决好群众急难愁盼问题。进一步完善城乡社会保障体系，建立健全县、乡、村三级救助工作机构，打通社会救助的“最后一公里”。要做好困难群众帮扶救助、农民工工资清欠等工作，保障好低保、五保、优抚对象的基本生活，兜住基本民生底线。三要推进文化事业稳步发展。要坚守意识形态阵地，广泛开展理想信念教育，巩固自治区文明城市创建成果。大力培育和践行社会主义核心价值观，深入实施公民道德建设工程，提高人民思想觉悟、道德水准、文明素养。深化拓展新时代文明实践中心建设，推进“智慧广电”建设。加强特色文化传承保护，统筹建设文物陈列馆、非遗展示厅、保护传承中心和传习所。建设一座具有高原特色的矿山文化博物馆，推动文旅融合发展。

第四，坚持不懈保护生态环境。坚持生态保护第一原则，积极推动绿色发展、低碳发展、循环发展。一要做好生态环境修复。牢牢守住生态保护红线，系统推进山水林田湖草沙冰生态修复与治理，巩固提升蓝天、碧水、净土保卫战成果，全力推进墨竹玛曲、雪融藏布综合治理及生态修复。实施国土绿化行动和乡村“四旁”植树行动，巩固提升消除“无树村、无树户”成果。围绕打造“绿色矿业示范县”，有序推进落实矿山生态系统保护和修复。二要持续改善生态环境质量。加快自治区级“生态文明建设示范县、乡、村”创建工作，落实全域无垃圾治理和河长制，集中整治工业企业污染、农村面源污染、黑臭水体等问题，加大对乱搭乱建、乱堆乱放、乱排乱倒、焚烧垃圾、燃放烟花爆竹等行为的执法力度，全面推进生态文明建设。三要健全完善生态补偿机制。完善耕地、草原、森林、湿地等生态补偿政策；健全护林员、草原监督员等生态建设和保护以工代赈工作机制，提供更多的生态公益岗位，让保护生态环境的群众有实实在在的利益，大力倡导绿色生活方式，加强生态环境保护宣传教育，推动绿色发展理念转化为全社会共识。

第五，全面推进巩固拓展脱贫成果同乡村振兴有效衔接。习近平总书记在中央农村工作会议上强调，乡村振兴的前提是巩固脱贫攻坚成果，要持续抓紧抓好，让脱贫群众生活更上一层楼。全县上下要全面学习、系统贯彻习近平总书记关于“三农”工作重要论述，做好巩固拓展脱贫攻坚成果同乡村振兴有效衔接，精准发力推进乡村全面振兴，不断促进农牧业高质高效、乡村宜居宜业、农民富裕富足。一要持续巩固拓展脱贫攻坚成果。严格落实“四个不摘”要求，保持现有帮扶政策和力量总体稳定，做到思想不乱、工作不断、队伍不散、干劲不减。要把防止返贫致贫摆在突出位置，健全防返贫动态监测和帮扶机制，对易返贫致贫人口实施常态化监测，重点监测收入水平变化和“两不愁三保障”巩固情况，做到及早发现、精准帮扶。要强化易地扶贫搬迁后续扶持，加强扶贫产业项目和资金资产管理，完善产业项目股权持有和收益分配机制，推动脱贫攻坚成果持续巩固、不断拓展。二要全面推进乡村振兴。因地制宜调整优化产业结构布局，培育壮大龙头企业、合作社等新型经营主体，在延链条、打品牌、提质效上狠下功夫。要做大做强“墨竹小油菜”产业，继续推广“斯布牦牛”等特色品牌。积极发展乡村旅游、休闲农牧业等新产业新业态，推动乡村产业健康可持续发展。加大新型职业农民、致富带头人培养力度，不断增强农村发展内生动力。深入推进平安乡村建设，常态化开展农村人居环境整治，不断提高乡村善治水平。注重抓好队伍建设、品牌建设、阵地建设，发展壮大村集体经济，切实增强党组织的凝聚力和战斗力。三要夯实农业农村发展基础。深入推进农牧业供给侧结构性改革，实施藏粮于地、藏粮于技战略，坚决遏制耕地“非农化”、防止“非粮化”。继续实施一批高标准农田、青稞生产基地、牲畜暖棚暖圈、小水利工程，为农业转型发展提供有力支撑。加快交通基础设施配套建设，优化完善城乡交通网络。要站在讲政治的高度履行好粮食安全政治责任，稳定和加强种粮补贴，强化粮食储备安全管理，有效调动农民的种粮积极性。

三、进一步改进作风、狠抓落实，提升领导发展能力和水平，以更加坚决的政治担当汇聚力量、阔步前行

作风关乎党的形象、关乎事业成败、关乎民心向背。在“两个一百年”奋斗目标交汇的战略节点，在西藏工作站在新起点、面临新形势新任务的重要时刻，自治区党委作出了进一步改进作风、狠抓落实重要决策部署。县委决定，今年在全县开展“改作风、抓落实”活动，聚焦“四查四问”，动员广大党员干部特别是领导干部进一步强化政治历练，提升“政治三力”，真正把改作风抓落实的成效体现到维护稳定、高质量发展、生态保护、改善民生、民族团结、乡村振兴上，贯穿于基层党组织建设、意识形态领域建设、党风廉政建设中，努力在推动全县各项

事业发展进程中争一流、当示范、做表率。

一要在更新观念抓落实上下功夫、求实效。面对新形势、新任务、新要求，全县党员干部要坚持以学起步、用知开局，要把习近平新时代中国特色社会主义思想和习近平总书记重要论述作为解放思想、推动发展的行动指南和根本遵循，要弄懂做实"两个确立"的具体实践要求，始终胸怀"两个大局"、牢记"国之大者"，以习近平总书记系列重要讲话精神引领领航，切实把更新观念的成效转化为谋划工作的思路、狠抓落实的举措，真正做到学深悟透、立根固本、矢志笃行。

二要在践行党的宗旨抓落实上下功夫、求实效。始终把人民对美好生活的向往作为我们的奋斗目标，大力落实区党委部署的"十大民生工程"，始终牵挂群众冷暖、始终办好民生实事、始终确保社会安全，不断提升群众的幸福感、获得感、安全感。要深入开展"大走访、大调研"活动，切实为人民群众排忧解难，为乡村理清发展思路，为企业发展解决难题，让基层群众切身感受到改作风、抓落实带来的新活力、新气象。

三要在强化责任担当抓落实上下功夫、求实效。今年县委决定成立农村产业融合发展、新型城镇化建设、乡村振兴、综合服务中心建设、特色旅游、招商引资六大重点工作组，分别由四大班子主要领导和常委同志牵头负责，为全县干部搭建干事创业平台，让干部变"要我干"为"我要干"，变"催着干""推着干"为"争着干""比着干"，在全县营造出想干、能干、会干、干成的浓厚氛围。

四要在坚持求真务实抓落实上下功夫、求实效。以抓好"四件大事"、落实"八大任务"、实现"四个确保"为切入点，坚持目标导向、突出问题导向、强化责任导向，持之以恒地抓好各项工作。要以"跳起来摘桃子"的劲头和"钉钉子"的精神，一件事情接着一件事情办、一年接着一年干，做到件件有着落、事事有回音，让群众看到变化、得到实惠。县级领导同志要带头改起、以身作则，带头推动精文简会、带头开展调查研究，带头狠抓落实。要紧盯突出问题，制定专项工作意见，集中开展整治形式主义和官僚主义专项行动，切实推动改作风、抓落实走深走实。

五要在不断提高本领抓落实上下功夫、求实效。要紧扣"四个创建、四个走在前列"目标，以"发展需要做什么、担当作为缺什么"为导向，聚焦中心任务，矛盾问题、能力短板，在全县实施干部"素质提升工程"，提高干部服务高质量发展的能力水平。领导干部尤其是年轻干部必须拿出"战"的姿态、"拼"的意识、"闯"的精神，以"敢于打倒自己"的新思维新习惯练出想干事、能干事、干成事的"大心脏""铁肩膀"，不断锤炼"八大本领"，铸就"七种能力。

六要在树立鲜明导向抓落实上下功夫、求实效。要严格选人用人机制，认真落实"20字好干部"标准和民族地区好干部"四个特别"标准，突出"五个过硬"要求，打破论资排辈传统，畅通能上能下渠道，鲜明树立重实干重实绩的用人导向，大力选拔优秀年轻干部，做到为担当者担当，让有为者有位。要坚持严管和厚爱结合，激励与约束并重，落细落实关心关爱干部政策措施，为干部加油鼓劲、让干部安心乐业。

七要在坚持以上率下抓落实上下功夫，求实效。各级领导干部要认真对标"六个表率"要求，带头转变作风，身体力行，以上率下，形成"头雁效应"。要研究制定全县领导干部"以上率下、实干担当"具体举措，推动领导干部这一"关键少数"担负关键责任、发挥关键作用，在加快建设社会主义现代化新墨竹征程中干在实处、走在前列。

八要在完善体制机制抓落实上下功夫、求实效。要着力加强制度建设，健全责任管理、效率管理、精准督查、考核评估、公开监督等机制，完善巡察、督导检查、信息反馈、情况通报、重大责任追究等制度，形成"用制度管权、按制度办事、靠制度管人"的良性循环，真正做到规范化管理、规范化实行，确保制度落到实处、起到实效。

同志们，站在新起点、开启新征程，我们肩负着时代赋予的神圣使命，承载着全县人民的殷切希望，实践着墨竹跨越崛起的美好愿景。路虽远行则将至，事虽难做则必成。让我们以负重前行、一往无前的韧劲爬坡过坎，以逢山开路、遇水架桥的锐气涉险过滩，以背水一战、誓破楼兰的决心攻坚克难，让我们更加紧密地团结在以习近平同志为核心的党中央周围，在区市党委的坚强领导下，励精图治、团结拼搏，为建设中国特色社会主义现代化新墨竹而努力奋斗，以优异成绩和崭新气象迎接党的二十大胜利召开。

相关名词解释

1.“四个意识”：政治意识、大局意识、核心意识、看齐意识。

2.“四个自信”：道路自信、理论自信、制度自信、文化自信。

3.“两个确立”：确立习近平同志党中央的核心、全党的核心地位，确立习近平新时代中国特色社会主义思想的指导地位。

4.“两个维护”：坚决维护习近平总书记党中央的核心、全党的核心地位，坚决维护党中央权威和集中统一领导。

5.新时代党的治藏方略：①必须坚持中国共产党领导、中国特色社会主义制度、民族区域自治制度；②必须坚持治国必治边、治边先稳藏的战略思想；③必须把维护祖国统一、加强民族团结作为西藏工作的着眼点和着力点；④必须坚持依法治藏、富民兴藏、长期建藏、凝聚人心、夯实基础的重要原则；⑤必须统筹国内国际两个大局；⑥必须把改善民生、凝聚人心作为经济社会发展的出发点和落脚点；⑦必须促进各民族交往交流交融；⑧必须坚持我国宗教中国化方向、依法管理宗教事务；⑨必须坚持生态保护第一；⑩必须加强党的建设特别是政治建设。

6.四件大事”：指习近平总书记在2020年8月28日至29日中央第七次西藏工作座谈会上提出的“稳定、发展、生态、强边”。

7.“五期叠加”：反分裂斗争进入应对重大风险的关键期，社会大局进入实现长治久安的推进期，经济社会进入高质量发展的转型期，生态保护进入生态文明建设的深化期，边境建设进入富民强边的攻坚期。

8.“八大任务”：习近平总书记在2021年7月23日听取西藏自治区党委和政府工作汇报时提出的“维护社会大局稳定、推动高质量发展、切实保障和改善民生、加强生态文明建设、铸牢中华民族共同体意识、推进藏传佛教中国化、加快边境地区建设、在党史学习教育中做到学史力行”八个方面任务。

9.“四个确保”：指习近平总书记在2020年8月28日至29日中央第七次西藏工作座谈会上提出的“确保国家安全和长治久安，确保人民生活水平不断提高，确保生态环境良好，确保边防巩固和边境安全”。

10.“四个创建、四个走在前列”：着力创建全国民族团结进步模范区、努力做到民族团结进步走在全国前列，着力创建高原经济高质量发展先行区、努力做到高原经济高质量发展走在全国前列，着力创建国家生态文明高地、努力做到生态文明建设走在全国前列，着力创建国家固边兴边富民行动示范区、努力做到固边兴边富民行动走在全国前列。

11.“两城三区”：建设历史文化名城、高原宜居新城、民族团结示范区、生态文明优先区、开放发展先行区。

12.“三个赋予、一个有利于”：习近平总书记在中央第七次西藏工作座谈会上提出的“坚持所有发展都要赋予民族团结进步的意义，都要赋予维护统一、反对分裂的意义，都要赋予改善民生、凝聚人心的意义，都要有利于提升各族群众获得感、幸福感、安全感”。

13.“两山”理念：既要绿水青山也要金山银山，宁要绿水青山，不要金山银山，而且绿水青山就是金山银山。

14.“四个不摘”：摘帽不摘责任、摘帽不摘政策、摘帽不摘帮扶、摘帽不摘监管。

15.“六稳”“六保”：稳就业、稳金融、稳外贸、稳外资、稳投资、稳预期；保居民就业、保基本民生、保市场主体、保粮食能源安全、保产业链供应链稳定、保基层运转。

16.“两不愁三保障”：不愁吃、不愁穿；义务教育、基本医疗、住房安全有保障。

17.“美丽乡村·幸福家园”建设：采取“整村推进”模式，系统提升农房建设、基础设施、村容村貌、产业发展、乡风文明水平。

18.“五个100%”：中小学双语教育普及率

100%,小学数学课程开课率100%,中学数理化生课程教学计划完成率100%,中学理化生实验课程开出率100%,职业技术学校国家目录规定课程开出率100%。

19."三区两中心":国家农村产业融合发展示范区、高原地区新型城镇化先导区、拉萨乡村振兴引领区、拉萨东部综合服务中心、雪域温泉康养旅游中心。

20."四查":查作风、查责任、查漏洞、查落实。

21."六个表率":争当绝对忠诚的表率、理论学习的表率、履职尽责的表率、凝心聚力的表率、担当作为的表率、廉洁自律的表率。

22."八大本领":学习本领、政治领导本领、改革创新本领、科学发展本领、依法执政本领、群众工作本领、狠抓落实本领、驾驭风险本领。

23."七种能力":提高政治能力、调查研究能力、科学决策能力、改革攻坚能力、应急处突能力、群众工作能力、抓落实能力。

24."伟大建党精神":坚持真理、坚守理想,践行初心、担当使命,不怕牺牲、英勇斗争,对党忠诚、不负人民。

25."两路"精神:在修筑川藏、青藏公路所体现的不怕死、不怕苦、顽强拼搏、甘当路石、军民一家、民族团结的精神。

26."老西藏精神":特别能吃苦、特别能战斗、特别能忍耐、特别能团结、特别能奉献。

墨竹工卡县人民代表大会常务委员会工作报告

——在墨竹工卡县第十四届人民代表大会第三次会议上

墨竹工卡县人大常委会主任　张志文

（2022 年 1 月 19 日）

2021 年主要工作

2021 年，在县委的坚强领导下，县人大常委会坚持以习近平新时代中国特色社会主义思想为指导，深入贯彻党的十九大和十九届历次全会及中央第七次西藏工作座谈会、中央人大工作会议、区市县第十次党代会精神，贯彻落实总书记关于坚持和完善人民代表大会制度的重要思想、总书记在藏视察讲话精神及关于治边稳藏重要战略思想和新时代党的治藏方略和习近平法治思想，坚定坚决拥护和捍卫“两个确立”，切实增强“四个意识”、坚定“四个自信”、做到“两个维护”，坚持党的领导、人民当家作主和依法治国有机统一，紧紧围绕“四件大事”依法履职尽责，各项工作取得了新进展新成效。

一年来，召开人民代表大会 3 次，人大常委会党组会议 10 次，人大常委会会议 8 次、主任会议 8 次，配合自治区、拉萨市人大开展调研、视察和执法检查 3 次，听取和审议专项工作报告 15 项，作出决定决议 7 项，依法任免国家机关工作人员 131 人次，组织宪法宣誓 11 场次。

一、坚持党对人大工作全面领导，坚定正确的政治方向。

县人大常委会始终把坚持党对人大工作的全面领导作为首要政治原则，扎实有力推进人大工作沿着正确方向前行。严格执行重大事项向县委请示报告制度，先后就重大问题、重大事项、重大活动和主要工作向县委请示报告 20 余件次。围绕中心、服务大局，积极参与和跟进县委安排的各项决策部署，重点围绕建设项目和改善民生、产业发展、乡村振兴、生态环境、民族团结等工作。坚持党管干部原则，贯彻县委意图，依法进行人事任免。同时，牢固树立维护稳定“没有局外人”意识。严格执行值班带班制度，每逢重大节假日率先奔赴 5 个包片乡镇、6 个联系村和 5 座寺庙进行维稳督导，人大常委会党组成员人均深入基层达 100 天。

二、紧扣全县中心工作，依法履职取得实效。

一是不断强化经济运行监督。围绕计划预算执行，督促政府转方式调结构、惠民生补短板；围绕“十四五”规划编制，要求进一步加强对我县经济形势研判和重大问题研究，科学编制“十四五”规划。围绕预算执行，要求贯彻落实财政政策，切实保障重点支出，促进经济秩序规范运行。二是扎实开展民生热点监督。紧紧围绕县委决策部署和县域经济发展中的重要问题、人民群众普遍关心关注的热点问题，听取信访化解、就业帮扶、县乡村换届、生态环保、民主法治改革、新冠肺炎疫情防控等工作汇报，及时向县人民政府及相关部门提出审议意见和建议。同时，多次深入矿区实地检查安全生产和生态环境保护工作开展情况。三是着力加强司法工作监督。听取审判工作、检察工作的报告，组织人大代表旁听重点案件审理,监督陪审员制度实施情况,切实维护社会公平正义。同时,配合区市人大常委会对我县贯彻实施《西藏自治区矿产资源管理条例》情况进行执法检查和上级人大开展立法调研提出多条立法建议。

三、加强换届选举指导,圆满完成县乡换届选举工作。

县人大常委会在区市县党委的领导下,依法开展县乡人大换届选举指导工作。一是党委高度重视,人大精心组织指导。县人大党组按照区市县党委总体部署,党组成员先后深入七乡一镇、各选区进行业务指导检查4次52人次。二是严肃换届纪律,认真落实“十个严禁”。对新当选的人大代表进行集体廉政谈话2次,签订《墨竹工卡县严守换届纪律承诺书》,确保换届选举风清气正。三是深入发动宣传,营造良好氛围。先后制作换届展板20余个、悬挂换届横幅100余条、组织各乡镇张贴换届标语2000条、张贴换届海报90套,在主干道LED屏幕播放换届标语,营造浓厚换届氛围。四是坚持党的领导,顺利完成换届选举会议。2021年4月8日依法召开县乡代表选举大会,选举525名县乡两级人大代表;5月、6月、11月分别召开县乡新一届人民代表大会,依法选举产生人大、“一府一委两院”国家机关领导人员78名及我县出席拉萨市第十二届人民代表大会代表31名。

四、夯实代表工作,激发代表履职热情。

一是注重人大代表学习活动。联合县委党校采用专题教学、座谈交流、实地考察、观看爱国主义电影等形式对全县新当选的各级人大代表进行习近平新时代中国特色社会主义精神、爱国主义教育、社会主义核心价值观、民族团结、宪法和法律法规、人大代表履职能力等相关内容开展培训,参加各级人大常委会机关举办的培训525人次。二是落实代表联系选民制度。依托“人大代表之家”“代表活动室”,认真贯彻落实“双联系”制度、代表列席人大常委会会议制度,组织各级代表50余人列席人大常委会会议。三是全面实施“代表之家”提档升级工作。通过召开座谈会议、到兄弟县区学习、各乡镇相互交流和人大党组成员跟踪督促等举措,在原有基础上按照“五个统一”“四个创新”“六个强化”要求,实施提档升级工作,细化人大代表履职程序。2021年12月初,县人大常委会对各乡镇“人大代表之家”运行情况进行交叉点评。四是关注民生,解决难事。县人大常委会领导调研过程中发现和基层代表已反馈7件实事,涉及资金57.92万元,实地调研后解决25万元。同时,我县四级人大代表在闭会期间深入选区了解群众“急难盼”,解决17个项目144万元。五是进一步加强意见建议交办督办。召开主任会议研究意见建议的处理意见,会同县政府召开代表建议交办会,对全年两次大会134件代表建议进行交办。代表意见建议办复率和满意率均达到98%,办结率均达83%。

五、加强自身建设,不断提升履职水平。

一是加强党风廉政建设,落实“一岗双责”。县人大党组始终把落实党风廉政建设作为人大自身建设的重点工作任务来抓,认真学习习近平总书记关于全面从严治党的重要论述和党的十九届中央纪律检查委员会五次会议精神等,层层签订责任书,不断筑牢拒腐防变制度防线和思想防线。二是扎实开展主题教育和实践活动。深入开展党史学习教育、“三更”专题教育、“三新”大学习大讨论活动,组织开展“大接访办实事”活动,组织代表和机关干部接受廉政教育,重温入党誓词,参观林周农场等爱国主义教育基地,观看爱国主义电影等,开展理论学习中心组集中学习12次,成员撰写心得体会60余篇,交流发言30余次,参加学习100余人次,赴联系乡镇宣讲20人次。

各位代表,这些成绩的取得,得益于县委的正确领导和市人大常委会的有力指导,得益于全县各族人民的高度信任和“一府一委两院”的协同配合,得益于各乡(镇)人大主席团的大力支持和全县各级人大代表的履职尽责。在此,我谨代表县人大常委会向大家的辛勤付出表示崇高的敬意!向一直以来关心和支持墨竹人大工作的社会各界人士表示衷心的感谢!

虽然在工作中取得了一定成绩,但仍存在一些不足和差距:调查研究有待深入,对墨竹经济社会发展中出现的问题,还缺少有针对性、有深度的建议意见；依法监督后的整改要进一步加大跟踪监督的力度，以切实提高监督实效；人大常委会审议质量还需进一步提高，工作制度还需进一步健全完善。对此，我们会高度重视，切实认真加以解决。

2022年工作思路及安排

2022年是全面开启社会主义现代化新征程的关键之年，也是党的二十大召开之年。人大常委会工作的指导思想是：坚持以习近平新时代中国特色社会主义思想为指导，深入贯彻落实党的十九届六中全会和中央人大工作会议精神，贯彻落实习近平总书记在西藏视察时的重要讲话精神，发展和完善全过程人民民主，立足新发展阶段，贯彻新发展理念，构建新发展格局，坚持稳中求进、进中求好、补齐短板的工作总基调，坚持党的领导、人民当家作主、依法治国有机统一，更好地发挥人民代表大会制度在中国特色社会主义制度和国家治理体系中的重要作用。全面贯彻区市第十次党代会精神和十届县委第三次全会精神，在县委的坚强领导下，紧紧围绕锚定“四件大事”，着力推进“四个创建”“四个走在前列”和围绕我县“三区两中心”的总体定位及“一城一区两轴三沟”的重点布局，助力“六稳”“六保”等方面，提供更加坚强有力的法治保障。

一、旗帜鲜明讲政治，确保人大工作正确政治方向

始终坚持党的全面领导，落实新时代人大工作总要求，自觉地把坚持党的领导、人民当家作主和依法治国有机统一起来，打造让党放心、让人民群众满意的政治机关，以习近平新时代中国特色社会主义思想武装头脑、指导实践、推动工作。紧扣区、市、县党委决策部署及县委中心工作确定工作思路和工作重点，服从县委安排，推动县委重大决策部署的贯彻落实；筑牢政治基础，严守政治纪律，抓好全县各级人大代表的反分裂斗争教育，加强中华民族共同体意识教育，充分发挥“人大代表之家”作用，深入揭批十四世达赖集团的反动本质，筑牢人大代表坚定的政治思想基础。

二、发挥人大职能作用，进一步增强监督实效

充分发挥人民代表大会制度的优越性，按照中央人大工作会议精神及新时代党对人大工作的新要求，打造让党放心、让人民群众满意的地方国家权力机关。发挥预算审查监督职能作用，把对政府全口径预算决算的审查和监督作为重点，建设县人大预算联网监督系统。围绕中心、突出重点开展监督，把乡村振兴、民生工程实施、项目工程建设等中心工作作为监督工作主要内容。加强对“一府一委两院”的监督，把依法监督作为人大工作的重点来抓。确保宪法、法律、法规在我县的顺利贯彻实施，努力增强广大干部依法行政和依法办事意识。坚持党管干部原则与人大依法行使选举任免权的有机统一，进一步完善选举任免工作程序和表决方式，保证党委决定人选通过法定程序成为国家权力机关的工作人员。

三、密切联系代表，服务和保障代表依法履职

深入贯彻代表法，不断创新代表工作机制，发展全过程人民民主，打造让党放心、让人民群众满意的代表机关。依托“人大代表之家”密切与群众的联系，推进代表联络平台建设，丰富代表闭会期间的学习和履职活动。推动代表提出的意见、建议办理和落实工作，将议案建议办理工作由重答复向重落实转变，同时继续实施代表办实事项目，激发代表履职热情。加强对新任代表的培训，提高代表履职水平。

四、加强自身建设，开创人大工作新局面

加强对宪法和法律法规、人大业务知识的学习，坚持学以致用，努力提高人大代表和机关干部的履职能力和工作水平。认真落实人大常委会党组主体责任，严格履行“一岗双责”，持之以恒地纠正“四风”，改进作风、狠抓落实，推动管党治党向纵深发展。不断加强制度建设和作风建设，打造让党放心、让人民群众满意的工作机关。

各位代表，让我们更加紧密地团结在以习近平同志为核心的党中央周围，在十届县委的坚强领导下，在全县各族人民的大力支持下，忠诚于党和人民的事业，依法履职，为建设团结富裕文明和谐美丽的社会主义现代化新墨竹贡献人大智慧和力量，以优异成绩迎接党的二十大胜利召开。

政府工作报告

——在墨竹工卡县第十四届人民代表大会第三次会议上

墨竹工卡县人民政府县长 巴 桑

（2022 年 1 月 18 日）

一、2021 年工作回顾

2021 年是中国共产党成立 100 周年，也是西藏和平解放 70 周年。这一年，在党和西藏发展史上具有重要意义，习近平总书记亲临西藏，看望慰问各族干部群众，视察西藏经济社会发展情况，为西藏的长治久安和高质量发展描绘蓝图。这一年，我们牢记使命、赓续过往、务实担当，在区市党委、政府和县委的坚强领导下，在县人大依法监督、县政协民主监督下，在南京市的无私援助下，紧紧围绕“四件大事”，统筹推进新冠肺炎疫情防控和经济社会发展，扎实做好“六稳”工作，全面落实“六保”任务，各项工作取得了优异成绩。

2021 年，全县地区生产总值完成 48.69 亿元，同比增长 6.2%，规模以上工业增加值同比增长 9.6%，固定资产投资同比增长 96.7%，公共财政收入完成 5.62 亿元，社会消费品零售总额完成 4.75 亿元，同比增长 7.7%，农牧民人均可支配收入实现 21066 元，同比增长 15.8%。回望过去的一年，我们主要做了以下工作。

——这一年，我们求真务实、迎难而上，交出了一份“高质量发展”的新答卷。严守耕地红线，粮食总产量达 2.5 万吨。有序实施高标准农田建设、黄牛改良及牦牛（犏牛）经济杂交工作，农牧业总产值实现 6.48 亿元。全县 7 家规模以上企业工业总产值实现 68.19 亿元、同比增长 39.6%，驱龙铜多金属矿建成投产。招商引资落地项目 36 个，累计到位资金 40.95 亿元。文化旅游蓬勃发展，全年接待游客 7.98 万人次，综合收入达 397 万元。

——这一年，我们深入调研、补齐短板，交出了一份“城乡建设”的新答卷。累计投入 1.8 亿元，实施党史学习教育 300 件民生实事。41 个行政村（居）道路通畅率及客运班线覆盖率均达 100%，6 个乡（镇）污水处理厂规范运行。有序推进国道 349、省道 507、甲玛特色小城镇、工卡镇棚户区基础设施改造等项目建设。投入 2.79 亿元，实施第二批“美丽乡村・幸福家园”整村推进项目一期工程和人居环境整治项目，完成农村户厕改造 1253 户。

——这一年，我们锐意进取、砥砺前行，交出了一份“深化改革”的新答卷。新建的便民服务大厅投入使用，进驻行政审批和便民服务事项 100 余项、网上办理事项 23 项，办理行政审批和便民服务事项 5 万余件，好差评数量 16 万个。深化国有企业改革，制定出台国有企业考核绩效管理办法和国有企业监督管理办法。顺利完成 41 个行政村（居）、198 个村民小组的清产核资及建账工作，清查农村集体资产 1.81 亿元。

——这一年，我们聚焦重点、靶向施策，交出了一份“绿色生态”的新答卷。持续打好蓝天、碧水、净土保卫战，有序推进自治区级“生态文明建设示范县、乡、村”创建。实施造林项目补植补栽、“四旁”植树等项目，累计栽植苗木 36 万株。开展河（湖）“清四乱”专项行动，累计清理河（湖）垃圾 92 吨。督促华泰龙公司、巨龙公司投入 2.03 亿元，完成生态治理修复 218 万平方米，完成巨龙公司国家级绿色矿山建设申报及现场验收工作。

——这一年，我们坚持民有所呼、政有所应，交出了一份“民生普惠”的新答卷。巩固脱贫攻坚成果同乡村振兴有效衔接，累计整合涉农资金 2.31 亿元，实施项目 29 个。安排易地扶贫搬迁配套产业项目 6 个，实现易地搬迁“一户一岗”，全县脱贫户人均纯收入 14870.67 元。圆满完成 2021 年度巩固拓展脱贫攻坚成果同乡村振兴有效衔接工作国家综合检查。完成农牧民转移就业 10731 人，实现城镇新增就业 862 人，500 名应届高校毕业生就业率达 100%，城镇失业率控制在 3% 以内。8 所小学、40 所幼儿园供暖工程实现全覆盖。第二期南京墨竹班顺利开班。率先实施学校安保由第三方专业公司运营及公交车免费接送学生，切实保障学生安全。南京实验小学被评为第三届西藏自治区文明校园。创新实施国家紧密型县域医共体试点县创建工作，推进县人民医院传染病房、疾病预防控制中心等项目。组织 17 名先心病、髋关节脱位、唇腭裂患者赴南京免费治疗。累计投入 600 万元，加强常态化新冠肺炎疫情防控工作，累计完成 10 万剂次疫苗接种，健康屏障全面建立。投入 120.5 万元为全县 4.9 万名城乡居民购买超大额医疗补充保险。为 4550 名 60 岁及以上老人发放幸福养老金 1966.62 万元。实施公共租赁住房 440 套续建项目。成功举办全区“农民丰收节”“油菜花文化旅游节”，累计开展文艺服务下基层活动 54 余场次。健全非物质文化遗产名录体系，建成县非遗展示与传习中心。

——这一年，我们牢记使命、赓续过往，交出了一份“社会稳定”的新答卷。圆满完成中国共产党成立 100 周年、西藏和平解放 70 周年、习近平总书记视察西藏等重要时段的维稳安保任务。受理来信来访 89 件、排查化解矛盾纠纷 40 起、开展重点领域安全监督检查 712 次。依法管理宗教事务，不断推进藏传佛教与社会主义社会相适应，组织 43 名爱国爱教先进僧尼赴区内外参观学习。深入开展双拥共建活动，为退役士兵和重点优抚对象发放一次性经济补助金和优待金 226.77 万元。

——这一年，我们凝心聚力、先行先试，交出了一份“宁墨交流交往交融”的新答卷。投资 2.58 亿元，实施 1‰以内援藏资金项目 14 个，有序推进“格桑花开幸福助力”民生微实事 100+ 项目。成功举办“宁墨情深 · 礼赞百年——爱在墨竹百对佳人集体婚礼”及第三届南京墨竹周系列活动，其间墨竹小菜籽油累计实现销售认购 661 万元。成功举办首届格桑花开大学生就业创业年会，成立“格桑花开成长学院”。南京对口支援墨竹工卡县工作组荣获“全国脱贫攻坚先进集体”称号。

过去一年，我们深入开展党史学习教育和“三更”“三新”专题教育，用心用情开展各项工作。编译、档案、气象、方志办、人民武装、通信、金融、消防、双拥等工作取得新进展。审计、工青妇、保密等工作取得新成效。过去一年，我们主动接受县人大法律监督、政协民主监督、审计监督和社会监督，办理人大代表议案建议 134 件、政协委员提案 112 件，回复率达 100%，满意率达 98%。办结“12345”服务热线问题 350 件，办理率达 100%。过去一年，面对新阶段新任务，我们坚持学思践悟、改革创新，加快推进政府职能转变及廉政建设力度。扎实开展政法队伍教育整顿，加大财税监管改革，基本完成 13 座寺庙财税监管改革工作。深入推进党风廉政建设和反腐败工作，严格落实中央八项规定精神及区市党委有关规定，坚持厉行节约，反对铺张浪费，“三公”经费比年初预算减少 1%。

事非经过不知难，成如容易却艰辛。一年来，我县全社会固定资产投资增速位居全市第一，工业增加值、地区生产总值增速均位居全市第三。先后荣获全区农产品质量安全县、全区双拥模范县、全区县级文明城市、全区卫生县城、全区先进基层党组织、全区脱贫攻坚先进集体、全区人力资源社会保障系统优质服务窗口、全区五四红旗团委、全区“四讲四爱”群众教育实践活动先进集体，并荣获第七次全国人口普查市级先进集体、全市高校毕业生就业创业先进集体、农牧民转移就业增收工作先进集体、劳动保障监察工作先进集体、第六次民政会先进集体、全市庆祝中国共产党成立 100 周年活动表现突出集体、黄牛改良工作市级先进集体，塔巴村荣获中国美丽休闲乡村荣誉称号。这些成绩的取得，离不开党中央、国务院的特殊关怀，离不开区市党委、政府以及县委的正确领导，离不开南京市的无私援助，离不开人大的依法监督和政协的民主监督，离不开全县干部群众的不懈奋斗。在此，我代表县人民政府，向付出辛勤劳动的全县干部群众，向给予我们大力支持的人大代表、政协委员、离退休干部职工、驻军指战员和消防救援人员，向一直关心参与墨竹建设和发展的同志们、朋友们，表示衷心的感谢并致以崇高的敬意！

看到成绩的同时，我们也清醒认识到，全县经济社会发展依然面临严峻形势和挑战；影响基层社会稳定的风险依然存在；产业结构不平衡、不合理的状况尚未彻底改变；资源优势并未充分发挥，发展瓶颈问题日渐凸显；城乡区域发展差距依然较大；专业化、创新型人才长期储备不足；生态环境保护工作压力较大；新冠肺炎疫情防控工作仍任重道远；干部职工干事创业的积极性有待进一步提升等等。针对这些问题，我们一定迎难而上、靶向施策、逐一解决，绝不辜负人民期望。

二、2022 年总体要求

2022 年不仅是全面开启社会主义现代化新征程的关键之年，是党的二十大召开之年，也是新一届政府全面履职之年，做好今年各项工作，使命光荣、意义重大。

2022 年政府工作总体要求是：坚持以习近平新时代中国特色社会主义思想为指导，深入贯彻落实党的十九大和十九届历次全会精神以及中央第七次西藏工作座谈会、区市第十次党代会精神，捍卫“两个确立”，增强“四个意识”、坚定“四个自信”、做到“两个维护”。坚持稳字当头、稳中求进的工作总基调，立足新发展阶段，贯彻新发展理念，构建新发展格局，聚焦“四件大事”“四个确保”，统筹经济社会发展和常态化新冠肺炎疫情防控，扎实做好“六稳”工作，全面落实“六保”任务，积极融入拉萨“一核一圈两带三区”的产业布局，围绕我县“三区两中心”的总体定位及“一城一区两轴三沟”的重点布局，系统推进、重点突破，在“四个创建”、努力做到“四个走在前列”上担当作为，努力建设团结富裕文明和谐美丽的社会主义现代化新墨竹。

今年全县经济社会发展的主要预期目标是：地区生产总值增长 8% 左右；一般公共预算收入增长 3% 左右；社会消费品零售总额增长 10% 左右；固定资产投资力争保持稳定增长；规模以上工业增加值增长 10% 左右；农牧民人均可支配收入增长 13% 左右。

奋力争先，其时已至，奋发向前，未来已来。站在新的历史起点上，我们要立足当前，着眼长远，瞄准目标，砥砺前行。全面贯彻落实新时代党的治藏方略，积极应对全国新冠肺炎疫情不断反复和“三重压力”叠加的风险挑战，贯彻落实“三个赋予一个有利于”，以维护社会稳定为根本保障，以推动经济高质量发展为奋斗目标，以保护生态环境为基本底线，以满足人民群众对美好生活的向往作为根本追求，聚焦群众“小需求”，确定工作“小目标”，注重政策“小细节”，持之以恒，久久为功，一项工作一项工作地推进；一个环节一个环节地抓牢；一个问题一个问题地解决；一个项目一个项目地落地；一件事情一件事情地办好，以实际行动落实中央、区市党委、政府和县委的决策部署，用心用情用力解决好人民群众的操心事、烦心事、揪心事。

三、2022 年重点工作

2022 年，我们要聚焦“四个创建”，主动扛起新使命，奋力开启新征程，重点做好以下 6 个方面的工作。

（一）聚焦长治久安，奋力开创团结稳定新篇章。深入开展反分裂斗争。坚持总体国家安全观，进一步增强忧患意识，严密防范和坚决打击分裂渗透破坏活动，持续揭批十四世达赖和达赖集团的反动本质，深入开展反分裂斗争宣传教育，巩固提升扫黑除恶、打非治乱专项斗争成果，切实有效防范各类突发事件。牢牢把握意识形态工作的主动权，做好互联网领域的监管，切实打好意识形态领域的攻坚战。持续推进民族团结工作。扎实开展“五史”、爱国主义教育，积极培育和践行社会主义核心价值观。持续巩固提升寺庙财税改革试点成果，牢牢把好宗教“牛鼻子”，把法治建设贯穿宗教工作始终，引导藏传佛教与社会主义社会相适应，引导群众理性对待宗教，全面开展村（居）干部国家通用语言文字两年攻坚行动、青壮年农牧民国家通用语言普及行动，努力争创自治区级民族团结进步模范示范县。有序实施平安墨竹建设。深入贯彻落实“治国必治边、治边先稳藏”的战略思想，大力宣传爱国守边模范先进事迹，创建全区示范型退役军人服务中心（站），打造强边稳边大后方。加快推动雪亮工程建设，稳步推进现代化基层治理，筑牢安全生产红线，扎实推进自然灾害风险普查清查工作，妥善化解各类信访矛盾纠纷。始终以“外防输入”为重点，落实新冠肺炎疫情防控措施，全面提升应急处突能力，切实保障人民群众的健康。

（二）聚焦产业结构，着力推进协调发展新格局。农牧业提质增效。大力培育、推广墨竹小油菜、直孔白青稞特色品种，加快推进“三品一标”和有机粮油基地建设。进一步提升墨竹小油菜榨油厂设施设备，继续加大黄牛改良、牦牛经济杂交、斯布牦牛品种保护力度，探索建立牦牛身份信息认证工作，全力打造高原好油、斯布牦牛、塔巴陶瓷等特色高端品牌，建立具有特色的“墨竹礼品”“拉萨礼物”产品库，加快建设国家级农村产业融合示范园。招商引资善谋实做。把招商引资作为推动经济社会发展的第一要事，牢固树立“招商引资没有局外人”的工作理念，围绕产业发展“4+N”的总体思路，聚焦重点特色优势产业和新兴产业，开展全产业链招商、园区招商、以商招商、定向招商和组团招商，争取引进一批市场前景好、带动能力强、优势互补的龙头企业落户墨竹。同时，用好藏博会、雪顿节及南京墨竹周等推介平台，积极参加其他省市的招商引资推介活动，确保招商引资实现新突破，促进墨竹经济更好更快发展。绿色工业增产扩能。继续做好特色手工业的扶持力度，推进从产品到产业的升级转型。逐步强化有色金属矿业基地建设和配套产业链延伸工作，鼓励支持矿山企业加大技术研发力度，探索发展尾矿再利用产业，推进国家级绿色矿山申报。全力保障华泰龙、巨龙稳产增产，力争工业生产总值突破80亿元。文化旅游提速升级。立足拉萨市半小时经济圈和“拉萨东部温泉康养片区”定位，围绕“一寺一沟一湖两泉”的旅游规划，完善景区基础设施，盘活县域景区资源，打造温泉度假村和温泉小镇，依托农业农村示范园，积极发展设施农业和休闲农业，全力打造以318国道为主线的旅游精品路线。将资源优势转换为经济优势，统筹建设高原特色矿山博物馆、文物陈列馆，开展“南京墨竹周”“松赞文化艺术节”“油菜花文化旅游节”“农民丰收节”等活动，加快推进非物质文化遗产传承保护和活化工作，全力打造墨竹文化品牌。同时，培育新型消费热点，适时发展夜间经济，打造新的经济增长点。

（三）聚焦深化改革，积极营造经济发展新环境。推进县乡村三级便民服务大厅（中心）规范运行，成立行政审批与便民服务局，不断强化“互联网＋政务服务”，持续优化放管服改革，逐步实现“一网办、一门办、一次办、一窗办”服务效率。深化国有企业改革，建立完善绩效、监管机制，培育和吸引产业经营管理人才、团队，确保国有资产保值、增值。全面推进“证照分离”改革，全面落实减税降费政策，深化财税体制改革，加大对中、小微企业的政策扶持力度，有效维护民营企业的合法权益。全面完成农产品质量安全管理、农业行政综合执法、清产核资等体制改革，探索“牧户统一养殖＋合作社统一管理＋公司统一对接市场”模式，推进农村土地经营权流转制度改革。探索医保“打包支付”改革，构建多层级医疗保障体系。

（四）聚焦乡村振兴，打造特色城乡新样板。夯实农业基础地位。坚持藏粮于地、藏粮于技战略，落实最严格的耕地保护制度，严守11.11万亩耕地红线和粮食安全生产底线，持续推进“订单式”农牧业和耕地托管服务，稳步推进6.5万亩高标准农田建设项目，持续抓好“菜篮子”工程，继续提高牲畜出栏、短期育肥力度，转变群众思想观念，提高牧业产值。加快“美丽乡村・幸福家园”建设进度。大力推进“美丽乡村・幸福家园”行动计划，加快形成脱贫攻坚和乡村振兴战略有机衔接的良性互动格局。加快完成“美家”二期整村推进项目，实施唐加乡集镇、扎雪村、怎村、宗雪村、仁多岗村等一批人居环境整治工程，统筹各级资金，完善农村供电、供水和通行保障，改善农牧区公共基础设施条件。改善城乡基础设施。加快实施乡镇集中供水、农村道路、提灌站、防洪堤、排水管网等一批基础设施改造项目，有序推进县城“一街一景”、智慧交通、乡级邻里服务中心和“厕所革命”工程，逐步提高县域5G覆盖率，形成辐射主要村庄和景点的县域基础设施体系，全面提升公共服务水平，全力创建国家级文明城市。巩固脱贫攻坚成果。严格落实“四个不摘”要求，保持现有帮扶政策和力量总体稳定。持续做好易地扶贫搬迁后续扶持工作，完善低收入人口定期核查和动态调整机制，分层分类实行帮扶救助，做到及早发现、精准帮扶，确保不发生规模性返贫致贫。提高产业带动效应。坚持规划先行，围绕乡村实际，因地制宜优化“一乡一业、一村一品”的产业发展布局。加强57个已建产业项目的资产监督管理及规范运营，加快吨袋厂、三岩搬迁点配套产业等在建项目的推进力度，加大补短板、强弱项、增后劲产业项目的谋划储备，确保已建产业提质增效，在建产业竣工投产，储备产业精准科学。

（五）聚焦民生福祉，绘就美好生活新画卷。大力推动就业创业。提高农牧民转移就业组织化程度，深化“以岗代训”“以工带训”，积极培养实用技能人才。科学研判政策性岗位和市场性岗位供给能力，不断挖掘新的就业岗位，引导转变高校毕业生就业观念，鼓励高校毕业生赴区外就业、返乡创业，确保大学生就业率保持在98%以上。全力推动教育事业。聚焦“六个提升”，依托援藏资源，加大中小学教师培训力度，着力提升教育教学质量。聚集信息化建设，稳步推进“互联网＋教育”国家级示范县创建工作。聚焦基础设施改善，有序推进中小学规划、村级幼儿园暖廊及县域学校提升改造项目，着力实现“六大校园”建设。着力推动医疗卫生事业。实施《墨竹工卡县加快推进医共体国家示范点建设工作三年行动计划》，积极申报“千县工程”，探索建立“以院包科”援藏新模式，有序推进智慧疾控暨公卫平台建设，着力实施县人民医院综合住院楼建设和医技门诊楼项目前期工作。同时，大力实施“百件民生工程”，最大限度解决群众急难愁盼问题，持续落实社会救助、社会福利、优抚安置等各项制度，加快完善公共文化服务，切实把老百姓对幸福生活的追求、品质生活的期盼、美好生活的向往，一步步变成现实。

（六）聚焦生态治理，奋力开启生态文明建设新阶段。持续强化生态治理。进一步巩固深化污染防治攻坚战成果，有序推进土壤污染防治行动、“四旁”绿化工作，纵深推进河道“清四乱”专项行动，强化水源点保护力度，巩固提升“三线一单”成果，加大对生物多样性的保护和监管，做好污染源的普查、清查工作，完成自治区级生态文明示范县、乡、村创建工作，适时启动国家级生态文明县创建工作。持续强化生态恢复。坚持山水林田湖草沙冰一体化保护和系统治理，坚持将生态文明理念贯穿于经济社会发展全过程，巩固全面消除“无树村、无树户”成果，积极探索“树上山”工程，强化国土绿化后期监管，扎实推进“四旁”植树行动，做好国土绿化、沙棘林保护区封禁保护和林草地保护工作。坚持“三高”项目零引进，聚焦矿山生态修复，推动落后技术设备改造升级，有序推进绿色矿山建设工作。持续强化执法监管。开展卫片执法、森林督查、水保监管工作，严格落实“河（湖）长制”工作，持续开展“两违”和“禁白”专项行动，加强生态环境监管执法，严把项目建设环境管理、环评审批及各类自然保护地审批关，完成固定污染源排污许可清理整顿，建立以排污许可制为基础的新型环境管理制度体系。

立足新的历史起点，政府的执政能力和治理能力直接关系到上述目标任务能否圆满完成。我们要在区市党委、政府和县委的坚强领导下，把“人民满不满意、认不认可、答不答应”作为检验工作成效的标准，加快职能转变，不断提高政府治理能力和水平。讲政治，坚守党建统领的初心。坚持把政治建设作为自身建设的首要任务来抓，坚决捍卫“两个确立”、增强“四个意识”、坚定“四个自信”、做到“两个维护”，坚决贯彻落实党中央、国务院和区市党委、政府以及县委的决策部署，深学笃行、多措并举，切实提高党员领导干部的政治判断力、政治领悟力和政治执行力。讲法治，坚守依法行政的决心。坚持以法治思维和法治方式履行职权，加强重点领域法治建设力度，全面提高决策法治化水平。加快推进基层政务公开标准化规范化建设持续优化政务服务，全力打造法治化营商环境。自觉接受各方监督，确保权力在阳光下运行。提效能，坚守务实担当的信心。在招商引资、项目建设等重点工作中攻坚克难，在污染防治、维稳等难点工作中严守底线，在乡村振兴、民生保障等工作中务实笃行。同时健全容错纠错机制，为担当者担当，为负责者负责，为干事者撑腰，激发干部改革创新，鼓励干部真抓实干。加快推进智慧政府建设，着力推进基层减负各项措施落实落地，更好为基层干部松绑减负。改作风，坚守狠抓落实的恒心。扎实开展转变作风狠抓落实工作，严格执行中央八项规定精神及其实施细则，进一步缩减政府支出，确保基本民生投入只增不减，坚持政府过紧日子，人民过好日子。聚焦“四查四问”，坚持“八个抓落实”举措，驰而不息纠治“四风”，切实做到“说办就办、马上就办、办就办好”，用干部职工的“辛苦指数”换取人民群众的“幸福指数”。

各位代表！使命重在担当，实干成就未来。面对新时代新使命新要求，我们要更加紧密地团结在以习近平同志为核心的党中央周围，坚持以习近平新时代中国特色社会主义思想为指导，认真贯彻落实区市第十次党代会及十届县委第三次全会精神，在区市党委、政府和县委的坚强领导下，以更昂扬的斗志、更饱满的热情、更务实的作风，知责于心、担责于身、履责于行，为建设中国特色社会主义现代化新墨竹而努力奋斗。

履职尽责有担当 建言资政凝共识

——在政协第三届墨竹工卡县委员会第二次会议上

墨竹工卡县政协主席 央 旦

（2022 年 1 月 17 日）

2021 年工作回顾

2021 年是“十四五”开局之年，是中国共产党成立 100 周年，西藏和平解放 70 周年，也是墨竹经济社会发展极不平凡的一年。

一年来，在县委的坚强领导下，在市政协的精心指导下，在县政府的大力支持下，县政协常委会团结带领广大政协委员深入学习贯彻党的十九大、十九届历次全会精神、中央第七次西藏工作座谈会精神、习近平总书记在中国共产党成立 100 周年、视察西藏时的重要讲话精神及区市县第十次党代会精神，深入学习贯彻习近平总书记关于加强和改进人民政协工作的重要思想。始终坚持用习近平新时代中国特色社会主义思想指导政协事业发展，紧紧围绕全县发展大局和中心任务，把加强思想政治引领，广泛凝聚共识作为中心环节，坚持团结和民主两大主题，提高政治协商、民主监督、参政议政水平，充分发挥政协优势和作用，为推动墨竹长治久安和高质量发展做出了应有的贡献。

一、加强思想政治引领，把牢正确政治方向

一年来，政协常委会坚持旗帜鲜明讲政治，以理论武装提升政治站位，引领政协事业发展，不断夯实团结奋斗的共同思想政治基础，确保全县政协工作沿着正确的政治方向前进。

一是持续抓好理论学习。坚持以习近平新时代中国特色社会主义思想为统领，认真学习贯彻习近平总书记西藏视察时的重要讲话重要指示精神，党的十九届六中全会精神、中央第七次西藏工作座谈会精神及区市县第十次党代会精神。深入开展“党史教育”、“三更”专题教育、“三新”大学习大讨论等活动，教育引导政协委员和机关党员干部不断增强“四个意识”、坚定“四个自信”、做到“两个维护”。党组班子成员积极主动发挥“六个表率”作用，适时参加联系乡（镇）、村党支部活动和主题党日活动，围绕中国共产党成立 100 周年、西藏和平解放 70 周年、习近平总书记在视察西藏时的重要讲话精神、十九届六中全会以及区市第十次党代会精神宣讲 20 余场次。今年县政协以创建学习型组织为抓手，健全学习制度，制订学习计划，通过县政协党组定期学习，开展研讨交流，推动理论学习常态化、制度化。截至 2021 年 12 月，政协党组开展集中学习研讨会 13 次，专题研讨 4 次，政协党组书记带头讲党课 2 次，民主生活会 1 次，组织生活会 2 次，切实做到了政协工作理论常学常新。

二是始终把牢政治方向。认真落实中央、区市政协工作会议精神，进一步完善了县、乡（镇）“政协委员之家”专门协商机构作用的各项制度。坚持政协党组定期向县委汇报重大事项、重点工作、重要活动及报告，在年初政协年度重点工作报请县委审定后实施，坚决做到县委的决策部署落实到具体工作中，始终与县委保持步调一致。

三是全面加强党的领导。始终坚持党对政协工作的全面领导，充分发挥政协党组在政协工作中的领导核心作用，先后组织召开 3 次党组会议，安排部署2021年党建工作、党风廉政建设工作、政协2021年各项工作重点以及民主决议“三重一大”相关事项，坚决扛起主体责任，认真落实“一岗双责”。把意识形态工作列入政协年度工作要点，确保政协协商民主、提升政协履职质量紧密结合。

二、围绕中心、服务大局，创新开展各项工作

一年来，政协常委会以增强履职实效为导向，抓好换届选举、协商议政、视察调研、提案办理、反映社情民意、文史资料收集等工作，促进政协工作有特色、出实效。

一是扎实做好政协三届一次换届工作。按照换届工作要求，今年6月份，配合做好政协委员协商提名，按程序对拟继续提名人选提出意见，协助把好政协委员的政治关、素质关和结构关。强化责任意识，严肃换届纪律，圆满完成三届一次会议各项议程。选举产生了1名政协主席、4名政协副主席和16名常务委员。

二是搭建协商平台，丰富协商形式。县政协通过全委会、常委会、主席会、专题协商会等形式，围绕：“一府两院”工作报告等专题组织相关单位开展协商议政。为巩固拓展脱贫攻坚成果同乡村振兴有效衔接工作，综合运用走访座谈、视察调研、协商监督等方式，深入100多户群众，召开各类协商会5场次，提交调研报告5篇，提出有针对性的建议意见11余条，全方位、广角度、宽领域开展议政建言。

三是创新协商载体，增强协商实效。注重协商形式和工作载体的创新，在组织领导、工作推进、联系群众、协商方式、成果转化等机制方面进行探索和创新。按照协商于民、协商为民的要求，坚持问题导向、贴近群众实践，以“协商在一线”为抓手，以“乡镇政协委员之家”为平台，把协商平台搭建到农牧民群众家门口，打通基层协商“最后一公里”，不断构建全社会参与的氛围。同时利用“政协委员之家”平台开展形式多样的活动，组织开展“3·28”百万农奴解放纪念日、中国共产党成立100周年、西藏和平解放70周年、“民族团结进步月”等系列主题活动10余场次，切实加强了委员履职管理，为委员参加政协会议和活动提供更好服务。组织召开县、乡（镇）“政协委员之家”负责人工作交流座谈会，总结经验、发现问题，对全县政协工作的开展起到推动和促进作用。

四是丰富协商形式，推进多层协商。通过全委会全面协商，常委会专题协商，主席会重点协商等方式，充分发挥专门协商机构作用，组织召开全委会2次，开展常委会专题协商1次，专题视察调研2次，提出各类意见建议5条，为县委决策提供了科学依据。

五是强化督导检查，狠抓工作落实。先后组织相关单位和政协委员组成督导组，通过实地查看、座谈交流、听取汇报、查看资料等方式开展河（湖）长制督导检查，河（湖）长制督查共2次，撰写调研报告2篇。

六是加强提案工作，体现协商性。始终把提案工作纳入重要议事日程，召开党组会议研究部署提案工作，听取提案办结情况汇报，政协二届六次会议期间收到提案52件，三届一次会议期间收到提案60件，共立案112件，占提案总数的100%，办复率达到100%，委员满意率98%以上。在这些提案中，多数提案具有较强的针对性、可行性、前瞻性，在稳定、发展、生态、强边等方面发挥了重要作用。

七是发挥社情民意“直通车”作用，突出及时性。高度重视反映社情民意工作，以“政协委员之家”为平台，发挥广大政协委员和各乡（镇）政协联络员作用，将基层群众关心的重点难点问题作为社情民意反映上来，为党委政府决策提供依据和参考。针对委员提出的11条社情民意信息，经实地走访调研后从政协年度100万元办实事经费中逐步解决了6个乡（镇）共11项群众急需解决的问题，如贴朗村两个组牧场道路维修、卓村委会修建开水房及村委会线路改造等。

八是情系群众为民解忧，扎实开展“我为群众办实事”活动。县政协领导班子成员在做好政协各项工作的同时积极服从县委安排，参与全县重点工作，一是统筹协调抓好“三岩片区”易地搬迁群众工作，全年召开协调会11次，推进会6次，通过多次沟通协商，县政府共投入资金约481.17万元，解决搬迁群众反映的12件急难愁盼问题。二是抓好分管工作，推动县总工会、工商联工作，发展成立了总商会，填补了我县工商联没有商会的空白。协调江苏省工商联为扎西岗乡巴洛村解决10万元资金完

善村级基础设施。三是全力抓好禁白工作，坚持以专项整治与日常管理相结合，以“综治宣传月”“世界环境日”“生态文明宣传月”为契机，组织开展白色污染治理宣传活动50余次，为群众答疑解惑100余人次；组织领导小组成员单位开展专项检查4次，开展“禁白”工作监督检查30余次，向商户、旅游景点发放环保袋1.2万个。一年来，政协领导班子成员赴联系乡、村开展“我为群众办实事”“领导干部下基层大接访办实事”活动20余次，倾听和收集基层建议意见40余条，帮助解决实际问题35件。在结对帮扶中，全心全意为脱贫群众解难题，谋出路，找收入。

九是存史资政，文史工作迈上新台阶。发挥文史资料“存史、资政、团结、育人”的独特作用，完善《墨竹史话》文史资料的收集编辑出版工作。这些书籍资料有较强的史料价值和教育意义，受到社会各界的欢迎，产生了良好的社会影响。

三、坚持团结民主，广泛增进共识凝聚力量

一年来，政协常委会切实把凝聚人心和力量作为义不容辞的职责，坚持大团结大联合，纵横联谊，广交朋友，携手共进，汇聚力量。

一是凝聚委员共识，助推团结稳定。政协常委会始终把发挥政协团结面广、包容性强的优势放在突出位置，多渠道、多领域，增进团结，凝聚力量。以“3·28”西藏百万农奴解放纪念日和“民族团结进步月”等特殊节日为契机，组织委员开展以“新旧西藏对比”和“各民族团结稳定发展”等为主题的座谈交流活动，切实加强同各族各界之间的联系与交流，努力为墨竹的繁荣稳定凝聚人心、汇聚力量，不断巩固最广泛的爱国统一战线。

二是注重联络交流，做好对外交往工作。主动配合上级政协的有关调研视察，加强同兄弟县（区）政协的工作交流。今年，共接待兄弟县（区）政协委员来我县考察学习2次，增加了工作交流和团结合作；配合区、市政协围绕“公共体育设施建设与大力发展群众性体育活动”“更好发挥乡镇农牧综合服务中心在乡村振兴中的作用”等专题开展调研4次。组织县政协委员前往日喀则市亚东县、吉隆县考察学习民族团结创建、产业发展、基础设施、公共服务、社会治理和边境小康示范村建设等工作。通过与区内外政协机构的沟通联系，使委员们开阔了视野，解放了思想，加强了联谊，学到了经验，提高了履职的积极性，进一步促进了我县政协工作的顺利开展。

四、注重强基固本，持续加强履职能力建设

一年来，政协常委会始终立足打基础、利长远，把提升本领能力作为推动政协事业高质量发展的重要保障，推动制度建设、平台建设、队伍建设等方面迈出坚定步伐，政协工作展现新面貌新气象。

一是健全履职工作制度体系。坚持委员业务能力提升集中培训、常委会集中学习等制度，落实习近平总书记“懂政协、会协商、善议政，守纪律、讲规矩、重品行”的要求，召开常委会会议专题研究自身建设，制定实施学习方案，建立县政协党组成员联系党员委员、党员委员联系党外委员制度。规范委员履职工作，明确委员履职任务，建立健全委员履职档案，全面落实党外委员履职补贴，确保委员履职热情不减、责任压实。

二是加强队伍建设提升履职能力。不断抓好政协委员的学习培训，围绕习近平总书记在庆祝中国共产党成立100周年大会上的重要讲话精神，组织新任政协委员开展为期一天的藏汉双语培训；政协委员会班子成员分别参加自治区政协在全国政协干部培训中心（北戴河）举办的全国政协2021年干部培训，在区党校举办的全区基层政协干部理论与实践研讨班。

三是加强政协机关建设。充分发挥政协党组的领导核心作用，认真履行全面从严治党主体责任，把纪律和规矩挺在前面，持之以恒地落实中央八项规定精神及实施细则。抓好政协机关干部思想、作风和勤政廉政建设，机关服务能力有了新的提高。

过去一年工作成绩的取得，是县委正确领导、市政协的精心指导、县人大、县政府大力支持及社会各界积极配合的结果，也是广大政协委员充分发挥主体作用，认真履职的结果。在此，我谨代表县政协常务委员会向长期以来关心、支持政协工作的各级领导、各界人士和离退休老干部，向在各条战线上努力工作的各位委员表示衷心的感谢并致以崇高的敬意！

在肯定成绩的同时，我们也清醒地认识到，工作中还存在一些不足和薄弱环节。主要表现在：一是在充分发挥委员主体作用，加强委员与界别群众联系，深入基层调研，打造参政议政“精品”方面还需要进一步加强；二是在创新改革、搭建协商平台、营造协商氛围、发挥协商作用、提高提案质量方面还需要加强；三是在运用现代信息技术拓展协商方式、丰富履职手段、提高工作效能方面还需要进一步创新。在今后工作中，我们要采取有力措施，认真加以改进。

2022 年工作任务

各位委员、同志们！新的一年里，我们将以深入学习宣传贯彻落实党的十九大、十九届历次全会精神、中央第七次西藏工作座谈会及区市县第十次党代会精神为主线，在年初工作计划总体不变前提下，立足新发展阶段，正确分析面临形势，把握重大历史机遇，坚定信心，趁势而上，围绕抓好“四件大事”“四个创建”，努力做到“四个走在前列”，聚焦“撤县设市”“三区两中心布局”，紧扣县委、县政府中心工作，全面落实社情民意收集、调研视察、专题协商等重点工作，持续深入发挥政治协商、民主监督、参政议政，凝聚共识职能。重点抓好以下几个方面的工作。

（一）坚持以新思想为引领，在提升政治站位上达到新高度。

把学习贯彻党的十九届六中全会、中央第七次西藏工作座谈会、习近平总书记系列重要讲话及区市县第十次党代会精神作为重要政治任务，完善以政协党组理论学习中心组学习为引领的学习制度体系。持续深入学习贯彻中央及区市政协工作会议精神，不断提高做好新时代人民政协工作的政治自觉，探索创新思路举措，把贯彻落实工作不断引向深入，确保政协工作服务大局更加出彩。

（二）坚持以高质量为目标，在服务中心大局上展示新作为。

紧扣我县“十四五”重点任务，推动履职工作向中心聚焦、为大局出力。聚焦墨竹高质量发展，打好协商、监督、参与、服务“组合拳”，使政协履职重点更加契合发展所趋、党政所需、民心所向。围绕巩固拓展脱贫攻坚成果同乡村振兴有效衔接，组织开展系列履职活动，坚持以人民为中心，助力人民群众过上更加美好生活。

（三）坚持以增合力为导向，在广泛凝聚共识上做出新贡献。

深化学习教育、专题视察等工作，着力在贯彻新发展理念上汇聚共识，在构建新发展格局上贡献智慧，在推动高质量发展上增强合力。坚持和加强党对政协工作的全面领导，发挥政协“重要阵地”“重要平台”“重要渠道”作用。立足画大同心圆、汇集正能量，广泛开展团结联谊活动。发挥委员桥梁纽带作用，为建设团结富裕文明和谐美丽的社会主义现代化新墨竹凝心聚力、集才汇智。

（四）坚持以抓平台为重点，在推动提质增效上干出新样子。

广泛组织调研、视察、座谈、研讨、提案督办等活动，健全反映社情民意信息平台，使委员建言有渠道、干事有舞台、履职有动力。加强与党政有关部门联系沟通，与各人民团体、各级政协组织的协同协作。

（五）坚持以强党建为根本，在加强政协自身建设上更有力度。

全面加强政协党组自身建设，落实落细全面从严治党主体责任和意识形态工作责任制，强化把方向、管大局、保落实的领导作用，增强做到“两个维护”的政治能力和政治自觉。立足新方位新使命，进一步抓好政协委员和政协机关两支队伍建设，瞄准促进作风之实和履职之能有机结合、聚焦用力。发挥主席会议、常委会会议引领表率作用，健全委员履职服务和管理机制。推行工作任务清单化管理，提升工作效能，为政协履职提供坚强服务保障。

各位委员，新目标承载新梦想，新征程充满新希望。让我们更加紧密地团结在以习近平同志为核心的党中央周围，坚持以习近平新时代中国特色社会主义思想为指引，深入学习贯彻习近平总书记关于加强和改进人民政协工作的重要思想，在县委的坚强领导下，团结、带领全县政协委员充分发挥政协优势和作用，把提质增效贯穿履职工作全过程，以政协新担当新作为迎接党的二十大胜利召开。

大事记

1月

4日 墨竹工卡县委九届十一次全会暨县委经济工作会议召开，县委书记劳明伟代表常委会向全会报告工作，县委副书记、县长旦增尼玛对2021年经济工作作了具体部署。

5日 政协第二届墨竹工卡县委员会第六次会议召开，会议应到委员93名，实到77名，县政协主席索朗桑布代表政协第二届墨竹工卡县委员会作《政协第二届墨竹工卡县委员会工作报告（草案）》，县政协副主席郭志宏作县政协二届五次以来提案工作情况的报告。

6日 墨竹工卡县第十三届人民代表大会第六次会议开幕，大会应到代表106人，实到代表92人。县委副书记、县长旦增尼玛向大会作《政府工作报告》，书面审议《墨竹工卡县国民经济和社会发展第十四个五年规划和二〇三五年远景目标纲要（草案）》《关于2020年国民经济和社会发展计划执行（草案）的报告》《关于2020年财政预算执行情况及2021年财政预算（草案）的报告》以及《关于墨竹工卡县第十三届人民代表大会第五次会议代表议案建议办理情况的报告》。

同日 拉萨市人大常委会副主任、市村（社区）“两委”换届工作领导小组办公室副主任达瓦带队到墨竹工卡县，开展墨竹工卡县村（居）换届指导检查工作。

同日 墨竹工卡县举办首个“中国人民警察节”庆祝活动，墨竹工卡县公安局对首届“五佳民辅警”进行颁奖。

7日 政协第二届墨竹工卡县委员会第六次会议胜利闭幕，大会应到委员93名、实到75名。会议审议通过政协第二届墨竹工卡县委员会第六次会议选举办法和各类报告的决议。选举产生副主席1名、常务委员1名。

8日 墨竹工卡县第十三届人民代表大会第六次会议胜利闭幕，会议应到代表106名、实到代表86名。会议表决通过《政府工作报告》《国民经济发展报告》《财政预算报告》《法院报告》《检察院报告》，选举产生检察院检察长1名。

10日 拉萨市委副书记、组织部部长庄红翔到墨竹工卡县日多乡怎村哈姆组传达自治区党委书记吴英杰给索朗次仁的回信精神。

13日 拉萨市委副书记、市长果果参加拉萨市十一届人大六次会议墨竹工卡县代表团审议，强调要“在巩固脱贫攻坚成果上狠下功夫，守护好神圣国土建设好幸福家园”。

15日 墨竹工卡县党外代表人士座谈会议召开，20余名党外人士参加会议。

22日 墨竹工卡县仲尼村举行2020年度扶贫农机租赁合作社项目分红仪式，为30户建档立卡户分红。

25 日　墨竹工卡县启动村（社区）党组织换届选举工作。

27 日　西藏自治区教育厅党组副书记、厅长尼玛次仁一行到墨竹工卡县中学调研，实地查看卡东山地质灾害隐患。

28 日　墨竹工卡县 41 个村（社区）党组织换届工作圆满完成，新当选党组织委员 222 名。

同日　墨竹工卡县人民政府党支部在特困人员集中供养中心开展“送温暖、讲政策、感党恩”主题党日活动。县委副书记、县长旦增尼玛以普通党员身份参加活动。

2 月

1 日　墨竹工卡县举行拉萨市 2021 年文化科技卫生法律爱国爱教宣传“五下乡”集中示范服务活动启动仪式，拉萨市委常委、宣传部部长吴亚松出席并致辞。

3 日　墨竹工卡县委常委会班子召开 2020 年度专题民主生活会。

同日　墨竹工卡县人民政府党组班子召开 2020 年度专题民主生活会。

4 日　墨竹工卡县第十届村（居）民委会换届选举工作圆满完成，为期 4 天，新当选村（居）民委员会成员 177 名，新产生村（居）民委主任 41 名。

10 日　县委副书记、县长旦增尼玛一行到工卡镇格桑村慰问尿毒症患者，送去墨竹工卡干部职工及爱心人士捐款 10 万元。

3 月

1 日　墨竹工卡县第九届纪律检查委员会第六次全体会议召开。

同日　墨竹工卡县人民医院“万名医师”下基层对接工作座谈会议召开，县委副书记、县长旦增尼玛出席并讲话，并签订“万名医师”下基层帮扶工作协议。

3 日　墨竹工卡县党史教育、“三更”专题教育、“三新”大学习大讨论暨 2021 年理论学习中心组第二次学习会议召开。

4 日　西藏自治区文物鉴定中心副研究员宁吉等 3 名专家，在墨竹工卡县帮萨寺开展文物鉴定定级工作。共鉴定一级文物 1 件、二级文物 4 件、三级文物 20 件。

同日　“政企合作探新路、谱写就业新篇章”墨竹工卡县大中专毕业生到福州大学定向委培启动仪式举行，88 名墨竹工卡籍大中专毕业生将在福州大学定向委培 1 年。

8 日　墨竹工卡县 2021 年“三八”国际劳动妇女节“巾帼心向党、奋斗新征程”文艺会演举办，对县城 143 名环卫女工人进行慰问。

15 日　墨竹工卡县 2021 年春季应征入伍新兵欢送仪式举行。

16 日　墨竹工卡县举行春耕春播仪式。

17 日　墨竹工卡县为全县 73 名瘫痪在床的残疾人免费发放失禁护理用品，本级财政投入 21.9 万元，发放尿垫 6030 包、成人尿裤 6650 包。

同日　墨竹工卡县村（居）工会换届工作完成，共配备村（居）工会主席 41 名、副主席 42 名、委员 125 名。

18 日　由住建部城市建设司二级巡视员曹燕带队的专家组到墨竹工卡县验收评估生活垃圾、污水治理工作。

19 日　墨竹工卡县 70 个农田水利道路交通“最后一公里”惠民项目集中开工仪式举行。拉萨市委常委、常务副市长占堆，副市长扎西白珍出席并讲话，县委副书记、县长旦增尼玛致辞。2021 年计划实施项目 141 个，总投资 53.07 亿元。

29 日　墨竹工卡县开展 2021 年义务植树活动，县委书记劳明伟，县委副书记、县长旦增尼玛及在岗县级领导、51 家单位 269 名干部职工参加，栽植藏川杨、新疆杨、榆树、旱柳共计 2000 余株。

4 月

2 日　墨竹工卡县党史学习教育、“三更”专题教育、“三新”大学习大讨论暨2021年理论学习中心组第4次会议召开。

12日 墨竹工卡县行政审批和便民服务局搬迁入住仪式举行，拉萨市行政审批和便民服务局副局长王永谦出席并致辞。

15日 拉萨市委副书记、市长果果（中）出席西藏华泰龙矿业开发有限公司人民武装部揭牌仪式。

20日 第十三届墨竹工卡县人民政府第59次常务（扩大）会议召开，县委副书记、县长旦增尼玛主持会议，研究部署墨竹工卡县安全生产工作、墨竹工卡县生态环境保护工作、墨竹工卡县林草工作、墨竹工卡县“两违”专项整治工作、墨竹工卡县食品安全和市场监管工作，原则同意《墨竹工卡县党史学习教育、“三更”专题教育、“三新”大学习大讨论活动和领导干部下基层大接访办实事活动、2021年急需解决惠民项目（事项）事宜》等事宜。

24日 墨竹工卡县新冠肺炎疫苗接种工作再部署再推进会议召开。

25日 西藏自治区党史学习教育自治区宣讲团一行到墨竹工卡县开展集中宣讲。

27日 墨竹工卡县举办首届“藏医临床专业技术骨干人才”培训班，西藏藏医药大学教授央嘎等5名专家授课。

同日 中国少年先锋队墨竹工卡县第一次代表大会召开，团市委书记王宏杰出席并讲话，全县105名代表参加，其中少先队员代表61人，选举产生委员17名，其中学生委员2名。

同日 墨竹工卡县人民医院成功实施首例先天性髋关节脱位开放复位术，一名一岁半先天性髋关节脱位患儿接受治疗，驻墨竹工卡县人民医院万名医师工作队队员索朗主刀。

29日 墨竹工卡县举行庆祝中国共产党成立100周年和西藏和平解放70周年系列活动启动仪式。

5月

2日 墨竹工卡县乡（镇）换届选举工作圆满完成，4月30日至5月2日，各乡（镇）相继召开第十五届人民代表大会第一次会议，选举产生人大、政府新一届班子，选举产生375名乡（镇）级人大代表。

6日 墨竹工卡县2021年冬虫夏草采集服务与管理工作党员部署会议召开。

10日 墨竹工卡县防汛工作现场专题会议召开。

11日 墨竹工卡县召开纵深推进党史学习教育、做到“三更”落实“三新”，打通服务群众“最后一公里”大会，收集群众期盼540件，已解决133件、需要时间解决321件，对无法解决的86件向群众进行解释说明。

13日 西藏自治区“永远跟党走”群众文化活动在墨竹工卡县举办，由自治区党委宣传部、自治区文明办主办，拉萨市委宣传部、哈呼曲艺社承办，干部群众3000余人参加。

18日 墨竹工卡县2021年虫草采集人员进点工作顺利完成。

21日 墨竹工卡县油菜新品种实验地正式播种，拉萨市农业技术推广站副站长尼玛次仁进行现场指导。共有6个品种，面积298.98亩。

26日 墨竹工卡县“安全生产月”暨“环境宣传月”活动启动仪式在巨龙铜业有限公司举行。

同日 墨竹工卡县“格桑花开·幸福助力”民生微实事100+行动计划启动，整合援藏资金3845万元，拟实施105个民生项目。

27日 “宁墨情·共发展”墨竹工卡县党政干部乡村振兴专题培训班（二期）启动。

31日 墨竹工卡县乡村振兴局挂牌仪式举行。

6月

1日 在墨竹工卡县举行拉萨市2021年“安全生产月”活动启动仪式，拉萨市委常委、常务副市长、市安委办常务副主任占堆出席并致辞，拉萨市应急管理局局长蔡卫旗主持。

8日 墨竹工卡县召开干部大会，拉萨市委副书记、组织部部长庄红翔出席并讲话，宣布区党委和市委任职决定：沈鹏里任墨竹工卡县委书记，巴桑任墨竹工卡县委副书记、提名为墨竹工卡县县长候选人。

同日　墨竹工卡县举行“春蕾计划——佑未来、护成长”女童关爱行动西藏自治区项目启动暨关爱礼包发放仪式。

10日　墨竹工卡县第十三届人民代表大会常务委员会第35次会议召开，县人大常委会副主任刘登贵主持会议，表决通过县政府、县法院提请的人事任免议案。

15日　墨竹工卡县举行非遗塔巴陶瓷新生产基地落成暨弥盛塔巴陶瓷工艺传承有限公司开业仪式。

16日　中共墨竹工卡县直属机关工作委员会党员代表大会召开，县委常务副书记、常务副县长施勇君主持会议，应到党代表300名，实到党员代表267名，选举产生104名县直机关工委代表。

18日　拉萨市党史学习教育宣讲团一行到墨竹工卡县作专题辅导宣讲报告，拉萨市委党校讲师冯静授课。

21日　县委书记沈鹏里对7个乡1个镇进行调研，了解人居环境整治、产业发展、重点项目建设、生态环境保护等工作。

24日　中国共产党墨竹工卡县第十次代表大会开幕。应到218人、实到197人，沈鹏里作《砥砺初心使命接续扬帆起航为全面开启墨竹工卡社会主义现代化新征程而努力奋斗》报告。

25日　中国共产党墨竹工卡县第十次代表大会闭幕，自治区党委组织部干部监督一处处长李端根和市换届第三指导组、政协副主席岳国红以及市委组织部副部长禹春辉与会指导，表决通过《墨竹工卡县九届委员会工作报告决议（草案）》《墨竹工卡县九届纪律检查委员会工作报告的决议（草案）》，选举产生墨竹工卡县第十届委员会委员25名、候补委员5名；墨竹工卡县纪律检查委员会委员11名，拉萨市十届代表大会代表17名。

同日　中国共产党第十届委员会第一次全体会议召开，县委书记沈鹏里主持会议，选举产生第十届委员会常务委员会委员12名，选举产生书记1名、副书记3名。

27日　政协第三届墨竹工卡县委员会第一次会议召开，县政协党组书记、主席候选人央旦主持会议，应到委员112名、实到102名。

28日　墨竹工卡县第十四届人民代表大会第一次会议隆重开幕，应到代表148人、出席137人。县委副书记、代理县长巴桑代表县人民政府向大会作政府工作报告，书面审查《经济报告》《财政报告》。

29日　政协第三届墨竹工卡县委员会第一次会议闭幕，应到委员112名、实到101人，选举产生1名政协主席、4名副主席和16名常务委员。

30日　墨竹工卡县第十四届人民代表大会第一次会议召开，应到代表148人、实到143人。县委书记沈鹏里主持会议，选举产生第十四届人民代表大会常务委员会主任、副主任、委员，县人民政府县长、副县长，县人民法院院长，县检察院检察长。表决通过人大工作报告、政府工作报告、经济报告、财政报告等决议。

7月

1日　墨竹工卡县举行庆祝建党百年主题活动暨党建教育基地揭牌仪式，拉萨市副市长刘广民出席仪式并进行揭牌。

8日　墨竹工卡县党史学习教育、做到“三更”落实“三新”暨2021年理论学习中心组第10次会议召开，县委书记沈鹏里主持会议，传达习近平总书记在庆祝中国共产党成立100周年大会上重要讲话、习近平总书记在“七一勋章”颁授仪式上的重要讲话精神，部分县级领导作交流发言。

同日　墨竹工卡县召开“两优一先”表彰大会暨县委书记讲党课活动。

12日　南京市六合区雄州街道到墨竹工卡县对口支援座谈会议召开，县委常务副书记、常务副县长施勇君，副县长任彦芳出席会议，为墨竹工卡县乡村振兴捐赠100万元。

13日 墨竹工卡县举办第四届西藏·墨竹小油菜花文化旅游节。

同日 墨竹工卡县召开安全生产工作再安排再部署会议。

15日 墨竹工卡县召开乡村换届后新任干部廉政集体谈话会。

17日 墨竹工卡县“格桑花开·医公益”义诊活动启动,江苏省医疗美容主诊专家为前来就诊的畸形患者进行现场诊疗,义诊43名畸形患者,对低风险畸形病人12人进行门诊手术,对技术难度较大、风险较高的12名患者分批次送南京进行手术。

21日 墨竹工卡县2021年基层党组织党务工作者第一期专题培训班开班。

同日 第十届墨竹工卡县人民政府第1次常务(扩大)会议召开,县委副书记、县长巴桑主持会议,安排部署安全生产、生态环境保护、食品药品监督、撤县设市等重点工作,审议通过关于解决乡村“两站两员”人员岗位及相关工资待遇的事宜。

23日 墨竹工卡县新时代文明实践中线建设、自治区文明城市创建工作推进会召开。

24日 墨竹工卡县委议军会暨国防动员会召开。

27日 县委副书记、县长巴桑到日多乡调研“美丽乡村·幸福家园”建设项目及大学生就业创业、农牧民群众生产生活等情况。

8月

2日 墨竹工卡县召开新冠肺炎疫情防控工作推进电视电话会议,县委副书记、县长巴桑主持,各乡镇、相关部门负责人参加会议,会议通报5个检查卡点工作开展情况。

3日 县委书记沈鹏里到日多乡宣讲习近平总书记“七一”重要讲话精神和在西藏考察时的重要讲话精神。

4日 墨竹工卡县在全区率先完成“村医通门诊购药POS机”安装工作,31个村(居)卫生室完成安装及测试工作,投入资金21.08万元。

6日 墨竹工卡县举行“致敬建党百年、情暖百名老兵”送健康暨县退役军人事务中心服务站示范创建活动。

同日 墨竹工卡县第十四届人民代表大会常务委员会第一次会议召开,县人大常委会主任张志文主持,为任命的人大常委会办公室副主任、23名县政府直属部门负责人、监察委员会委员颁发任命书。

16日 墨竹工卡县2021年项目推进现场会在甲玛乡召开。

17日 十届县委第3次常委会(扩大)会议召开,县委书记沈鹏里主持会议,研究《中共墨竹工卡县委员会关于深入贯彻落实习近平总书记在西藏考察时重要讲话精神的重点任务责任清单》《习近平总书记在西藏考察工作结束时的重要讲话精神学习宣传贯彻方案》。

同日 墨竹工卡县成功实施首例静脉麻醉下的无痛胃镜检查。

20日 墨竹工卡县“四大班子”领导到日多乡拉龙村党组、扎西岗乡巴洛村、工卡镇工卡村哈嘎组调研第二批“美丽乡村·幸福家园”建设项目实施情况。

21日 西藏自治区爱卫办公示自治区卫生村(居),对拟命名墨竹工卡县为自治区卫生县城及甲玛乡孜孜荣村、扎西岗乡扎西岗村为自治区卫生村(居)进行公示。

23日 墨竹工卡县委十届二次全体(扩大)会议召开,审议通过《中共墨竹工卡县委员会关于深入贯彻落实习近平总书记在西藏考察时重要讲话精神的重点任务清单》《中国共产党墨竹工卡县第十届委员会第二次全体(扩大)会议决议》。

25日 西藏自治区党委党史学习教育第一巡回指导组到墨竹工卡县开展党史学习教育巡回督导工作,自治区应急管理厅科技和信息化处副处长、第一巡回指导组成员黄平出席并讲话,县委书记沈鹏里汇报党史学习教育工作开展情况。

同日 拉萨市委副书记、常务副市长沈海斌到墨竹工卡县调研“美丽乡村·幸福家园”建设、格桑花开产业园建设及墨竹小油菜榨油厂生产经营情况。

26日　墨竹工卡县开展大骨节病患者病情核查工作，邀请北京专家及拉萨市人民医院专家对全县3个重点病区乡核查救治200余人，其中50名建档立卡户自愿接受治疗，费用由公益基金项目承担。

同日　西藏自治区政协党组成员、副主席卓嘎一行到墨竹工卡县，对"更好发挥乡镇农牧综合服务中心在乡村振兴中的作用"进行专题调研。

27日　墨竹工卡县完成首次农牧业大检查工作，重点检查组织保障、深化改革、农业、牧业、产业项目、人居环境整治等。

30日　政商企校联合共建的"格桑花开成长学院"成立，西藏自治区党委统战部副部长、区工商联党组书记王念东出席并讲话。

31日　墨竹工卡县消防救援大队举行党史教育主题公园揭牌仪式。

9月

1日　县委书记沈鹏里，县委副书记、县长巴桑首次到文创园区同心苑社区调研，主要了解搬迁群众生产生活和扶贫产业发展、人员就业等情况。

2日　墨竹工卡县委机构编制委员会2021年第一次会议召开，县委书记沈鹏里主持会议，县委副书记、县长巴桑参加会议，审议相关单位机构编制事宜，部署全县机构编制相关工作。

同日　江苏省工信厅厅长谢志成一行到墨竹工卡县考察对口支援工作和援藏项目建设情况。

3日　2021年度墨竹工卡县"学党史、办实事"农机具发放仪式举行，县委副书记、县长巴桑出席并讲话，为14个行政村发放20台农用机械，全县涉农行政村农业机械普及率达100%。

8日　墨竹工卡县举行庆祝第37个教师节文艺会演暨表彰大会。

10日　县委副书记、县长巴桑到金和矿业、中凯矿业、天仁矿业检查指导安全生产、生态环境、新冠肺炎疫情防控等重点工作。

11日　墨竹工卡县人民医院成功为一名患者进行异体输血。

13日　全市老年人日间照料中心设备样板现场推进会在墨竹工卡县召开，拉萨市民政局党组副书记、局长白玛玉珍主持。

18日　墨竹工卡县中央民族工作会议精神宣讲会召开，自治区委党校、区行政学院政法教研部教授扎西多布杰授课。

23日　西藏庆祝2021年"中国农民丰收节"活动在墨竹工卡县举行，活动由拉萨市委、市政府、自治区党委农村工作领导小组办公室、区农业农村厅、区乡村振兴局主办。

24日　由昌都市委副书记廖传锦为组长的考察团一行到墨竹工卡县考察乡村振兴工作。

28日　墨竹工卡县人民医院首次开设体外碎石中心，设立KDE—2002B体外冲击波碎石机。

29日　墨竹工卡县2021年基层党建工作推进会召开，县委书记沈鹏里出席并讲话，总结前一阶段党建工作、安排部署下一阶段党建重点任务。

10月

8日　墨竹工卡县总商会第一届代表大会召开，工商联主席班旦曲扎作《筹备工作报告》，选举产生县总商会会长1名、副会长（秘书长）1名、兼职副会长7名。

11日　墨竹工卡县"溪桥工程"二期建设现场会召开，县委常务副书记、常务副县长施勇君出席并讲话，各乡（镇）、相关部门、群众代表、施工企业代表参加会议。二期计划新建桥梁40座，覆盖7乡1个镇。

13日　自治区体育局送体育下基层民族传统马术表演在墨竹工卡县举行，墨竹工卡县及周边群众6000余人到现场观看，并为嘎则社区、宗雪村驻村工作队赠送价值5万元的全民健身体育器材。

同日　拉萨市委副书记、市长果果到墨竹工卡县调研乡村振兴、"美丽乡村·幸福家园"建设项目及矿山生态修复等工作。

14日　墨竹工卡县在特困人员集中供养中心

开展欢度重阳节暨共庆寿星老人生日活动，县委副书记、县长巴桑和县政协主席央旦出席，为80岁以上老人过集体生日。

15日 墨竹工卡县开展“苏拉一家亲·共圆复兴梦”惠民演出暨文化交流活动，江苏省文联党组成员、副主席、书记处书记刘轩明和墨竹工卡县委副书记、县长巴桑出席并致辞，拉萨市委副书记廖恳和市委常委、宣传部部长王慧出席活动。

19日 “宁墨情·医公益”爱心医治南京行动出发仪式举行，县委副书记、县长巴桑出席并讲话，副县长许震宇，县卫健委、县医院负责人以及患者及家属40余人参加。34名先心病、唇腭裂、髋关节脱位等患者将到南京接受治疗。

20日 西藏自治区党委统战部副部长、区民委党组书记、副主任赵树明一行到墨竹工卡县调研。

26日 县委副书记、县长巴桑主持召开墨竹工卡县乡（镇）重点工作汇报会，听取各乡（镇）社会稳定、安全生产、产业项目、新冠肺炎疫情防控等重点工作开展情况，安排部署重点工作任务。

11月

2日 第三期“宁墨情·共发展”墨竹工卡县党政干部乡村振兴素质提升专题培训班在南京开班，县委书记沈鹏里出席并致辞，党政代表团、34名乡村振兴干部参加。

3日 第三届“格桑花开·南京墨竹周”在南京开幕，同步举办“天边墨竹最西藏”净土产品与文化博览会，邀请110家西藏有影响力、有代表性的企业参加，参展品种1000种以上，总价约3000万元。

4日 “宁墨情·共筑梦”第三届农牧民群众看南京活动启动仪式举行，县委书记沈鹏里出席并致辞，副县长索朗扎布介绍整体活动内容。党政代表团成员、12名农牧民群众代表参加。

同日 “天边墨竹·藏式生活馆”高淳馆正式开馆，县委书记沈鹏里出席并致辞，党政代表团成员参加仪式。

9日 墨竹工卡县举行“119消防宣传月”活动启动仪式，县委常委、副县长索朗多吉，县委常委、政法委书记、公安局局长多吉次仁以及相关部门、寺庙僧尼代表、中小学生代表参加，宣读2021年度119消防宣传先进个人和先进集体名单。

12日 墨竹工卡县十届县委第一轮巡察动员部署会召开，县委副书记、县长巴桑参加并做动员讲话，拉萨市巡察调研指导组成员王董礼出席，相关县级领导、各相关乡镇、县直部门共计50人参加，对水利局、市场监管局开展常规巡察，对嘎则居委会、贴朗村、念村等开展上下联动直巡村（居）试点巡察。

同日 墨竹工卡县塔巴村入选2021年中国休闲乡村名单。

15日 墨竹工卡县召开全县党政“一把手”警示教育大会。

16日 墨竹工卡县委常委会（扩大）会议召开，县委书记沈鹏里主持会议，传达学习中共十九届六中全会精神。

18日 墨竹工卡县第十四届人民代表大会第二次会议党员代表大会召开，应到代表148人、实到126人，选举产生出席拉萨市第十二届人民代表大会代表31名。

19日 西藏自治区农业农村厅党组成员、副厅长林木一行到墨竹工卡县督导检查高标准农田建设、“大棚房”自查自改、青稞生产和种植情况，并召开座谈会议。

22日 西藏自治区党委副书记、代主席、拉萨市委书记严金海与十二届人大一次会议墨竹工卡县代表团的代表们一起审议政府工作报告等，拉萨市委副书记廖恳参加。

12月

2日 墨竹工卡县组织开展新冠肺炎疫情常态化防控培训，邀请拉萨市疾病预防控制中心主管医师次仁央宗，县直各单位、各村（居）、寺管会、派出所、卫生院、企业等184人参加。

3日 墨竹工卡县开展“12·4”国家宪法宣传活动，20余家单位参加，悬挂横幅15条，发放法律宣传资料6000余份、宣传品5000余个。

6日 墨竹工卡县召开2021年第四批爱国守法僧尼代表和管委会干部代表到其他省参观学习座谈会议,县委书记沈鹏里出席并讲话,县委副书记、县长巴桑出席,38名先进僧尼代表和干部代表到6个省参观学习。

9日 拉萨市委常委、常务副市长占堆到墨竹工卡县宣讲中共十九届六中全会及区市第十次党代会精神。

14日 墨竹工卡县首批西藏和平解放70周年中央代表团礼品发放仪式在门巴乡贴朗村举行,为村民分发代表团捐赠的洗衣机。

17日 县委副书记、县长巴桑做客《中国推介》节目,对墨竹工卡县旅游文化资源、特色产品等进行推介,并录制节目。

20日 墨竹工卡县召开年终述职大会,县委书记沈鹏里主持,县委、县政府主要领导分别向大会进行述职,其他县级领导进行书面述职,与会人员进行民主测评。

22日 墨竹工卡县召开2021年医疗卫生健康系统总结会暨2022年工作部署会议。

24日 拉萨市迎接国家考核工作动员部署会暨墨竹工卡县迎考工作推进视频会议召开,拉萨市副市长扎西白珍出席并讲话。

30日 国家综合考核评估组一行到墨竹工卡县开展2021年度巩固拓展脱贫攻坚成果同乡村振兴有效衔接考核评估工作,并召开汇报会,考核组组长、自然资源部乡村振兴办负责人杨学军讲话,自治区乡村振兴局党组成员、副局长普布顿珠,拉萨市副市长扎西白珍出席。

县情概览

【概况】 墨竹工卡,藏语意为“墨竹色青龙王居住的中间白地”,亦称古老富裕之地,素有“拉萨东大门”之称。隶属西藏自治区拉萨市,位于西藏中部、拉萨河上游,地理坐标为北纬29° 31′—29° 50′、东经91° 32′—91° 37′。东与林芝市工布江达县相邻,西靠拉萨市达孜区、林周县,北连那曲市嘉黎县,南接山南市乃东区,交通区位优势较为明显,川藏公路(318国道)横穿而过。县域面积5492平方公里,属以农为主的半农半牧县。全县辖7个乡、1个镇,41个村(居)委会,总人口49511人,平均海拔4200米。墨竹工卡县野生动植物资源有黑颈鹤、斑头雁、虫草、雪莲花、红景天等,矿产资源有铜、铅、锌、金、钼、铬、大理石等。境内名胜古迹众多,旅游资源得天独厚,距今850多年历史的直孔替寺闻名国内外,日多温泉、德仲温泉和有财神湖之称的思金拉措等自然景观独具魅力,直孔水磨糌粑、斯布牦牛等农畜产品驰名区内外,以松赞拉康、松赞干布纪念馆、霍尔康庄园、甲桑古道徒步为重点的藏王松赞干布出生地甲玛景区已完成松赞干布纪念馆建设并对游客开放。

【经济发展】 2021年,全县地区生产总值完成48.69亿元,同比增长6.2%;规模以上工业增加值同比增长9.6%;全社会固定资产完成投资同比增长96.7%;一般公共预算收入完成5.62亿元;社会消费品零售总额完成4.75亿元,同比增长7.7%;农村居民人均可支配收入达到21066元,同比增长15.8%。招商引资落地项目36个,累计到位资金40.95亿元。全年接待游客7.98万人次,综合收入达397万元。

【气候】 墨竹工卡县位于高原温带半干旱地带,高寒干燥,日照较为充足,降水集中,雨季明显,地面气温变化大,自然灾害较多,具有长冬无夏、春秋相连、四季不明、灾害频繁的高原温带半干旱大陆性季风气候特点。墨竹工卡县年平均气温5.6℃,最冷月平均气温-5.4℃,最暖月平均气温14.1℃;无霜期3个月左右。县境内的气候具有气温较低,日温差大,年温差小;干湿季分明,冬春干燥,多大风,水热同步,多夜雨;日照充足,辐射强烈;冬无严寒,夏无酷热;气压低,含氧量较少等特征。其气候分区主要有寒冷半干旱区、寒冷半湿润区、冷凉半干旱区、冷凉半湿润区、温凉半干旱区、温凉半湿润区、温和半干旱区等。

【地貌】 墨竹工卡县地域辽阔,人口稀少,资源丰富,被人们称为“天边之乡”。在西藏自治区地貌版图上位偏东念青唐古拉山南麓,划归藏南谷地,处于雅鲁藏布江中游河谷地带,属拉萨河谷平原的一部分,喜马拉雅山构造运动控制着区内地面轮廓的形成,境内山川相间,河谷环绕,草原广布。其北部海拔超过5000米的山峰众多;中部和西南部山峰较少,主要有玛巴渣、错高日、拉莫南山、恩玛日、扎拉日巴等。总地势为东北偏高西南偏低,山脊及主干沟谷呈东西或近南北状，与主干构造线相吻合，并以差异性上升运动为主体的新构造运动及强烈的剥蚀作用，塑造出县域范围内的独特地貌形态。

【河流】 县内的主要河流为雅鲁藏布江支流拉萨河，由于受北东和北西向两组断裂的严格控制，格状形式分布明显。热振藏布汇入支流拉曲、达隆曲后改称直贡藏布；直贡藏布折为东南流向，至支流雪绒藏布汇合后又折向西南，与墨竹玛曲会合流向拉萨河。其主要支流有雪绒藏布和墨竹玛曲，均属印度洋外流水系。墨竹玛曲县内流程 88 千米，流域面积 2231 平方千米，多年平均流量每秒 26.8 立方米，天然落差 1280 米，理论蕴藏量 9.42 万千瓦。雪绒藏布县内流程 85 千米，流域面积 2165 平方千米，多年平均流量每秒 26 立方米，天然落差 1240 米，理论蕴藏量 7.91 万千瓦。

【资源】 境内生物资源多，分布广。全县有野生动物 22 种，其中国家一级保护动物 2 种，二级保护动物 3 种。植物有上千种，分布面广，其中药用植物主要有虫草、雪莲花、贝母、红景天等珍贵药材。地下矿产资源繁多，有金、银、铜、锑、硫、刚玉等几十种矿藏，蕴藏量大，品位高，极具开采价值。旅游资源有距今 800 多年历史的直孔替寺和享誉区内外的德仲温泉，还有夏拉康、嘎则寺等名胜古迹，无不令中外游人赏心悦目、流连忘返。

【建置沿革】 公元 7 世纪前，县境先后为吉若杰部落、森波杰部落和雅砻悉补野部落属地。7 世纪初，吐蕃地方政权建立后，为卫茹所设墨竹域参、嫩龙域参共辖，元朝时隶属加玛、直贡万户府，明代系加玛都指挥使司所辖，清代为西藏地方政府的雪列空所设墨竹贡嘎尔城以及西藏地方政府所设墨竹宫宗、墨竹工卡宗管理，民国时期作为贵族庄园赏给夏扎家族管辖。1954 年至 1956 年 3 月，属西藏地方政府卫区总管。1956 年 4 月至 1957 年 8 月，自治区筹委会拉萨基巧办事处。于 1959 年 9 月 10 日成立墨竹工卡县人民政府（简称“县政府”）。10 月，拉萨军管会和基巧办事处撤销，建立拉萨市，县政府隶属拉萨市管辖。1960 年 1 月，国务院批准成立拉萨市人民政府，墨竹工卡县隶属拉萨市人民政府管辖。1965 年 7 月，县政府更名为墨竹工卡县人民委员会，隶属拉萨市人民委员会管辖。1969 年 4 月，墨竹工卡县成立革命委员会代替县人委行使职权，隶属拉萨市人民委员会管辖。1981 年 11 月，撤销县革委会，恢复建立县人民政府，隶属拉萨市人民政府管辖。至 2021 年，墨竹工卡县人民政府下辖工卡镇、甲玛乡、唐加乡、扎西岗乡、日多乡、门巴乡、尼玛江热乡、扎雪乡 8 个乡（镇）人民政府。

（旦增达吉）

中国共产党墨竹工卡县委员会

综述

【概况】 2021年是中国共产党成立100周年、西藏和平解放70周年,也是“十四五”规划开局之年。全县上下坚持以习近平新时代中国特色社会主义思想为指导,认真贯彻新时代党的治藏方略,全面落实中央和区市决策部署,立足新发展阶段,贯彻新发展理念,构建新发展格局,推动高质量发展,坚持稳中求进工作总基调,扎实做好“六稳”工作,全面落实“六保”任务;统筹疫情防控和经济社会发展;圆满完成2021年度巩固拓展脱贫攻坚成果同乡村振兴有效衔接工作国家综合检查。团结带领干部群众凝心聚力、攻坚克难,全县呈现出社会大局和谐稳定、综合实力持续攀升、生态环境大幅改善、乡村振兴加快推进、群众福祉日益增进、党的建设全面加强、受援工作成效显著的良好态势,实现“十四五”发展稳健开局和全面起步。

2021年,地区生产总值完成48.69亿元,同比增长6.2%;公共财政预算收入完成5.62亿元,同比下降3.9%;规模以上工业增加值同比增长9.6%;社会消费品零售总额完成4.75亿元,同比增长7.7%;全社会固定资产投资增速96.7%;农牧民人均可支配收入完成21066元,同比增长15.8%。

南京对口支援墨竹工卡县工作组荣获“全国脱贫攻坚先进集体”称号。工卡镇塔巴村入选2021年中国美丽休闲乡村。

2021年6月30日,县委书记沈鹏里(右四)一行到工卡镇塔巴村调研“塔巴陶瓷”非遗产业项目

【政治建设】 年内,深入学习贯彻习近平新时代中国特色社会主义思想,贯彻落实中共十九届六中全会、习近平总书记“七一”重要讲话以及在西藏视察时的重要讲话精神,顺利召开县第十次党代会和县委十届一次、二次全会,严格落实意识形态工作责任制,召开县委常委会会议21次、县委理论学习中心组学习会16次,组织专题教育学习研讨会100余场次,依托新时代文明实践中心(所、站),开展各类宣讲200余场次,受

众达2.5万人次。实现十九届六中全会和中央第七次西藏工作座谈会精神宣讲全覆盖，广大干部群众共同团结奋斗的思想基础更加牢固。

【党的建设】 年内，严格落实中央八项规定及其实施细则精神，持之以恒纠正“四风”，党风廉政建设成效明显；顺利完成县、乡、村三级党组织换届选举工作，配齐配强乡村两级领导班子，从急难险重岗位提拔使用干部占80%以上，基层组织基础不断夯实；持续推进“1+4+N”“党建＋基层治理”示范点创建，赤康样本作用彰显，“党建微公园”开放使用，在6个乡镇15个村小组实施“幸福驿站”项目，打通联系群众最后一公里；完成十届县委第一轮巡察，查处违纪违法问题34件38人，全面从严治党取得明显成效。

【党史学习教育活动】 年内，高质量推进党史学习教育、“三更”专题教育和“三新”大讨论大学习活动，精心组织“赤心向党·砥砺奋进”庆祝建党百年主题活动，隆重举行“两优一先”表彰大会，精心组织“宁墨情深·礼赞百年”百对佳人集体婚典等系列庆祝活动，努力营造庆祝中国共产党成立100周年和西藏和平解放70周年浓厚氛围。着眼老百姓身边的小事、琐事、操心事、烦心事，扎实推进“我为群众办实事”实践活动，结合领导干部“下基层大接访办实事”活动，累计收集群众急难愁盼问题540件，分三年逐步解决。

2021年7月1日，县委书记沈鹏里（左一）在“赤心向党、砥砺奋进”墨竹工卡县庆建党百年主题活动暨党建教育基地建成揭牌仪式上为老党员佩戴“光荣在党50年”纪念章

截至2021年年底，累计投入1.8亿元，实施300件民生实事，群众的“幸福感、获得感、安全感”更加充实、更有感知、更有保障。整合援藏资金3800多万元，实施“格桑花开·民生微实事100+”计划，先期实施8类104个民生项目，打通民生服务“最后一公里”。

【生态环保】 年内，坚持把“两山”理念贯穿经济社会发展全过程和各领域，持续打好蓝天、碧水、净土保卫战，全面加强污染源综合治理，有力有序推进国土空间规划编制，扎实推进国土空间生态恢复治理，深入开展造林绿化工程和农村人居环境综合治理，实施造林项目补植补栽、“四旁”植树等项目，累计栽植苗木36万株。高效推进矿区生态修复，督促华泰龙公司、巨龙公司投入2.03亿元，完成生态治理修复218万平方米；完成巨龙公司国家级绿色矿山建设申报及现场验收工作。本级财政安排165万元资金，有序推进自治区级“生态文明建设示范县、乡、村”创建，生态环境大幅度改善，绿色发展底色日益亮丽。

【深化改革】 年内，不断提升服务效能，新建的便民服务大厅投入使用，累计办理行政审批和便民服务事项5万余件。深化国有企业改革，将20家国有企业规范整合为7家，制定出台国有企业考核绩效管理办法和国有企业监督管理办法，健全完善企业内控管理制度。扎实开展妨碍统一市场和公平竞争的政策清理工作，进一步放宽企业住所和经营场所登记条件。顺利完成41个行政村（居）、198个村民小组的清产核资及建账工作，清查农村集体资产1.81亿元。

【城乡面貌】 年内，第二批“美丽乡村·幸福家园”建设扎实推进，6个乡（镇）污水处理厂有序运行，完成农村户厕改造1253户，城乡基础设施不断提升。349国道、507省道、农村公路、“溪桥工程”、老城区、甲玛乡特色小城镇、工卡镇棚户区基础设施改造等项目建设有序实施，城乡面貌持续改善，乡村振兴全面提速。全县农村公路、村道安全生命防护工程以及“溪桥二期”工程项目加快建设，8个乡镇41个行政村（居）道路通畅率、乡镇客车覆盖率达到100%。高速出口生态恢复公园建成并投入使用，城市品质不断提升。

坚持把防止规模性返贫作为重要任务，全力巩固脱贫成果，继续抓好易地扶贫搬迁后续扶持工作，脱贫群众稳定增收渠道更加多元、更有保障、更可持续，全县脱贫户人均纯收入达14774.15元。乡村振兴衔接有序，第二批“美丽乡村·幸福家园”建设项目有序推进，完成全县19个行政村村庄规划编制工作，6个乡（镇）污水处理厂规范运行。

【产业运营】 年内，招商引资力度不断提升，落地项目36个，累计到位资金40.95亿元。严守耕地红线，粮食总产量达2.5万吨。有序实施高标准农田建设、黄牛改良及牦牛（犏牛）经济杂交工作，农牧业总产值实现6.48亿元。以“墨竹小菜籽油”产业化提升为抓手，实现三产融合；推广种植小油菜3万亩左右，带动4000余户农牧民增收1295万元；在第三届南京墨竹周系列活动期间，墨竹小菜籽油累计实现销售认购661万元，知名度、美誉度和传播力不断提高。格桑花开产业园双创一期建设项目投入使用，塔巴村一带获批拉萨市首个“国家农村产业融合发展示范园”。全县7家规模以上企业工业总产值实现68.2亿元，同比增长39.6%，驱龙铜多金属矿建成投产。

【旅游文化】 年内，围绕全域旅游发展理念，着力改善德仲景区、直孔景区等旅游基础设施条件，逐步提升旅游知名度和服务质量。全县文化旅游产业呈多业态、并联式、深融合、全区域发展态势，完成松赞干布纪念馆景区改造升级，全年接待游客7.98万人次，实现旅游收入397万元。成功举办全区“农民丰收节”“油菜花文化旅游节”，累计开展文艺服务下基层活动54场次。持续推进非遗传习与“活化”工程，健全非物质文化遗产名录体系，建成县非遗展示与传习中心；推出首部人文纪录片——《在天边》，在南京新建藏式生活馆1座，文化传播力和影响力不断增强。

2021年8月20日，墨竹工卡县“四大班子”领导看望慰问一线工作人员

【教育事业】 年内，持续加大教育投入力度，预算1.23亿元，不断改善学校软硬件设施。持续创建“互联网+教育”示范县，抓实均衡教育、“五项管理”和“双减”工作；实现中学生公交车免费接送，8所小学、40所幼儿园供暖工程全覆盖；29名小学生考入援藏地西藏班，第二批6名援藏教师到墨竹工卡任教，第二期墨竹南京班顺利开班，“墨竹南京班”示范效应不断放大。新投入使用藏语、汉语幼儿园1个。南京实验小学被评为第三届西藏自治区文明校园。初中、小学、幼儿园毛入学率分别达到104.87%、100%、97.76%，控辍保学工作成效显著。

【医疗服务】 年内，持续巩固国家级县域医供体试点创建成果，有序实施县人民医院传染病房、疾病预防控制中心等项目。组织17名先心病、髋关节脱位、唇腭裂患者到南京接受免费治疗。推进

2021年1月24日，县委书记沈鹏里（中）在墨竹工卡县党史学习教育总结大会上发言

家庭医生签约服务，139名县乡村医生组建41个家庭医生团队，重点人群签约率100%，实现“送医上门、送人就医”。依托全民电子健康档案，实现县乡医疗机构信息化建设全覆盖，打造体检“云数据”、就医“零等候”、付费“秒支付”、救助“时共享”的智慧医疗体系，群众就医质量得到显著提升。

年内，始终把新冠肺炎疫情防控工作作为头等大事，建立联防联控、日常排查、日报告等机制，层层压实疫情防控工作责任。累计投入600万元，加强常态化疫情防控工作，完成10万剂次疫苗接种，健康屏障全面筑牢。

【城乡居民医疗保险】 年内，城乡居民参保率达98%以上，成功导入自治区医保系统，医疗保障水平有较大提高。本级投入120.5万元，为全县4.9万名城乡居民购买超大额医疗补充保险，最大程度降低群众看病负担。率先在全区村一级同步实现城镇职工与城乡居民医保门诊购药刷卡业务，解决群众门诊“报销难”问题。进一步规范“大病爱心救助基金”使用管理，向经济困难群众预借医疗费365万元；为4550名60岁及以上老人发放幸福养老金1966.62万元。不断提升特殊群体、低收入群体保障力度。

【就业创业】 年内，充分借助县域企业、人力资源公司、各类招聘活动、援藏资源优势等平台，多渠道开发岗位，有效提高就业服务质量。通过政商企校共建，成立“格桑花开”成长学院，开启政商企校联动创新人才培养新模式；组织百名农牧民群众开展“乡村振兴能工巧匠100+”培养计划，有效提升本地农牧民技能水平。年内，开发就业岗位1123个，实现农牧民转移就业10731人，创收1.1亿元；城镇新增就业862人，城镇失业率控制在3.3%以内；开展农牧民技能培训1835人，培育劳务经纪人17名；500名应届高校毕业生就业率达100%。

（张　玺）

【机构领导】

书　记

劳 明 伟（6月免）

沈 鹏 里（6月任）

副书记、县长

旦增尼玛（藏族，6月免）

巴　　桑（藏族，6月任）

常务副书记、常务副县长

施 勇 君（江苏援藏）

副书记

索朗多吉（藏族，6月免）

普　　布（藏族，6月免）

德吉央宗（女，藏族，6月任，12月免）

张 子 成（6月任）

办公室工作

【概况】 2021年，墨竹工卡县委办公室始终坚持党的统一领导，发扬“三牛”精神，改进作风，真抓实干，充分发挥综合协调和参谋助手作用，全面提升服务水平，圆满完成全年各项任务，保证和促进了县委及全县各项工作快速高效运转。

县委办公室人员通过集中学习和学习强国等学习平台自学的方式，坚持理论水平和业务能力两手抓、两手硬，强化自身建设。坚持每月召开支委会、党员大会，加强党员干部纪律规矩意识。全年认真开展党史学习教育专题组织生活会1次，开展党支部集中学习12次，党史学习专题研讨2

次，支部成员做交流发言9人次，撰写交流发言材料9份，支部书记带头讲党课2次。组织开展庆祝“3·28”百万农奴解放纪念日、重温入党誓词、朗诵红色经典等系列活动5次，从党的百年奋斗历程中汲取继续前进的智慧和力量。

【党建促脱贫攻坚】 年内，始终把人民放在心中最高位置，把守住不发生规模性返贫底线作为头等大事、首要任务，强化政策落实、工作落实、责任落实，努力实现巩固拓展脱贫攻坚成果同乡村振兴有效衔接、平稳过渡。年内，县委办公室党员干部与脱贫户结对子、“认亲戚”，做到每人每年至少走访4次。

【办文办会】 年内，本着“提前预备、及早准备、集思广益、精益求精”的原则，办公室克服人员少、事情多、时间紧、要求高的困难，坚持在办文办会、服务中心等主责主业上做到既紧张有序又高质高效。截至年底，墨竹工卡县委办公室共撰写综合性文字材料300余篇，确保县委各项工作及时、准确安排部署。同时，细致认真组织完成每一次会议和活动，确保各项工作平稳有序推进。

【信息工作】 年内，在努力做好“三服务”的同时，紧紧围绕县委中心工作，围绕经济社会发展的重点问题，从加强信息工作规范化建设入手，加强与市委信息科、县直各部门和乡镇的沟通，加大信息报送力度、完善信息编辑审核流程，努力提高信息工作质量和水平，为县委领导决策发挥了积极作用。全年共撰写动态信息1200余条，专报80余篇，承担网民留言13件，办结率达100%。

【督查督办】 年内，紧紧围绕上级党委和县委的工作中心，不断加大督查力度，改进督查方法，在推动上级党委和县委重大决策贯彻落实中发挥了重要作用。年内，为及时准确地反馈县委重大决策、重要工作贯彻落实情况，督查室对督查过程进行严格要求。督查前，积极准备，变被动督查为主动督查；督查中，坚持查实情，说实话，出实招，谋实策，实事求是；督查后，精心整理，认真总结，查找问题，提出建议，及时向县委反馈。为领导科学决策，正确指导工作发挥了较好的督查参谋作用。截至年底，共完成督查专报39期，为市委领导了解县内工作情况，科学指导县内工作，统揽全市工作发挥了一定作用。

重点对全县密码安全保密检查、全县维稳工作督查、全县目标绩效争先进位考核、检查考核乡村党建考核、“三个专项斗争”督查、2021年度河（湖）长制工作、全县强基惠民活动、全县41个村（居）换届等工作进行督促检查。发挥《督查通报》载体作用，共下发督查通报6期，发现和推广好的典型，取得了良好的效果。

2021年7月25日，县委副书记张子成到工卡镇宣讲习近平总书记“七一”重要讲话精神

【保密工作】 年内，县委主要领导高度重视保密工作，多次督促指导保密办日常工作。保密办始终把保密工作作为一项政治任务来抓，列入办公室的重要议事日程，树立“保密工作无小事”的思想。全年开展保密检查2次，覆盖7个乡1个镇及村（居）、寺庙，共下发整改意见书13份52条，全县未发生任何失密泄密事件；结合普法周等节点，在318国道沿线开展保密及密码法宣传1场（次），受益群众达200余人，发放保密

2021年8月4日，墨竹工卡县委办党支部荣获全县“诵读红色经典　献礼建党百年”朗诵比赛第三名

知识手册200余本。

【机要密码工作】 年内，坚持24小时值班制度，认真完成各项密码服务保障工作，按照密码电报办理要求，及时呈送领导传阅，未出现任何漏办、迟办现象。全年高质量完成12次应急密码通信演练，保障加密会议，负责全县党政信息网维护和管理，受理完成率达100%。

【档案工作】 年内，认真履行档案行政管理和档案管理职能，加强对立档单位业务监督指导和馆藏档案科学管理，加快档案信息化建设步伐，注重民生档案建设与管理，依法治档、积极谋划、主动协调、努力工作，有效推进墨竹工卡县档案事业健康快速发展。坚持每月定期检查馆藏档案1次，并做好每日安全检查记录。截至年底，共开展档案检查工作3次，接收档案61盒、1731件，其中接收疫情防控工作档案4盒、124件。共接待查询利用人员36人次，查（借）阅档案175件，勘界资料5卷、地方志3册，复印1023页。

【对口支援】 年内，县委办公室承担南京对口支援墨竹工卡县工作组工作，尽心做好援藏干部管理、服务工作，为援藏干部干事创业营造良好环境。援藏工作组始终践行“实干为先、勇毅前行”的理念，以增进民族团结为主线，深入推进教育援藏，巩固推进医疗援藏，精准推进就业援藏，有效推进产业援藏，加强人才智力帮扶，创立“十个一”工作品牌（一组规划、一批民生微实事、一组幸福驿站、一个产业园、一桶菜籽油、一个特训营、一个南京班、一个藏式生活馆、一个南京墨竹周、一个品牌“格桑花开”），开创了援藏工作新局面。在江苏省援藏干部人才大会上，“桑格花开·民生微实事100+”计划和“幸福驿站——打通联系村组基层党员最后一公里”两个案例获评创新创优优秀案例，小菜籽油特色产业“小组团援藏”“天边墨竹最西藏”净土产品与文化博览会两个案例获得创新创优提名案例。

【综合协调】 年内，县委办公室充分发挥“纵览全局，协调各方”的作用，进一步提高综合协调的效率和水平，确保县委工作高效有序运转。坚持把深入开展调查研究作为县委决策议事的重要参考，开展实地调研4次，形成调研报告2篇，定期对县委安排的重点工作开展督导检查，切实形成工作合力。特别是在县委领导班子换届工作、庆祝中国共产党成立100周年活动、巩固拓展脱贫攻坚成果同乡村振兴有效衔接国家考核评估等全县大事要事中，办公室冲在前、作表率。

【党风廉政建设】 年内，县委办党支部严格按照党风廉政建设的要求，不断加强办公室党风廉政学习和教育，始终加强廉洁教育。县委办公室负责人高度重视党风廉政建设工作，坚持把党风廉政建设工作纳入办公室重要议事日程，与办公室日常工作同部署、同落实、同检查、同考核，形成主要领导亲自抓、分管领导具体抓、具体工作人人抓的格局，确保党风廉政建设工作落到实处。凡事关党风廉政建设的工作安排，均以召开专题学习会的形式进行学习贯彻。截至年底，组织参观廉政警示教育基地1次，学习典型案例5次，切实筑牢思想防线。

（张　玺）

【机构领导】
主　任
　　龚 华 君
副主任
　　益西查巴（藏族，3 月免）
　　冯 晓 利（女）
　　曹 仁 建（4 月任）

组织工作

【概况】 2021 年，墨竹工卡县委组织部坚持以习近平新时代中国特色社会主义思想为指导，深入贯彻中共十九大和十九届历次全会精神以及中央第七次西藏工作座谈会精神，聚焦新时代党的建设总要求和新时代党的组织路线，紧紧围绕县委中心工作，改进作风、狠抓落实，为推动墨竹工卡县高质量发展和长治久安提供了坚强的组织保障。

2021 年，全县共有党组织 370 个，其中党委 36 个，党总支 17 个，党支部317 个；新发展党员 104 名，吸收入党积极分子 134 名。

【党建工作】 年内，县委组织部持续深化党的思想建设、组织建设、政治建设、作风建设、制度建设和执政能力建设。深化党的创新理论武装，组织开展“三更”专题教育、“三新”大学习大讨论活动、“七一”重要讲话精神、习近平总书记在藏考察期间重要讲话精神、西藏和平解放 70 周年庆祝大会精神等专题学习研讨 720 余次，县委班子成员到乡、村、寺庙、学校等联系点开展宣讲 60 余场次，各级党组织书记开展领读指定书目 200 余次，覆盖干部群体 5600 余人次；充实和优化基层干部队伍，通过乡（镇）、村（居）领导班子换届，选派 192 名“1+3”专干、驻村工作队、大学生村干部到村开展工作，配齐配强班子成员，优化班子结构；完善“党建 + 基层治理”机制，在怎村、塔巴村、达珠村持续深化示范点创建工作，初步构建基层党组织领导、政府主导、社会协同、群众参与的城乡基层治理体系；精心打造党建活动场所，投入援藏资金 171 万元，在甲玛乡、扎西岗乡等 6 个乡镇 14 个村小组建成“幸福驿站”14 个，把集办公议事、党群活动、政策宣传、便民服务、教育培训于一体的活动场所建在了群众家门口。

2021年9月10日，组织党员干部到拉萨市参观“雪山升起红太阳—西藏和平解放70周年红色收藏展”

多渠道发展集体经济，形成以工卡镇“塔巴陶瓷”、日多乡念村牦牛养殖、尼玛江热乡羊日岗村民族手工艺品等为代表的特色村集体经济品牌，全县村集体经济收入较上年度增长 11.2%；不断扩大两新组织党组织和党的工作覆盖面，符合“三有”标准非公企业党组织覆盖率达 69.6%，工会组织覆盖率达 73.90%，共青团组织覆盖率达 52.17%，妇联组织覆盖率达 76.40%；选树优秀党员典型，在自治区“三优一先”、市县两级“两优一先”评选表彰活动中，25 家单位、65 人获得表彰，同时依托“党旗在雪域高原高高飘扬”活动，将 13 名长期扎根高海拔和偏远乡、村、寺管会的优秀党员代表工作纪实拍摄制作成宣传片；关心关爱党员，走访慰问获得党内功勋荣誉表彰的党员、生活困难党员、“三老人员”和烈士遗属、因公殉职党员干部家属 472 人；举行“赤心向党、砥砺奋进”庆祝建党百年主题活动及“永远跟党走”文艺会演等各类活动 220 余场次。

【干部管理】 年内，县委组织部严格执行新时代党的组织路线，坚持德才兼备、以德为先，推进干部队伍革命化、年轻化、知识化、专业化建设，真正把愿作为、敢作为、能作为的干部用起来，全年围绕领导班子换届和干部轮岗交流，调整干部共2批次，161人次。以乡镇领导班子换届为契机，配齐乡镇领导班子成员88名，其中，女性干部25名，大专及以上学历87名，具有2年以上乡镇工作经历84名，从“五类人员”中选拔干部15名。

树立注重实绩和从一线选用干部导向，突出政治历练和实践锻炼，全年提拔使用涉及维稳、乡村振兴、驻寺驻村领域的优秀干部占提拔干部总数的62.5%；加大干部交流轮岗力度，进一步激发干部干事创业热情，对连续在寺庙管委会工作满8年的干部、部分在边远乡镇工作满5年的干部进行县乡交流、县寺交流、高低海拔交流，交流干部92名，占调整干部总数69.17%；大力培养优秀年轻干部，提拔3名85后干部到乡镇党政正职岗位，提拔8名90后干部到乡镇党政副职岗位，选派36名优秀干部到村（居）担任党组织第一书记，选派22名优秀年轻干部开展县委巡察工作。

坚持厚爱严管并重，从严格落实休假制度和正常福利待遇、表彰考核奖励，关注干部身心健康、健全健康风险保障，做好紧急救助、改善工作生活条件和丰富干部业余生活等方面入手，将关心干部落到实处；抓好日常监督，坚持在构建干部监督机制上下功夫，坚持把八小时之内的管理和八小时之外的监督、工作和生活上的监督、党内监督和群众监督贯通起来，2021年对3名干部进行提醒谈话和批评教育，对2名乡科级领导干部分别作出通报、纪律处分和免职处理，处置涉嫌党员违反政治纪律相关问题2起。

2021年10月23日，县委组织部举办墨竹工卡县2021年离退休干部职工“迎重阳、话发展、颂党恩”文艺汇演

【教育培训】 年内，全县干部参加各级各类培训班次47期，参加培训干部共计1392人次。全年参加脱产培训干部1088人次，其中地厅级1人，县处级58人，科级及以下896人，国有企业经营管理人员7人，事业人员30人，专业技术人员18人，村（居）基层干部及非公有制经济组织、社会组织等党组织负责人26人，民营企业主要负责人及中小企业经营管理者52人。参加网络培训干部102人，其中地厅级1人，县处级37人，科级及以下64人。参加对口支援省市培训干部132人，县处级1人，科级及以下115人，事业人员16人。参加任职培训干部10人，其中县党政领导班子成员2人，乡（镇）党委书记、乡（镇）长8人。

【机构编制】 年内，县委编委会严格贯彻、落实机构编制党内法规及自治区、市、县委相关决策部署要求，对承担县委、县政府重点工作且人员严重不足的部门和单位，适当增加人员编制，将有限的编制资源向经济社会发展的重点领域、薄弱环节以及人民群众直接受益的方面倾斜，力保编制资源能够切实服务大局。持续巩固拓展脱贫攻坚成果同乡村振兴有效衔接，为乡村振兴领域7家事业单位增核18个事业编制，并研究设立县乡村振兴信息采集监测中心、县人才综合服务中心。

为贯彻落实党中央关于构建简约高效基层管理体制的部署要求，根据《中共拉萨市委员会机构编制委员会关于印发〈拉萨市优化乡镇（街道）机构设置和人员编制的实施方案〉的通知》精神，县委编委会研究制订《墨竹工卡县优化乡镇机构设置和人员编制的实施方案》，并结合各乡镇的地域面积、常住人口、经济发展、维稳任务等情况，对各乡镇机构编制进行优化调整。进一步优化基层职责配置和机构设置，改进基层领导方式和体制机制，构建简约高效的基层管理体制，推动基层治理体系和治理能力现代化，确保基层有人有物有权办事，为推动墨竹工卡县全面高质量发展提供强有力的体制机制保障。

【老干部工作】 年内，以习近平总书记关于老干部工作的重要论述精神为根本遵循，坚持县委老干部局、县人社局牵头抓总，原单位密切配合、齐抓共管、共同参与的工作原则，以党建引领，深入贯彻落实中央、自治区、市、县委有关离退休干部职工工作的方针政策，结合党史学习教育活动，切实加强离退休干部职工政治建设、思想建设和党组织建设，顺利完成驻县城和驻拉萨退休党支部换届，做到老干部离岗不离党、退休不褪色。充分开展对生活困难、生病住院和去世老干部家属的走访探望活动，合理解决反馈的实际困难，切实做好医疗报销、新冠肺炎疫苗接种推进工作，严格落实“两项待遇”，做到服务精准，管理到位。

积极探索新形势下做好退休干部职工工作的方式方法，开展“迎重阳、话发展、颂党恩”文艺会演，参与“激扬少年志、托起中国梦”关心下一代工作宣讲，召开干部职工荣誉退休座谈会，进一步丰富老干部的精神生活；引导老干部在反对分裂、维护祖国统一和民族团结、铸牢中华民族共同体意识、传承党的优良传统、关心教育下一代、参与墨竹工卡建设等方面积极献计献策、发挥余热。

【强基惠民】 年内，按照自治区、市、县开展创先争优强基础惠民生驻村工作统一安排部署，各驻村工作队深入学习宣传贯彻习近平新时代中国特色社会主义思想、中共十九大和十九届历次全会及中央第七次西藏工作座谈会精神等270余场次，受教群众达3.5万余人次，举办专题讲座170余次，发放宣传资料1.6万余份，开辟专题宣传栏60余期；通过集中培训、结对帮学、夜校等形式积极开展国家通用语言文字教育培训，用好《习近平新时代中国特色社会主义思想绘本》，开展学习210余场次，举办培训班50余场次；邀请“三老人员”现身说法60余次，积极弘扬“老西藏精神”和“两路”精神，举办“争做神圣国土守护者、幸福家园建设者”专题讲座100余场次，参与群众达1.4万余人次。在重要节庆日、民族传统节日等广泛开展群众性民族团结进步创建活动120余场次，覆盖群众达2.2万余人次；组织开展各类文艺活动80余场次，覆盖群众达1.9万余人次。

2021年6月30日，县委书记沈鹏里（左一）为老党员颁发“光荣在党50年”纪念章

工作队协助开展易返贫致贫人口常态化监测1100余次，帮助脱贫群众转移就业150余人；开展技能培训40余场次，参与人数770余人；参与种草植树、农村“四旁”植树40余次，开展整顿脏乱差、建设美丽乡村活动260余次；开展常态化疫情防控知识宣传110余场次，受教群众达2.1万余人次，积极协助开展新冠肺炎疫苗接种工作；解决群众急难愁盼问题230余件，捐款捐物折合人民币56.2万余元，受益达8400余人次；协助和动员农牧区高校毕业生积极参与大众创业、万众创新7人，帮助18名毕业大学生解决就业问题；宣传“厕所革命”“两降一升”和结核病、肝炎、风湿病、大骨节病等地方病综合

防治工作40余场次，覆盖群众达1.1万余人次。第十批驻村工作队入驻以来争取帮扶项目16个，涉及资金263万余元。

【档案管理】 截至年底，全县共有干部1943人。其中，公务员854人，事业人员1089人（事业单位工作人员228人、教育系统教师704人、卫生系统专技人员157人）。档案室保存在职干部人事档案1874卷。其中，公务员792卷，事业档案1082卷（事业单位工作人员228卷、教育系统教师704卷、卫生系统专技人员150卷）。全县应保管干部档案1943卷，实际保管1874卷，相差69卷，其中因干部管理权限由自治区、市保管墨竹工卡县干部人事档案62卷，高校毕业生分配卫生系统待转7卷。档案室现存离退休干部档案229卷，死亡人员档案9卷。

（刘剑飞）

【机构领导】

县委常委、组织部部长

靳小卉（女）

副部长、老干部局局长

德　曲（女，藏族）

县组织编制信息中心主任

多吉次仁（藏族）

宣传工作

【概况】 中共墨竹工卡县委员会宣传部是中共墨竹工卡县委主管全县意识形态方面工作的综合职能部门，正科级建制。管理科级单位1个，为县电视台。所属事业单位1个（互联网评论中心）。核定编制7名，其中行政编制4名、机关事业编制3名；县电视台，正科级建制，政府直属事业单位，归宣传部管理，核定编制4名；县互联网评论中心，副科级建制，核定事业编制3名。

2021年9月4日，墨竹工卡县委宣传部支部委员会开展主题党日活动

【理论武装】 年内，健全理论学习中心组学习和巡听旁听机制，完善应知应会测试题目内容，创新中心组学习方法，组织开展“三更”、“三新”、“七一”讲话精神、习近平总书记在西藏考察期间重要讲话精神、西藏和平解放70周年庆祝大会精神等专题学习研讨，把学习成效转化为推动墨竹工卡县长治久安和高质量发展的生动实践，对各级党委（党组）理论学习中心组学习进行指导。截至年底，累计组织开展县委理论学习中心组学习14次，各乡（镇）、各单位理论学习中心组学习230余场次，参加学习4500余人次。围绕唱响主旋律、讲清好政策，积极运用志愿服务的方式开展乡村振兴、生态环境、党的创新理论等各类宣讲，依托县、乡（镇）、村（居）三级全覆盖的新时代文明实践场所和活动，采取因地制宜、因人施讲的方式，通过“宣讲＋文艺”“宣讲＋测试”等“宣讲＋”形式，广泛深入田间地头和群众身边，开展经常性、面对面、农村群众喜闻乐见的理论政策宣讲志愿服务活动，用“乡土音”宣传大道理、新政策，让新时代文明实践中心（所、站）成为传播好声音、弘扬主旋律、传承文化、凝聚民心的主阵地，让理论政策宣讲成为一道风景，使新时代文明实践中心（所、站）真正成为全县理论传播的新引擎，意识形态的新阵地，幸福生活的新家园，成风化人的新课堂。年内，共开展各类宣讲1680余场次，受益群众4.5万余人次，推动新思想落地生根，使习近平新时代中国特色社会主义思想走进千家万户，形成宣讲品牌。

2021年4月20日，墨竹工卡县委宣传部组织广电干部职工开展消防演练

充分利用全县各单位LED屏资源滚动播出党史学习教育相关标语200余条，更新更换横幅、展板160余面，让党史学习教育随处可见。在微信公众号设置“党史百年·天天读”专栏，依托“微墨竹”等新媒体平台，推送党史学习教育相关文章200余条，“学习强国”、《西藏日报》、《拉萨日报》、西藏电视台、拉萨电视台等媒体采用40余条。发挥各级宣讲员的作用，深入田间地头、茶馆饭馆开展形式丰富多样的宣讲120余场次，受益群众达11300余人次。聚焦实施“四个好”，着力开展十项活动。结合庆祝中国共产党成立100周年和西藏和平解放70周年，开展“天边颂歌·墨竹儿女心向党”歌咏比赛、“永远跟党走”文艺演出、“诵读红色经典 献礼建党百年”诵读比赛及“我们的节日——情系端午·爱在敬老院”等各类群众性活动40余场，参与党员群众13500余人次。

年内，全县各级党组织开展重温入党誓词、升国旗唱国歌、政治性承诺活动，参观林周县党员党性教育基地、山南克松村及烈士陵园和拉萨市廉政教育基地等各类活动300余场，参与9800余人次。丰富活动载体、打造亮点特色。全区首次以5G视频连线形式与南京互动举行新闻发布会，发布“南京对口支援墨竹民生微实事100+计划”，实施“民生微实事100+”三年行动，共计104个项目，计划投资3849.80万元。已完工项目46个，正在实施的项目56个，开展前期工作项目2个。整合线上线下资源，打造立体式＋全方位党史学习载体，其中，中国共产党成立100周年献礼微视频“再唱山歌给党听”被国家广电总局网络司采纳，突破西藏短视频零推送的纪录，在腾讯、优酷、搜狐、抖音等11个平台推出，点赞量突破百万人次。充分发挥本地“红色根脉”优势，挖掘好松赞干布纪念馆、霍尔康庄园等“家门口”的红色资源，开展各类参观学习120余场次。打造甲玛乡赤康村党建教育基地，丰富党史学习教育载体。组织各党支部党员按照章节录制“四史”和西藏地方与祖国关系史等书籍音频，利用“乡村大喇叭”每天定时播放党史学习教育相关知识90余次，参与党员达150余人次，进一步增强党史宣传的影响力和穿透力。举办“宁墨情深·礼赞百年”百对佳人集体婚典活动，参与干部群众1500余人；开展党史知识快问快答活动，参与党员200余人；开展“迎国庆赛党史展风采”党史学习教育“拉练比拼”擂台赛，参与支部63个，参与党员180余人，覆盖全县各乡镇、各单位，让党员干部不只要做党史学习教育的参与者，更要做党史学习教育的推动者。加大投入力度，深化“我为群众办实事”活动。结合“领导干部下基层大接访办实事”活动，以实地调研、座谈的形式，累计收集群众急难愁盼问题540件，计划分三年逐步解决。为确保项目落地走实，建立县级领导包案制度，2021年需解决事宜共计300件，计划投资1.5亿元，已解决201件，正在实施96件，取消2件，纳入“十四五”时期解决事宜1件。

5月11日，召开纵深推进党史学习教育、做到“三更”落实“三新”，打通服务群众“最后一公里”大会，推进民生实事落实落地。统筹组织县级领导、相关单位负责人，深入村组开展为民办实事“回头看”活动，每月梳理各责任单位和责任领导任务清单，并发放至各单位领导手中，形成责任领导督促问询、责任单位推动落实工作机制，及时解决推动工作中出现的问题，拉近党群关系，得到群众的一致赞扬。

【精神文明建设】 年内，成立墨竹工卡县文明城市创建办公室，召开办公室日常工作会议4次、推进会2次，完善并印发《墨竹工卡县文明城市创建工作任务分工及材料收集清单》《墨竹工卡县未成年人思想道德建设任务分工》，对墨竹工卡县创城的主次干道划线情况、县域内实地点位情况完成协调商议，全县40多个单位形成创城工作“大合唱”局面。

依托各级新时代文明实践所、站，大力弘扬“奉献、友爱、互助、进步”的志愿服务精神，志愿服务内容日益丰富，志愿服务领域不断拓展，志愿者队伍不断壮大，志愿服务理念不断深化。截至年底，全县1个中心、8个所、41个站均已挂牌并运营，依托21支志愿服务队，7000余名志愿者，积极开展“河小青”“我们的节日”“情暖夕阳”“暖阳微公益”等各类志愿服务活动，始终把志愿服务工作与党史学习教育、“三更”专题教育、“三新”大学习大讨论活动结合起来，同庆祝中国共产党成立100周年和西藏和平解放70周年结合起来，同当前全县开展的重点工作结合起来。以党史学习教育为抓手，以基层宣讲员为重点，贴近群众宣讲，“群众在哪里，宣讲就在哪里，理论宣讲就延伸向哪里”，以农牧民务农闲暇时间、虫草采挖期间群众集中为契机，采取因人而异、因事而异、因景而异的方式进行说理教育，开展有针对性的宣讲。截至年底，共开展党史志愿服务理论宣讲120余次，参与志愿者230余人次，受益群众3810余人次。全年结合党史学习教育等活动共开展各类志愿服务50余场次，参与党员群众9720余人次。

年内，以庆祝中国共产党成立100周年和西藏和平解放70周年活动为抓手，结合当前开展的党史学习教育，依托新时代文明实践中心（所、站），积极组织开展群众性歌舞表演、演讲比赛、诗朗诵等各类活动。组织开展“品味书香　共创文明”读书交流、“中国共产党成立100周年和西藏和平解放70周年”暨“魅力运动　激情墨竹”主题机关干部趣味运动会、“宁墨情深·礼赞百年——爱在墨竹”百对佳人集体婚典、“永远跟党走”文艺会演、“诵读红色经典　献礼建党百年”朗诵比赛等各类活动220余场次，参与党员群众31700余人次。同时整合新华书店、电影院、“农家书屋”、“寺庙书屋”、农村放映队、县乡艺术团（队），丰富群众精神文化生活，依托道德讲堂、“善行义举榜”等阵地，进一步在基层凝聚正能量、弘扬主旋律。

2021年7月23日，墨竹工卡县召开新时代文明实践中心建设、文明城市创建工作推进会

【意识形态工作】 年内，调整充实以县委书记为第一主任（组长）的墨竹工卡县意识形态工作领导小组、县委网络安全和信息化委员会，并将意识形态目标责任考核纳入年终目标绩效考核检查内容，将意识形态工作列为县委常委会重点工作，进一步加强对意识形态工作的统一领导，形成党委统一领导、各部门齐抓共管、宣传部门组织协调、有关部门分工负责的工作格局。将意识形态工作列为县委常委会重点工作。年内，向县委汇报意识形态工作1次，县委书记专题研究意识形态工作1次。

2021年5月26日，墨竹工卡县委党校教师在门巴虫草点宣讲党史

【互联网管理】 年内，牢牢把握意识形态的领导权和话语权，严格落实意识形态工作责任制，严格落实网络安全等级保护、关键设施重点保护、网络安全监测预警和信息通报等十项制度。建立健全《墨竹工卡县信息发布“三审三校”制度》等相关制度。

充分发挥网络媒体宣传报道阵地作用，在“微墨竹”、“网信墨竹”、政务网上报道民生、经济、卫生、疫情防控、扶贫、环保、教育、旅游、民族团结等各类新闻1510余条，其中“微墨竹”共开设专题8个，展示墨竹工卡县好形象，全方位、深层次、多角度回应群众关切。在重要节日、节点开展专题，如“3·28”专题、“党史学习教育”专题、“春节藏历新年”专题，得到干部群众的一致认可和高度好评。围绕中国共产党成立100周年、西藏和平解放70周年这两个主线，网信办制定网上宣传方案。用身边人讲身边事，展示墨竹工卡县在党中央的关怀下发生的翻天覆地的变化，开展宣讲1680余场次，覆盖群众4.5万余人次。在“微墨竹”“网信墨竹”积极转载中央、自治区、拉萨市主流媒体习近平总书记关于治边稳藏重要论述在西藏的成功实践和丰硕成果，共计40余条；大力宣传墨竹工卡县在乡村振兴、经济发展、城镇化建设、生态文明建设等诸多方面工作亮点共计120余条。积极在“微墨竹”、“网信墨竹”、政务网等网络平台刊播中国共产党成立100周年、西藏和平解放70周年、文明城市创建、铸牢中华民族共同体意识等宣传标语共计300余条。积极报道墨竹工卡县各族群众喜迎大庆的精神面貌以及开展的各类庆祝活动30余次。

【媒体等管理服务】 墨竹工卡县融媒体中心于2022年3月正式投入使用。安全播出转播，机房实行24小时值班，对机房设备共检修30余次，圆满完成全国“两会”、中国共产党成立100周年和西藏和平解放70周年大庆等重要节点安全播出任务。

紧紧围绕县委、县政府中心工作，剪辑、录制“四讲四爱”“换届选举基本知识”等微讲课短视频，制作24个各种短视频，21期汉语新闻、21期藏语新闻，公益类广告播出80条，被《西藏日报》采用65条、《拉萨日报》采用70条、拉萨电视台采用77条。县电影院放映64场次，受众1420人次，票房收入45025元，农村电影放映452场次，受众47120余人次。

【文化市场阵地管理】 年内，利用法制宣传日、宣传周等活动积极组织开展“扫黄打非”法律法规宣传活动，向乡镇、文化市场经营场所发放《西藏自治区“扫黄打非”工作举报奖励办法》等宣传资料共计3200余份。

截至年底，开展文化市场联合检查18次，出动执法人员50余人次，检查经营单位86家次，出动执法车辆21台次，立即整改3家，限期整改2家，删除违禁歌曲20首。在县中学开展以“护助少年儿童健康成长、抵制有害出版物和信息”为主题的绿书签进校园宣传活动。

（索朗央金）

【机构领导】

县委常委、宣传部部长

胡 小 平（6月任）

常务副部长

达瓦次仁（藏族，4月免）

梅　　子（女，藏族，4月任）

副部长

秦　鑫

武继斌（彝族）

统一战线（宗教事务）

【概况】 2021年，墨竹工卡县委统战部（宗教事务局、工商联）在习近平新时代中国特色社会主义思想的正确指引下，牢牢把握新时代党的统战民族宗教工作正确方向和特殊使命，全面贯彻落实党中央和自治区、市、县党委对统战民族宗教工作的决策部署，按照《中国共产党统一战线工作条例》和《宗教事务条例》要求以及自治区、市、县主要领导关于统战宗教工作的重要指示精神，做了大量细致的教育引导、化解矛盾、凝聚人心、政治引领工作，坚决维护寺庙和社会大局持续和谐稳定，为庆祝中国共产党成立100周年和西藏和平解放70周年营造良好社会氛围。

2021年1月15日，墨竹工卡县召开党外代表人士座谈会

【党建工作】 年内，制定统战宗教联合党支部理论学习计划和党史学习教育、“三更”专题教育、“三新”大学习大讨论工作方案，统筹安排各类学习讨论活动；班子成员带头围绕习近平总书记在党史学习教育动员大会上的讲话精神和党史、地方史等重点内容进行现场研讨发言6人次，书面研讨发言18人次，党支部书记带头围绕党风廉政教育、党史学习教育等主题讲专题党课4次。

年内，以领导带头学、党员集中学、专题党课学、讨论交流学以及测试等方式，提升学习质量。截至年底，已组织支部集中学习22次，党史学习、“三更”专题教育集中学习20次，撰写心得体会72篇，发放学习资料44份；围绕学习党史、做到“三更”、落实“三新”知识，参加线上线下测试2次，合格率达97%以上。

年内，借助党史学习教育和“我们的节日”主题活动，组织党员干部参观谭冠三爱国主义教育基地，增强党员的党性意识，组织观看爱国主义影片2场次、26人次，参加庆“七一”重温入党誓词、主题党日等活动11次，深化党员干部思想政治教育。开展“领导干部下基层大接访办实事”活动，积极争取自治区党史学习办实事经费10万余元，改造阿央寺饮水工程。为驻村工作队解决宣传资料经费1.8万元，为驻村点幼儿园铺设人工草坪，进一步深化学史力行。

【开展“双庆”活动】 年内，以庆祝中国共产党成立100周年和西藏和平解放70周年为契机，制定印发《墨竹工卡县统战民族宗教领域迎接庆祝中国共产党100周年和西藏和平解放70周年活动方案》，在各寺庙组织僧尼，开展“双庆”书法比赛、观看“双庆”直播、召开“双庆”座谈会、举行升国旗仪式等一系列活动，确保统一战线以最饱满的热情和最佳的精神状态迎接“双庆”活动。

年内，全县各寺庙共悬挂国旗、彩旗330余面，彩条1300余米，开展升国旗唱国歌活动58场次，悬挂横幅58条，制作宣传栏26处，召开座谈会30场次，开展书法比赛58场次，组织观看爱国影片13场次，观看庆祝大会实况58场次，累计1200余人次。“双庆”前后十届县委班子对寺庙管理机构、派出所、警务室开展慰问活动，累计发放慰问金9万元。

【党外人士发挥作用】 年内，先后召开党外代表人士座谈会、宗教教职人员座谈会，走访慰问全县

2021年12月6日，墨竹工卡县第四批爱国守法僧尼代表团到其他省份开展参观学习考察活动

党外代表人士、定居藏胞和宗教界活佛、经师、堪布以及老弱病残僧尼等174人，发放慰问金87500元。积极鼓励党外人士建言献策，2021年12名党外人大代表、政协委员在全县“两会”上建言献策20条，为墨竹工卡社会稳定和经济发展贡献智慧和力量。为加强党外人士（僧尼代表）能力素质，2021年统筹培训资金10万余元，组织13名僧尼代表到山南、林芝等地进行参观学习，进一步增强僧尼感党恩、听党话、跟党走的信念和决心。

【民族团结】 年内，坚持把民族团结教育与党的各项事业紧密结合起来，深入学习宣传中央民族工作会议精神和《西藏自治区民族团结进步模范区创建条例》《西藏自治区民族团结进步模范区创建规划（2021—2025）》实施方案，深入乡（镇）、村（居）、寺庙、学校、企业开展“民族团结一家亲，同心共筑中国梦”活动。

在县委常委会、县委理论学习中心组、县政府党组会，先后学习中央民族工作会议精神，做到带头先学、学深一层。邀请自治区党校教授扎西多布杰为全县干部群众120余人集中宣讲中央民族工作会议精神和民族工作政策法规的同时，县直各部门组织学习中央民族工作会议精神40余场次，撰写心得体会120余篇。依托9月“民族团结宣传月”，采用摆放宣传展板、悬挂宣传横幅、张贴宣传标语、发放宣传品、设立宣传点等形式，强化民族团结宣传教育。年内，共发放《民族政策选编》《民族知识宣传手册》《西藏自治区民族团结进步模范区创建条例》等宣传材料8500余份，印有民族团结宣传标语的围裙、指甲剪套盒、笔记本、雨伞、手提袋、水杯等宣传品950余份。

【民营企业】 年内，认真学习贯彻落实习近平总书记在民营企业座谈会上的重要讲话精神，坚持围绕中心服务大局，认真履行好团结、服务、引导、教育的职能。

年内，联合30家民营企业，成立墨竹工卡县总商会，组织全县民营企业20余人开展素能培训，将民营企业经济引入健康快速的发展轨道，让民营企业真正从政策中增强获得感。深化江宁与墨竹工卡对口支援合作，与南京市江宁区工商业联合会缔结友好商会，110家特色产业企业及合作社携1080种净土产品和高原特色产品组团到南京展销，拓宽发展渠道，加大交流合作，提升企业品牌影响力。县工商联合会会员企业开展传递温暖回馈社会活动，采取送购物卡、慰问金、助学金、面粉、茶砖、饮料、方便面、纸巾、菜籽油、防疫物资等方式，为消防应急救援队、敬老院、环卫工人送去价值70665元的慰问品，为全县公安民警送去价值34600元的购物卡，为100户建档立卡贫困户送去10万元慰问金，为31名大学生送去62000元助学金，为疫情防控卡点送去价值10400元的慰问品。

【“遵行四条标准、争做先进僧尼”教育实践活动】 年内，以常态化推进“遵行四条标准、争做先进僧尼”教育实践活动和“四讲四爱”群众教育活动为契机，以宣传活佛转世政策为抓手，本级财政预算专项资金70万元，充分发挥“五讲员”作用，深入寺庙宣讲36场次，巡回宣讲20余场次，集体宣讲700余场次，发放宣传材料3000余份，悬挂横幅760余条。

同时，组织63名教职人员参加县级政策法规学习培训班，寺管会干部和僧尼参加区市培训138人次，切实让寺庙僧尼系统地学习党和国家的大政方针、政策法规，系统掌握活佛转世管理政策法规，系统接受寺规僧约、教规戒律的严格教育，寺庙管理的制度化、规范化水平进一步提高。

（尼玛多吉）

【机构领导】

县委常委、统战部部长

扎巴桑珠（藏族，6月免）

普布旺堆（藏族，6月任）

常务副部长

尼玛次仁（藏族）

副部长

德吉白玛（女，藏族）

宗教局局长

尼玛次仁（藏族）

宗教局副局长

次仁旺旦（藏族）

郎卡洛追（藏族）

次仁顿珠（藏族）

工商联主席

顿珠次仁（藏族，4月免）

班旦曲扎（藏族，4月任）

工商联副主席

尼玛多吉（藏族）

巡察工作

【概况】 2021年，县委巡察机构坚持以习近平新时代中国特色社会主义思想为指导，全面贯彻落实习近平总书记关于巡视工作的重要论述精神，贯彻落实中央和自治区党委关于巡视巡察工作的决策部署，把严的主基调长期坚持下去，坚持稳中求进工作总基调，认真落实"发现问题、形成震慑，推动改革、促进发展"16字方针，以"两个维护"为根本任务，围绕"三个聚焦"，坚定不移深化政治巡察。墨竹工卡县委巡察机构1办2组均为正科级建制，核定编制7人。2021年，配备在编正式党员干部7人。

【巡察工作举措】 年内，县委把巡察工作作为落实全面从严治党主体责任的具体措施，县委书记作为第一责任人、领导小组组长，做到重要工作部署、重要事项过问、重要环节协调、重要问题督办。先后4次召开书记专题会研究审议巡察工作方案、听取巡察情况汇报、做出安排部署，严格落实书记点人点事制度，逐一听取各巡察组的报告，立场鲜明点人点事点问题，并提出具体意见建议，推动整改落实。县委巡察工作领导小组先后召开会议4次，听取阶段性汇报，研究解决巡察期间遇到的困难和问题，并出席进驻、反馈会议。巡察办坚持组办会商机制，共召开组办会商10余次，对报告中问题定性等方面提出修改意见建议30余条。

【政治巡察全覆盖】 年内，完成二轮常规巡察（九届县委第九轮、十届县委第一轮）。九届县委第九轮对9家党组织开展政治巡察（其中1家为常规巡察，8家为"回头看"），反馈问题112个（包含33个立行立改问题），九届县委完成"全覆盖"任务及15%的"回头看"任务，十届县委第一轮对6家党组织开展政治巡察，发现问题线索1件1人，反馈问题121个（包含45个立行立改问题），全覆盖率6%，直巡村（居）覆盖率9.7%。

【开展联动巡察】 年内，为深入贯彻落实中共中央办公厅《印发〈关于加强巡视巡察上下联动的意

2021年12月22日，十届县委第一轮巡察终期汇报会召开

见〉的通知》和《关于做好县（区）巡察向村（社区）党组织延伸工作的通知》，坚持统一目标、同向发力、同频共振，着力构建市县巡察上下联动监督网，推动市县巡察向村（社区）延伸，打通党内监督“最后一公里”。

按照市委要求，对软弱涣散村（社区）开展市县联动巡察试点工作要求，对门巴乡贴朗村、工卡镇嘎则居委会，开展市县联动试点巡察，反馈问题24条，通过开展试点工作，不断深化市县巡察上下联动，助推市县巡察联动更加规范化科学化，加强市县巡察向村（社区）党组织延伸，着力解决群众反映强烈的突出问题，增强基层党组织治理实效，为乡村振兴、惠民富民、共同富裕政策措施落地见效提供坚强保障。

【巡察整改“后半篇”】 年内，进一步提高巡察成果运用实效，做深做实巡察工作“后半篇文章”，坚持把推动整改作为巡视巡察工作的关键环节，狠抓整改落实和成果运用，发挥巡视巡察标本兼治作用，成立整改督查组，对九届县委第八轮、第九轮被巡察单位问题整改情况开展集中督查，要求被巡察单位严格按整改方案以及问题清单、责任清单、任务清单，明确措施要求，把握时间节点，及时对整改情况进行跟进，并建立报送台账，并由相关工作人员签字，压实巡察整改责任。强化巡察成果运用，制定《墨竹工卡县委巡察整改落实和成果运用暂行办法》，将“巡视巡察整改任务落实不到位”纳入墨竹工卡县2021年党建工作量化考核细则负面清单扣分项目，通过考核进一步强化各级整改责任，确保事事有着落、件件有回音，使巡视巡察更好地发挥利剑作用。

【巡察队伍建设】 年内，坚持把巡察岗位作为发现、培养、锻炼干部的重要平台，调整充实巡察“组长库”和“人才库”，结合县情实际，制定《墨竹工卡县选派优秀干部、新提拔干部到巡察岗位锻炼实施办法（试行）》，县委组织部按照上述文件选派干部参加巡察，充分发挥巡察熔炉作用。

年内，选派1名巡察专职干部参加自治区党委巡视工作，选派5名干部参加市委涉粮专项巡察，选派5名干部参加市县联动巡察。从巡察组长库和人才库中抽调36人，组成5个巡察组，开展本级巡察工作。

【党组织建设】 年内，深入贯彻落实中共十九大和十九届历次全会精神、习近平总书记重要指示批示精神及党中央重大决策部署，深入贯彻落实习近平总书记“七一”重要讲话和考察西藏重要讲话等精神，学习贯彻自治区、拉萨市第十次党代会精神，依托党史学习教育、“三更”专题教育、“三新”大学习大讨论等活动，开展学习活动19次、主题党日12次，组织围绕中国共产党成立100周年、西藏和平解放70周年、习近平总书记在西藏考察时讲话精神等撰写心得体会22篇。以党史学习教育为抓手，聚焦“学党史、悟思想、办实事、开新局”总目标，组织党史知识竞赛2次、观看红色电影活动4次、参观红色教育基地活动1次、参观廉政警示教育基地1次、开展志愿服务活动6次，围绕廉政教育、党史、习近平总书记视察西藏时重要讲话精神，开展“一个课题”活动4次、“我为群众办实事”实践活动7次，同时依托学习强国、青年大学习等网

2021年12月1日，拉萨市委巡察调研指导组听取墨竹工卡县委巡察工作汇报暨座谈交流会召开

络平台组织全体党员自主上“网络课”。

【党风廉政建设】 年内，加强组织领导，抓好党风廉政建设工作部署，坚持把党风廉政建设工作列入支部的重要议事日程，同业务工作一起部署，一起落实。做好“一办两组”职责分工，坚持一把手负总责，其他成员落实“一岗双责”，加强组织协调，确保党风廉政建设工作落到实处。教育引导办公室全体党员干部牢固树立纪律观念，坚定执行党的路线方针和政策，严肃党内政治生活，旗帜鲜明地开展揭批十四世达赖反动本质专题研讨活动1次，组织撰写交流发言7篇。为严守政治纪律和政治规矩，遵守好巡察工作纪律，依规依纪依法开展巡察，与各巡察组组长签订巡察工作承诺书12份，各巡察组组长与成员分别签订巡察工作承诺书38份。

（达瓦卓玛）

【机构领导】

主 任

扎西旺堆（藏族）

副主任

张 国 洋

县委巡察一组组长

钟 其 荣

县委巡察二组组长

普布卓嘎（女，藏族）

党校

2021年5月25日，县委常务副书记、常务副县长施勇君（后排中）在墨竹工卡县副科级及以上干部学习党史、做到“三更”、落实“三新”暨中央巡视反馈问题整改专题培训班第一期开班上讲话

【概况】 2021年，中共西藏墨竹工卡县委党校核定编制10人，实有人员7人；副高级职称1人，中级职称4人，初级职称2人；中央党校研究生学历2人，本科5人。南京市第九批援藏干部领队、县委常务副书记、常务副县长施勇君兼任党校校长，县委常委、组织部部长靳小卉直接领导党校工作，县委配备1名副校长，全面负责党校日常工作。

2021年，县委党校高举习近平新时代中国特色社会主义思想的伟大旗帜，认真贯彻落实中共十九大和十九届二中、三中、四中、五中、六中全会及中央第七次西藏工作座谈会精神，学习贯彻习近平总书记“七一”重要讲话和在西藏视察时的重要讲话精神，认真贯彻落实区市县党委、政府的决策部署，围绕中心工作、服务全县大局，积极主动开展工作，圆满完成各项工作。

【党员干部教育培训】 年内，先后举办各级各类主题培训班20期，主要包括新任村（居）“两委”班子成员学习贯彻中共十九届五中全会暨党史学习教育，科级干部做到“三更”落实“三新”暨党史学习教育，党员发展对象、入党积极分子、基层党组织书记（包括县直部门、乡镇机关、各行政村所属党支部书记）培训，党务工作者、科级干部学习贯彻习近平总书记在西藏视察重要讲话精神等班次，参训学员1200余人次，其中科级干部682人次，农牧民385人次，普通干部149人次。

年内，先后邀请区市党校系统专家及县政府相关领导授课，主要有自治区党委讲师团成员、自治区党委党校党史党建教研部教授曲宗，自治区党委讲师团成员、历史学博士、拉萨市委党校专家陈乐，自治区党委讲师团成员、市委党校讲师格桑次仁，市委讲师团成员、市委党校理研科副科长、高级讲师刘培勇，市委讲师团成员、市委党校高级讲师刘波，市委讲师团成员、市委党校政工科

2021年6月15日，西藏自治区党委讲师团成员、历史学博士、市委党校专家陈乐在第一期党员发展对象培训中专题辅导西藏发展史

副科长、讲师尼玛旦增等。县政府副县长许震宇、县纪委监委副书记牟仁青等领导也应邀授课。扎实有效地开展干部教育培训工作，使习近平新时代中国特色社会主义思想得到进一步贯彻落实，在学深悟透、入脑入心上迈出坚实的步伐。

【新冠肺炎疫情防控】 年内，按照县疫情防控领导小组统一安排，县委党校认真做好疫情常态化防控工作，在各类主题培训班次中，严格落实相关防控要求，储备一次性医用口罩、84 消毒液、体温检测器等防疫物资，在做好日常消毒杀菌、人员出入登记的同时，加强参训人员的体温监测、健康码扫码、行程卡扫码，培训期间实行间隔就座，保持室内空气流动顺畅。在做好疫情常态化防控的基础上有序有效开展各类培训，实现疫情防控与日常工作两不误的目标。

【巡察整改】 年内，根据九届县委巡察组的反馈意见，同时回应广大学员的反响，县委党校党支部积极开展“办实事”“学史力行”活动。先后对党校阶梯教室桌椅、电子白板进行更换，对综合楼二楼屋面、破损窗户、综合楼厕所进行维修，新设置 3 间讨论室、1 间小型教室及图书室、资料室、授课准备室，有效改善学员的培训条件，赢得学员的赞誉。

9 月，到全县各乡镇就进一步增强党员干部教育培训的实效性进行调研，先后发放藏语汉语调查问卷 100 余份，征求各类意见 160 余条，摸清全县基层宣讲队伍的家底，为下一步做好全县党员干部培训工作创造有利条件。

【党史学习教育】 年内，按照县委安排，在县学教办具体部署下，县委党校及时召开动员会，对党校做到“三更”落实“三新”暨党史学习教育进行安排部署，严格按照“学党史、悟思想、办实事、开新局”“学史明理、学史增信、学史崇德、学史力行”的要求，督促党校党支部所属党员做好学习教育。先后通过集中学习、个人自学、分享交流等形式，学习《毛泽东邓小平江泽民胡锦涛关于中国共产党历史论述摘编》《习近平谈治国理政》《习近平新时代中国特色社会主义学习问答》《中国共产党简史》《习近平论中国共产党历史》第三卷等重要文献，做好学习笔记、撰写心得体会，支部全体党员进一步增强“四个意识”、坚定“四个自信”、做到“两个维护”。

【自身建设】 年内，按照党建工作的总要求，进一步明确党支部的成员分工，及时安排集中学习、自学，落实“三会一课”制度，加强意识形态和党风廉政建设工作。县委党校在清明节、“七一”等节点先后开展主题党日活动，持续巩固深化“不忘初心、牢记使命”主题教育成果。

年内，按照上级安排，先后安排 1 人参加市委党校第四期科级干部培训班、1 人参加市委党史学习教育宣讲团组织的宣讲员到井冈山和延安的专题培训、1 人参加自治区党委组织部组织的宣讲员到井冈山专题培训、1 人参加“宁墨情、共发展”墨竹工卡县党政干部乡村振兴素质提升专题培训班（第三期），均取得良好效果。选派人员参加县总工会组织的疗养。根据相关要求，9 月选派 1 人参加县总工会组织的到海南集中疗养，有效保障干部职工的权益，为干部职工的身心健康创造了良好条件。

7 月，县委党校副校长任松涛

在参加中共中央党校在职研究生学习期间，为班级建设积极工作，表现突出，荣获2021届优秀班干部称号。积极组织县委党校教师参加全区党校系统的课题申报，最终县委党校教师曲扎牵头申报的课题“实施西藏乡村建设行动研究——以墨竹工卡县为例”通过自治区党校专家审批，进入2021年全区党校（行政学院）系统校级课题立项名单，实现墨竹工卡县党校课题申报“零的突破”。

【外出宣讲】　年内，着力助推县委党校教师参加专题班授课和宣讲。截至年底，县委党校有3名教师可承担授课、宣讲任务，其中2名是藏语授课。先后到城关区、达孜区、堆龙德庆区、林周县、当雄县、尼木县、曲水县等县（区）开展宣讲，并在县委党校举办的各类主题培训班中承担授课任务。县委党校副校长应邀到市交通局、市人社局、市科技局、市教师培训中心等市直部门授课。

【参与《拉萨党的精神谱系》编纂】　4月，按照市委学教办的要求，选派县委党校副校长任松涛到市委学教办全程参与全市党史学习教育书籍的编纂工作，并直接负责相关章节的撰写，开创全市县级党校教师参与专著编纂的先河。截至10月，该书已经过3次修改，并根据市委领导及专家的意见进一步完善。

（曲　扎）

【机构领导】

副校长（主持工作）

任松涛

墨竹工卡县人民代表大会

综述

【概况】 2021年，墨竹工卡县人大常委会共召开人大常委会会议8次，主任会议8次，常委会党组会议10次，听取和审议专项报告15项，组织专题调研视察3次，依法任免国家机关工作人员131人次，做出决议决定7项。

2021年6月30日，县委副书记、县长巴桑带领新任领导干部进行宪法宣誓

【人民代表大会】 年内，依法开展县乡人大换届选举指导工作。县人大党组按照区市县党委总体部署，党组成员先后到七乡一镇、各选区进行业务指导检查4次52人次，对新当选的人大代表进行集体廉政谈话2次，签订《墨竹工卡县严守换届纪律承诺书》，先后制作换届展板20余个、悬挂换届横幅100余条、组织各乡镇张贴换届标语2000条、张贴换届海报90套，在主干道LED屏幕播放换届标语，营造浓厚换届氛围。4月8日依法召开县乡代表选举大会，选举墨竹工卡县乡（镇）第十五届人民代表大会代表377名、墨竹工卡县第十四届人民代表大会代表148名，5月、6月、11月分别召开县乡新一届人民代表大会，依法选举产生人大、“一府一委两院”国家机关领导人员78名及墨竹工卡县出席拉萨市第十二届人民代表大会代表31名。

6月27日至30日，墨竹工卡县第十四届人民代表大会第一次会议召开，县十四届人大代表出席会议，不是县十四届人大代表的县级领导、县（中）直部门负责人及出席政协墨竹工卡县三届一次会议的政协委员等列席大会。大会听取和审议墨竹工卡县第十三届人民政府工作报告；书面审查和批准墨竹工卡县人民政府关于县十三届人大一次会议以来国民经济和社会发展计划执行情况及今后五年国民经济和社会发展计划草案的报告，批准今后五年国民经济和社会发展计划；书面审查和批准墨竹工卡县人民政府关于县十三届人大一次会议以来财政预算执行情况及今后五年财政工作计划草案的报告；书面审议墨竹工卡县人民政府关于县十三届人大一次会议以来代表提出议案、建议及批评、意见办理情况的报告；听取和审议墨竹工卡县人民代表大会常务委员会工作报告、墨竹工卡县人民法院工作报告、墨竹工卡县人民检察院工作报告。大会表决通过关于人大常委会报告、人民政府报告等6个报告决议，依法选举产生墨竹工卡县第十四届人民代表大会常务委员会主任、副主任、委员27名，县人民政府县长、副县长8名，县人民法院院长1名，县人民检察院检察长1名。

【人大常委会会议】 年内，共召开主任会议8次，常委会会议8次；依法任免国家机关工作人员131人次，组织宪法宣誓11场次，全面完成县十三届人大六次会议确定的各项目标任务。

2月8日，召开县第十三届人民代表大会常务委员会第三十二次会议，学习《吴英杰给墨竹工卡县日多乡怎村村民索朗次仁回信》《西藏自治区纪委通报的四起关于扶贫领域腐败和作风问题典型案例》《中共西藏自治区第九届纪律检查委员会第六次全体会议公报》《看杜江如何在“大管家”的贴心服务中陷落》；听取墨竹工卡县2020年信访工作开展情况的报告；听取墨竹工卡县市场监督管理局2020年工作开展情况的报告；听取墨竹工卡县2020年安全生产工作开展情况的报告；审议人事任免事项。

4月13日，召开县第十三届人民代表大会常务委员会第三十三次会议，学习《中国共产党百年历史及其经验启示》《西藏自治区人大常委会关于做好全区县乡两级人民代表大会换届选举工作的指导意见》《拉萨市人大常委会关于拉萨市县乡人大换届选举筹备工作方案》《县乡人大换届选举的操作流程操作指南》；审议通过《墨竹工卡县人民代表大会常务委员会关于县乡两级人民代表大会换届选举时间的决定》《墨竹工卡县人民代表大会常务委员会关于各乡（镇）人民代表大会名额的决定》《墨竹工卡县人民代表大会常务委员会关于任命县级选举委员会组成人员的决定》《墨竹工卡县人民代表大会常务委员会关于任命乡级选举委员会组成人员的决定》。

4月25日，召开县第十三届人民代表大会常务委员会第三十四次会议，审议通过《墨竹工卡县人民代表大会常务委员会关于做好县乡人大换届选举工作的实施方案》，人事任免事项。

6月10日，召开县第十三届人民代表大会常务委员会第三十五次会议，学习《中共一大到十九大极简史》；听取和审议墨竹工卡县人大常委会关于开展生态环境保护的视察方案（草案）；听取市生态环境墨竹工卡县分局关于生态环境保护工作开展情况的报告；听取墨竹工卡县农业农村局关于农牧民增收工作开展情况的报告；听取墨竹工卡县人社局关于就业创业工作开展情况的报告；听取墨竹工卡县应急管理局关于安全生产工作开展情况的报告；审议人事任免事项。

6月23日，召开县第十三届人民代表大会常务委员会第三十六次会议，听取和审议墨竹工卡县第十三届人民政府工作报告；审查和批准墨竹工卡县人民政府关于十三届人大一次会议以来国民经济和社会发展计划执行情况及今后五年国民经济和社会发展计划草案的报告（书面），批

2021年7月21日，县机关选区选举墨竹工卡县第十四届人民代表大会代表现场

准今后五年国民经济和社会发展计划；书面审查和批准墨竹工卡县人民政府关于县十三届人大一次会议以来财政预算执行情况及今后五年财政工作计划草案的报告；书面审议墨竹工卡县人民政府关于县十三届人大一次会议以来代表提出议案、建议及批评、意见办理情况的报告；听取和审议墨竹工卡县人民代表大会常务委员会工作报告；听取和审议墨竹工卡县人民法院工作报告；听取和审议墨竹工卡县人民检察院工作报告；审议选举事项。

2021年7月6日，西藏自治区人大法制委员会副主任、自治区人大常委会内务司法工作委员会主任布尼玛（右二）一行到墨竹工卡县人民法院调研

6月27日，召开县第十三届人民代表大会常务委员会第三十七次会议，审议县第十三届人民代表大会代表资格审查委员会关于县第十四届人民代表大会代表资格审查报告，人事任免事项。

8月6日，召开县第十四届人民代表大会常务委员会第一次会议，学习《习近平总书记在庆祝中国共产党成立100周年大会上的讲话》《历史性的西藏考察，蕴含哪些深意？》《习近平在西藏考察时的重要讲话精神》《吴英杰在7月23日区党委常委（扩大）专题会议上的讲话》《洛桑江村在7月29日自治区十一届人大常委会第三十一次会议期间座谈会上的讲话精神》《严金海在7月26日市委常委（扩大）专题会议上的讲话》；听取和审议墨竹工卡县人民法院2021年上半年工作总结暨下半年工作安排的报告；听取和审议墨竹工卡县人民检察院2021年上半年工作总结暨下半年工作安排的报告；听取和审议墨竹工卡县2020年财政收支决算和2021年上半年财政预算执行情况的报告；听取和审议墨竹工卡县2021年上半年审计工作总结暨下半年工作安排的报告；审议墨竹工卡县2021年上半年国民经济和社会发展计划执行情况与下半年国民经济和社会发展计划安排（书面）；审议人事任免事项。

11月4日，召开县第十四届人民代表大会常务委员会第二次会议，传达学习中央人大工作会议精神；审议墨竹工卡县人大常委会主任会议关于召开墨竹工卡县第十四届人民代表大会第二次会议的议案；审议墨竹工卡县第十四届人民代表大会第二次会议议程（草案）；审议墨竹工卡县第十四届人民代表大会第二次会议日程（草案）；审议墨竹工卡县第十四届人民代表大会第二次会议相关建议名单（草案）；审议墨竹工卡县第十四届人民代表大会第二次会议选举办法（草案）。

【人大代表工作】 年内，紧紧围绕县委决策部署和县域经济发展中的重要问题、人民群众普遍关心关注的热点问题，听取信访化解、就业帮扶、县乡村换届、生态环保、民主法治改革、疫情防控等工作汇报，及时向县人民政府及相关部门提出审议意见和建议。多次深入矿区实地检查安全生产和生态环境保护工作开展情况；听取审判工作、检察工作的报告，组织人大代表旁听重点案件审理，监督陪审员制度实施情况，切实维护社会公平正义。同时，配合区市人大常委会对墨竹工卡县贯彻实施《西藏自治区矿产资源管理条例》情况进行执法检查，对上级人大开展立法调研提出多条立法建议。为深入贯彻新时代人大工作的新要求，认真落实习近平法治思想及关于地方人大及其常委会工作作出的重要指示精神。进一步增强新任人大代表的履职意识，提升人大代表依法履职能力，正确行使宪法和法律赋予的权利和义务，更好地发挥代表作用。组织64名新任基层人大代表开展集中培训，由县人大常委会领导作人大代表的权利义务及代表法解读，邀请县委党校专家教授专题授课《习近平总书记七一重要讲话精神》《习近平总书记在西藏考察期间重要讲话精神及汪洋主席在西藏和平解放70周年大庆上的重要讲话精神解读》《社会主义核心价值观》及党史学习教育（党史、国史、西藏史等方面）等方面理论知识，组织代表观看爱国主义影片、参观墨竹工卡县警示教育基地，并开展交流发言。

邀请代表参与常委会工作，全年列席常委会会议以及参与调研视察、执法检查等工作的代表分别为30人次、120余人次。组织代表60余人次参加宪法宣传日、法院庭审旁听、检察院开放日等活动。切实保障代表工作经费，及时发放农牧民代表务工补贴4.9万余元，减轻代表履职经济负担。依托“人大代表之家”“代表活动室”，认真贯彻落实“双联系”制度，组织各级代表50余人列席人大常委会会议。全面实施“代表之家”提档升级工作。通过召开座谈会议、到兄弟县区学习、各乡镇相互交流和人大党组成员跟踪督促等举措，在原有的基础上按照“五个统一”“四个创新”“六个强化”要求，实施提档升级工作，细化人大代表履职程序。12月，县人大常委会对各乡镇“人大代表之家”运行情况进行交叉点评。

【代表意见建议办理】 年内，墨竹工卡县人大常委会认真总结代表建议办理工作经验，将常年坚持的会议期间代表建议由大会主席团向政府交办，建议由政府分管领导领衔办理及常委会领导牵头督办，办公室具体落实，督办结果及时反馈给政府职能部门，督促办结，切实指导代表建议办理，有力提升了办理质效。

截至年底，两次大会共收到134件代表建议、批评和意见，办复率和满意率均达到98%以上，办结率均达83%以上。在县人民政府和各级承办单位的重视下，代表建议由注重“办复率”向注重“办成率”转变，许多重点建议得到有效推进，一批民生领域热点问题得到有效解决。

【法治建设】 年内，听取审判工作、检察工作的报告，组织人大代表旁听重点案件审理，监督陪审员制度实施情况，切实维护社会公平正义。对法律法规进行宣传，发放宣传资料800余册。同时，积极配合自治区、拉萨市人大常委会对墨竹工卡县贯彻实施《西藏自治区矿产资源管理条例》情况进行执法检查，为上级人大开展立法调研提出多条立法建议。

【办实事解难事】 年内，墨竹工卡县人大常委会以用好办实事经费作为为民办实事的有力抓手，以“人大代表之家”和“村级代表活动室”为依托，以“联系群众、服务群众”为主题开展督办意见建议、学习座谈交流、调研视察等主题活动，激励广大代表主动履职，区市县乡四级人大代表共走访群众（贫困户）300余人次，接待群众280余人次，收集群众意见40余条，通过党组会议研究，解决工卡镇格桑村购买农用机械、唐加乡中心校建造洗衣房和购买学生洗衣机、扎雪乡扎雪村修缮水塘、日多乡拉龙村党组新修简易桥、门巴乡巴热卡村围墙扩建事宜，共计资金139.21万元，切实解决了群众所需所盼，赢得代表和群众

2021年9月9日，西藏自治区人大常委会委员、财经委主任委员李震（前排左二）一行到墨竹工卡县调研

2021年9月16日，墨竹工卡县人大常委会组织全县人大工作者到曲水县考察学习“人大代表之家”提档升级工作

的普遍好评。

【乡镇人大工作】 年内，墨竹工卡县人大常委会班子成员对一年一度的乡镇人大例会实行“一对一”工作联络指导，每个乡镇由1名常委会领导联系，全程跟踪指导乡镇例会工作。以乡镇人大主席团组织代表培训为契机，不断加强自身学习，明确职责，切实增强工作的使命感和责任感，不断提升理论水平，进一步创新工作思路，积极探索乡镇人大工作的新途径、新方法，不断提高解决问题的能力，努力开创乡镇人大工作的新局面，促进全县各乡镇各项事业稳步健康发展。

在全市启动“代表之家”提档升级工作以来，通过召开座谈会议、到其他县（区）学习、各乡镇相互交流和人大党组成员跟踪督促指导等举措，在原有基础上按照“五个统一”“四个创新”“六个强化”要求，实施提档升级工作，细化人大代表履职程序。年内，县人大常委会对各乡镇“人大代表之家”运行情况进行交叉点评。同时联合县委党校采用专题教学、座谈交流、实地考察、观看爱国主义电影等形式，对全县新当选的各人大代表进行习近平新时代中国特色社会主义思想、爱国主义、社会主义核心价值观、民族团结、宪法和法律法规、人大代表履职能力等教育，参加各级人大常委会机关举办的培训525人次；落实代表联系选民制度，认真贯彻落实“双联系”制度、代表列席人大常委会会议制度，组织各级代表50余人列席人大常委会会议。

【自身建设】 年内，墨竹工卡县人大常委会坚持把党的政治建设摆在首位，从党组和办公室党支部两个层面，健全并坚持学习制度、民主生活会制度，确保学习好政治理论，运用好批评和自我批评武器，增强政治自觉。加强党风廉政建设，落实“一岗双责”。深入开展党史学习教育、“三更”专题教育、“三新”大学习大讨论活动，组织开展“大接访办实事”活动，组织代表和机关干部接受廉政教育，重温入党誓词，参观林周农场等爱国主义教育基地，观看爱国主义电影等，坚持把政治纪律和政治规矩挺在前面，严格执行中央八项规定精神和党风廉政建设各项规定，驰而不息转作风，营造良好的政治生态。

（次旦拉姆）

【机构领导】

党组书记、主任

张尚福（6月免）

张志文（6月任）

党组成员、副主任

刘登贵

王应祥

次旦卓玛（女，藏族，6月免）

普　桑（藏族）

杨　勇（6月任）

办公室工作

【概况】 2021年，墨竹工卡县人大常委会办公室以习近平新时代中国特色社会主义思想为指导，认真学习贯彻中共十九大、十九届历次全会精神和中央第七次西藏工作座谈会精神以及中央人大工作会议精神，紧扣县委中心工作，服务大局、服务基层，围绕《墨竹工卡县人大常委会2021年度工作要点》，加强组织领导，转变工作作风，提升工作效能，提高服务水平，创新工作机制，认真贯彻落实县人大常委会的各项工作部署，按照各项制度要求，严格落实“三重一大”制度，积极发挥综合协调服务职能，以奋发有为的精神积极开展各项工作，保证了人大各项工作有序开展。

【综合性文稿起草】 年内，认真起草好常委会年度工作计划，使常委会的工作紧扣全县发展大局和全县中心工作，为常委会充分行使监督、决定、任免等各项职权提供优质服务。认真起草好常委会工作报告，全面客观准确反映常委会过去一年所做的工作及提出今后一年工作思路，为常委会总结工作经验和谋划来年工作提供参考。认真做好常委会举行的各项重要会议、重大活动的文稿起草。在起草过程中，注重早谋划、早安排、早落实，加强学习，深入研究，努力提高文稿起草质量，使文稿更加紧密结合县委重大决策部署，更加符合常委会工作实际。

【会议服务】 年内，墨竹工卡县人大常委会办公室共为3次人民代表大会会议、10次人大常委会党组会议、8次常委会会议、8次常委会主任会议及全市“人大代表之家”提档升级工作现场交流会议提供服务保障。在工作中，注意明确分工，多方协调，主动与有关单位沟通联系，及时完成各类文件和材料准备，提前做好会场布置，积极改进会务工作，注重抓早、抓实、抓快，对会议的每个环节进行仔细分析、认真安排，按照规定时间逐项抓好落实，认真做好会前筹备、会中服务、会后总结等各项工作，进一步提高办会质量，确保各次会议顺利进行。同时，扎实做好出席拉萨市人民代表大会墨竹工卡代表团的服务工作。

【服务人大代表】 年内，做好闭会期间代表服务工作，以“人大代表之家”和“村级代表活动室”为依托，以“联系群众、服务群众”为主题，开展督办意见建议、学习座谈交流、调研视察等主题活动，完成常委会交给的代表组织协调和服务工作。坚持给县人大代表赠订《中国人大》《拉萨人大》等学习资料，为代表依法履职积极创造条件，有效地拓宽了代表知情知政渠道。

在常委会分管领导的带领下，通过走访、座谈、实地查看、重点督办及邀请代表深入承办单位督办、电话催办等多种形式，加大对代表建议督办力度，着力提高代表建议的落实率。年内，对2次大会134件代表建议、批评和意见办复率、满意率均达98%，办结率均达83%。

【办公室内部管理】 年内，认真贯彻落实民主集中制原则，对重大决策、重要人事任免、重大项目安排及大额资金使用等事项进行会商，并及时上报人大常委会党组审议研究，做到“集体领导、民主集中、个别酝酿、会议决定”。组织办公室工作人员进行业务学习，狠抓公文处理，不断提高公文质量。坚持公文处理的规范化，明确公文制发各个环节的责任，保证公文印制的质量和运转效率，并积极采用电子政务进行收发文件，大大提高办文效率。加强档案管理人员的学习和培训，完善档案管理制度，严格按照制度切实做好档案的收集、分类、整理、编目工作，保证档案的齐全完整，提高案卷质量，力争做到标准化、规范化。

【宣传工作】 年内，墨竹工卡县

2021年9月2日，县乡两级人大代表参观塔巴陶瓷厂

人大常委会办公室坚持把人大宣传工作摆上重要位置，提高认识、明确重点、强化领导，常抓不懈，呈现出全面推进，整体加强，为推进民主法治建设和人大工作顺利开展发挥积极作用。给各乡镇人大主席团下发《关于开展宪法学习宣传活动的通知》，充分利用“12·4”等宪法宣传日加强对《中华人民共和国宪法》《中华人民共和国民法典》《中华人民共和国全国人民代表大会和地方各级人民代表大会代表法》《中华人民共和国各级人民代表大会常务委员会监督法》《西藏自治区民族团结进步模范区创建条例》等法律法规在全县范围内的宣传力度。

年内，共发放宣传资料4700余份、宣传品3200余份。同时，依托拉萨市人大期刊、“微墨竹”等各类媒介及时发布人大信息，扩大人大工作的社会知晓面和影响力。

【基层调查研究】 年内，墨竹工卡县人大常委会办公室围绕常委会审议议题，组织干部职工深入基层、深入群众、深入实际，开展深入细致的调查研究，掌握和收集民情民生的第一手资料，形成有情况、有问题、有分析、有对策的调研报告，为县人大常委会审议提供真实、可靠的依据，确保常委会的审议客观、公正，充分体现群众观点，集中民智，反映民意，发挥监督作用，推动常委会工作落实。

【人大常委会机关建设】 年内，墨竹工卡县人大常委会办公室以习近平新时代中国特色社会主义思想为指导，全面贯彻中共十九大精神，认真落实新时代党的建设的总体要求，以党的政治建设为统领，认真开展党史专题学习教育及“三更”“三新”教育活动，着力加强理论知识学习，重点学习习近平新时代中国特色社会主义思想、中共十九大和十九届系列全会及中央第七次西藏工作座谈会精神、宪法法律等内容，组织集中学习20余次。支持干部参加各类业务培训，安排4名科级干部参加县委党校举办的党员政治教育培训班。鼓励党员使用“学习强国”、西藏党员教育等平台的学习，及时购买最新的学习书本，更新宣传栏、宣传展板和标语，从严从实落实“三会一课”、民主评议党员等制度，常委会领导坚持以普通党员身份参加党支部的“组织生活会”“支部主题党日”等活动，推动组织生活的常态化、制度化。切实落实主体责任，坚持把党风廉政建设和反腐倡廉工作放在突出位置，列入重要议事日程，切实做到全面从严治党工作与开展人大常委会办公室各项工作同部署、同落实、同检查、同考核。

深入推进脱贫攻坚同乡村振兴有效衔接工作，将脱贫攻坚相关政策列入支部学习计划加强学习，办公室主要负责人到联系村了解脱贫攻坚工作开展情况，并对其提出意见建议。人大办支部成员结对帮扶18户脱贫户，坚持每季度进村入户开展慰问帮扶，开展慰问、宣传惠民政策30余次，送去慰问金8000余元。

【新冠肺炎疫情防控】 年内，坚持把疫情防控作为当前重点工作任务来抓，认真传达学习党中央、国务院及区市县党委、政府新冠肺炎疫情防控相关精神。在办公室人员紧张情况下，选派2名干部到高速路口开展疫情防控工作，选派一位干部参加县委十届第一轮巡察工作，均取得良好成效。同时，墨竹工卡县人大常委会办公室围绕“稳定、发展、生态、强边”四件大事，全力做好维护稳定、意识形态、脱贫攻坚同乡村振兴、疫情防控等中心工作，充分发挥基层党组织的战斗堡垒和党员先锋模范作用。

（次旦拉姆）

【机构领导】

主　任

格桑巴珠（藏族）

副主任

苍　　巴（藏族，8月免）

加　　群（藏族，8月任）

墨竹工卡县人民政府

综述

【概况】 2021年，墨竹工卡县坚持稳字当头、稳中求进的工作总基调，立足新发展阶段，贯彻新发展理念，构建新发展格局，聚焦“四件大事”“四个确保”，统筹经济社会发展和常态化疫情防控，扎实做好“六稳”工作，全面落实“六保”任务，积极融入拉萨“一核一圈两带三区”的产业布局，围绕墨竹工卡县“三区两中心”的总体定位及“一城一区两轴三沟”的重点布局，系统推进、重点突破，在“四个创建”、努力在“四个走在前列”上担当作为。2021年，墨竹工卡县全社会固定资产投资增速位居全市第一，工业增加值、地区生产总值增速均位居全市第三。先后荣获全区农产品质量安全县、全区双拥模范县、全区县级文明城市、全区卫生县城、全区先进基层党组织、全区脱贫攻坚先进集体、全区人力资源社会保障系统优质服务窗口、全区五四红旗团委、全区“四讲四爱”群众教育实践活动先进集体等称号，并荣获第七次全国人口普查市级先进集体、全市高校毕业生就业创业先进集体、农牧民转移就业增收工作先进集体、劳动保障监察工作先进集体、第六次民政会先进集体、全市庆祝中国共产党成立100周年活动表现突出集体、黄牛改良工作市级先进集体等称号，塔巴村荣获中国美丽休闲乡村荣誉称号。

2021年8月3日，县委副书记、县长巴桑（左二）一行到门巴乡调研

【产业结构】 年内，严守耕地红线，播种面积11.11万亩，粮食总产量达2.5万吨，完成2万亩高标准农田建设项目，涉农行政村农业机械化普及率达100%。有序实施高标准农田建设、黄牛改良及牦牛（犏牛）经济杂交工作。农牧业总产值实现6.48亿元，同比增长2.3%。全县7家规模以上企业工业总产值实现68.2亿元、同比增长39.6%。建设完成53个5G基站，稳步推进格桑花开产业园区二期项目建设，投入援藏资金200万元用于沟域文化旅游建设，投入援藏资金300万元用

2021年11月9日，县委副书记、县长巴桑（左四）一行调研全县各学校爱国主义教育工作及项目工作推进情况

于县艺术团办公用房改造，投入2575万元，实施墨竹工卡县旅游厕所建设项目，墨竹文化旅游被编入《中国国家地理杂志》。

【生态环境】 年内，持续打好蓝天、碧水、净土保卫战，有序推进自治区级“生态文明建设示范县、乡、村”创建工作。圆满完成西南环保督查局一行到墨竹工卡县督导检查工作。按照“五大矿山”发展理念，完成巨龙公司绿色矿山建设实地勘测。

建立完善矿山生态修复“一矿一档”。督促巨龙公司、华泰龙公司投入2.03亿元，完成生态治理修复218万平方米。全县累计栽植苗木48万株。开展河（湖）“清四乱”专项行动，累计清理河（湖）垃圾92吨。对县域重点流域（领域）及县城建成区集中式饮用水、大气、土壤等42个点位开展监测工作。加强“禁白”执法、卫片执法以及森林督查，常态化开展“两违”整治，严格建设项目环评审批。

【城乡建设】 年内，累计投入1.8亿元，实施300件民生实事。41个行政村（居）道路通畅率、8个乡（镇）客运班线覆盖率均达100%。完成国道349线嘉黎至墨竹工卡段改造工程，高速出口生态公园建成并投入使用。实施老城区城市污水管网、自来水管、垃圾填埋场提升改造等项目，稳步推进甲玛乡特色小城镇水厂提升改造工程。完成全县19个行政村的村庄规划编制工作，第二批“美丽乡村·幸福家园”整村推进项目有序实施，已建成的县城及7个乡（镇）污水处理厂有序运行。完成户厕改造1253户，卫生户厕普及率达到59.3%。

【互联网+政务服务】 年内，全面推进“互联网+政务服务”，开展注册业务线上咨询、线上申请、线上审查登记资料等服务，发放营业执照350张，办理食品经营许可证166张。新建的县级便民服务大厅顺利搬迁并投入使用，入驻单位12个、开放窗口16个，进驻行政审批和便民服务事项100余项、网上办理事项23项，办理行政审批和便民服务事项5万余件，好差评数量16万余条，加快实现“三集中、三到位”。在将20家国有企业规范整合为7家的基础上，制定出台国有企业绩效考核管理办法和国有企业监督管理办法。顺利完成41个行政村（居）、198个村民小组的清产核资及建账工作，共清查农村集体资产1.81亿元，完成农村集体土地所有权数据入库及制证工作。

【巩固脱贫成果】 年内，制定《墨竹工卡县关于全面推进乡村振兴加快农业农村现代化若干举措》。累计整合涉农资金2.03亿元、实施项目29个。持续抓好易地扶贫搬迁后续扶持工作，安排配套产业项目6个，实现易地搬迁“一户一岗”。全县脱贫户人均纯收入14774.15元，同比增长15.07%。圆满完成2021年度巩固拓展脱贫攻坚成果同乡村振兴衔接工作国家综合检查。

【就业创业】 年内，完成农牧民转移就业10731人，实现城镇新增就业862人，城镇失业率控制在3%以内。探索实施“乡村振兴能工巧匠100+”培训计划，认定14家转移就业基地，解决就业岗位976个，35名大学生到南京参加第三届“格桑花开”就业创业特训营。协调华泰龙、巨龙、县城投公司，实现246人就业，500名应届高校毕业生就业率达100%。

【教育教学】 年内，持续创建“互联网+教育”示范县。8所小学、40所幼儿园供暖工程实现全覆盖，第二期南京墨竹班开班，落实格桑花开奖教资金及教职工互助金，为94名墨竹籍小学、初中、高中品学兼优的学生每人表彰1万元，率先实施学校安保交由第三方专业公司运营及公交车免费接送学生，南京实验小学被评为第三届西藏自治区文明校园。

【医疗卫生】 年内，创新实施《墨竹工卡县加快推进国家紧密型县域医共体试点县三年行动计划（2021—2023年）》等，实施县人民医院传染病房、疾病预防控制中心、智慧疾控暨公共平台建设等项目。组织17名先心病、髋关节脱位、唇腭裂患者到南京接受免费治疗。累计投入600万元，加强常态化新冠肺炎疫情防控工作，累计完成10万剂次疫苗接种，开创“二类疫苗”接种。

【社会保障】 年内，稳步推进国家级残疾预防综合试验区试点创建工作；投入120.5万元，为全县4.9万名城乡居民购买超大额医疗补充保险，参保覆盖率达98%以上。为33个村级卫生室配备医疗保险POS刷卡设备，为4550名60岁及以上老人发放幸福养老金1966.62万元，实施工卡镇工卡村273户棚户区基础设施改造项目和公共租赁住房440套续建项目。

【文化服务】 年内，举办中国共产党成立100周年和西藏和平解放70周年系列活动，完成全区“农民丰收节”和“第四届墨竹小油菜花文化旅游节”等活动，累计开展文艺服务下基层活动54场次。健全非物质文化遗产名录体系，建成墨竹工卡县非遗展示与传习中心。

【对口支援】 年内，投资2.58亿元，实施1‰以内援藏资金项目14个，有序推进“格桑花开·幸福助力”民生微实事100+项目。举办第三届南京墨竹周系列活动，其间墨竹小菜籽油累计实现销售认购661万元。成功举办首届格桑花开大学生就业创业年会，成立“格桑花开成长学院”。南京对口支援墨竹工卡县工作组荣获“全国脱贫攻坚先进集体”称号。

【社会稳定】 年内，圆满完成中国共产党成立100周年活动、西藏和平解放70周年活动、习近平总书记视察西藏等重要时段的维稳安保任务。受理来信来访89件、排查化解矛盾纠纷40起、开展重点领域安全监督检查712次。依法管理宗教事务，不断推进藏传佛教与社会主义社会相适应，组织43名爱国爱教先进僧尼到区内外参观学习。深入开展双拥共建活动，为退役士兵和重点优抚对象发放一次性经济补助金和优待金。

【自身建设】 年内，办理人大代表议案建议134件、政协委员提案112件，回复率达100%，满意率达98%以上。办结“12345”服务热线问题350件，办理率达100%。扎实开展政法队伍教育整顿，加大财税监管改革，基本完成13座寺庙财税监管改革工作。深入推进党风廉政建设和反腐败工作，严格落实中央八项规定精神及自治区、市党委有关规定，坚持厉行节约，反对铺张浪费，“三公”经费比年初预算减少1%。

（旦增达吉）

【机构领导】

县委副书记、县长
旦增尼玛（藏族，6月免）
巴　　桑（藏族，6月任）
县委常务副书记、常务副县长
施 勇 君（江苏援藏）
县委常委、副县长
陈　　亮（江苏援藏）
汤 官 中（5月免）
县委常委、常务副县长
张 家 松
县委常委、副县长
索朗多吉（藏族，7月任）
副县长
益　　西（藏族，7月免）
索朗扎布（藏族，7月任）
巴　　桑（藏族，5月免）
许 震 宇（7月任）
雷 青 松
任 彦 芳（女）
周　　君（7月任）

办公室工作

【概况】 墨竹工卡县政府办公室为政府部门统筹协调部门，负责县政府日常统筹协调、地方志、行政审批和便民服务、机关后勤服务、外事办等工作，办公室实有编制7人(主任1名、副主任3名)。

【信息工作】 年内,墨竹工卡县政府办公室围绕全县各项工作,特别是密切关注全县经济社会发展、民生福祉改善、"三大"攻坚战,新冠肺炎疫情防控等重点工作,加大信息收集工作力度,试点推行信息考核机制,办公室共采用、编辑、上报乡镇和部门信息400余条。同时,通过政府网站加大信息公开力度。

【办文办会】 年内,墨竹工卡县政府办公室实行公文处理失误责任追究制度,专人监管、专簿登记、签字流转,急件及时办理,定期备份、存档,确保公文处理不延误、不泄密。同时,按照保密工作要求,进一步完善保密工作机制;起草文稿时,严把质量关,突出当前工作重点、反映工作落实、体现领导意图;重大材料起草,工作人员集体讨论提纲和修改初稿;审核文稿时,对内容、文字、格式、时限严格把关,确保文稿质量。截至年底,严格落实基层减负各项要求,墨竹工卡县政府办公室共办理政府红头报告(请示)27件、通知35件、函45件,全年县政府发文数量同比减少18.7%。墨竹工卡县政府办公室红头报告(请示)22件、通知35件,函21件。

年内,墨竹工卡县政府办公室带头精文简会,严格控制会议次数和规模,尽量开短会、开套会。政府办对县政府全体会、常务会、县长办公会等高规格会议,坚持牵头做好会前准备工作,审核会议议题,并经县政府领导审定同意后提交会议研究,从源头上确保会议的权威性。截至年底,办公室承办县长办公会议、县政府常务会议17次、党组会议12次,及时整理、编辑、下发会议纪要29期;承办专题会议21次;承办各类视频会议150余次。

【便民服务】 年内,根据上级有关要求,进一步加强墨竹工卡县行政审批和便民服务局各项工作,规范9个窗口办理事项,继续落实人员基本固定和考勤制度,组织开展政务服务相关培训10余次,全年便民服务大厅办理行政审批和便民服务事项5万余件,全力提升一体化政务服务工作水平;协调办结"12345"服务热线问题350件,办理率达100%。同时,完成新行政审批和便民服务局的建设工作。

2021年1月28日,中共墨竹工卡县人民政府办公室党支部开展主题党日活动

【机关服务】 年内,根据人员调整等情况,及时调整办公室工作人员任务分工。及时传达上级党委政府、相关业务部门和县委、县政府的决策部署,及时将各乡(镇)、各部门、广大农牧民群众反映的情况反馈给领导。会议通知、文件收发、文件传阅、档案管理等工作做到高效、高质。利用西藏自治区乡镇党政信息网收发各类非涉密文件,提升文件传阅效率,降低公文交换成本。安排办公室工作人员联系政府县级领导,安排科级干部对接市政府办公厅各科室。同时,明确机关后勤服务人员的责任范围,创新加强监督机制。

【地方志工作】 年内,深入学习贯彻落实习近平总书记关于地方志工作讲话精神,根据"两全"目标要求,积极与自治区、市地方志办公室对接,有序推进《墨竹工卡县志(2001—2010)》(总编稿)校对工作,完成墨竹工卡县2021卷年鉴编纂、出版、印刷工作。

【党建工作】 年内,以习近平新

2021年7月1日，墨竹工卡县党政机关大院“七一”维稳安保部署会议召开

时代中国特色社会主义思想为指导，全面贯彻落实中共十九届历次全会及中央第七次西藏工作座谈会、习近平在西藏视察期间重要讲话精神，加强党的理论建设、思想建设、组织建设，积极开展12期主题党日活动，组织党员干部集中学习12次；狠抓意识形态领域建设，不断提升新形势下党建工作水平，充分发挥党组织的核心作用和党员的先锋模范作用，并积极吸收优秀职工加入党员队伍。截至年底，办公室共有23名正式党员（含编译局）。办公室支部严格认真落实“三会一课”、民主评议等制度，特别是支部书记充分落实“班子”领头羊作用，工作中带头、生活中垂范。

【党风廉政建设】 年内，墨竹工卡县政府办公室主任带头落实党风廉政主体责任，组织办公室全体干部职工深入学习中央八项规定精神、《中国共产党章程》《中国共产党廉洁自律准则》等规定。同时，充分结合“三会一课”制度，认真学习违反中央八项规定精神和扶贫领域腐败问题等典型案例通报，紧盯节假日等重点节点，组织党员干部进行思想教育，进一步增强队伍拒腐防变能力。

【综治工作】 年内，墨竹工卡县政府办公室始终坚持稳定第一，牢固树立忧患意识，不折不扣落实县委、县政府关于维稳工作的决策部署和县委政法委有关要求，扎实推进机关大院值班室搬迁、外来人员登记设备提升等工作，全力做好县政府大院值班安排，压实值班人员责任，印发《墨竹工卡县党政机关大院重要节点应急预案》等方案预案。同时，壮大县政府护院队伍，落实每天3次巡逻制度，并做好巡逻登记。

【后勤工作】 年内，坚持“为基层服务、为机关服务、为领导服务”的工作方针，积极协调干部职工的吃、水、用电、住房、用餐等问题，实施B区住宿区环境提升，稳步推进县机关后勤食堂改革，全面提升机关食堂服务质量，增加停车位、规范整治机关大院乱停乱放，为干部职工安心工作提供优质服务。

（旦增达吉）

【机构领导】

主　任

洛桑加央（藏族）

副主任

王守军（4月免）

何学志

欧珠群措（女，藏族）

卞育兴（4月任）

应急管理

【概况】 2021年，县委、县政府始终把应急管理工作摆在突出位置，坚持把安全生产工作与其他工作同部署、同落实，坚持抓安全、保发展的基本原则，认真落实属地管理责任、部门监管责任和企业主体责任，有力促进了全县安全生产工作的扎实开展。

2021年，全县共发生各类安全事故3起，死亡3人，其中工矿商贸领域2起，死亡2人，占事故总起数的66.7%，占总死亡人数的66.7%；道路工程领域事故1起，死亡1人，占事故总起数的33.3%，占总死亡人数的33.3%；其他领域未发生事故。与2020年同期相比，事故总起数和死亡人数持平。2021年，全县范围内未出现各类自然灾害。

【召开安全生产会议】 年内，县委、县政府组织召开全县安全生产工作会议3次，县委常委会、政府常务会各3次，为全面贯彻落实国务院、自治区、市委、市政府关于特殊时期工作部署和自治区、市两级安全防范工作方案要求，结合全县工作实际，分别于6月14日、7月13日、8月19日由县长巴桑主持召开全县安全生产安排部署会议，听取各乡（镇）、重点领域18个部门开展工作情况，部署重大节日期间全县安全生产工作。

10月25日，针对国务院、自治区、市第四季度安全防范工作会议精神，县委常委张家松主持召开全县第四季度安全防范会议暨安全生产三年专项行动推进会议。圆满通过2020年度国务院安委会安全生产和消防安全考核验收。年内，全市应急管理工作现场会议在墨竹工卡县顺利召开。

【监管检查】 年内，县安委办制定下发《墨竹工卡县春节、藏历新年以及重要节点安全生产大检查工作实施方案》《墨竹工卡县企业一线员工"强化安全意识、提升安全素质"专题行动方案》《关于切实加强全县"双庆"期间安全防范攻坚行动方案的紧急通知》《关于做好近期森林草原防灭火工作的紧急通知》等工作通知方案，明确重点领域监管检查目标任务，严格落实安全生产监管主体责任。

【专项整治】 年内，结合《三年安全生产专项整治方案》要求，紧盯事故易发多发点位，突出重点行业、重点领域、重点部位，持续深入开展安全生产大检查、大排查工作。年内，对全县矿山企业、道路交通、人员密集场所、建筑施工、危险化学品等生产领域开展安全监督检查912次，共排查安全隐患2805条，整改率达97%。其间，道路交通违法1880起，共处罚款41.9万元；非煤矿山违法违规立案2起，行政处罚12万元，责令停产整顿3家；安全事故2起，行政处罚共计120万元；危险化学品违法储存立案1起，没收非法储存乙炔86瓶，行政处罚5万元；食品药品立案2起，行政处罚13000元；建筑施工领域立案6起，行政处罚78.5万元。

2021年8月2日，墨竹工卡县应急管理局聘请第三方安全生产专家对宁玛矿业进行安全隐患大检查

【应急管理】 年内，为注重实战需要，县政府安排资金150万元，用于防汛应急抢险工作，同时，招标采购60万余元的门巴乡消防应急车辆；同时，按照自治区、市委、市政府关于安全生产综合应急预案编制工作要求，县政府安排专项资金15万余元，通过公开招标的方式，聘请第三方机构编制矿山、危化应急预案。

5月12日，墨竹工卡县应急管理局对全县矿山企业尾矿库、排土场和重点防汛点位进行定期和不定期隐患排查和应急物资筹备情况督导检查，组织应急管理局、水利局、消防救援大队等防汛成员单位，开展2次应急演练。完善充实应急救援队伍，现有乡（镇）、村应急队伍共计263人，企业专职救援队伍83人。

【复工复产】 年内，为更好地落实常态化疫情防控下企业陆续复产复工要求，县安委办及时研究制定下发《墨竹工卡县2021年非煤矿山复产验收工作实施方案》，明确验收程序及验收内容，组织涉矿部门赴企业复工验收10家次，验收参与70余人，有序完成2021年度5家选厂和5家矿山复产验收工作。

2021年8月30日，墨竹工卡县应急管理局组织乡、村级普查员召开第一次全国自然灾害普查工作启动暨培训会议

【宣传活动】 6月1日，在西藏巨龙公司举行安全生产月启动仪式，随后，陆续在各企业开展宣传服务教育8次，通过聘请专家授课，发放以公共安全、非煤矿山、危险化学品以及安全生产行业职责内容为题材的水杯、指甲刀、雨衣、环保袋等宣传用品和资料，加大宣传力度。其间，共发放宣传资料3000余份、宣传物品1500个，悬挂横幅120余幅，企业专家授课3场次，聘请专家开展新安全生产法讲座3场次。

【灾害普查】 年内，按照中央、自治区、拉萨市灾害普查工作要求，县委、县政府通过预算计划和专题研究，对整体灾害普查安排专项经费511.7万元，其中应急85万元，林草195万元，住建96.7万元，水利45万元，交通40万元，气象20万元，地震10万元，灾害普查办公20万元；截至年底，应急灾害调查已完成上报市级审核，共计审核上报灾害清查数据176条，完成率100%；自8月30日普查工作开展以来，已录入普查数据191条，其中承灾体127条，减灾能力64条，地震房屋抽样数据170条，历史年度灾害706条。

【安全生产】 年内，为强化春节、元旦、藏历新年、中秋节、国庆节及中国共产党成立100周年、西藏和平解放70周年等时段的安全工作，全面贯彻县委、县政府关于安全生产重要指示精神，重要时段及时成立安全生产专项督查组，到各乡（镇）、各村委会、各企业进行明察暗访，对各领域存在的安全生产问题进行督导，确保重要时段全县安全生产持续稳定。

【党建工作】 年内，墨竹工卡县应急管理局党支部按照上级党委要求，狠抓党的建设工作，规范党的各项活动。年内，共组织开展主题党日12期、支部理论学习13次、领导干部讲党课4次、支部党员大会4次、读书活动3次、集中观看视频5次、参观红色基地2次、召开季度部署会议4次、召开2021年党史学习教育组织生活会1次、为民办实事13次。按照党风廉政建设责任制和“一岗双责”实施意见的要求，签订《2021年廉洁自律承诺书》《2021年党员干部不信仰宗教承诺书》。加大制度执行力度，对公务用车、公务接待、禁酒令、行政执法等重点内容进行监督检查，把好节日廉政关，在春节、端午、中秋、国庆等重大节日前夕，部署节日期间作风纪律建设工作，节日期间加强执纪监察，严防节日腐败。

年内，对全局党组织关系进行再次排查梳理，完成1名调出党员和1名调入党员的组织关系转隶工作。严格党费收支，落实党务公开，收缴6名党员党费共计765元（其中1名党员于4月底调出，1名党员于5月底调入）。

（扎西拉宗）

【机构领导】

局　长

拉　　巴（藏族）

副局长

旦增贡嘎（藏族）

四级主任科员

王峰山（4月任）

消防救援

【概况】 墨竹工卡县消防救援大队级别为副县级，2021年有执勤车辆5辆，担负着全县5492平方千米、8个乡镇（街道、场）的防火、灭火和抢险救援任务。2021年，

2021年11月19日，墨竹工卡县消防救援大队举行“119”消防宣传月活动启动仪式

墨竹工卡县消防救援大队有指战员34人（干部6人、消防员10人、专职消防员15人、文员3人）。共计有车辆9辆，其中行政车3辆、消防车5辆、多功能勤务保障车1辆。

【党建工作】 年内，墨竹工卡县消防救援大队支部严格按照党建工作相关要求，做好年初党建工作谋划，认真组织落实党支部党内政治生活和加强支部党员教育管理工作。同时，坚持把学习作为提高党员干部素质的重要手段，以建党百年为契机，以党史学习教育为抓手，确保大队工作稳步进行，学习教育成效明显。

【党史学习教育】 年内，墨竹工卡县消防救援大队支部紧扣庆祝中国共产党成立100周年和学习贯彻训词精神三周年重大时间节点，教育引导党员端正学习态度，为支部党员发放学习书籍，组织开展专题研讨，全体党员一起读原著、学原文、悟原理，交流心得，分享收获，圆满完成支队党史学习教育第一、二期读书班，确保教育成效。

【党风廉政建设】 年内，严格落实党风廉政建设责任，制定全年党风廉政建设工作计划，全面从严治党、严肃党内政治生活和执行党的路线方针政策，执行党的政治纪律和政治规矩，落实中央八项规定精神，纠治“四风”问题，反对特权思想和特权现象，落实消防改革政策、执行改革纪律，落实中央八项规定，设立大队领导干部述职述廉制度、重大事项报告制度、大队党支部议事和集体决策制度、大队廉政考核制度。

【巡视巡察整改工作】 年内，救援大队将巡视巡察工作作为一项严肃的重大政治任务和政治责任来抓，坚决以高度负责的态度、务实过硬的作风、扎实有效的措施，认真做好巡视巡察“后半篇文章”，自觉维护部局、总队、支队巡察的权威性、严肃性，加强组织领导、出台整改方案、压实责任、严肃跟踪问效、强化建章立制，持续推动全面从严治党在基层生根。

通过巡视巡察整改工作的有力开展，大队指战员绝对忠诚、绝对纯洁的政治品格更加纯粹，党的建设、队伍管理的正规化水平更上台阶，干事创业、练兵备战的争先意识更加浓厚，雪域高原消防铁军的“火焰蓝”气象焕然一新。围绕部局巡视反馈的意见，制定222条整改措施，其中自查自摆问题34项，取得阶段性成果。截至年底，已全部整改完毕。

【岗位练兵全员化】 年内，墨竹工卡县消防救援大队为岗位练兵活动积极想办法、出点子，始终坚持主官带训。体能训练上，大队适当加大训练量，单杠、俯卧撑等成倍增加，组合训练项目等增加训练次数，采取形式多样的练兵方法，积极营造“比”“学”“赶”“帮”“超”的良好氛围。

操法训练上，大队始终坚持严格按照规程训练九个操法，做到每练一次就有一次的样子，每练一次就总结一次经验，每练一次就有一次提高，营造岗位大练兵的良好氛围，不断掀起练兵高潮，全面提高操法的速战能力。同时，大队以全员岗位练兵为抓手，紧密结合队伍人员、装备、处置对象的特点，制定详细的体能、技能和实战演练训练计划。结合辖区情况，围绕辖区灾害特点，先后深入加油站、超市、养老院等场所开展安全行进、紧急撤离、逃生避险等作战安全训练，助推全员岗位练兵工作向纵深开展。

【实战演练日常化】 年内，坚持"以练为战"为指导方针，结合辖区灭火救援特点，深入开展演练活动，组织对辖区重点单位和重要目标逐个开展实地实战演练，强化初战控制、内攻救人、强攻近战等战术、技术训练，确实做到明职责、清程序，进一步提高队伍协同作战能力和实战能力，深化练兵的针对性和实效性。

2021年8月31日，墨竹工卡县消防救援大队党史教育主题公园揭牌仪式

年内，墨竹工卡县消防救援大队圆满完成全国"两会"、中国共产党成立100周年、西藏和平解放70周年等消防安全保卫任务。截至年底，共接警出警15次（火灾2起、社会救助2起、抢险救援11起），熟悉演练124次，共出动车辆171车次，出动人员712人次。

【严格落实管酒治酒】 年内，墨竹工卡县消防救援大队全体指战员严格执行消防救援局提出的管酒治酒"十个严禁"，进一步强化饮酒报备制度，切实提高遵纪守法的自觉性、主动性，坚决树起管酒治酒的高压线，严格落实饮酒报备、酒精检测制度，把节日期间管酒治酒工作抓紧、抓实、抓出成效。全体指战员和消防文员要充分认识违规饮酒和酒驾问题的危害，时刻严守消防救援局从严管酒治酒"十个严禁"要求，确保队伍高度稳定。

2021年11月5日，墨竹工卡县消防救援大队指战员到高速公路养护中心开展消防安全培训活动

【安全管理】 年内，墨竹工卡县消防救援大队认真组织开展"条令条例学习月"、安全大检查活动，"百日安全专项检查"，深入开展自查普查，加大对队伍"八小时外"和人、车、酒等关键环节的管理力度，从根源上杜绝和防范安全风险。由于大队较大部分灭火力量是政府专职消防员，针对队员思想素质、身体素质的差异性进行因人施教，抓好队员的学习、工作和日常生活，并严格落实。完善指战员月考评考勤制度、请销假制度等，增强了全队人员遵纪守法观念。

【整治火灾隐患】 以今冬明春火灾防控安全大检查为契机，紧盯"控制增量，减少存量"目标，全面加强对易燃易爆场所、人员密集场所、寺庙、文物、古建筑、居民社区、商业综合体的火灾隐患综合治理。加大对人员密集场所的检查整治力度。年内，墨竹工卡县消防救援大队共排查各类单位场所809家次，督促整改火灾隐患623处，临时查封1家，罚款1万元，下发责令改正通知书361份，确保辖区的消防安全。

【消防宣传】 年内，以开展冬春火灾防控为契机，积极请示县人民政府，全面开展辖区火灾隐患大排查大整治活动，以整治火灾隐患的高压态势，确保辖区消防安全。以综治宣传周、安全生产月、“119”消防宣传月等活动为契机，通过讲解消防安全常识、教授一般火灾扑救方法、组织应急疏散演练、指导开展火灾隐患自查自改等方式，培养出一批消防安全知识普及的明白人、带头人。全面推动全县消防常识的普及，增强全民消防法治观念，强化各级机关、团体、企事业单位消防安全管理的主体意识，推动消防工作社会化的进程，达到了预期效果。

【经费保障】 年内，墨竹工卡县消防救援大队积极协调地方党委、政府，充分利用现行的政策和文件精神。2021年，业务经费为271万元，采购35万元器材装备。

【财经管理】 年内，严格落实中央八项规定精神，坚持党支部理财、集体议财、科学用财，严格财务监督管理，做到账目清楚，按时公布，在财务开支方面，达到“三好五无”的标准，按照经费审批程序进行经费支出，做到财务公开透明，坚决杜绝设置“账外账”“小金库”的问题。

（央 宗）

【机构领导】

大队长

巴桑罗布（藏族，11月任）

副大队长

巴桑顿珠（藏族，11月免）

藏语言及编译工作

【概况】 2021年，墨竹工卡县藏语委办（编译局）坚持以习近平新时代中国特色社会主义思想为指导，全面贯彻落实中共十九大及十九届历次全会精神，深入学习贯彻习近平总书记关于西藏工作重要论述和新时代党的治藏方略，深入学习贯彻自治区、市、县第十次党代会精神，以铸牢中华民族共同体意识为主线，践行初心使命、主动担当作为，积极发挥语言文字（编译）工作的优势作用，为维护祖国统一、加强民族团结、促进各民族交往交流交融做出新贡献。

2017年9月，墨竹工卡县藏语委办（编译局）设为独立正科级建制，2021年核定事业编制3名（参照公务员），其中科级领导职数2名；实有工作人员4名（2名科级干部、2名四级主任科员）。2021年，安排专项业务经费5万元，公用经费6.43万元，共计11.43万元。

【宣传工作】 年内，墨竹工卡县藏语委办（编译局）充分利用法治宣传日、民族团结进步日、百万农奴解放纪念日等时间节点，向全县各族群众积极宣传《中华人民共和国宪法》《中华人民共和国民族区域自治法》《中华人民共和国国家通用语言文字法》《西藏自治区学习、使用和发展藏语文的规定》《拉萨市社会用字管理办法（试行）》等相关法律法规，确保全县藏语文社会用字管理依法有序开展。年内，开展宣传活动，共发放宣传用购物袋、鼠标垫200个，手册120本，进一步让干部群众认识到规范用字的重要性、必要性，营造了良好的语言文字环境。

2021年12月10日，墨竹工卡县藏语委办（编译局）工作人员对《墨竹工卡地名历史文化释义》终稿进行修改完善

2021年11月16日，拉萨市藏语委办（编译局）一行到墨竹工卡县调研藏语文工作

【编译工作】 年内，紧扣全县中心工作，围绕墨竹工卡县第十次党代会、“两会”、换届工作会议等重大会议和党史学习教育、“三更”专题学习教育等重要活动，开展大量的翻译工作，全年共翻译文字材料100余份，翻译字数超过18万字。完成“四大班子”、涉宗涉农、科教文卫、重点民生及其他领域的材料60份；完成主持词、领导讲话、公告、承诺书、告知书、倡议书、通知书、责任书、慰问信、感谢信等材料46份；为各县直单位、个体工商户翻译门牌、横幅、公章、红头、宣传标语等600多条。

【社会用字检查】 年内，先后组织开展12次社会用字规范化检查活动，对街面各类店铺招牌、公路沿线提示牌、旅游景点、公共服务领域用语用字发现一个问题就督促落实一个问题，对易改的即改、对难改的限改。采取现场提供翻译服务、下发整改通知书、口头教育、现场指导和宣传政策等措施进行整治。

截至年底，全县共检查各类牌匾、交通路标、广告、标语横幅等1500个，发现问题136处，整改率达到98.7%以上，进一步净化了藏语言文字环境。在中国共产党成立100周年、西藏和平解放70周年、习近平总书记在西藏视察、“两会”等重大活动前期，集中专项检查社会用字情况，为全县各类重要节庆活动营造了健康和谐的语言文字环境。

【翻译校审】 年内，通过“墨竹编译工作微信群”，随时为广告店提供横幅标语等校审翻译服务，这一举措不仅为广大市民提供便利，而且从源头上杜绝社会面因翻译不准确而造成的用字不规范问题，有效减少网民通过微信和抖音等自媒体曝光的藏语文社会用字不规范现象，在网络空间信息采集和舆情掌握方面打好主动仗和保卫仗。2021年利用微信群翻译和校审的横幅、标语、广告牌、门牌等近400条。

【编纂工作】 年内，为进一步挖掘和保护墨竹工卡悠久的地名历史文化，以较为全面、准确的地名历史、人文历史和社会变迁等情况，助力文化兴县战略，助推经济社会发展，在地名文化释义资料收集及录入工作的基础上，2021年墨竹工卡县藏语委办（编译局）积极协调民政、民宗、文旅等相关部门，征求各单位的意见建议，对藏文版进行修改完善和文字翻译工作，并邀请墨竹工卡县历史文化领域较为权威的专家对其藏汉版进行最终的审核校对。编纂的内容主要有7个乡1个镇、1个居委会、40个行政村、198个自然村的地名文化释义和38座寺庙、7座拉康以及日追、佛塔、名胜古迹、旅游景点、河流等地名文化释义。《墨竹工卡地名历史文化释义》的编纂为墨竹工卡县做好稳定发展、生态强边工作打下坚实的地名基础。

（德　吉）

【机构领导】

主　任

益西措杰（女，藏族）

副主任

卓　嘎（女，藏族）

信访工作

【概况】 2021年，墨竹工卡县信访局坚持以习近平新时代中国特色社会主义思想为指导，深入学习贯彻习近平总书记关于加强和改进人民信访工作的重要思想，严格按照国家信访局、自治区、拉萨市统一安排部署及主要领导指示批示精神，增强“四个意识”、坚定“四个自信”、做到“两个维护”，牢记“为民解难、为党分忧”的政治责任，将信访和疫情防控工作作为最重要的工作，全力以赴做好信访工作。

2021年，开展矛盾纠纷排查45次，发现矛盾隐患40起，涉及156人，已全部化解，兑现资金356.78万元；接待群众来信来访103件159人次，其中上级转送63件91人次、本级受理40件68人次，已全部化解，兑现资金952.94万元。

2021年12月22日，拉萨市信访局一行到墨竹工卡县甲玛乡检查指导工作

【主要做法】 年内，实行矛盾纠纷月排查，重大会议、活动、节日前专项排查，特殊重要时期日排查制度。对排查出的矛盾纠纷隐患和苗头性问题，召开专题会议进行交办，落实化解稳控责任，确保矛盾发现在基层，解决在萌芽状态。

【矛盾纠纷排查化解】 年内，开展领导干部接待日活动及领导干部下基层大接访活动，通过召开座谈会，围绕党史学习教育、“三更”专题教育、“三新”大学习大讨论、中共十九届五中全会、中央第七次西藏工作座谈会精神、信访工作流程等内容进行宣讲。同时，与村“两委”班子成员、驻村工作队、下沉干部、村小组组长等进行面对面的沟通交流，主动了解掌握群众思想动态及诉求。年内，由18名县领导接待群众来访22批47人次，解决、解答和交办信访事项17件。6名县级领导下访10次，开展矛盾纠纷排查化解工作，成功化解矛盾纠纷5件。

【召开联席会议】 年内，召开3次全县信访工作联席会议；3次信访联席会议成员单位专题会议。在联席会议上传达学习习近平总书记、自治区、市领导关于信访工作的指示批示精神及市长果果召开的信访工作专题会议精神和《拉萨市信访工作失职渎职及违法行为责任追究办法》，安排部署信访工作。

【法治宣传】 年内，深入贯彻落实中央有关信访工作部署要求和自治区、市领导对2021年全市信访工作做出的指示批示精神，立足补齐2020年信访工作中的短板，提高2021信访工作质量和效能，推行信访“四函”机制，通过“领导干部下基层大接访活动”，向18名县级领导递交《温馨提示函》，4件信访事项下发《事项督办函》，通过使用本机制提升信访事项“三率”。以创建平安西藏活动、综治宣传月等为契机，在县城及各乡（镇）开展信访宣传工作共10次，发放《信访条例》《非法上访、缠访、闹访处置依据》《关于进一步规范信访事项受理办理程序引导来访依法逐级走访办法》《信访明白卡》《信访人“六个不得”》《依法信访、共建和谐》等法律法规有关方面的宣传资料共10万余册；让广大群众全面了解信访工作，引导大家依法信访，依法维权。通过宣传活动增强了广大群众和农民工的法律意识和维权意识。

（扎　桑）

【机构领导】
局　长
史 秀 玉（女，藏族，4月免）
边巴次仁（藏族，4月任）
副局长
扎　　桑（女，藏族）

中国人民政治协商会议墨竹工卡县委员会

综述

【概况】 2021年，政协墨竹工卡县委员会坚持团结和民主两大主题，积极发挥人民政协专门协商机构，综合承载政协性质定位，在协商中促进广泛团结、实践人民民主，有效凝聚共识，既秉承历史传统，又反映时代特征，是新时代赋予人民政协职能定位的新内涵。坚持以习近平新时代中国特色社会主义思想和中共十九大及十九届历次全会精神、中央第七次西藏工作座谈会精神为指导，加强人民政协专门协商机构建设，健全发扬民主和增进团结相互贯通、建言资政和凝聚共识双向发力的程序机制，发挥社会主义协商民主独特优势，更好地服务党和群众，为墨竹长治久安和高质量发展做出积极贡献。

2021年，是政协换届年，6月换届后，政协第三届墨竹工卡县委员会委员名额115名（实有委员112名，机动名额3名），共设6个界别：中共界、群团界、教体文卫界、工商界、农牧科技界、民族宗教界。常务委员21名（其中主席1名、副主席4名）。

【政协二届六次全会】 1月4—7日，中国人民政治协商会议第二届墨竹工卡县委员会第六次会议召开。会议应到委员93人，实到77人，符合政协章程。会议听取和审议政协第二届墨竹工卡县委员会常务委员会工作报告；听取和审议政协第二届墨竹工卡县委员会常务委员会关于第五次会议以来提案工作情况的报告；列席墨竹工卡县人大十三届六次会议，听取讨论政府工作报告、“两院”报告及其他相关报告；审议通过政协第二届墨竹工卡县委员会提案委员会关于政协二届六次会议提案审查情况的报告；审议通过政协第二届墨竹工卡县委员会第六次会议关于常务委员会工作报告的决议；审议通过政协第二届墨竹工卡县委员会第六次会议政治决议；书面传达学习中共十九届五中全会、中央第七次西

2021年1月5日，中国人民政治协商会议第二届墨竹工卡县委员会第六次会议召开

藏工作座谈会、习近平在中央政协工作会议暨庆祝中国人民政治协商会议成立70周年大会上的讲话及区市党委政协工作会议、县委九届八次全会精神暨县委经济工作会议精神。

【政协三届一次全会】 6月26—29日，中国人民政治协商会议第三届墨竹工卡县委员会第一次会议召开。会议应到委员112人，实到102人，符合政协章程。会议听取和审议政协墨竹工卡县委员会常务委员会工作报告；听取和审议政协墨竹工卡县委员会常务委员会关于提案工作情况的报告；列席墨竹工卡县第十四届人民代表大会第一次会议，听取并讨论政府工作报告及其他有关报告；选举政协第三届墨竹工卡县委员会主席、副主席、常务委员；审议通过政协第三届墨竹工卡县委员会第一次会议政治决议；审议通过政协第三届墨竹工卡县委员会第一次会议关于常务委员会工作报告的决议；审议通过政协第三届墨竹工卡县委员会第一次会议提案审查委员会关于政协三届一次会议提案审查情况的报告。

【常务委员会】 3月4日，县政协主席索朗桑布主持召开政协第二届墨竹工卡县委员会常务委员会第24次会议，会议传达学习2月25日习近平总书记在全国脱贫攻坚总结表彰大会上的讲话精神；传达习近平总书记在十九届中央纪委五次全会上的重要讲话精神。会议审议通过政协墨竹工卡

2021年9月2日，墨竹工卡县政协党组书记、主席央旦（左四）一行到门巴乡贴囊村调研

县委员会常务委员会2021年度工作要点、政协墨竹工卡县委员会办公室党支部关于九届县委第八轮巡察二组反馈意见的整改落实方案、政协墨竹工卡县委员会关于调整县政协主席、副主席、常委分工。

4月9日，县政协主席索朗桑布主持召开政协第二届墨竹工卡县委员会常务委员会第25次会议，会议审议通过政协墨竹工卡县委员会换届工作领导小组名单、政协第三届墨竹工卡县委员会留任委员建议名单、政协第三届墨竹工卡县换届工作方案。

5月14日，县政协主席索朗桑布主持召开政协第二届墨竹工卡县委员会常务委员会第26次会议，会议听取和审议政协第三届墨竹工卡县委员会第一次会议决定；听取和审议政协第三届墨竹工卡县委员会第一次会议筹备工作机构人员名单；听取和审议政协第三届墨竹工卡县委员会第一次会议筹备情况通报；听取和审议政协第三届墨竹工卡县委员会第一次会议议程（草案）；听取和审议政协第二届以来墨竹工卡县委员会常务委员会工作报告（草案）和报告人；听取和审议政协第三届墨竹工卡县委员会常务委员会关于政协二届会议以来提案工作情况的报告（草案）和报告人；听取和审议政协第三届墨竹工卡县委员会常务委员建议名单；听取和审议政协第三届墨竹工卡县委员会主席团名单；听取和审议政协第三届墨竹工卡县委员会第一次会议方案。

【提案委员会】 政协第二届墨竹工卡县委员会历届会议以来，县政协委员把握新时代政协新方位、新使命，聚焦县委、县政府工作大局，积极运用政协提案深入协商集中议政，强化监督助推落实。五年来，委员共提交提案273件，经审查，立案266件，占提案总数的97.4%。在立案的提案中，按类别划分，农牧水林

类60件，占22.6%；经济交通类49件，占18.4%；教体文卫类36件，占13.5%；组织人社类19件，占7.1%；城建国土类26件，占9.8%；宗教类24件，占9%；环境卫生类12件，占4.5%；其他类40件，占15%。

按政协提案交办程序和承办部门工作职责，266件提案由县委、县政府督查室交于县委、县政府18个部门办理。所交提案全部办理完毕，答复率100%。提案所提问题已经解决和基本解决的236件，占提案总数的86.4%；因客观条件所限暂不能解决的提案37件，占提案总数的13.6%；提案办结率达86.4%。从委员对提案办理的反馈意见看，满意率为100%。

【党史学习教育】 年内，政协墨竹工卡县委员会坚持以习近平新时代中国特色社会主义思想为统领，认真学习贯彻习近平总书记西藏视察时的重要讲话精神，中共十九届六中全会精神、中央第七次西藏工作座谈会精神及区市县第十次党代会精神。深入开展"党史教育"、"三更"专题教育、"三新"大学习大讨论等活动，教育引导政协委员和机关党员干部不断增强"四个意识"、坚定"四个自信"、做到"两个维护"。党组班子成员积极主动发挥"六个表率"作用，适时参加联系乡(镇)、村党支部活动和主题党日活动，围绕中国共产党成立100周年、西藏和平解放70周年、习近平总书记在视察西藏时的重要讲话精神、十九届六中全会以及区市第十次党代会精神宣讲20余场次。

年内，政协墨竹工卡县委员会以创建学习型组织为抓手，健全学习制度，制订学习计划，通过县政协党组定期学习，开展研讨交流，推动理论学习常态化、制度化。全年政协党组开展集中学习研讨会13次，专题研讨4次，政协党组书记带头讲党课2次，民主生活会1次，组织生活会2次，切实做到了政协工作理论常学常新。

2021年9月8日，宁夏吴忠市同心县考察团一行到墨竹工卡县塔巴陶瓷馆考察

【交流交往】 年内，政协墨竹工卡县委员会主动配合上级政协的有关调研视察，加强同其他县(区)政协的工作交流。年内，共接待其他县(区)政协委员到墨竹工卡县考察学习2次，增强了工作交流和团结合作；配合区、市政协围绕"公共体育设施建设与大力发展群众性体育活动""更好发挥乡镇农牧综合服务中心在乡村振兴中的作用"等专题调研4次。组织县政协委员前往日喀则市亚东县、吉隆县考察学习民族团结创建、产业发展、基础设施、公共服务、社会治理和边境小康示范村建设等工作。通过与区内外政协机构的沟通联系，使委员们开阔视野，解放思想，加强联谊，学到经验，提高履职的积极性，进一步促进墨竹工卡县政协工作的顺利开展。

【委员培训】 7月20日，政协第三届墨竹工卡县委员会举办委员学习习近平总书记在庆祝中国共产党成立100周年大会上的重要讲话精神培训班，把学习贯彻习近平新时代中国特色社会主义思想、习近平总书记在庆祝中国共产党成立100周年大会上的重要讲话精神、围绕怎样当好一名新时代政协委员、提升政协委员提案质量的要求与方法等课题作为培训重点，邀请拉萨市党校讲师陈乐、县委党校助理讲师普布曲扎分别用汉语藏语向委员们授课。

（次列旺姆）

【机构领导】

党组书记、主席

索朗桑布(藏族,6月免)

央　　旦(藏族,6月任)

党组副书记

普布旺堆(藏族,6月任)

党组成员、副主席

郭 志 宏(6月任)

索朗扎布(藏族,6月免)

班旦曲扎(藏族,6月任)

周 军 勇(6月任)

副主席

桑旦平措(藏族)

常务委员

陈　　亮(6月任)

洛桑加央(藏族)

顿　　珠(藏族)

拉巴罗布(藏族,6月任)

达瓦顿珠(藏族,6月任)

韩 昌 忠(撒拉族)

普　　琼(藏族,6月任)

旦　　增(藏族)

桑旦群措(女,藏族)

玛 日 央(女,藏族,6月任)

白玛次旦(藏族,6月任)

次列旺姆(女,藏族,6月任)

次　　仁(藏族)

次旦顿珠(藏族)

巴桑次仁(藏族)

张 文 波(6月任)

办公室工作

【概况】 政协墨竹工卡县委员会办公室为正科级建制,编制4人,其中,主任1名、副主任1名。2021年,墨竹工卡县政协办全面深入贯彻落实中共十九大、十九届历次全会精神和中央第七次西藏工作座谈会精神,坚持以习近平新时代中国特色社会主义思想为指导,深入学习贯彻落实习近平总书记在庆祝中国共产党成立100周年大会上的重要讲话精神和在西藏视察时的重要讲话精神以及区市第十次党代会精神,坚持“全面从严治党”的总体要求,围绕加强党的执政能力建设,全面推进政协机关思想建设、组织建设,圆满完成县委及政协党组安排的各项任务,为进一步发挥政协机关的战斗堡垒作用,为建设团结富裕文明和谐美丽的社会主义现代化墨竹贡献更大的智慧和力量。

【自身建设】 年内,墨竹工卡县政协办不断加强自身建设,严格落实“三会一课”“三重一大”、组织生活会、“主题党日”活动等党内基本制度,开展主题党日活动12次、书记讲党课4次、召开组织生活会2次。认真开展革命传统教育活动,组织党员到林周县党员党性教育基地、西藏爱国主义教育基地、西藏民主改革第一村克松村及山南烈士馆、墨竹工卡县检察院警示教育基地、拉萨市档案馆等开展革命传统教育、爱国主义教育及重温入党誓词等活动。深入贯彻落实“学党史、悟思想、办实事、开新局”的要求,扎实开展“我为群众办实事”活动。党支部党员干部共计办实事好事4件,投入资金22000元。组织党员干部签订党员不信仰宗教承诺书和严禁党员干部参加任何带有赌博性质的娱乐活动等承诺书,切实抓好各项工作落实,营造风清气正的办公环境。

【学习教育】 年内,墨竹工卡县政协办切实把提高党员干部的政治思想素质列入重要议事日程,按照党建工作部署和党史学习教育的要求,及时成立领导小组,制订支部学习计划及方案,组织干部职工深入学习习近平总书记在党史学习教育动员大会上的重要讲

2021年3月28日,墨竹工卡县政协开展党史学习教育、“三更”专题教育、“三新”大学习大讨论主题党日活动

2021年11月26日，墨竹工卡县政协办党支部开展“我为群众办实事”主题党日活动

话精神，充分认识党史学习的重大意义，准确把握党史学习的主要内容。认真学习习近平总书记关于加强和改进人民政协工作的重要思想、关于西藏工作重要指示精神和新时代党的治藏方略、“七一”重要讲话和上级重要文件精神等，把总书记的关心厚爱切实转换为做好政协工作的强大政治动力、思想动力、精神动力，为建设美丽幸福墨竹，共圆伟大复兴梦想凝聚强大正能量。

【座谈交流】 年内，组织政协委员到林周县党员党性教育基地开展“3·28”百万农奴解放纪念日活动。开展“中国共产党成立100周年”“西藏和平解放70周年”“民族团结进步月”等系列主题活动，切实加强委员履职管理，为委员参加政协会议和活动提供更好的服务。组织召开县、乡（镇）“政协委员之家”负责人工作交流座谈会，总结经验、发现问题，对全县政协工作的开展起到推动和促进作用。

【服务大局】 年内，在做好政协各项工作的同时，积极服从县委安排，参与全县重点工作，办公室积极参与国安指挥部带班值班工作，办公室干部认真落实机关大院值班带班制度，在全县社会综合治理中贡献力量。严格落实区市县委关于疫情防控、安全生产等工作的部署要求和各项措施要求，确保单位内部和谐稳定、不发生重大事故、人员不出现重大问题。全力抓好“禁白”工作，坚持以专项整治与日常管理相结合，开展“禁白”工作监督检查30余次。

针对委员提出的11条社情民意信息，经实地走访调研后从政协年度100万元办实事经费中逐步解决6个乡（镇）共11项群众急需解决的问题，如：贴朗村2个组牧场道路维修、卓村委会修建开水房及村委会线路改造等。开展“我为群众办实事”活动。党支部党员干部共计办实事好事4件，投入资金22000元。

【文史工作】 年内，发挥文史资料“存史、资政、团结、育人”的独特作用，完善《墨竹史话》文史资料的收集、编辑、出版工作。该书有较强的史料价值和教育意义，受到社会各界的欢迎，产生了良好的社会影响。

【保密工作】 年内，站在坚持整体国家安全观的高度，深刻认识做好保密工作是每一个党员干部、职工的义务，也是党纪国法的要求，在工作中教育引导广大党员干部增强保密意识，做到任何时候自觉遵守保密纪律，认真落实各项保密措施，确保单位不发生失泄密事件。

（次列旺姆）

【机构领导】

主　任

顿　珠（藏族）

纪律检查（监察）

综述

【概况】 2021年，墨竹工卡县纪委监委认真学习贯彻习近平总书记关于全面从严治党重要论述精神和党的十九大以及十九届历次全会精神，全面落实中央第七次西藏工作座谈会精神和中央、区、市纪委全委会精神，对标对表习近平总书记在西藏视察期间重要讲话精神，围绕县乡村换届、作风建设、专项整治以及乡村振兴领域专项监督等全县大局工作，忠诚履行监督执纪问责和监督调查处置职责，不断推进党风廉政建设走深走实。

【监督管理】 年内，协助县委对18家单位巡视反馈问题整改情况开展监督检查，提出整改意见建议18条。加强换届风气监督，向1108名干部出具廉政意见函，开展任前集中廉政谈话3次，签订换届纪律承诺书600余份，对执行会风会纪要求不严的17人进行通报。加强重要节点、大庆期间以及区市“两会”期间执行维稳工作纪律监督，向有关单位反馈问题123条，约谈相关责任人3人，责令9人撰写检讨书。加强执行反分裂斗争纪律和党员信仰宗教情况监督检查，处置涉嫌违反政治纪律相关问题2起，立案审查1人。

【落实全面从严治党责任】 年内，向县委常委会汇报落实党风廉政建设和反腐败斗争工作2次，组织召开县委反腐败协调小组会1次。强化同级监督，列席县委常委会、政府党组会（常务会）19次，选派32名纪检干部参加各级党组织专题民主（组织）生活会。督促基层党组织忠诚履职尽责，加强对乡镇党委履职情况的摸底调研。围绕重点领域、关键部门，同各乡镇、相关职能部门共9名主要负责人开展谈心谈话。

【作风建设】 年内，持续加大“四风”问题监督力度，共向相关部门反馈问题24条，暂未发现违反中央八项规定精神问题线索。深

2021年6月25日，中国共产党墨竹工卡县第十届纪律检查委员会第一次全体会议召开

2021年9月14日，县委常委、纪委书记、监委主任叶发亮（右二）一行到扎西岗乡调研扶贫产业项目运行情况

入36家单位开展问题整改“回头看”，反馈有关问题27条。深化开展专项整治，督促7家单位整改办公用房超标问题11条；组织33个涉及驻村工作队负责人开展集体廉政谈话1次。推进政法系统教育整顿走深走实，班子成员主动深入政法系统开展专题廉政党课4次，组织43名干部参观拉萨市廉政警示教育基地1次。

【纠治腐败和不正之风】 年内，务实调研举措，深入8个乡镇、57家扶贫产业项目点、3家县属国有企业以及相关职能部门，采取入户走访、实地查看、查阅台账、召开座谈会等方式，开展扶贫产业项目实地调研，形成《关于全县扶贫产业项目运行现状的调研报告》。积极开展乡村振兴领域专项监督，初步梳理汇总县域范围惠民惠农政策、补贴、项目326条，进一步明确专项监督方向。加强线索处置，共处置扶贫领域问题线索4件，办结2件，立案审查3人，组织处理5人。

【巡察工作】 年内，完成九届第八轮、第九轮巡察工作，加强对被巡察单位整改情况的监督检查，向33家党组织反馈整改不到位问题47个。配合拉萨市委涉粮问题专项巡察工作，选派5名干部参加上级专项巡察。有序推进十届县委第一轮巡察工作。

【廉政教育】 年内，推进廉政宣传教育常态化，共在节前下发通知9次，传达学习典型案例通报12份。全年共召开纪委常委会、监委委务会24次，问题线索推进会、交办会19次；处置问题线索34件，立案审查调查24人；线索处置率较2020年同期增加70%；同时做好线索督办、案件质量评查以及回访教育有关工作。深化“以案促改”。截至年底，共下达纪律检查建议书、监察建议书12份，下达“以案促改”通知书1份，督促各级党组织召开以案示警大会11次；加大通报曝光力度，县纪委监委共下达通报4份。

【自身建设】 年内，圆满完成十届县纪委班子换届工作，选优配齐县纪委监委班子及县乡村三级纪检监察干部。加强机关党的建设，积极开展党史学习等专题教育，共开展集中学习13次，开展各类主题活动15次。注重提升纪检监察干部业务本领，举办专题业务培训班为期3天、参训人员37人次；选派51名纪检干部参加本级和上级纪委监委专题培训、以岗代训，提升纪检干部履职本领。进一步聚焦主责主业，对县乡参与的议事协调机构进行摸底调研，形成调研报告1份。坚持刀刃向内，采取定期听取工作汇报、组织观看警示教育片、经常性开展纪法教育、下发规范性文件、排查纪检监察干部违纪违法问题线索、谈心谈话等方式强化纪检监察干部教育管理和监督。

（赵明明）

【机构领导】

县委常委、纪委书记、监委主任

张子成（6月免）

叶发亮（6月任）

纪委副书记、监委副主任

占堆曲杰（藏族）

牟仁青（藏族）

纪委常委、监委委员、四级调研员

尼玛欧珠（藏族，6月免纪委常委、监委委员）

纪委常委、监委委员

何晶（女）

纪委常委、县委巡察办主任

扎西旺堆（藏族）

监委委员、综合室主任

蒙君庆（6月任监委委员）

人民团体

工会

【概况】 2021年，墨竹工卡县总工会始终高举中国特色社会主义思想伟大旗帜，坚持以习近平新时代中国特色社会主义思想为指导，认真学习贯彻落实中央十九大和十九届历次全会以及中央第七次西藏座谈会精神，深入贯彻落实习近平总书记治边稳藏重要战略思想，贯彻落实中国工会十七大、西藏工会十大、拉萨市工会十一大各项工作部署，在推进“五型”工会创建中，全面加强党对一切工作的领导，坚持稳中求进工作总基调，“不忘初心、牢记使命”，切实发挥党联系职工群众的桥梁纽带作用，努力带领全县广大职工为决胜全面建成小康社会、夺取新时代中国特色社会主义伟大胜利做积极贡献。

2021年，全县已建工会组织92家（其中，百人以上非公企业中成立工会组织4家、乡镇工会8家、机关工会4家、村级工会小组41家、行业工会联合会3家，专业合作社工会小组23家、社会组织工会小组1家、运输车队工会联合会8家），现有会员10420人（其中，干部会员1954人，企业会员2971人，农民工会员5495人）；全县41个行政村均已完成村级工会组建，企业规范化建设达到一级标准2家，示范企业1家，乡镇“八有”工会规范建设达标率100%，提质增效企业5家。已建“职工书屋”12个（企业2个、乡镇8个、村委会1个、寺庙1个）。

2021年2月3日，墨竹工卡县总工会一行到西藏华泰龙矿业开发有限公司慰问企业一线职工

【学习理论知识】 年内，组织工会干部职工深入学习贯彻中共十九大、十九届历次全会精神，中国工会十七大以及中央第七次西藏工作座谈会精神，以习近平新时代中国特色社会主义思想为指导方针，进一步统一思想认识、凝聚奋进力量。通过结合“学党史”及“三更”“三新”学习活动和工青妇联合党支部专题组织生活会，召开党员学习会议、下发重要讲话与文件的学习通知、积极开展主题党日活动、个人自学等方式，认真

学习贯彻党的各项方针政策和理论知识。

学习党史、新中国史，是坚持和发展中国特色社会主义、把党和国家各项事业继续推向前进的必修课。为确保自治区党委书记吴英杰给墨竹工卡县日多乡忠村村民索朗次仁的回信精神落到实处，组织党员干部集中学习回信精神；为扎实推进党史学习教育、“三更”专题教育和“三新”大学习大讨论活动，引导党员干部职工学习党史，开展“党史学习教育”知识测试等主题党日活动12次。学习习近平总书记在西藏考察时的重要讲话精神，深刻认识总书记到西藏考察的重大意义，深刻领会总书记对西藏工作的新要求。

2021年5月25日，墨竹工卡县总工会举办市级困难职工生活救助金发放仪式

【工会组织全覆盖】 年内，全县各级工会组织认真贯彻落实“组织起来，切实维权”的工作方针和“扩大覆盖面，增强凝聚力”的工作要求，认真扎实地推进全县基层组织规范化建设工作，使基层工会组建工作实现全覆盖，逐步走上规范化建设的轨道。

积极抓好基层工会实名制录入工作，全县共录入单位109个、会员10420人，在全市率先完成所有工会会员系统录入工作；着力从加强基层工会组织的规范化建设入手，积极推进乡镇、村（居）换届工作。年内，8个乡镇、41个村（居）以及各行业工会与企业工会都顺利完成工会换届工作。选举产生新一届村（居）工会委员会，共配备41名村（居）工会班子成员，其中工会主席41名、副主席42名、工会委员125名。结合实际制订方案，召开会议研究部署，组建以县委办、政府办、人大办、国安办为牵头单位的4家机关工会。完成23家非公企业和1家社会组织的工会组建工作，完成率达到100%，超额完成市县下达的60%组建任务。

【丰富职工生活】 年内，墨竹工卡县总工会承办“喜迎中国共产党成立100周年、庆祝西藏和平解放70周年”暨“魅力篮球激情墨竹”干部职工篮球比赛活动；为迎接“五一”劳动节及“五四”青年节，联合团县委、妇联、教体局举办县直机关干部“喜迎中国共产党成立100周年、庆祝西藏和平解放70周年”趣味运动会；联合团县委、县妇联，在赤康村委会组织开展纪念西藏民主改革60周年暨庆祝“3·28”百万农奴解放纪念日主题党日活动；联合县委宣传部、团县委、妇联举办“重温党史、讲好红色故事”演讲比赛。联合拉萨市总工会，在扎雪乡格老窝村开展以“中国梦·劳动美·西藏行——永远跟党走、奋进新征程”为主题的“五送”活动。

【维权宣传】 年内，墨竹工卡县总工会组织各种宣传活动共计15场次，通过挂横幅、设立宣传点等形式，全面开展宣传活动，累计发放宣传资料1300余册（份）、各种宣传品（雨伞、围裙、指甲刀）300余份，受益职工达650人。

【送温暖活动】 年内，走访慰问困难职工、一线企业职工、公安、医护人员等共219人，共计发放送温暖资金19.6万元。

5月，开展困难职工生活救助金发放活动，为墨竹工卡县29名市级困难职工发放生活救助金共计2.9万元；在西藏和平解放70周年大庆期间，看望慰问坚守岗位的各级维稳力量和一线工作人员。

2021年9月15日，江苏省工会与墨竹工卡县对口援助工作座谈会召开

8月，看望慰问6个疫情健康检测点，共送上7000元的慰问品。

【企业职工婚礼慰问活动】 年内，为华泰龙矿业有限公司的17对新人送去价值近6000元的慰问品，送去对企业职工的关心和祝福。

【"六一"儿童节关爱慰问】 年内，为尼玛江热乡中心小学、墨竹工卡县第一和第二幼儿园的60名困难职工子女及留守儿童发放价值1.2万元的学习用品；关心关爱干部职工，帮助干部职工家长解决暑期子女"看护难"问题，墨竹工卡县总工会联合团县委、县妇联举办爱心暑托班，为墨竹工卡县12名职工子女提供看管服务。

【慰问劳模】 年内，对7名国家、自治区、拉萨市三级劳模进行集中慰问，送去价值近5000元的慰问品。

【会员福利】 年内，助力消费扶贫，积极推动落实工会会员集体福利发放，开展"职工爱心消费扶贫、助推全县经济发展"活动，墨竹工卡县总工会严格按照采购程序，从墨竹工卡县扶贫产品中采购3次会员节日福利。年内，为干部职工购买5次节日福利（"三大节日"、"五一"、端午、国庆及生日），共计290.4万元。

【援藏工作】 年内，积极对接第三轮工会援藏工作，进一步加强与南京市总工会沟通协调，并已初步确定援助项目。9月，在墨竹工卡县召开对口援助座谈会，会上为墨竹工卡县援助30万元资金。

【"两癌"筛查】 年内，联合县妇联对全县近400名正式女职工、女干部开展"两癌"筛查活动。

【职工疗养】 年内，为促进一线干部职工身心健康，增强干部职工的获得感、幸福感，组织2批共60人到海南开展疗养活动，进一步激发职工的爱国情怀，增强责任感和使命感。

（古桑旺姆）

【机构领导】

副主席

巴　桑（女，藏族）

共青团

【概况】 2021年，共青团墨竹工卡县委员会核定行政编制人数2人，实有专职人数2人。全县各级共青团组织数80个，分别是11个团委（县中学团委、2个企业团委、8个乡镇团委）、41个村（居）团支部、7个非公企业青年工作委员会、3个非公企业团支部、9个青年文明号、9个青少年维权岗。2021年，全县共青团员人数1088人，青年人数17811人，团员占青年人数比例为6%，新发展团员57人。全县少先队员4375人，少先队中队94个，少先队大队9个。

【中国少年先锋队第一次代表大会】 4月27日，中国少年先锋队墨竹工卡县第一次代表大会召开。选举产生第一届少工委领导集体。拉萨团市委书记王红杰，县委副书记索朗多吉，县人大常委会副主任王应祥，县政协副主席、县总工会主席郭志宏出席会议，县委常委、副县长陈亮主持会议，全县共105名代表参加，其中少先队员代表61人。

【青年工作联席会议第一次全体会议】 1月27日，墨竹工卡县青年工作联席会议2021年第一次会议召开，墨竹工卡县副县长益西主持会议，县委副书记、墨竹工卡县青年工作联席会议领导小组组长索朗多吉出席并讲话，县直23家成员单位、七乡一镇的团委负责人参会。

【返乡大学生社会实践志愿服务活动】 2月8日，团县委充分发挥组织引导职能，组织墨竹工卡县返乡大学生志愿服务队开展关爱温暖孤寡老人行动，为10名孤寡老人和空巢老人送去酥油、德卡、糖果、被子等慰问品和节日的祝福。

【为重大疾病患者捐款】 2月10日，县委副书记、县长旦增尼玛，县人大常委会党组书记、主任张尚福，县政协党组书记、主席索朗桑布带领工卡镇、团县委等有关人员到格桑村8组亲切看望慰问重大疾病患者格桑曲培，为他送去墨竹工卡县广大干部职工及爱心人士慷慨解囊的爱心款共计10万元，送去党和政府的关怀以及社会的温暖。

【“重温党史、讲好红色故事”演讲比赛】 5月21日，在会议中心隆重举办“重温党史、讲好红色故事”演讲比赛。县直各部门党员干部及企业青年100余人到场观看比赛，3名少先队员进行热情洋溢的暖场演讲，使比赛气氛更加高涨。此次活动得到县委、县政府的高度重视，县委副书记、县长旦增尼玛，县委副书记索朗多吉，县委副书记普布，县政协党组书记、主席索朗桑布，县人大常委会副主任次旦卓玛，县政府副县长任彦芳出席活动并为获奖选手颁奖。为确保比赛的公平公正，由县委副书记普布、县人大常委会副主任次旦卓玛、县政府副县长任彦芳、县委党校讲师曲扎、县教体局德体办负责人巴珠共同担任评委，对每一位选手的演讲进行评分。经过激烈角逐，最终产生1名一等奖、2名二等奖、3名三等奖及10名优秀奖。

【庆祝中国共产党成立100周年系列活动】 年内，各学校通过开展以“传承红色基因、争做时代新人”为主题的爱国主义教育活动、观看英雄事迹短视频、开办爱国书画作品展览、共同歌唱祖国和“童心向党·礼赞百年”文艺会演等活动来表达对中国共产党成立100周年的祝贺之情。

【“宁墨情深·礼赞百年——爱在墨竹”百对佳人集体婚典】 年内，为喜迎中国共产党成立100周年暨西藏和平解放70周年，加强南京、墨竹政治文化交流，促进民族团结，打造军民鱼水情的社会环境，6月28日，“宁墨情深·礼赞百年——爱在墨竹”百对佳人集体婚典在甲玛乡松赞干布纪念馆隆重举行。团市委副书记唐大军、团市委副书记曹伟出席活动。

【新冠肺炎疫情防控】 自8月1日起，连续2个月在高速公路进出口设立防疫卡点，组织各机关单位青年志愿者与西部计划志愿者共计43人组成防疫青年志愿服务队，按轮班倒班的方式，赴一线参与志愿服务，协助开展分流疏导、秩序维护、信息登记以及疫情防控宣传工作，进一步加强对进藏来（返）拉萨人员的健康管理，保障人民群众的生命健康安全。

【青少年安全自护教育】 5月25

2021年5月21日，墨竹工卡县举办“重温党史·讲好红色故事”演讲比赛

2021年7月30日，南京团市委“青春助力·结对帮扶”资金发放仪式在墨竹工卡县举行

日，团县委在县中学青少年活动中心举办“轻松迎考·青春自护”中考减压暨青少年安全自护教育主题团日活动。

【换届选举】 年内，墨竹工卡县8个乡镇团组织换届选举工作已全面完成，共配备40名乡镇团组织班子成员，其中包括书记8名、副书记8名。进一步配齐配强乡镇团组织班子，切实增强了乡镇团组织的凝聚力和战斗力。

【“青春助力·结对帮扶”资金发放仪式】 年内，经共青团墨竹工卡县委员会与南京团市委密切联系，南京团市委向江苏青少年发展基金会申请资助墨竹工卡县困难家庭15户，每户2000元；资助困难大学生20人，每人3000元，共计9万元。7月23日，在墨竹工卡县举行南京团市委“青春助力·结对帮扶”资金发放仪式。

【捐资助学】 7月22日，江苏捷豹路虎俱乐部一行7人到墨竹工卡县开展捐资助学活动。

【“小小心愿环游记”心愿发放仪式】 年内，分别在县政府、各乡镇举行“小小心愿环游记”心愿礼物发放仪式，给孩子们送去南京爱心人士的心愿礼物和新年祝福，让他们感受到浓浓的暖意。此次活动共征集到墨竹工卡县建档立卡贫困青少年微心愿101个，由南京市青联委员动员南京爱心人士认领。

【大山里的健康小课桌】 年内，由南京爱德基金会捐赠的1500套课桌已全部发放完毕，且各校均已完成组装并投入使用。

【与人大代表、政协委员面对面活动】 11月10日，墨竹工卡县“共青团与人大代表政协委员面对面”座谈会召开。为青少年理性有序地表达诉求畅通渠道，也为人大代表、政协委员与青少年提供面对面交流的机会，为倾听青少年呼声搭建了平台。

【少工委全覆盖】 年内，为深入贯彻落实全国少工委《少先队改革方案》工作要求，共青团墨竹工卡县委员会积极谋划、周密部署，全面推进学校少工委的建设工作，在辖区范围内实现学校少工委全覆盖。

【团委书记上团课】 11月18日，为全面贯彻落实共青团“三会两制一课”制度，增强团员青年对团情团史的了解，进一步强化对团组织的归属感和团员身份的认同感，共青团墨竹工卡县委员会在县中学开展“团委书记上团课”活动。

【学党史讲红色故事】 10月21日，为提高全县中小学生参与活动积极性，提高“红领巾奖章”争章活动规范性，共青团墨竹工卡县委员会召开红色故事参赛表彰会暨“红领巾奖章”争章活动座谈会。

【“青年文明号”授牌仪式】 年内，大力宣传先进典型，进一步发挥优秀青年集体的示范引领作用，激励和鼓舞墨竹工卡县广大团员青年立足岗位，敬业奉献，进一步深化青年文明号创建活动。6月22日，在中国银行墨竹工卡县支行党员活动室举行墨竹工卡县2021年度“青年文明号”授牌仪式。墨竹工卡县副县长任彦芳出席会议并讲话。

【中学团校揭牌仪式】 年内，为深入贯彻习近平总书记关于共青团改革的系列重要论述和指示批示精神，全面加强从严治团，进一步规范学校共青团工作，加强对学生团员的思想政治教育，推动中学团校建设科学化、规范化、制度化，12月2日，墨竹工卡县中学团校成立揭牌仪式暨团校开学第一课在县中学会议室举行。

（郭浩然）

【机构领导】

书　记

米玛措姆（女，藏族）

妇联

【概况】 2021年，墨竹工卡县各级党委和组织部门坚持"党建带妇建"，把妇建工作作为党建工作的重要组成部分，纳入党建和基层社会管理体制的配套组织建设。全县党政机关、教科文卫等事业单位建立妇委会16个，尼姑寺管会（民管会）建立妇委会5个，"两新"组织妇女组织13个，妇女儿童维权站（岗）17个，家长学校10个，"妇女儿童之家"55个，"妇"字号企业12个，巾帼夜校8所。

【党建工作】 年内，坚持每周四下午开展党员集中学习活动，共开展集中学习41次，每人撰写心得体会3篇，并对习近平总书记在庆祝中国共产党成立100周年大会上的重要讲话精神进行交流发言；组织参观西藏百万农奴解放纪念馆、藏传佛教活佛转世专题展等爱国主义教育基地，观看教育片，开展党史应知应会知识测试及重温入党誓词等多种形式的主题党日活动，共开展主题党日活动10次。开展党史学习教育专题组织生活会。以中央关于党史学习教育有关精神和习近平总书记系列重要讲话精神，特别是在庆祝中国共产党成立100周年大会上的重要讲话精神为指导，紧紧围绕"学史明理学史增信学史崇德学史力行"的要求，交流学习体会，查找差距不足，检视问题深刻剖析，推动党支部班子进一步增强"四个意识"、坚定"四个自信"、做到"两个维护"。

【换届选举】 年内，圆满完成乡（镇）村（居）妇联组织换届选举工作，选举产生41个村（居）妇联执委255名，其中党员131名，主席41名，村（居）副主席41名，兼职副主席78名；乡（镇）妇联换届选举产生妇联主席8名，副主席8名，兼职副主席25名，执委84名。

【巾帼关爱】 年内，为进一步做好墨竹工卡县贫困农牧民妇女儿童的生活保障工作，让更多的弱势群体能够感受到党和政府以及"娘家人"的温暖，县妇联分别到8个乡镇开展"我们的节日——巾帼关爱"慰问活动，对农牧民贫困妇女、孤儿、残疾妇女儿童、贫困女党员、身患疾病妇女进行春节前慰问。为全县87名弱势妇女儿童发放每人800元的慰问金，共计69600元。

【"三送"进寺庙】 11月25日，墨竹工卡县妇女联合会在门巴乡德仲寺、顶杰寺开展"三送"进寺庙活动。为2所寺院僧尼进行义诊，同时发放价值9000余元的药品；为每名僧尼发放床上用品三件套。为僧尼宣讲民族团结、妇女常见疾病以及妇女权益保障等相关知识，发放《中华人民共和国

2021年3月8日，墨竹工卡县妇女联合会开展"巾帼心向党、奋斗新征程"活动

2021年6月2日，墨竹工卡县妇女联合会一行到唐加乡中心小学开展“童心向党 爱我中华”巾帼关爱活动

妇女保障权益法》《女性妇科常见病保健手册》等宣传资料以及宣传品。

【关爱牧区妈妈】 9月28日，以“关爱牧区妈妈，高原之宝在行动”为主题的奶粉捐赠仪式在墨竹工卡县举行，高原之宝公司为墨竹工卡县40名孕产妇妈妈们捐赠价值12万余元的孕产妇专用奶粉。

【阿佳讲堂乡村行】 12月1日，墨竹工卡县妇女联合会和妇儿工委办联合区、市妇儿工委办、西藏母子保健协会在工卡镇塔巴村开展阿佳讲堂乡村行——母婴营养保健、卫生健康知识讲座暨义诊活动，百余名妇女群众前来听讲。活动首先宣讲了中共十九届六中全会精神，其次为妇女群众讲解常见妇科疾病的发生、发展过程，以及癌症和艾滋病、梅毒、“两癌”的早期症状及诊断治疗方法、预防措施，并呼吁大家及时了解自己的身体状况，观察身体不适症状，形成以预防为主的健康理念。活动现场，医师专家们为妇女群众和儿童进行现场义诊，为她们免费发放各种药物，为婴幼儿发放儿童奶粉及婴幼儿辅食营养包，为前来聆听讲座的妇女群众发放价值4万余元的生活用品。

【“家乡同心包”发放】 12月29日，在嘎则居委会举办把爱带回家·助力乡村共同富裕——“家乡同心包”发放活动。中国妇基会联合腾讯公司为墨竹工卡县捐赠17个“家乡同心包”，同心包价值300元，包含生活保暖、卫生、医药急救、防疫等18份不同的生活必备物品。活动中将17个“家乡同心包”捐赠给嘎则居委会17名困难母亲，希望受捐赠的困难母亲自立自强，克服困难，勤俭持家，保持乐观的生活态度，勇敢面对生活的磨砺和挑战，把党和政府以及社会各界的关爱化作战胜困难的力量，回报社会、感恩时代，用自己勤劳的双手创造不屈的人生和美好的明天。

【关爱女童】 6月8日，中国人寿西藏分公司向墨竹工卡县扎雪乡中心小学及唐加乡中心小学捐赠500套女童关爱礼包，并为扎雪乡中心小学授予“春蕾计划——佑未来、护成长”女童关爱项目基地牌匾，希望女童们在社会各界的关怀下，以阳光和积极的心态认真学习、努力生活。

【守护安全伴成长】 年内，为嘎则居委会16名孤残儿童以及留守儿童每人送去价值200元的学习用品，并针对暑期防溺水、交通安全、火灾、疫情防控等相关知识进行宣传教育，引导家长儿童学习防范知识，提高儿童安全意识，提醒家长模范遵守相关安全法律法规，认真履行监护责任，引导儿童养成良好的行为习惯。

【法制进校园】 9月27日，墨竹工卡县妇女联合会联合市妇联、市检察院开展法制进校园活动，为扎雪乡中心小学五、六年级80余名学生以及家长代表做了专题讲座。讲座采用生动风趣的动画和通俗易懂的语言，用发生在身边的真实案例向学生及家长讲述关于校园欺凌、未成年人犯罪、未成年人心理健康等相关内容。活动的开展让学生和家长更加直接、生动地了解法制安全的重要性，提高学生的法治观念和安全意识。为学生健康成长保驾护航，也为构建和谐平安校园打下了良好的基础。

【“护蕾行动”自护教育活动】 年内，墨竹工卡县妇儿工委办联合市妇儿工委办邀请相关专业教师在尼玛江热乡中心小学开展“护蕾行动”自护教育活动。为140余名学生从“我是谁”“我的变化”“我要保护我自己”等方面普及相关知识。同时为墨竹工卡县40余名乡村妇联工作人员和50余名家长授课，让妇儿工作人员学会使用妇女儿童社会工作的基本方法，去干预妇女儿童面临的问题，普及儿童自我保护知识，提高妇儿工作人员保护和教育儿童的能力；让家长了解如何用正确的方法养育孩子，并让家长及时给孩子普及科学的性知识，让孩子减少和避免受到性侵害。

【国家安全教育日活动】 年内，为提升每一个公民的国家安全意识，筑牢国家安全的人民防线，墨竹工卡县妇女联合会深入街道开展全民国家安全教育日活动。活动中，工作人员向过往的群众讲解《中华人民共和国国家安全法》《中华人民共和国妇女保障权益法》《中华人民共和国反家庭暴力法》的知识，发放宣传读本、手册500余本，为有效地提高群众对国家安全法律法规的认知度，进一步增强全民国家安全意识提供了知识保障，营造了良好的宣传氛围。

【帮扶活动】 7月19日，墨竹工卡县妇女联合会到扎西岗乡扎西岗村久病缠身的央金家中进行走访慰问，送去慰问金800元。

11月26日，墨竹工卡县妇女联合会在得知扎雪乡龙珠岗村2名儿童因意外父母双亡变成孤儿，家庭生活较为困难的情况后，立即到扎雪乡龙珠岗村走访慰问该村2名孤儿，为他们送去党和政府以及妇联组织的关怀及慰问金2000元。

2021年11月25日，墨竹工卡县妇联一行到门巴乡德仲寺开展“送知识、送温暖、送健康”进寺庙活动

12月23日，拉萨市妇联党组副书记、主席人选达珍到墨竹工卡县开展单亲母亲、孤残儿童送温暖送关爱慰问活动，为墨竹工卡县12名单亲母亲及孤残儿童发放每人500元的慰问金。

为充分发挥妇联组织在关怀妇女儿童，促进社会和谐发展中的独特作用，墨竹工卡县妇女联合会于2021年在墨竹工卡县政务服务中心创建爱心母婴室，切实为妇女儿童办实事。县妇联积极向上级部门争取对困难妇女身患“两癌”救助资金，2021年为全县8名家庭困难的“两癌”患者争取到全国妇联和市妇联“两癌”救助资金8万元。

【“两癌”筛查】 年内，为不断提高广大妇女干部职工的健康水平，提高墨竹工卡县妇女干部职工宫颈癌和乳腺癌筛查率和早诊早治率，墨竹工卡县妇女联合会委托拉萨市阜康体检中心为全县184名女性干部职工开展为期14天的“两癌”免费筛查工作。

【新冠肺炎疫情防控】 年内，持续做好墨竹工卡县疫情防控工作，墨竹工卡县妇女联合会积极动员全体党员干部以及巾帼志愿者，在老县城人员流动量较大的年货市场，开展“疫情防控、志愿先行”活动，广大干部和志愿者在现场为群众免费发放一次性医用口罩，并向群众宣传疫情防控常识以及自我防护措施等相关知识，引导群众少聚集、少外出，理性、健康过年。

2021年12月29日，副县长、妇儿工委主任任彦芳（左七）一行到嘎则居委会开展把爱带回家·助力乡村共同富裕——"家乡同心包"发放活动

【"最美家庭"】 年内，为深入贯彻落实习近平总书记关于注重家庭、注重家教、注重家风的重要指示精神，积极开展寻找"最美家庭"活动，把寻找"最美家庭"作为推动社会主义核心价值观在家庭落细落小落实，加强民族团结的有效载体之一。日多乡拉龙村仁青桑姆家庭获得2021年西藏自治区级"最美家庭"称号，工卡镇格桑村罗布家庭、县总工会巴桑家庭获得2021年拉萨市级"最美家庭"称号。

【争创"绿色家庭"】 年内，组织动员广大妇女和家庭倡导绿色生活，创建绿色家庭，深入推动绿色发展。广泛宣传简约适度的生活理念，积极倡导绿色低碳的生活方式，营造全社会崇尚、践行绿色新发展理念的良好氛围。积极向市妇联申报推荐"绿色家庭"并进行实地走访调研，经过市妇联严格审核，墨竹工卡县4户家庭荣获市级"绿色家庭"称号，并予以授牌。截至年底，共推荐10户自治区级"最美家庭"、8户市级"最美家庭"、4户市级"绿色家庭"参加评选。

【网络媒体宣传】 年内，通过墨竹妇女儿童微信公众号宣传报道工作，累计发布和转载信息150余篇。

（尼玛卓玛）

【机构领导】

主 席

旦增曲珍（女，藏族）

副主席

尼玛彭多（女，藏族）

军 事

人民武装

【概况】 2021年，墨竹工卡县人民武装部在警备区首长机关、县委、县政府的具体指导和关心帮助下，在全体官兵、县域内国防后备力量的共同努力下，圆满完成各项任务，进一步向招之即来、来之能战、战之必胜的强军目标靠拢，成绩斐然、业绩突出，国防动员建设取得了质的飞跃。

【政治工作】 年内，坚持把学习贯彻习近平新时代中国特色社会主义思想和习近平强军思想作为首要政治任务，积极参加党委中心组机关理论学习，严格落实常态化学习制度，定期检查理论学习情况，每季度组织心得交流。认真学习贯彻全军党的建设会议精神，深入推进"四个不纯""七个弱化"问题台账清零见底，纯洁党性、强化组织功能。以中国共产党成立100周年、西藏和平解放70周年为契机，坚持用习近平新时代中国特色社会主义思想武装全体官兵，不断提升政治教育质效。

认真学习贯彻落实十三届全国人大四次会议精神，把学习贯彻习近平主席系列重要讲话精神，尤其是"七一"和进藏考察重要讲话精神作为当前和今后一个时期的重要任务，认真组织人武部党委理论学习中心组学习，灵活采取教育方式手段，充分利用大课、就餐、训练间隙开展集中教育和经常性教育，努力提升教育效果。协调县委、县政府召开党委议军会，传达学习"双考"工作有关文件，研究解决武装工作有关问题。联合县政府下发通知，指导县直各单位、各乡镇、企业认真开展民兵工作先进单位和先进个人"双争"活动，不断提升全县民兵工作水平。

【军事工作】 年内，坚持按纲施训，不断推进人武部和民兵队伍的训练转型，紧密结合任务实际，不断探索新方法新路子，打造一支随时能拉得出、上得去、起作用的力量，全面提升遂行任务的能力。3月，县委、县政府与人武部先后2次联合发文对全县民兵组织整顿工作进行规范，在全县范围内整组基干民兵队伍。

4月，依据上级批复，县委、县政府和人武部举行西藏华泰龙矿业开发有限公司人民武装部揭牌仪式，标志着西藏首个国企人民武装部正式运转，填补了西藏国企建立人民武装部的空白，墨竹工卡县人民武装部撰写的《西藏首个国企人武部揭牌成立》要讯被上级刊发。

7月，县委、县政府召集各乡（镇）党委书记、县（局）有关单位领导、驻军单位负责人召开议军会暨国动委会议。会议传达学习相关文件，听取县人武部国防动员工作和后备力量建设情况汇报，并就调整改革和达标建设检查考评工作进行安排部署，研究解决民兵训练经费缺口和人武部基础设施建设经费需求。

10月，墨竹工卡县人民武装部接受西藏深化民兵调整改革检查考评，取得89.1分的好成绩。

【规范各类库室】 年内，根据民兵

2021年9月27日，墨竹工卡县委书记沈鹏里（中）一行到县人民武装部调研

训练、维稳执勤和应急救援保障需求，积极向上级请领和购买物资器材，努力配齐各类战备物资，为各项任务的完成提供坚强的后装保障。

【经费物资管理】 年内，坚持党委集体理财制度，强化党委理财权威，落实经费责任管理。同时结合开展的资产大清查工作，将武装部的各类资产进行清理清查归类，并将资产管理定人定位登记入账。

【营区设施不断完善】 年内，针对官兵反映的房屋老化、房屋漏水、卫生间年久失修渗水、食堂吊顶老化坍塌等问题，投入经费进行维修，保障了官兵正常生活。

【新冠肺炎疫情防控】 年内，针对墨竹工卡县人民武装部军地结合特点，与地方人员交往多，疫情防控难度大的问题，采取针对性措施。严格教育所属人员做好个人防护，佩戴口罩；进入营区人员严格测温验码；对进出营区车辆严格消毒；划分“三区”，外来人员限制在特定活动区，确保人武部官兵及职工无一人感染。

（旦增扎巴）

武警墨竹工卡县中队

【概况】 2021年，武警墨竹工卡县中队高举习近平新时代中国特色社会主义伟大旗帜，始终以贯彻落实习近平新时代中国特色社会主义思想为指导，以建设一支听党指挥、能打胜仗、作风优良的现代化武装警察力量为目标，始终坚持政治建军、改革强军、科技兴军、依法治军方针。牢固确立习近平强军思想根本指导地位，深入贯彻中共十九大和十九届二中、三中、四中、五中、六中全会精神，以新时代军事战略方针为指引，着眼有效履行“两个维护”“治边稳藏”使命任务，全面落实武警部队三级党委全体（扩大）会议精神，坚决维护核心，聚力练兵备战，强化改革创新，围绕庆祝中国共产党成立100周年，打好执勤维稳攻坚战。

【政治工作】 年内，武警墨竹工卡县中队坚持把思想政治建设放在首位，坚持从实际出发，抓好群众性自我教育，达到“处处是课堂，时时受教育”的效果。开展部队、地方政府、战士家庭“三方联教”活动，促进部队的稳定。着力打牢官兵“坚定理想信念，争做忠诚卫士”的思想基础，高举习近平新时代中国特色社会主义伟大旗帜，全面深入学习贯彻中共十九大和十九届二中、三中、四中、五、六中全会精神及中央第七次西藏工作座谈会精神，以习近平主席开训动员令为原点，紧抓“两个维护”使命任务，扎实推进政治建军、改革强军、科技兴军、依法治军，坚定举旗铸魂、聚焦服务中心、持续严抓党建、统筹人才建设、着力稳固基层、推动创新发展，为推进部队全面发展进步、有效履行职责使命提供坚强政治保证。

年内，武警墨竹工卡县中队深入开展“传承红色基因、担当强军重任”主题教育，扎实开展经常性思想教育，以武警部队四本基础教育读本为载体，加强官兵思想建设，为高效履行使命任务构筑坚实基础。加强军民团结，积极推动“六共”活动开展，密切军政、军民关系，扎实推进与县看守所的共建活动。年内，发展培养党员4人，先后有2人荣立“三等功”，20人获得“四有优秀士兵”

称号。

【军事训练】 年内，武警墨竹工卡县中队深入贯彻2021年习近平主席开训动员令和中共十九届六中全会精神，坚定不移地将军事训练摆上战略位置，坚持任务牵引，严格按纲施训、依法治训，从难从严，从实战角度出发，突出基础训练和专业化训练，大抓军事训练热潮，大力提升军事训练实战化水平。

年内，武警墨竹工卡县中队始终把军事训练作为完成执勤“处突”反恐任务的重要保证，严格按照上级要求，科学制定军事训练计划，抓好军事素质和作风纪律等基础训练，以实战化、专业化训练为牵引，科学组训，突出抓好军官和士官专业训练，严抓训练安全，正规训练秩序，确保2021年无训练安全事故、无训练伤发生。加强中队教练员队伍建设，以“四会”达标为基础，重点强化险难点科目教练员的培训和指导，大力开展群众性练兵比武活动，有效提升官兵军事素质能力。

【战备执勤】 年内，武警墨竹工卡县中队认真贯彻“十六字”执勤工作方针，以“五防一体化”建设为基础，着力打造科技支撑的“智慧磐石”工程，全面提高履行使命任务能力和部队现代化建设水平。着力维护墨竹工卡县社会面稳定，扎实开展联勤武装巡逻勤务，担负检查站警戒设卡任务，打好执勤维稳主动仗。

武警墨竹工卡县中队常态担负墨竹工卡县社会维稳任务及检查站警戒设卡任务，始终把执勤工作当作饭碗工程来抓。扎实开展执勤教育，认真落实《战备工作规定》，进一步规范战备值班系统运行、应急响应程序和快速反应机制；提高常态化战备能力，突出日常战备方案演练，扎实抓好春节、藏历新年、拉萨雪顿节、全国“两会”、中国共产党成立100周年、西藏和平解放70周年、习近平主席访藏等重要节点战备执勤。

【后勤工作】 年内，武警墨竹工卡县中队扎实做好后勤各项建设，坚持以推进全面建设现代化后勤目标为牵引，始终坚持“三服务”方向和“三倾斜”方针，大力开展伙食管理规范年活动，着力在后勤应急保障力量建设上求提高，在后勤规范化管理上求深化，在改善部队物质生活条件上求延展，在后勤信息建设上求发展，努力推动后勤建设再上新台阶。提升后勤人员服务意识，保障好官兵生活需求，严格落实各项后勤制度，加强炊事人员业务技能的指导和培训，大力发扬民主，促进伙食质量有效提升，加强后勤督导和检查力度，对各项经费开展严格审议，做好账目公开透明工作，突出抓好后勤规范化建设。集思广益搞好温室生产建设，对接县内农副业生产专家，提升中队种植养殖员业务水平。强化后勤专业训练，提高后勤人员专业能力，大力加强精细化保障水平，为官兵创造良好的物质条件。

（陈一帆）

法治

政法委及综治

【概况】2021年，墨竹工卡县立足中国共产党成立100周年和西藏和平解放70周年大庆，扎实有序开展政法队伍教育整顿等各项工作，坚决维护国家政治安全，全县人民的幸福感、安全感、获得感、满意度不断提升，为“十四五”规划开局、乡村振兴与脱贫攻坚有效衔接保驾护航。坚决反对公器私用、司法腐败，着力维护社会大局稳定、促进社会公平正义、保障人民安居乐业，为全面建成小康社会创造安全稳定的社会环境、公平正义的法治环境、优质高效的服务环境。

【平安建设】年内，县委、县政府高度重视平安建设工作，以稳定为首要任务，先后召开维稳工作领导小组会议和维稳专班工作会议40余次，印发报告、方案预案等各类文件73份，圆满完成元旦、藏历新年、春节、全国“两会”、虫草采集、萨噶达瓦节、拉萨雪顿节、庆祝中国共产党成立100周年、习近平总书记在西藏视察、西藏和平解放70周年、三大维稳攻坚战等重要节点维稳安防工作。同时，针对不同时段、不同节点、不同领域存在的问题，由县维护国家安全指挥部牵头，联合各督查小组，以问题为导向，对全县维稳工作进行督查91次，发现并整改问题32处，确保各项维稳工作措施落地生根，切实消除不稳定因素。

2021年9月9日，墨竹工卡县第一次扫黑除恶常态化暨四大行业领域整治推进会召开

【政法队伍教育整顿】年内，政治教育不断强化，警示教育成效明显，英模教育稳步推进，反分裂斗争教育深入人心。组织队伍教育整顿应知应会测试21次；开展党组集中学习18次、党支部学习215次；全县政法系统累计组织开展警示教育活动29次，参观廉政教育基地5次，组织观摩庭审现场1次15人；收集整理墨竹工卡县政法队伍英模典型事迹6起，组织政法干警开展政法英模先进事迹报告会4场，参观爱国主义

2021年7月6日，西藏自治区人大常委会一行到墨竹工卡县开展扫黑除恶专项斗争工作专题调研座谈会召开

教育基地6次，观看爱国主义教育影片10场；组织全体政法干警签订不信仰宗教承诺书，签订率达100%。

自查自纠全面掌握，组织查处取得实效，顽瘴痼疾得以整治，群众幸福不断提升。已完成四轮个人事项自查报告表填报，共计1000余份；共整治顽瘴痼疾104项，查处问题线索82条；实施便民利民举措8条，化解矛盾纠纷25次，协调解决群众诉求5次，提供法律咨询300余次，法律援助70余次，代写文书120余份。

问题整改持续深化，长效机制不断巩固，总结评估有效开展。认真开展学习教育效果“回头看”、案件线索办理“回头看”、顽瘴痼疾整治“回头看”、督导意见整改“回头看”、制度机制建设“回头看”等工作，梳理制定相关机制制度74条，开展群众满意度测评工作，充分听取社会各界和人民群众的意见建议，及时解决群众诉求。

【扫黑除恶打非治乱专项斗争】年内，严格按照中央和自治区、市要求，不断完善制度机制、创新工作方法，在坚持常态化扫黑除恶斗争不放松的同时，防止黑恶势力死灰复燃，扎实推进各项工作。

加强组织领导，做到思想上不放松、力度上不减弱，继续高位推动扫黑除恶工作向纵深推进。常态化研究部署，组织召开全县第一次扫黑除恶常态化暨四大行业领域整治推进会议，对扫黑除恶常态化工作进行安排部署，强化一盘棋思想，定期研究解决办案过程中存在的疑难复杂问题。结合政法队伍教育整顿，深入开展涉黑涉恶案件线索倒查工作，通过对23条线索开展倒查，未发现政法队伍教育整顿工作中涉及的“六大顽瘴痼疾”和相关问题线索。年内，接获群众举报线索1条，经核实，未发现涉黑涉恶相关情况。

【网格和“双联户”服务管理】年内，联户长开展矛盾纠纷调解活动7139次，调解矛盾纠纷512起，排查各类安全隐患2934次，整治安全隐患876处；卫生整治2801次，切实发挥了双联户“网底”作用。年内，享受“先进双联户”加分政策的考生18人。

（旦增贡培）

【机构领导】
县委常委、政法委书记、公安局局长
其米多布杰（藏族，6月免）
多吉次仁（藏族，6月任）
副书记
扎　仓（藏族，4月免）
张银华（女）

公安

【概况】2021年，墨竹工卡县公安局以习近平新时代中国特色社会主义思想为指导，全面贯彻落实中共十九大和十九届二中、三中、四中、五中全会及中央经济工作会议精神，深入贯彻落实中央、自治区、市、县政法工作会议和全国公安厅局长会议、自治区公安处局长会议、全市公安工作会议精神，深入学习习近平总书记“七一”重要讲话和在西藏考察时的重要讲话精神，紧抓政法队伍教育整顿重大政治任务，深入开展党史、“三更”“三新”专项学习教育，毫不动摇地坚持和加强党对公安工作的绝对领导、全面领导，增强“四个意识”、坚定“四个自信”、做到“两个维护”，全面落实总体国家安全观和以人民为中心的发展思想。严格按照市局

2021年8月17日，墨竹工卡县公安局举行“不忘来时路，薪火永传承”退休老干部、从警满30年、20年民警代表座谈暨荣誉纪念章颁发仪式

党委年初制定的“1、2、3、4、5、10”工作思路，扎实开展中国共产党成立100周年、西藏和平解放70周年重大安保工作，不断提升发现力、防控力、处置力、打击力、战斗力、凝聚力，为深入推进墨竹经济社会发展和长治久安保驾护航。

【打击违法犯罪】 年内，共立刑事案件57起，刑事拘留22人、逮捕8人，起诉22起；受理治安行政案件29起、行政拘留60人，成功破获系列盗窃案，得到县委、县政府、上级公安机关和辖区群众的高度肯定和充分认可。

【安全生产】 年内，对全县矿山企业、爆破服务公司开展4轮100余次集中整治，责令整改隐患16次，下发隐患整改通知书3份，收缴导火索1060米、工业级火雷管80发、粉状炸药30余公斤，累计对民生设施、公共场所、出租房、民居、寺庙古建筑等开展消防安全检查800余次，现场整改隐患10余处；筛选整治“两客一危一校一货”重点问题车辆32辆，摸排消除道路安全隐患60余处。

【矛盾纠纷排查化解】 年内，各派出所充分利用贴近群众优势和接警接访求助渠道，紧盯人民内部矛盾、矿山企业、“三岩”片区等领域，聚焦扶贫搬迁、涉众、涉矿利益群体，开展人员稳控、纠纷调处等工作，成功化解各类矛盾纠纷50余起。

【新冠肺炎疫情防控】 年内，结合新冠肺炎疫情防控形势和年度工作主线，牢固树立“疫情防控没有局外人”意识，聚焦“外防输入”首要任务，与相关单位积极对接，确保数据互联互通。严格落实涉疫相关文件精神，开展涉疫涉药排查整治260余次；积极对接县教体局，扎实开展“护校安园”工作，累计检查全县中小学校、幼儿园400余家次；始终把疫情防控工作作为一项重点工作，与其他业务工作同安排、同部署，结合疫情防控工作的需要，适时设置疫情卡点，对进出拉萨及县城的车辆、人员进行检查。坚持从最坏处打算、向最好处争取，始终紧绷疫情防控这根弦，坚决打赢疫情防控阻击战。

【“护城河”检查站】 年内，墨竹工卡公安检查站严格按照“五逢一快”的工作原则，充分发挥防护墙、过滤网作用，扎实开展疫情防控、冷链食品查验、非洲猪瘟查控、低慢小飞行器过滤等核查工作。

截至年底，共检查车辆184790余台次、人员404830余人次、物品414990余件，收缴管制刀具1524把、散装成品油625升、煨桑原料8袋，纠正轻微道路交通违法行为62起，移交处理交通违法行为40起。抓获在逃人员1人，临控人员3人，其他人员54人，现场检测有吸毒史人员41人次。

【交通整治】 年内，结合全县实际，有针对性地开展面包车违法营运、乱停乱放、电动车乱象、农用车违法载人等专项整治，积极对接县交通局、城管等部门，在县城区域新增4处停车场，有效地缓解了县城区域的停车压力。不断加大信息化建设，积极争取县委、县政府的支持，投入1000余万元进行电子警察卡口、违停抓拍、流量监测、视频监控系统等建设。截至年底，该项目正有序推进中。该项目投入使用后，将大大提升全县道路交通的管控能力和水平。

年内，共查处各类交通违法行为5300余起，办理行政案件221起（无证驾驶185起，准驾不符14起、逃逸未构成犯罪2起，饮酒驾驶20起），行政拘留124人，刑事案件28起，刑事拘留24人，吊销驾驶证21本，扣分3770分，罚款138万余元，全年共处理交通事故274起，其中死亡交通事故1起1人，伤人事故5起，简易事故程序268起。

【服务民生】 年内，为方便辖区群众办理相关业务，积极争取县委、县政府和上级公安机关的支持，建立驾考中心及摩托车、机动车考试场地，成立机动车管理所，积极解决群众所盼所想，不断提升民警的窗口服务水平和业务素质。年内，车管所共开展摩托车新车注册8辆，办理补证换证551起，补换登记证书8起，核发合格标志1189辆，异地免检车辆审验46起，补换机动车驾驶证905起，驾驶人年审696起，机动车信息变更15起，满分学习120起，参与驾考人员11132人，初次出证领证794人。

【社区警务室建设】 年内，严格贯彻落实公安部关于进一步做实城乡社区警务工作战略布局和决策部署，紧密结合全县实际，精简机关警力下沉基层，设置29个社区警务室，开展基础信息采集、矛盾纠纷排查、流动人口服务管理等工作，在县委、县政府的大力支持下，为社区警务室配发25辆价值27万余元警务摩托车，确保各项工作扎实开展。

【辖区人员动态管理】 年内，共办理身份证4121张，受理异地身份证补办450张，出生入户618人，迁入162人，迁出118人，注销重户及死亡276人，补录信息10人，主项变更36人。持续深入开展警用地理基础信息的收集录入工作，共录入门牌信息8581条、建筑物信息10556条、户室信息11002条。在全县范围内推广运用“码”上办工作，在方便外来务工人员的同时，实现流动人口的动态管理。此项工作开展以来共生成二维码信息10829条，通过扫码办理临时居住登记卡11364人，办理居住证944张，接受群众户政咨询350余人。

2021年7月5日，墨竹工卡县公安局向扎西岗乡仁青林村幼儿园和吉古村幼儿园捐赠助学物资

【全民禁毒斗争】 年内，按照易制毒化学品管制工作的相关要求，对全县相关的17家单位进行专项检查并完善台账，持续开展禁毒宣传，发放相关宣传资料1500余份，受教育群众2000余人，持续推动DNA采集攻坚。年内，共采集血样27158份。

【基础设施建设】 年内，统筹推进公安基础设施建设，在县委、县政府的关心支持下，解决公安住房112套，应急保障配套设施、公安业务技术用房、警训基地等项目有序推进，新建的扎西岗乡派出所已投入使用，工卡镇、尼玛江热乡派出所的重建已列入规划并完成前置手续。

【党史学习教育】 年内，认真学习党史、新中国史、改革开放史、社会主义发展史、西藏地方和祖国关系史，教育引导广大民警从党的非凡历程中领悟真理，坚定政治信念，做到学史明理、学史增信、学史崇德、学史力行。高标准落实党史学习教育十项活动，邀请拉萨市党校教师进行党史专题培训，组织民警观看《长津湖》《布德之路》等影片6场次，切实将队伍教育整顿与党史学习教育有机结合、深度融合。

【警示教育】 年内,坚持全面从严治警的主基调不变,认真学习贯彻中国共产党纪律处分条例、重大事项请示报告条例,深入开展廉政学习,邀请县纪委工作人员上廉政警示课2场次,召开警示教育会2场次,并积极参加县专教办、拉萨市公安局组织的廉政专题讲座2场次,开展“三个规定”宣讲8次,发放“三个规定”记录本220余份,进一步增强民警“红线意识”和“底线思维”。

【英模教育】 年内,利用民警身边的先进典型实现示范引领,进一步激发全县民警比学赶超、争当先进的良好氛围。截至年底,深入挖掘上报优秀典型人员12人,召开英模事迹学习暨先进事迹报告会2场次,大力弘扬因公牺牲民警陈钢的感人事迹以及先进人物的事迹和崇高品质,树立学习英模、崇尚英模、争当先进的良好风尚。组织学习英模、观看英模事迹短片,激励民警弘扬正能量、传播主旋律,推动政治生态持续净化。

【制定长效机制】 年内,结合实际,制定新增《坚守岗位制度》《墨竹工卡县公安局与纪委监委、检察院沟通协调和协作制度》《墨竹工卡县公安局线索跟踪督查督办制度》《墨竹工卡县公安局案件定期通报制度》等各项长效机制,并对部分制度进行修订,形成一套较为完备的制度,切实做到“用制度管权、用制度管事、用制度管人”。

2021年12月27日,拉萨市墨竹工卡县公安局、林芝市工布江达县公安局警务协作交流座谈会召开

【党建工作】 年内,制定下发《墨竹工卡县公安局2021党建工作要点》,党委书记带头上专题党课3次,并督促指导基层各支部常态化开展“三会一课”、主题党日、党员亮身份等党建活动,党委班子成员以普通党员身份积极主动参加支部组织生活,全局19个党支部均设立党员活动室。在推进基层党组织建设方面,依托县委党校,先后组织人员参加党务工作者培训16人,参加党支部书记培训13人;严格按照“控制总量、优化结构、提高质量、发挥作用”的总要求,严格做好发展党员工作。年内,发展党员7人,预备党员2人,积极分子14人。

【意识形态工作】 年内,坚持加强队伍内部意识形态工作,制定《2021年意识形态工作方案》,组织全警深入学习西藏地方和祖国关系史,组织开展揭批会20余场次,撰写各类揭批材料200余篇;开展应对更大风浪考验来临时“我是谁、我在哪、怎么做”大讨论活动,进行深入思考,找自我定位、谋工作思路,引导和发动全体民警不折不扣地把中央和自治区、市、县党委关于维护社会稳定的各项重大决策部署落细落实,牢牢掌握意识形态工作的领导权、管理权和话语权,唱响主旋律,坚守主阵地,凝聚正能量。

【暖警爱警】 年内,从细微处关心爱护民警,切实体现从优待警,努力营造队伍内部的和谐氛围,大力营造“比、学、赶、帮、超”的浓厚氛围。加强宣传阵地、舆论引导阵地和宣传队伍的建设,提高内外宣传工作的质量和效果,大力宣传全县公安机关基层基础建设的新成果、新举措、先进典型及工作经验。坚持文化育警,组建篮球队、足球队、田径运动队等团体,女子篮球和男子篮球分别在比赛中分别取得了一等奖和二等奖的好成绩；结合党史学习教育、政法队伍教育整顿活动，组织开展知识竞赛、“永远跟党走、我的政法故事”等演讲比赛，活跃警营文化氛围。举行庆警察节联欢会、“三八节”茶话会，营造积极、健康、向上的警营文化，拓宽从优待警渠道。为民警配齐警用装备，科学合理安排民警餐饮；适时安排民警进行轮休，确保民警身心健康。

坚持民警体检制度，合理设计体检项目，积极为因公牺牲民警陈钢申报各类抚恤资金200余万元，帮助解决其家属的后顾之忧；加强工会、共青团和妇女工作，继续强化工会职能，及时送去组织的温暖；坚持关爱离退休干部生活，不定期通过电话、走访等方式了解退休老干部近况，送去组织的关怀；在人事管理工作方面，县局对全局干部人事状况进行全面摸排，积极研究制定“轮岗交流工作机制”，并与拉萨市公安局、县委组织部对接，征求意见建议，为轮岗工作打下良好的基础，扎实做好民警晋职、晋衔、调资、干部档案管理等工作，为52名民警调整警衔，25位民警进行增资，核查更新230余名民警档案。

（张　瑞）

【机构领导】

县委常委、政法委书记、公安局党委书记、局长、督察长

其米多布杰（藏族，6月免）

多吉次仁（藏族，6月任）

政　委

孙 雁 哲

党委委员、副局长

赤列索朗（藏族）

晋美多吉（藏族）

汤 金 伟

党委委员、特警大队大队长

土登次仁（藏族）

党委委员

龚 红 梅（女）

检察

【概况】 2021年，墨竹工卡县人民检察院共受理公安机关提请批准逮捕各类刑事案件19件33人，批准逮捕7件14人，不批准逮捕12件19人，其中无羁押必要性不批准逮捕9件16人，因证据不足不批准逮捕3件3人（含1件1人复议）；受理移送审查起诉案件33件42人，提起公诉12件14人，相对不起诉4件4人，正在审查17件24人，有罪判决率达100%，认罪认罚适用率100%，确定刑量刑建议采纳率100%。2021年，开展立案监督活动14次，办理拉萨市人民检察院交办的立案监督案件1件3人，已判决；提前介入2件4人；侦查活动监督1件1人，已下发纠正违法通知书。

【为民办实事】 年内，墨竹工卡县人民检察院坚持以人民为中心的发展理念，结合党史学习教育和政法队伍教育整顿工作，院党组书记、检察长带头深入基层到驻村工作点扎西岗乡加尔多村和县级干部联系点日多乡拉龙村，主动加强与人民群众之间的沟通交流，及时了解人民群众的急难愁盼问题，为扎西岗乡加尔多村六组修建简易桥争取到9.5万元资金，协调解决日多乡拉龙村曲间组和玛组修缮道路及桥梁问题，切实做到为人民群众排忧解难。同时，组织干警深入联系点，走访结对户，宣传中共十九届六中全会精神和区市十次党代会精神，将党的“好声音”传递到基层，并送去慰问品。

2021年3月23日，墨竹工卡县人民检察院党组书记、检察长卢刚（右一）一行到日多乡拉龙村开展大接访办实事活动

【未检工作】 年内，以贯彻执行新修订的《中华人民共和国未成年人保护法》和《中华人民共和国预防未成年人犯罪法》为重点，持续落实“一号检察建议”和强制报告制度，联合县公安局、县教育局在全区率先开展教职员工入职查询全覆盖专项行动，对辖区内50家教育机构的1356名教职工信息进行核查，织密保护未成年人权益防护网。

对涉罪未成年人开展社会调查1人次，对轻微犯罪并有悔罪表现的做出相对不起诉1人。同时，探索“未检+”工作模式，联合县消防救援大队开展校园及周边安全排查工作1次，校园安全检查1次，发现三项消防安全隐患，已督促校方整改。与拉萨市人民检察院“卓・吉”宣讲团共同开展“百校送法，护‘未’成长”活动，为全县2300余名师生开展预防校园欺凌等法治教育。

【专项工作】 年内，为深入贯彻党中央和最高检关于推进健康中国建设的战略部署，顺应人民群众对食品安全的新期待，根据上级检察机关和县委的工作部署，县检察院积极组织开展“保障千家万户舌尖上的安全”专项监督活动5次，活动范围覆盖七乡一镇，检查结果及时反馈至县市场监管局，并与其建立协同监督的长效机制。为深入贯彻落实最高检“四号检察建议”，推动有关部门重视窨井盖安全问题，维护人民群众“脚底下的安全”，认真开展安全排查工作，积极走访相关行政职能部门，书面送达“四号检察建议”，并向主管单位了解墨竹工卡县窨井盖管理的现状和存在的问题，对因窨井盖安全问题引发的一系列侵权问题及违法犯罪问题进行讲解，建议有关部门重视窨井盖安全问题，压实安全责任，形成常态化巡查机制。

年内，结合第十五次全国检察工作会议精神，依据《关于加强墨竹工卡县检察院生态检察工作的督办通知》要求，紧紧围绕习近平总书记在中央第七次西藏工作座谈会上关于全面贯彻新时代党的治藏方略，建设团结富裕文明和谐美丽的社会主义现代化新西藏的讲话精神，创新“生态检察+”模式，高标准促进生态建设。制定《墨竹工卡县人民检察院关于发挥检察职能作用 推进“生态检察”的实施意见》，以探索建立“生态检察+生态修复”“侵权方担责治理+检察院持续监督”“生态检察+品牌创新”为重点，细化七项生态保护措施，着力打造宣教、预防、办案、修复四位一体的生态建设窗口。

【检察监督】 年内，以侦查监督平台涵盖的28类436个监督项目为指引，积极开展立案监督和侦查活动监督，增强监督工作精准度，受理立案监督案件1件3人，监督立案1件3人，有效防止有案不立、有罪不究。对于未落实未成年犯罪嫌疑人特别程序的案件，向侦查机关书面制发《纠正违法通知书》1份。

年内，墨竹工卡县人民检察院从交付环节入手，定期通报核查矫正人员信息，检查社区矫正各环节工作，确保社区矫正人员按时入矫，防止矫正人员脱管漏管。与县司法局定期沟通，充分掌握司法所社区矫正工作动态、工作难点和存在的问题。年内，墨竹工卡县在册社区矫正人员9人，累计解除19人，均为期满解除，开展社区监督检查7次，集中谈心谈话活动4次。同时，结合

2021年12月8日，墨竹工卡县人民检察院干警在县域内开展公益诉讼水质检测

政法队伍教育整顿整治任务，在社区矫正监督中，针对减刑、假释、暂予监外执行在内的刑罚变更执行，强力推进检察监督工作，探索建立动态监督机制，全面清扫司法腐败、司法不公等问题，杜绝以权“赎身”和“提钱”出狱。

年内，以学习贯彻《中华人民共和国民法典》为契机，以贯彻落实《人民检察院民事诉讼监督规则》《人民检察院行政诉讼监督规则》为切入点，强化精准监督理念，深入推进对生效裁判及调解书、虚假诉讼、审判程序及执行活动等领域的监督。共办理民事审判程序和执行活动监督案件33件，向相关单位制发检察建议2份。同时，持续更新监督理念，把化解行政争议、解决群众合法诉求作为行政检察监督的工作重点，探索行政执法和行政诉讼监督模式，通过制发检察建议等方式，督促行政机关履职尽责，共办理行政执法监督案件13件，向相关单位制发检察建议3件，达到双赢多赢共赢的法律监督效果。

践行“检察官是公共利益代表”的职责使命，以聚合力、拓案源、强基础、重监督为抓手，悉心组织，多措并举，统筹推进公益诉讼工作，共受理公益诉讼案件线索90件，立案73件，召开案件磋商会1次、座谈会1次，发出行政公益诉讼诉前检察建议10件。为进一步扩大监督效果，根据《西藏自治区人民检察院西藏自治区林业和草原局关于印发〈全区国家级自然保护区公益诉讼检察联络室设立方案〉的通知》，与县自然资源局协作设立“西藏雅鲁藏布江中游河谷黑颈鹤国家级自然保护区检察公益诉讼保护区”警示宣传牌，并在县自然资源局挂牌成立公益诉讼检察联络室。

2021年8月23日，墨竹工卡县人民检察院组织干警到拉萨市人民检察院参观检史馆、党史馆

【队伍建设】 年内，深学践悟习近平新时代中国特色社会主义思想和中共十九大精神，紧密结合党史学习教育、“三更”专题教育及“三新”大学习大讨论和政法系统开展的“政法队伍教育整顿”工作，组织集体学习40余次，研讨7次，撰写心得体会和研讨材料400余篇，到林周县强嘎乡党员党性教育基地和拉萨市人民检察院党史、检史厅等开展实地教育活动，确保干警学出坚定信仰、学出理想信念、学出担当作为。

充分运用统一业务应用平台，加强案件数据化管理，向办案部门、办案人员发送限期预警通知13次，案件流程监控13次，促进各办案组执法规范化水平和办案效率的明显提升。按照《人民检察院刑事诉讼涉案财物管理规定》的要求，结合政法队伍教育整顿工作整治重点，对本院2018年1月至2021年12月涉案财物的查封、扣押、冻结、保管和处理情况开展自查。同时，结合政法队伍教育整顿工作安排部署，与县人民法院、公安局、司法局开展案件办理等方面的交叉检查工作，进一步找差距、查不足、析原因，不断规范执法司法活动。

针对检力紧张的现状，抓好年轻干警生力军的培养工作，不断强化对干警的培训力度，坚持在实训中练兵、在办案中强兵。在人员紧缺的情况下派1名干警到江苏挂职锻炼，先后组织本院干警参加案例研讨、民法典知识竞赛及刑事、民事、行政检察业务竞赛等活动，全方位提升实战能力，提振精气神，干警素能明显增强。3人在市院业务竞赛中获奖，2人在全自治区业务竞赛中获得优异成绩，其中1人获得全自治区检察机关未成年人检察业务竞

2021年8月8日，墨竹工卡县人民检察院联合县市场监管局对辖区内餐饮店、超市、农贸市场、娱乐场所开展食品及疫情防控安全监督检查

赛一等奖。

【检察宣传】 检察宣传是展示检察机关公众形象的阵地，对提高检察机关的影响力，凝聚检察正能量，为检察工作不断发展营造良好舆论氛围发挥重要作用。截至年底，墨竹工卡县人民检察院通过网络平台推送各类宣传信息共计521条，其中门户网30条，微博141条、微信340条、今日头条10条。

制定2021年法治宣传工作方案，推进“法律七进”工作，共开展法治宣传教育活动52次，其中，318国道路边开展法治宣讲活动8次，法治宣讲进校园活动5次，法治进寺庙活动12次，法治进乡村活动26次，法治活动进单位1次，发放宣传资料2000余份，宣传制品500余份，利用横幅、电子屏开展法治宣讲活动60余次。

【作风建设】 年内，做好巡察“后半篇文章”，完善党组议事、中心组等10余项长效机制，努力将巡察成果转化为新做法、新机制、新成效。坚持全面从严治党不动摇，压紧压实“两个责任”，研究涉及“三重一大”党组会议题37次。深化正风肃纪，结合典型案例，开展廉政警示教育，严格落实“三个规定”和重大事项记录报告制度，开展“禁酒令”等4次专项督察，结合政法队伍教育整顿“七查”工作要求，倒查检察人员违纪违法办案等问题，使党纪国法、纪律规矩内化于心、外践于行。

【接受监督】 年内，墨竹工卡县人民检察院向同级人大及其常委会报告工作3次，邀请人大代表、政协委员参加检察机关重要会议、检察开放日活动、专题讲座、听证会、民主生活会，积极听取代表、委员对检察工作的意见建议，结合政法队伍教育整顿工作要求，办结代表、委员建议4件，并及时反馈结果。

以“案件管理中心”为重要窗口，着力解决律师会见难、阅卷难、取证难等问题。2021年，县检察院案管办共受理5次电话咨询，接待律师4人，其中律师阅卷4次。案件程序性公开41件，法律文书公开17份。同时，贯彻落实最高人民检察院检察长张军关于公开听证的讲话精神和指示要求，召开公开听证会2次、不公开听证会1次，把听证作为开展检察监督的重要方式和有力抓手，接受社会各界的监督，让公平正义看得见，努力实现政治效果、社会效果和法律效果的有机统一。

（公桑更增）

【机构领导】

党组书记、检察长

卢　刚

党组副书记、副检察长

索朗云登（藏族）

党组成员、副检察长

肖　静（女）

法院

【概况】 2021年，墨竹工卡县人民法院认真贯彻中共十九大和十九届历次全会精神、中央第七次西藏工作座谈会精神、中央政法工作会议精神，以及自治区党委九届十次全会精神、自治区第十次党代会精神、拉萨市第十次党代会精神，结合墨竹经济社会发展和法院审判工作实际，始终坚持围绕服务大局这一中心任务，稳步推进审判执行工作，各项工作取得新进展。2021年，共受理民事、刑事、执行等各类案件529件，审（执）结494件，结案率93.38%。

【党风廉政建设】 年内，深入贯彻落实中央八项规定、自治区党委“约法十章”“九项要求”的精神，结合全国政法队伍教育整顿活动，紧密联系法院工作实际，以开拓创新的精神，求真务实的态度，落实党风廉政建设和反腐败各项工作。

年内，召开党风廉政建设和反腐败工作部署会，明确2021年法院党风廉政建设和反腐败工作目标任务，始终坚持把党风廉政建设和反腐败工作同法院审判执行工作结合起来，同安排同部署，共召开安排部署会4次。院党组书记带头严格执行，防止干预司法“三个规定”，召开2次防止干预司法“三个规定”专题学习会，带领全院干警按照规定在“三个规定记录报告平台”进行填报；开展“三个规定”“四长”大宣讲活动，组织县发改委等12家单位学习防止干预司法“三个规定”，同时签订《墨竹工卡县党政机关领导干部严格执行“三个规定”公开承诺书》。

【政治建设】 年内，墨竹工卡县人民法院党支部严格落实《中国共产党党和国家机关基层组织工作条例》（2019年11月修订），以条例为基础，以党组织标准化建设为抓手，持续推进组织体系建设标准化、领导班子建设标准化、党员队伍建设标准化、组织生活建设标准化、工作载体建设标准化。年内，完成新一届支部委员会班子换届选举；严格发展程序，培养2名发展对象、4名积极分子；严格执行“三会一课”、组织生活会、主题党日等基本制度；深入开展党员承诺践诺、志愿服务等活动；积极排查党员信仰宗教、“两面人”等问题。

【适用简易程序】 年内，为减轻当事人诉累，加快办案进度，节约诉讼成本，墨竹工卡县人民法院加大适用简易程序力度，适用简易程序审理案件294件，占已结民刑案件总数的97.67%。新收民事案件281件，适用简易程序审理262件，简易程序适用率达93.24%；新收刑事案件20件，适用简易程序审理19件，简易程序适用率为95%，有效地缩短办案时间，实现案件质量和诉讼效率双赢的局面，切实提高了审判工作质效。

【民事审判】 年内，墨竹工卡县人民法院充分发挥民事审判调解社会关系、营造公平正义法治环境的职能作用，共受理各类民事案件293件，已结279件，结案率95.22%，其中调撤结案136件，调撤率达48.75%。

年内，妥善处理一起首例分家析产纠纷引起的第三人撤销之诉，承办法官通过实地走访当事人所在村落，邀请村委会书记全程共同参与，在保证原判决既判力的前提下，进行调解，有效保护第三人的合法权益，实现案结事了人和。

【打击各类刑事犯罪】 年内，墨竹工卡县人民法院坚持惩教并举，依法打击各类刑事犯罪，全力维护当事人的正当权益，实现刑事案件律师全覆盖。截至年底，共受理刑事案件22件，审结22件，结案率100%，判处罪犯22人，服判息诉率达100%，依法审结危险驾驶罪15件15人，强奸罪1件1人，此外，组织机关、矿企、农牧群

2021年10月25日，江苏省纪委监委派驻江苏省法院纪检组组长、省法院党组成员韦瑞瑾（左八）带领江苏高院考察团一行到墨竹工卡县人民法院调研

众、人大代表等10余名社会各界人士走进法院，“零距离”体验法院的审判工作，旁听一起上级法院指定管辖的索某等3人重大责任事故罪案件的庭审，感受司法公正。为杜绝刑事裁判文书出现“空判”，法院将2018年至今没有主动缴纳罚金的17件刑事案件全部移送至法院执行局强制执行。

【执行工作】 年内，执行工作始终秉承以人民为中心的司法理念，充分彰显法治精神和司法温度。对涉民生案件推行“三快一优先”案件办理模式，设立绿色便捷通道，快速执结涉民生案件44件，并充分利用网络信息技术，发布执行悬赏公告，成功执结一批执行案件；积极探索运行司法拍卖程序，2021年成功挂拍7件物品，实现法院网拍工作的“零突破”。组织邀请县委政法委、县财政局、县民政局召开1次司法救助听证会，发放司法救助金1万元，成功帮助1名困难申请人。为构建信用监督和惩戒机制，对36人次采取限制高消费措施，对拒不履行执行生效法律文书的被执行人进行布控15人，实际拘留3人；将36人次纳入失信被执行人员名单；共罚款13人次，罚款金额总计19716.55元。

【院庭长监督管理机制】 年内，墨竹工卡县人民法院坚持院庭长办案常态化，深入推进以“四类案件”为切入点的院庭长监督管理机制。院庭长根据职责分工，及时主动关注已标识案件，利用审判委员会、专业法官会议，通过听取改判、发回重审案件详情汇报、案件评查等方式依法依规监督管理相关案件，院庭长带头办案281件，审结243件，占全院结案的73%。

【刑事律师全覆盖】 年内，为进一步方便被告人获得法律援助服务，墨竹工卡县人民法院在完善值班律师制度和法律援助制度的基础上，制定《墨竹工卡县人民法院关于开展刑事案件律师全覆盖工作的实施细则》。年内，审结的所有刑事案件均实现刑事律师全覆盖。

【人民派出法庭前沿阵地作用】 年内，墨竹工卡县人民法院重新整合人员力量，将矛盾化解端口前移，充分发挥乡镇人民法庭职能，构建矛盾纠纷联调工作格局。县法院下设工卡镇法庭、日多乡法庭、直孔法庭3个法庭。6月，工卡镇法庭和日多乡法庭正式投入使用，其中工卡镇法庭和直孔法庭设为常驻法庭，选派1名法官、1名法官助理、1名书记员，因日多乡法庭仅覆盖一个乡镇，将日多法庭设为流动法庭，选派1名法官和1名法官助理开展工作。

年内，3个法庭以巡回办案、上门立案、上门调解、以案说法的方式进行就地解纷，共受理案件212件，已结199件，调解结案95件，撤诉27件，调撤率达61.31%。为构建矛盾纠纷联调工作格局，日多法庭与日多乡人民政府、派出所达成矛盾纠纷调处合作关系。

【法制宣传】 年内，墨竹工卡县人民法院充分调配司法资源，将审判、法宣、巡回办案三个工作内容统筹谋划，以“车载流动法庭”“驻乡镇派出法庭”为依托，结合“八五”普法，坚持“有案办案，无案法宣”的务实工作方式，坚决落实“谁执法谁普法”工作部署，实现墨竹工卡县七乡一镇所有村（居）、学校、矿企、寺庙的普法宣传全覆盖。

2021年4月28日，墨竹工卡县人民法院举行“百名法官进千家访万户办实事”活动暨出征仪式

年内，制定藏语汉语宣传资料、定做法治宣传礼品共计花费3万元，开展巡回办案91次，行程约8224公里，开展各类法制宣传35次，发放宣传材料1万余份，受教育人员1.5万人。

【扫黑除恶】 年内，墨竹工卡县人民法院紧紧围绕县委部署，在县委政法委的组织领导下，坚持长效常治，强化政治担当，坚持主动作为，常态化开展扫黑除恶专项斗争。年内，墨竹工卡县人民法院党组召开专题会议研究部署扫黑除恶2次，开展扫黑除恶专项法治宣传工作6次，向县人大常委会汇报扫黑工作2次。

【政法队伍教育整顿】 年内，墨竹工卡县人民法院全面贯彻落实政法队伍教育整顿，筑牢政治忠诚、清除害群之马、整治顽瘴痼疾、弘扬英模精神四项任务，在学习教育、查纠整改、总结提升环节，认真落实《全国政法队伍教育整顿工作指引》中的各项工作任务，全院干警“四个意识”得到有效增强、“四个自信”更加坚定、“两个维护”意识更加自觉；中央第十四督导组、自治区第一驻点指导组、市县教整办对拉萨中院、县纪委、县委组织部先后进行11次督导检查，对法院队伍教育整顿工作反馈的问题，法院以高度的政治自觉，主动对照认领，全部完成整改；主动选树1名法院干警在执法办案中的先进事迹作为英模典型，通过微信公众号、县政法队伍英模事迹报告会等形式进行广泛宣传，营造学习英模、崇尚英模、争当英模的良好风尚。

2021年9月2日，墨竹工卡县人民法院召开支部换届选举党员大会

【接受监督与被监督】 年内，通过在微信公众平台发布受理群众举报公告、在法院大门设立举报箱等途径主动接受社会各界的监督；邀请县人大代表、政协委员听取法院教育整顿工作报告2次6人、旁听案件2次4人，列席法院会议3次6人；主动向县人大汇报工作3次，向县政协汇报工作1次；邀请人民陪审员参审案件13件15人次，组织人民陪审员参加培训1次12人；在中国裁判文书网公开裁判文书440份、公开信息87件，上网率为83.11%，上传各类案件电子卷宗500件、电子卷宗制作率100%；在中国庭审公开网直播案件99件，让公平正义经得起围观，让在线旁听庭审成为群众尊法学法守法用法新平台。

【人才队伍建设】 年内，墨竹工卡县人民法院以政法队伍教育整顿、党史学习教育、“三更”专题教育、“三新”大学习大讨论活动为契机，狠抓法院队伍建设，努力提升服务群众本领，践行司法为民宗旨。

年内，共开展各类理论学习100余次、组织党组理论学习中心组学习9次，党组书记、党支部书记为全院干警讲党课4次，组织干警参加各类业务培训15批次38人；完成法警首次套转和3名法官助理入额法官工作。

【服务群众】 年内，墨竹工卡县人民法院党组带头改进工作作风、密切联系群众、创新服务方式，结合全国政法队伍教育整顿中“下基层大接访办实事”“开门搞整顿”“百名法官进千家访万户办实事”等专项活动，县法院党组书记、院长索朗多吉严格落实县委“领导干部下基层大接访办实事”工作安排，于3月多次到门巴乡仁多岗村，在开展大接访调研工

2021年6月28日，拉萨市中级人民法院一行到墨竹工卡县人民法院检查验收"六专四室"建设工作，图为召开座谈会

作的同时检查督导包乡点维稳综治各项工作，撰写专题调研报告1份，为当地干部群众提出工作思路建议3条。

墨竹工卡县人民法院结合审判执行工作实际，在微信公众号上推出10条便民利民举措；开展"百名法官进千家访万户办实事"活动，组织全院法官深入基层乡镇搜集群众意见建议、排查化解纠纷，收集到群众意见建议和线索10条，归纳梳理为3条，为群众转办疑难问题1条；4月28日，结合"我为群众办实事""万人评议政法"相关工作要求，深入七乡一镇开展"政法队伍教育整顿下基层寻线索"主题党日活动，收集到群众意见建议10条，归纳梳理为1条，同时为群众实地化解矛盾纠纷2件，转办疑难问题3条。

【乡村振兴】 年内，墨竹工卡县人民法院坚持把驻村帮扶工作作为推进乡村振兴的重要抓手，选派4名干警下沉尼玛江热乡章达村和宗雪村开展驻村工作，其中2名驻村干警兼任大学生村官。驻村干部严格按照驻村帮扶管理制度，认真落实驻村帮扶工作职责，在项目建设、环境整治、强村富民、组织建设、疫情防控等方面贡献法院力量，通过走村入户、理清工作思路、宣传帮扶政策等措施解决实际困难，实现从接触群众到了解群众，再到融入群众的转变。驻村干部在县乡两级党委政府的支持下，落实19户搬迁群众屋顶修缮项目，花费资金31万元；协调上级有关部门解决群众在饮水、住房方面的急难愁盼问题4件，开展温暖行动，为章达村幼儿园捐赠价值5800元的鞋子。

（王　洁）

【机构领导】

党组书记、院长

索朗多吉（藏族）

党组成员、副院长

廖　　江

索朗德吉（女，藏族）

司法行政

【概况】 2021年，墨竹工卡县司法行政工作始终坚持以习近平新时代中国特色社会主义思想为指导，深入贯彻落实中共十九大精神及中央第七次西藏工作座谈会精神，贯彻落实习近平法治思想，贯彻落实习近平总书记关于西藏工作的重要论述精神和新时代党的治藏方略，贯彻落实中央全面依法治国工作会议精神，按照自治区、市委、县委关于推进法治建设的决策部署，深入推进法治墨竹建设，发挥普法教育、法律服务、法律保障等司法行政职能作用，深入开展法治宣传教育、人民调解、刑满释放人员安置帮教、社区矫正、法律援助民生工程、法治政府建设等各项工作，为维护全县社会稳定和经济发展积极贡献力量。

2021年，全县共受理法律援助案件70余件，义务代写法律文书260余份，提供法律咨询服务320余人次，共开展各类矛盾纠纷排查390余次，调处各类矛盾纠纷50余件，涉及金额69.87万元。

【依法治县】 全年，坚持党对全面依法治县的统一领导，把依法治县摆在全局工作的重要位置，认真学习贯彻习近平法治思想和党中央决策部署，深化思想认识，加强组织领导，明确职责任务，从严从实要求，确保法治墨竹建设工作扎实推进。严格落实法治建设第一责任人职责，确保法治建设有力有序推进。结合换届人事变动，及时调整充实中共墨竹工卡县委员会全面依法治县委员会及立法协调、执法协调、司法协调、守法普法协调4个协调小组，并调整充实县法治政府建设工作领导小组。协助相关部门落实党员干部带头学法制度，深入学习贯彻习近平法治思想、《中华人民共和国民法典》等有关内容，着力推动依法治县工作，形成学法用法的浓厚氛围。结合实际，协助做好贯彻落实《〈法治中国建设规划（2020—2025年）〉的实施方案》《〈法治政府建设实施纲要（2021—2025年）〉的实施方案》等工作，推动全面依法治县深入贯彻落实。

【法治政府建设】 年内，严格落实科学民主依法决策制度，落实“三重一大”决策制度，积极推进政府法律顾问工作，聘请政府法律顾问，不断推动政府决策科学化、民主化、法治化。不断深化推进“放管服”改革，围绕人民群众关注的堵点痛点问题，协助全县各单位不断完善《行政权力和责任清单项目事项》，不断完善权力清单、责任清单、职业资格目录清单等清单动态管理机制，系统推进“放管服”改革任务，进一步深化“互联网＋政务服务”和推进政务服务。

依法加大行政执法工作力度，坚持依法推行行政执法公示制度、全面推行执法全过程记录制度、全面推行重大执法决定法制审核制度，认真开展行政执法主体和行政执法人员清理工作，落实行政执法资格制度，认真做好执法人员法律知识培训、资格考试等持证上岗工作。截至年底，共组织87名新行政执法人员参加执法资格培训，通过行业执法考试36名。年内，收到行政复议申请，无行政诉讼案件。建立法律顾问制度，全年政府法律顾问提供法律意见40余条，参与重大政府合同审查等活动31次，助推了政府依法执政。

2021年3月24日，墨竹工卡县司法局组织普法成员单位观看2020年度“十大法治人物”颁奖仪式

【法治宣传教育】 年内，深入贯彻落实“七五”“八五”普法规划，建立“谁执法谁普法”普法责任制，形成各司其职、齐抓共管的“大普法”格局。依托“法律十进”工程，不断丰富“宪法进万家”主题活动形式，结合平安创建、生态文明创建等工作，组织开展“宪法宣传周”“五下乡”等各类集中普法宣传活动40余场次，举办法治讲座20余场次，发放宪法、民法典等各类法律知识宣传资料和宣传品7万多份，受教育群众达8万余人（次）。

聚焦重点对象，深化学法举措，针对国家工作人员、青少年、僧尼、学生、农牧民、企业经营人员等重点对象，以综治宣传月、法治宣传周及宪法宣传日等宣传活动为载体，重点学习宣传习近平总书记全面依法治国新理念新思想新战略，开展学宪法、扫黑除恶、国家安全、禁毒、信访、电信诈骗、防范非法集资等专项法治宣传活动。按照“谁执法谁普法”原则，推动落实“谁执法谁普法”责任制。各部门结合自身工作行业特点，全面落实普法责任清单，落实法官、检察官、警官、行政执法人员、律师、法律服务工作者、法治副校长、寺庙普法讲师团等以案释法制度，深入开展普法宣传活动；开展“乡村振兴、法治同行”“防控疫情、法治同行”专项法治宣传；全面实施“法律明白人”“法治带头人”培养工程，大力推进法治乡村建设；落实媒体公益普法制度，将法治宣传与“讲文明树新风”宣传同步推进。

【社区矫正】 年内,扎实推进社区服刑人员警示教育活动,通过开展警示教育,积极推进教育矫正创新,拓展教育内容、载体和方法,进一步强化社区服刑人员的在刑意识和改造意识,促进社区矫正工作的正常、有序开展。对社区服刑人员走访102人次,进行集中法治教育12次,公益劳动12次。

建立健全社区矫正人员工作档案,确保一人一档。切实加强和改进监管工作,实现社区矫正对象无漏管、无脱管、无重新违法犯罪现象发生,确保各项日常监管措施落到实处。

【人民调解】 年内,坚持发展新时代"枫桥经验",充分发挥司法所、人民调解组织等作用,大力开展矛盾纠纷排查调解,变"开门调解"为"上门调解",集中力量化解各类矛盾纠纷,全县共开展各类矛盾纠纷排查390余次,调处各类矛盾纠纷50余件。全面落实人民调解案件"以案定补",积极推动人员和补贴落实到位,提高人民调解员工作积极性。同时加强基层人民调解员业务培训,通过以会代训、专题培训等多种途径,组织司法助理员、人民调解员等按时参加上级司法行政部门视频培训25期138人次,举办培训班,对基层人民调解员、司法助理员等进行法律知识、业务技能教育培训,使广大调解员的业务水平得到提高。

加强人民陪审员工作,协调相关部门认真落实人民陪审员选任工作,联合县人民法院、县公安局发布《墨竹工卡县人民陪审员选任公告》,将政治素质和学历水平较高的群众选为人民陪审员,切实做好人民陪审员增补工作。

【安置帮教】 年内,各司法所认真落实无缝衔接措施,形成"接、管、教、帮"一体化工作模式。截至年底,墨竹工卡县司法局按照相关工作要求帮助生活困难的刑满释放人员解决实际困难,帮助刑满释放人员尽快融入社会,帮教率达到100%、安置率达到100%。同时,认真开展专项排查、摸底、评估、帮扶,尤其对全县易地搬迁点的刑释人员进行危险性风险评估和排查走访,进一步完善刑满释放人员信息库,对安置帮教对象实行动态化管理。

2021年5月28日,墨竹工卡县司法局工作人员到门巴乡虫草采点开展法治宣传活动

【法律援助】 年内,认真组织实施困难群体法律援助民生工程,不断扩大法律援助覆盖面,提升法律援助质量,按时保质完成法律援助工作任务,推进困难群体法律援助民生工程工作的有序开展。结合教育整顿提出的"从群众最期盼的事情做起"要求,坚持以人民群众法治需求为出发点,以"我为群众办实事"为抓手,深入开展"法援惠民生、关爱特殊群体"法律援助活动,不断扩大法律援助覆盖面,提升法律援助质量,共受理法律援助案件70余件,义务代写法律文书260余份,提供法律咨询服务320余人次,切实维护人民群众的合法权益。

全面落实"一村(居)一法律顾问"制度,认真抓好县、乡、村三级公共法律服务平台建设,打通服务群众"最后一公里",与拉萨市6个律师事务所以点对点的形式签订村(居)法律服务协议书,41个村(居)"一村一法律顾问"实现全覆盖,切实为群众提供便捷的公共法律服务。大力宣传推广市法律咨询"12348"热线和县法律援助绿色通道电话,依托"村(居)法律顾问"微信号、村(居)法律顾问便民卡等畅通

2021年12月6日，墨竹工卡县司法局组织开展“建设法治乡村 助力乡村振兴”法治宣传活动

法律服务绿色通道，为群众提供及时、精准、普惠、优质、方便、快捷的法律服务，实现法律服务群众“零距离”，使群众在最短时间获得最大帮助，促进农村基层的和谐与稳定。

【扫黑除恶】 年内，深入推进扫黑除恶专项斗争工作，定期在社区矫正对象中开展扫黑除恶专项斗争宣传和政策法律学习活动，完善线索排摸方案，重点做好社区矫正对象和刑满释放安置帮教对象排摸、监管、教育、转化、深挖等5项工作，先后开展排查70余人次，逐一落实有针对性的监管教育措施。充分发挥基层司法所助理员、基层法律服务工作者、调解员的优势，主动参与扫黑除恶的整治工作，结合纠纷调解，全面摸排线索。

全面发动群众，落实举报人保护措施，全面收集涉黑涉恶案件线索，全方位开展扫黑除恶宣传活动，营造强大声势。建立律所代理涉黑恶案件承诺制，在组织学习《关于办理黑恶势力刑事案件若干问题的意见》等4个指导文件的基础上，建立扫黑除恶法律指导组，让律师参与办理涉黑涉恶案件。

（巴桑卓玛）

【机构领导】

局 长

汪 治 国

副局长

格桑玉珍（女，藏族）

经济管理

发展和改革

【概况】 2021年，是中国共产党成立100周年、西藏和平解放70周年，也是“十四五”规划开局之年，墨竹工卡县坚持以习近平新时代中国特色社会主义思想为指导，深入贯彻中共十九大和十九届历次全会及中央第七次西藏工作座谈会精神、中央民族工作会议精神，深入贯彻习近平总书记关于西藏工作的重要论述、视察西藏重要讲话精神和新时代党的治藏方略，有力落实县委、县政府决策部署，坚持稳中求进工作总基调，统筹疫情防控和经济社会发展，巩固拓展脱贫攻坚成果同乡村振兴有效衔接，推动高质量发展不断取得新成效。

2021年，全县地区生产总值完成48.69亿元，同比增长6.2%左右；农牧民人均可支配收入完成21066元，同比增长15.8%；全县固定资产投资增速96.7%；规模以上工业增加值同比增长9.6%；全县公共财政预算收入完成5.6亿元；社会消费品零售总额完成4.75亿元，同比增长7.7%。

2021年7月30日，副县长雷青松（左排中）主持召开发改委党支部党史学习教育专题组织生活会

【就业创业】 年内，超目标完成转移就业、大学生就业创业任务，实现城镇新增就业862人，农牧民转移就业10731人，城镇失业登记率控制在3%以内。组织86名大中专毕业生到福州大学开展定向委培，组织62名群众在市城投公司务工，17名劳务经纪人组织化输送群众673名，探索实施“乡村振兴能工巧匠100+”培训计划；同时，持续深化“格桑花开人才+”计划和“格桑花开成长学院”成果，协调华泰龙、巨龙、县城投公司实现246人稳定就业，500名应届高校毕业生就业率达100%。

【教育事业】 年内，持续创建“互联网+教育”示范县，实现中学生公交车免费接送，完成南京实验小学、唐加乡中心小学“智慧教室”建设等项目，8所小学、40所幼儿园供暖工程实现全覆盖；29名小学生考入援藏地西藏班，第二批12名援藏教师到任,组织250人次教师参加培训。

【医疗卫生】 年内,持续巩固国家级县域医共体试点创建成果,实施县人民医院传染病房、疾病预防控制中心等项目,组织17名先心病、髋关节脱位、唇腭裂患者赴南京接受免费治疗;规范开展家庭医生签约服务,完成签约4.74万人,签约率达89.29%。同时,强化常态化疫情防控工作,有序推进疫苗加强针及3~11岁儿童接种工作,构筑全民免疫屏障。

【社会保障】 年内,稳步推进国家级残疾预防综合试验区试点创建工作,投入120.5万元为全县4.9万名城乡村(居)购买超大额医疗补充保险,成功申请开通县医院城镇职工、离退休人员住院和门诊特殊病医保刷卡业务,申请为33个村级卫生室配备POS刷卡设备,制定出台《墨竹工卡县城乡居民"大病爱心救助基金"管理补充办法(试行)》,向24名重病患者借款365万元。实施工卡镇工卡村273户棚户区基础设施改造项目和公共租赁住房440套续建项目,推动特困集中供养中心标准化建设。

【公共文化】 年内,县级文化活动中心建成并投入使用,成功举办中国共产党成立100周年、西藏和平解放70周年大庆文艺演出系列活动,完成全区"农牧民丰收节"和"第四届墨竹小油菜花文化旅游节"等活动;健全非物质文化遗产名录体系,完成第六批市级"非遗"传承项目及传承人申报;强化文物保护,完成全县28处佛像石刻的测量、登记等工作。

2021年3月1日,拉萨市发展和改革委员会副主任德吉卓嘎(前排右二)一行到墨竹工卡县人民医院调研

【重点项目】 年内,计划实施项目140个,总投资28.74亿元,其中续建项目31个,投资3.46亿元;新建项目109个,投资25.28亿元。截至年底,已开复工129个,开复工率达92.14%。1—9月,固定资产投资同比增长113.60%。市级重点调度项目3个:墨竹工卡县第二批"美丽乡村·幸福家园"建设行动计划整村推进项目,计划总投资41711万元,截至年底,已完成总工程量的85%;墨竹工卡县2020年高标准农田建设项目,总投资6000万元,截至年底,完成总工程量的70%;墨竹工卡县人民医院传染病住院楼项目,总投资813.59万元,截至年底,已完成总工程量的90%。

【受援工作】 年内,墨竹工卡县实施计划内援藏项目共计14个,总投资2.59亿元,2021年安排资金0.84亿元。已全部开工建设,并执行每月定期调度和不定期碰头制度,及时解决问题困难,做到各类要素保障,确保项目有序推进。结合党史教育和大接访办实事活动,整合历年援藏结余资金,实施"民生微实事100+"行动,实施项目104个,投入资金3800.8万元。

【粮食工作】 年内,加快构建供给稳定、储备充足、调控有力、运转高效的粮食安全保障体系,构筑墨竹工卡县粮食安全屏障。

【价格监测监管】 年内,对全县各大超市、蔬菜批发市场进行检查,并及时将价格监测情况报送县委、县政府。为做好墨竹工卡县涉案物品价格认定工作,保证涉案物品估价公平、公正,发改委严格按照区、市、县有关规定及办理程序执行。截至年底,办理物价涉案案件10件，涉案标的金额1524993元。

（曲尼卓嘎）

【机构领导】

主　任

扎西玉杰（藏族）

财政

【概况】 2021年，全县财政总财力达到23.79亿元，比2020年决算增加5.41亿元，同比增长29.37%，其中一般公共预算财力达到23.34亿元，增长36.81%（一般公共预算收入达到5.62亿元；一般公共预算支出15.76亿元，安排预算稳定调节基金7.58亿元，2021年实现收支平衡）；政府性基金预算财力达到0.45亿元（含政府性基金收入0.12亿元，增长33.33%，上级补助收入0.33亿元；政府性支出达到0.15亿元，结转支出0.3亿元）。

【财政收入】 年内，墨竹工卡县财政紧紧围绕中央和区、市党委经济工作会议精神和县委、县政府提出的总体工作部署，不断发挥财政协调监督职能，切实做好开源节流，狠抓落实，全面做到应收尽收，强化本级收入征缴力度。截至年底，完成本级公共财政收入为56230万元，比2020年同期降低3.8%，其中税收收入48997万元、非税收入7233万元。从收入结构分析，税收收入仍占主导地位。

【政府性基金收支】 年内，墨竹工卡县政府性基金收入为1184万元，国有土地出让价款收入1357万元，缴纳新增建设用地土地有偿使用费173万元。

【"三公经费"支出】 年内，严格按照"无预算不支出"的要求，切实提高资金使用效率，牢固树立政府过紧日子的思想，继续从严控制"三公"经费，压减一般性支出，腾出财力重点保障民生支出。截至年底，"三公"经费支出2634.42万元，比2020年同期数减少1%。

2021年12月6日，墨竹工卡县财政局组织召开预算管理一体化系统2.0暨2022年预算培训会

【乡村振兴】 年内，落实涉农统筹整合及专项衔接资金2.31亿元，同比增长219.74%；支出2.1亿元，总体支出进度达90.87%、专项支出进度达到92%，基本完成上级下达的进度指标，为切实巩固好"两不愁三保障"成果，牢牢守住规模性返贫底线，持续提高脱贫质量，做好同乡村振兴有效衔接。落实资金2.07亿元，大力推动"美丽乡村·幸福家园"建设行动计划整村推进工作。落实资金1.49亿元，加大"三农"领域保险服务力度，高标准农田建设、农业生产发展、草原生态保护恢复和农牧业经营主体抗风险能力持续，推动农牧区高质量发展。

年内，为进一步加强财政资金管理，提高资金使用效益，清理盘活两年以上闲置资金0.97亿元，动用预算稳定调解金1.5亿元，支持解决各类民生项目落地，纵深推进"学党史、树新风、办实事、聚民心"党史学习教育、"三更""三新"活动，落实群众急难愁盼惠民项目，全面提升广大农民群众的获得感、幸福感。

【新冠肺炎疫情防控】 年内，落实资金300万元，全力支持"外防输入"各项举措落实，解决隔离场所费用问题，保障抗疫物资、疫情监测点需求，提升核酸检测能力。

【社会保障】 年内，落实上级下达

及本级21%教育资金3.38亿元，不断增加学前教育和义务教育阶段资金投入，促进义务教育均衡发展；落实资金0.76亿元，落实城乡居民基本医疗保险、城乡基本养老保险、困难群众救助补助、残疾人补贴、优抚对象、60岁及以上老人幸福养老金等相关补助政策，切实保障基本民生，实现应保尽保；落实各项政策性补贴资金0.73亿元，进一步增强农牧民群众增收致富的积极性；落实0.22亿元，支持工卡镇工卡村1、2、3组棚户区基础设施改造及扎雪乡集镇人居环境整治工程项目、公租房建设配套；落实资金0.69亿元，支持公立医院改革，提升基本公共医疗服务和保障能力，加快覆盖城乡的公共卫生体系建设，不断提升农村医疗管理水平。

2021年12月24日，墨竹工卡县财政局组织召开2020年、2021年直达资金支出落实推进会

【生态建设】 年内，投入生态环境保护资金1.45亿元，支持蓝天保卫战、土壤污染防治、森林资源保护、县乡厕所革命、污水处理厂运行维护、垃圾处置及垃圾填埋厂维护、老城区排水管网改造、森林生态效益补偿、生态功能区建设和造林绿化等工作。

【就业稳定】 年内，落实资金0.48亿元，解决人员就业补助、政府外聘岗位工资及保险、培训、全县公益性工资、社招高校毕业生工资、保险等支出，确保人员稳定就业。

【防范化解政府债务风险】 年内，严守金融风险底线，有效化解政府隐性债务风险，坚持“拓宽”前门、“严堵”后门，通过争取再融资债券及本级预算安排0.61亿元，有效化解全市统一下达的易地扶贫搬迁建设及扶贫产业项目贷款资金余额，全面实现墨竹工卡县融资贷款隐性债务清零。

【社会治理】 年内，安排资金0.65亿元，为做好全县常态化公共安全、综治管理和各项维稳工作提供有效保障，确保墨竹工卡县社会大局持续稳定、长期稳定、全面稳定。

【资金管理】 年内，为保障墨竹工卡县各项资金得到有效控制，切实提高资金使用效益，结合县委、县政府工作要求，在年初进一步压缩一般性公共支出预算的基础上，强化资金管理，完善资金拨付流程。严格落实自治区《西藏自治区差旅费管理办法》《西藏自治区本级国内公务接待经费管理办法》和拉萨市《关于规范拉萨市干部职工正常福利发放工作的实施方案》，制定出台《墨竹工卡县财政各项资金拨付管理办法》，进一步规范完善干部职工出差、下乡、值班、加班报销等制度。

严格按照预算执行进度，加大对各部门的督促力度，按月及时对中央直达资金、涉农整合资金执行进度缓慢的部门，下达资金执行进度督促通知书，加快各相关部门资金执行力。积极运用零基预算理念，打破财政支出固化僵化格局，合理确定支出预算规模，切实按照上级实施收付实现制要求，推进财政预算管理一体化系统，高效编制2022年预算，拓宽预决算信息公开范围，细化信息公开内容，提高信息公开规范性，主动接受社会监督。

【国有资产管理】 年内，为进一步加强对老城区政府商品房的管理，清查现有房屋出租情况，对已出租的房屋租赁费按市场价格，在原有租赁费的基础上，根据房屋面积及地段进行调整。规范政府采购行为，严格按照政府集中采购限额,加大流程监控力度,构建公平竞争的政府采购营商环境。

年内,政府采购项目63个,涉及资金3957.8万元,节约资金74.9万元,加大财政监管力度,不断规范财政行为。全面完成墨竹工卡县公务车辆清查和编制审核工作,并报上级业务部门备案通过。

【财政资金使用监督管理】 年内,为清理规范财政专户,将原有的11个财政专户撤并为5个,完善国库单一账户体系,确保财政资金运行安全。严格按照区、市、县要求,开展涉嫌违反八项规定精神、农业财政资金、种粮农民一次性补贴、地方财政收入虚假问题等自查自纠工作,协同审计部门对全县41个行政村换届前财务进行审查。加大对全县干部职工借用公款清偿力度,归还借款75万元,有效开展公务员工资津贴补贴自查清理,收回2013年至2020年8月违规发放的水电费及下乡补助资金279.01万元。全面完成13座藏传佛教寺庙财税监管业务培训及财务账务设立、资产清查。积极做好党政领导干部经济责任、扶贫、高标准农田、自然资源及直达资金审计整改工作。

【预算绩效管理】 年内,为有序推进墨竹工卡县绩效管理工作,按照《墨竹工卡县财政预算绩效管理工作实施方案》,以"花钱必问效、无效必问责"的要求,增强部门预算绩效管理的意识,逐年完善预算绩效目标申报。重点开展对2016年至2020年扶贫产业工程项目、环保部门整体支出及2020年"美丽乡村·幸福家园"整村推进试点工程项目进行全方位绩效评价,评价结果总体良好。

【国企改革】 年内,为规范国有企业管理,不断增强企业内生动力,激发企业工作积极性,结合墨竹工卡县实际,制定出台《墨竹工卡县国有企业经营业绩考核奖惩机制管理办法(试行)》《墨竹工卡县国资委国有企业监督管理办法(试行)》;为充分发挥国有企业党支部的引领作用和职责职能,本着党管一切的原则,结合墨竹工卡县国有企业实际,初步制定《关于发挥国有企业决策委员会管理办法(暂行)》。聘请第三方对2021年国有企业经营业绩情况进行审核评分。

(白玛曲珍)

【机构领导】

局 长

洛桑次仁(藏族,6月任)

副局长

洛桑次仁(藏族,6月免)

陈 芳(女)

审计

【概况】 墨竹工卡县审计局核定编制3人,其中科级领导职数2名、科员1名。2021年有人数3人,三级调研员局长1人、副科级副局长1人、四级主任科员1人。设审计委员会办公室和审计局办公室。

【审计成果】 年内,墨竹工卡县审计局坚持以中共十九大和十九届三中、四中、五中、六中全会精神及习近平总书记系列重要讲话精神为指导,严格按照《中华人民共和国审计法》等法律法规,依法履行审计职责,加大审计力度,圆满完成各项审计工作任务。共完成审计项目12个,出具审计报告12篇,发现问题10个,提出6条整改意见,审计提出建议6条,被采纳6条。促进被审计单位建立、健全规章制度2项,审计成果有了明显提高。

【抓主业履主责】 年内,墨竹工卡县审计局紧扣全面从严治党和经济发展主线,依法履行审计监督职能,加大审计力度,积极促进重大政策措施落地落实,完成审计项目共12个,为推动墨竹工卡经济社会高质量发展发挥了应有的作用。对2020年被审的10家单位进行后续监督和审计回访,推进审计整改工作务实有效。

根据《中共拉萨市委组织部关于做好2021年全市村(居)"两委"换届选举前期准备工作的通知》要求,及时制定《村(居)换届选举财务审查工作方案》,对41个行政村2018—2020年公用经费、惠民资金、企业补偿、村本级收支等情况进行一次全面检查,并出具41份《离任财务审查报告》,发现14条问题,整改率达到95%以上,清理收回长期挂账往来款

2021年4月22日，墨竹工卡县审计局组织开展党史学习教育

项27.82万元，收回违规使用资金0.41万元。

根据自治区审计厅关于开展大数据审计工作的要求，完成全县45家单位2020年度预算执行情况大数据的采集工作，并汇总上报审计厅。

墨竹工卡县审计局联合相关部门对部分乡（镇）主要领导换届财务交接工作进行监督，追回借款1.95万元，有效保障了领导干部"离"得清白、"接"得明白，有效防止因领导干部调动而造成的"新官"不理旧账、"新官"无法理旧账的问题，保证工作的延续性和连贯性。

墨竹工卡县审计局牵头组织完成审计厅对墨竹工卡县开展的领导干部经济责任审计、自然资源资产管理和生态环境保护责任审计整改后续工作，督促清理收回长期挂账往来款项81.68万元、上缴财政资金5.44万元、清理多头账户3个；督促自然资源局完成整改违法违规用地22宗，上缴罚款76.77万元。

完成2个援藏项目跟踪审计，总投资2971.76万元，审减金额170万元，审减率6.44%，确保项目资金监管到位，促进文明施工、安全施工，有效控制工程项目风险，确保建设项目投资效益。

按照墨竹工卡县藏传佛教寺庙财税监管工作领导小组办公室关于2021年藏传佛教寺庙财税监管工作目标责任书及方案要求，根据实际情况邀请会计师事务所完成曲龙寺等13座寺庙财务管理及收支情况的审计工作。

完成村（居）财务人员业务法规培训。按照缺什么补什么、用什么学什么的办法，采取请会计师事务所老师到41个村（居），对《中华人民共和国预算法》《中华人民共和国会计法》《中华人民共和国政府采购法》《中华人民共和国审计法》等各项法规进行宣讲。从不同角度解答审计工作的现状和未来、审计工作中的常见问题和审计整改措施。通过培训，使基层财务人员知法、用法、守法，更好地履行财务工作职责，进一步提高财务人员业务水平。

受组织部委托，完成2名离任的领导干部经济责任审计，对领导干部在任职期间的工作情况作出全面、客观、公正的评价，能够准确反映领导干部的实绩，为更加全面、准确地评价和任用干部提供直接依据。

委托第三方对教育系统财务收支合规性进行审计及账务资金结转结余清理，发现18个问题，清理2年以上结转结余资金5451万元。

邀请第三方审计公司对墨竹工卡县1个援藏项目进行跟踪审计，总投资5800万元，提升项目资金监管效率，有效控制工程项目风险，确保建设项目投资效益。根据2021年工作任务安排，及时向本级人大做审计工作报告。

【政治理论学习】 年内，墨竹工卡县审计局在进行干部职工思想政治教育的同时，还进一步加强了与干部职工的思想交流，打造"凝聚力"工程，结合工作实际，制订学习计划，认真开展审计局党史学习教育、"三更"专题教育、"三新"学习、审计业务知识、开展主题党日活动等50次，撰写9篇心得体会，做到学习教育工作与推动审计工作"两不误、两促进"，全体干部职工进一步强化政治意识，认清当前形势，增强了政治敏锐性和政治鉴别力。年内，在党的组织建设中，局党支部经过发扬党员先锋模范带头作用，并加强党组织建设，有效促进了队伍建

2021年10月11日，县委副书记、县长巴桑（左一）听取县审计局工作汇报

设和各项业务工作的圆满完成。

【党风廉政建设】 年内，始终严格按照党风廉政建设主体责任的要求去开展各项工作，积极参加集体学习和民主生活会，及时传达有关会议精神；遵守党纪国法和廉政有关规定，落实中央八项规定精神；加强对干部的教育、管理和监督，召开3次廉政党课，向主管领导汇报党风廉政建设工作开展情况4次，组织局干部观看警示教育片2次，批判反面典型案例，敲响作风警钟8次；局领导干部带头自觉抵制各种不正之风。截至年底，未发生违纪违法行为。

【新冠肺炎疫情防控】 年内，为进一步贯彻落实墨竹工卡县委、县政府关于新型冠状病毒感染的肺炎疫情预防控制工作的部署要求，切实做好疫情防控等相关工作。制订疫情防控工作计划，成立尼玛曲珍局长为组长、向勇副局长为副组长、办公室全体人员为成员的新冠病毒疫情防控工作领导小组。

做好舆论宣传，通过微信群、朋友圈等途径加大疫情防控知识和防控措施宣传力度，及时传达落实区市县《关于严肃疫情防控期间有关纪律的通知》等文件精神，切实提高干部职工对新冠病毒疫情的思想认识，引导全局干部职工及家属不传谣、不信谣、不围观聚焦，尽量减少外出。

重点对办公区、生活区及防控卡点进出人员登记、体温检测、外来人员排查、车辆进出消毒登记等情况，做好应急预案，抓紧抓实常态化疫情防控工作，确保疫情防控各项要求和措施落到实处。

【帮扶工作】 年内，按照县委统一部署，增进党群干群感情，墨竹工卡县审计局对工卡镇建档立卡4户开展帮扶工作，组织局党员干部入户慰问工作10次，深入了解结对群众的生活状况和实际困难，切实把党和政府的温暖送到群众身边。通过走访慰问、宣讲政策、积极帮他们寻找增加收入的新门路、送去党的温暖等措施，掌握困难群众基本情况，了解思想动态和诉求，进一步加强对党员、群众的思想引导，增进了情感交流。

【队伍建设】 年内，墨竹工卡县审计局多措并举，着力打造一支信念坚定、业务精通、作风务实、清正廉洁的高素质专业化审计队伍。选派干部参加市审计局预算执行审计数据标准化处理基础培训1次、参加审计署机关业务骨干培训1次、参加全区审计工作交流会1次、局内集中组织审计业务学习6次，每季度业务知识测试1次，促使审计人员专业化、职业化水平不断提高。

开展远程交流，与南京审计局建立固定联系人和互联网交流平台，将南京审计局集中培训的课件提供给墨竹工卡县审计局，及时进行业务交流。

切实做好审计队伍政治素养和业务能力的提升，提高审计工作的政治自觉、思想自觉和行动自觉，确保审计工作始终沿着正确方向前进，以审计队伍自身过硬推动审计工作过硬。

（向　勇）

【机构领导】

局　长

尼玛曲珍（女，藏族）

副局长

向　勇

自然资源

【概况】 2021年，墨竹工卡县自然资源局有正式干部18人，其中行政编8人，事业编9人，工人2人。根据全国第三次土地调查最新数据，墨竹工卡县总面积549421.55公顷，耕地9261公顷、林地保有量205173.82公顷，草地379206.67公顷，湿地66.02公顷。

【供地能力增强】 年内，围绕重点项目和结合市场需求，加强土地开发利用管理，根据用地报批情况，统筹安排有效组织土地收储工作。截至年底，墨竹工卡县累计储备土地总量386亩。

年内，共供应国有建设用地使用权8宗，总面积23.2亩，其中出让土地4宗，面积共计11.5亩，出让金186.1万元；划拨土地4宗，面积11.7亩。

【国土空间规划科学编制】 年内，根据国土空间规划相关文件要求，墨竹工卡县自然资源局把此项工作作为首要任务，积极筹措推进国土空间规划编制工作。结合实际制定《墨竹工卡县国土空间规划工作实施方案》，2021年共出具用地预审和规划选址初审意见26宗，用地总面积9.40公顷。年内，共办理建设工程规划许可证31宗，建设用地规划许可证19宗，建设项目用地预审与选址意见书26宗。召开五次规划审查工作会，审查通过《墨竹工卡县国土空间总体规划（2020—2035）》《墨竹工卡县塔巴产业聚集区控制性详细规划》《墨竹工卡县田园综合体规划（概念）》《墨竹工卡县塔巴村乡村振兴示范点规划设计》工作，确保援藏项目、巩固脱贫攻坚和乡村振兴相衔接等民生重点项目开复工、竣工验收工作顺利进行。

【增减挂钩项目】 年内，为用活用好城乡建设用地增减挂钩，支持脱贫攻坚政策，结合全县土地利用总体规划、土地整治规划以及年度土地利用变更调查数据，积极开展各城乡建设用地增减挂钩项目调查，全力推进申报工作。2019年增减挂钩项目最终确定地类图斑32宗，面积226.797亩，2020年立项面积438.1亩，完成复垦面积195.69亩。

2021年6月26日，墨竹工卡县持续开展四防植树，巩固国土绿化成果

【村庄规划编制】 年内，根据区市县党委、政府关于乡村振兴的工作部署，墨竹工卡县自然资源局秉着专业务实编制、优化用地布局、尊重村民意见的原则，全力推进重大业务工作落实。在全县范围内开展村庄规划编制，完成全县19个行政村的村庄规划编制工作。

完成墨竹工卡县耕地、基本农田核查整改图斑标注工作并提交上级审查；完成墨竹工卡县生态保护红线评估优化调整工作；完成墨竹工卡县国土空间规划城镇开发边界划定工作，争取新增建设用地指标为564公顷，墨竹工卡县城镇开发边界划定包括工卡镇、甲玛乡；完成墨竹工卡县土地征收成片开发方案划定工作，合计9个片区，总面积109公顷；完成项目审查和国家重大基本农田划补审查。此外完成设施农用地历史项目备案9个，用地面积180余亩。

【不动产确权登记】 年内，完成墨竹工卡县第三次全国国土调查工作，调查成果由区“三调办”向国家“三调办”提交相关工作成果，并完成区"三调办"要求墨竹工卡县该项工作成果部分图斑的检查复核工作。不断推行不动产统一登记制度改革,积极稳妥开展农村农房一体确权登记发证工作,促进不动产统一登记工作的深入开展。

根据区、市委、政府关于易地扶贫搬迁工作要求,完成县城易地搬迁不动产权证书497本制证工作,证书已移交各乡(镇)人民政府。完成农村集体土地所有权数据入库及制证工作,推进发证工作。开展财税监管工作,完成13座寺庙确权登记工作,发证工作有序推进。完成农村宅基地数据库上交自然资源部数据库工作,同时启动2018—2021年农村宅基地修补测工作。不动产登记窗口累计办理各类报件1086件,发放不动产权证书939本,登记证明17本,办理抵押融资金额3439万余元。认真履行行政复议、行政应诉和做好土地权属纠纷调查处理等工作,切实做到依法行政与服务相结合。共处理完成2宗土地权属纠纷调查,处理2宗不动产登记信访案件。

2021年5月17日,虫草采集人员有序进入门巴乡虫草采集点

【地质灾害防治】 年内,开展全县地质灾害"三查"(汛前排查、汛中巡查、汛后复查)工作。全县现有地质灾害隐患点161处,2021年新增2处。

年内,墨竹工卡县自然资源局投入4人开展汛期值班值守,监测员19人,开展地质灾害防灾减灾宣传培训工作8次;安装1处自动化监测设备(普适性监测仪),发放地质灾害预警监测设备8套,联合县气象局及时根据天气状况向各乡镇、矿山企业发布地质灾害气象预警信息。

年内,组织实施墨竹工卡县直孔梯寺寺管会边坡治理工程,向上级部门申报申请墨竹工卡县唐加乡桌村4组恩杂沟、唐加乡卓村3组旦朗岗泥石流地质灾害综合治理资金。

【规范矿产资源】 年内,开展矿产资源规划编制,统筹考虑区域内基本需求、环境承载力、地质条件、资源保护等因素,规划新设采矿权4宗,同步建设规划数据库;开展重要矿山"三率"标准检查。

年内,开展资源国情调查,核实储量报告及矿产资源国情调查报告12个;统计上报43个矿山企业固体矿产资源统计数据库;公示33宗探矿权人和10宗采矿权人勘查开采信息,填报率、公示率100%;积极申报西藏巨龙铜业有限公司知不拉绿色矿山创建工作,将县域内的新建、改扩建和生产矿山全部纳入绿色矿山建设名单,全力推进绿色矿山建设,发展绿色矿业。

【执法监察】 年内,在全县开展自然资源动态巡查14次,发现自然资源违法行为6宗(土地违法1宗、矿产5宗),涉案面积为67亩,其中耕地9.1亩、其他土地57.9亩。已收缴罚没款2906.40元。认真开展农村乱占耕地建房问题专项整治工作,对上级拟定的处置方案积极提出修改意见,严格落实新增违法用地月整改月销号,实行一日一调度制度;全力推进"两违"专项整治排查工作,截至10月31日,共摸排出21宗违法用地和违法建设行为,其中存量违法行为17宗,新增4宗,对2020年第四季度补充890个图斑和2021年前三季度36个图斑认真开展核查整改,对违法图斑依法进行查处;积极开展耕地保护问题督察整改，认真开展自然资源领域安全生产和扫黑除恶工作，未发现涉黑涉恶线索，后期将自然资源领域扫黑除恶专项整治列入常态化工作管理，工作方案正在编制中。

年内，切实加强生态环境和森林资源保护工作，严格按照国家森林督查工作要求，分管副县长对各单位、企业进行约谈，安排部署森林督查整改工作，依法下达行政处罚通知并及时下发整改文件，督促指导相关单位补办林地手续，加快2019年、2020年18宗（2019年4宗，2020年14宗）违法占用林地项目整改工作，确保违法图斑整改到位。

【冬虫夏草采集】 年内，为确保冬虫夏草采集工作的稳定有序开展，墨竹工卡县自然资源局再次细化《墨竹工卡县2021年冬虫夏草采集服务与管理工作实施方案》，并召开3次虫草采集专题会议，就虫草采集工作安排部署。严格实行“一人一票”，科学组织虫草采集人员集中乘坐公交车统一进点，做到人货分离，保障交通安全。实行每日一报工作制度，对排查出的问题和可能引发的群体性事件的苗头和隐患，及时解决，对无票人员及无车辆通行证等问题及时教育并清退。

年内，抓好疫情防控工作，在生活区设置疫情防控隔离区和隔离观察帐篷，定期对生活区进行消毒，对采集人员不定期进行体温测量，体温异常人员及时隔离观察并妥善组织采集人员有序撤出。年内，全县采集虫草人员3679人，采集虫草128.14万根，增收7284.,63万元。

【国土绿化】 年内，确保造林项目监管到位，实施有效。根据拉萨市乡村“四旁”植树行动任务表，墨竹工卡县涉及6个乡镇30个行政村，2021年度完成栽植12.98万株。投入资金47.90万元，采购万寿菊、波斯菊、高羊茅等，对政府院内绿化树木及草坪进行补植补造。同时提升县城绿化水平，对县城新建道路纬三路进行道路绿化。

【造林项目】 年内，组织各乡镇栽植各类苗木（旱柳、新疆杨、雪松、云杉、桃树）19950株，投入资金148.46万元。同时，根据县人大代表、县政协委员以及民生调研时反馈的意见建议，调拨树苗938株。

年内，圆满完成机关干部义务植树活动，共计栽植各类苗木2000株。坚持以实施造林项目为抓手改善县域生态环境，组织项目施工方，对2016年拉萨周边防护林工程和2017年重点区域生态公益林建设工程、2018年“两江四河”造林工程、2020年“两江四河”造林工程进行补植补造，累计栽植苗木20.25万株（沙棘15.8万株、柳树4.25万株，细叶红柳0.2万株）。

【森林防火】 年内，墨竹工卡县森林面积197430.865公顷，经核定的中央森林生态效益补偿基金重点公益林面积为2574085亩，共有1082名管护人员。为压实森林草原防灭火工作责任，与各乡（镇）签订森林防火目标管理责任书，明确森林防火责任目标。同时加强对护林员的日常管理，督促护林员做好管护片区的日常巡护、监管工作，确保山有人管、林有人护、火有人防、责有人担，充分发挥护林员森林防火工作主力军作用。

年内，严格执行森林火灾日报告、“零报告”制度，加强森林防

2021年5月6日，墨竹工卡县召开2021年冬虫夏草采集服务与管理工作动员部署会

火宣传和培训，提高防灭火意识和能力，同时投入13余万元为乡（镇）更换补充灭火器、消防服、过滤式消防自救呼吸器、微型消防架等消防装备，充实乡（镇）防灭火能力。

【病虫害防治】 年内，坚持开展病虫害防治指导并发放病虫害防治药物，及时对甲玛乡、工卡镇、唐加乡进行蝗灾防治，遏制蝗灾蔓延。同时投入资金30万余元购买病虫害防治设备及药物，增强病虫害防治能力。

【野生动植物保护】 年内，扎实推进鸟类保护日常工作，充分调动公益林护林员、自然保护区专业管护员等力量，对野生动物集中分布区、集群活动区、迁飞停歇地、迁飞通道等开展野生动物疫源疫病监测、巡护工作。落实《全国人民代表大会常务委员会关于全面禁止非法野生动物交易、革除滥食野生动物陋习、切实保障人民群众生命健康安全的决定》，开展县区内人工驯养野生动物及野生动物交易整顿工作。

（央　吉）

【机构领导】

副局长

张　　浩（主持工作）

阿旺晋美（藏族）

统计

【概况】 墨竹工卡县统计局自调整为县政府工作部门（正科级）并加挂社会经济调查队牌子以来，深入贯彻落实习近平新时代中国特色社会主义思想，围绕深化统计体制改革，以依法治统、以法执统为手段，着力提高统计数据及时性、准确性、完整性、真实性，各项工作有序推进。2021年，核定编制6人，行政编制3人，事业编制3人，实有干部职工7人，正科级1人，副科级2人（事业编制副科级1人），科员2人，事业单位2人。

【基本职能】 贯彻执行国家关于统计工作的方针政策和法律法规，拟订统计发展规划，监督检查统计法律法规的实施。承担组织领导和协调全县统计调查工作，确保统计调查数据真实、准确、及时。建立健全全县国民经济核算体系和调查制度，核算县、乡（镇）国内生产总值，汇编提供国民经济核算资料。会同有关部门组织实施全县人口、经济、农业等重大国情国力和县情县力普查，汇总整理和提供相关统计调查数据。组织实施能源、投资、消费、价格、收入、科技、人口、劳动力、社会发展基本情况和环境基本状况等统计调查，收集、汇总、整理和提供有关调查的统计数据，综合整理和提供旅游、交通运输、邮政、教育卫生、社会保障、资源、房屋、对外贸易、对外经济等全县性基本统计数据。组织实施国民经济、社会发展、科技进步和资源环境统计调查、统计分析、统计预测和统计监督，定期发布相关统计信息，向县委、县政府及有关部门提供统计信息和咨询建议。建立健全管理统计信息自动化系统和统计数据库。指导全县统计科研、统计教育、统计宣传工作。负责管理全县统计系统各项调查活动，承办墨竹工卡县人民政府交办的其他事项。

【基层统计规范化建设】 年内，以区市统计督查反馈意见整改为抓手，继续深化基层统计规范化建

2021年12月7日，墨竹工卡县统计局组织开展工业企业及投资项目单位年度业务培训会

设,基层统计台账得到完善,专用设备管理逐步规范。

【统计业务、法制培训】 年内,开展统计法制、统计业务等培训3期,累计参训人员250余人次,面向社会大众组织法制宣传3次,发放宣传资料、手册等共1300余份。协调县委宣传部,将《防范和惩治统计造假、弄虚作假督查工作规定》纳入2021年的党委理论学习中心组学习中,在微墨竹上公布统计违法举报电话、宣传《中华人民共和国统计法》和《防范和惩治统计造假、弄虚作假督查工作规定》。

2021年11月15日,西藏自治区贸易服务业处、工业处、执法处一行到巨龙矿业开展统计执法检查

【依法依规监测指标】 年内,全县完成地区生产总值48.69亿元,增速6.2%。全社会固定资产投资增速96.7%。公共财政预算收入完成5.6亿元,同比下降3.9%。规模以上工业总产值68.2亿元,同比增长39.6%。全县规模以上工业企业7家,规模以上工业增加值同比增长9.6%。规模以下工业产值1682.8万元,增加值942.4万元,增速113.3%。招商引资项目36个,到位资金40.95亿元,同比下降32.48%。限额以上贸易企业2家、个体户1家。全年社会消费品零售总额实现4.75亿元,同比增长7.7%。农牧民人均可支配收入完成21066元,同比增长15.8%。县农牧业总产值实现6.48亿元,同比增长2.3%,其中农业2.67亿元,同比增长12%,林业0.07亿元,同比增长17.1%,牧业3.74亿元,同比下降3.8%。农林牧渔增加值3.63亿元,同比下降0.9%。全县播种面积11.4万亩,同比增长2.43%,其中青稞63266.1亩,蔬菜4431.15亩,饲草6206.46亩,油料作物29293.05亩。粮食总产量2501.95万公斤,同比下降0.9%,其中青稞2177.06万公斤,蔬菜552.125万公斤,饲草418.8万公斤、油料作物389.97万公斤。全县牲畜总存栏169453头(只、匹)、同比增长25%,其中牛、马等大牲畜存栏162256头(匹),猪存栏1074头,羊存栏6123只,年末家禽数51397只。当年肉产3310.06吨,其中猪肉18.47吨,牛肉3220.5吨,羊肉5.19吨,禽肉65.9吨。

【统计服务】 年内,认真履行参谋职能,制作统计月报10期,报送工业、固定资产投资等分析37篇,编印2020年统计年鉴、统计工作笔记本各500本,发布2020年度统计公报;完成虫草量价调研、居民收支调研、固定资产投资等专题调研3次,提供调研报告2篇。

【落实报表制度】 年内,继续坚持以统计法为准绳,深化报表制度,报表质量及上报率达到新目标。按时完成规模以上工业、限上批零、5000万元以上固投等13个专业报表的定报催报工作;精确完成规下服务业、限下批零、规下工业等专业抽样统计工作。同时,加大数据审核验收力度,进一步提高统计数据的精准性、有效性,全面清晰地反映了全县经济社会的发展状况。

【统计普查、调查】 年内,第七次人口普查圆满完成,获"拉萨市第七次人口普查先进集体"称号。70户住户收支调查、劳动力月度调查按要求开展。

(唐永才)

【机构领导】

局　长

次 卓 嘎(女,藏族)

副局长

次仁白玛(女,藏族)

社会经济调查队队长

唐 永 才

经济和信息化

【概况】 墨竹工卡县经济和信息化局挂墨竹工卡县矿产企业发展局、墨竹工卡县商务局、墨竹工卡县招商局牌子。核定编制6人,领导职数1正2副,实有10人,其中干部8人(含南京援藏干部1人)、工人2人。

2021年,全县现有7家规模以上工业企业,共实现工业总产值681983.89万元,同比增加39.59%;实现工业销售产值693006.09万元,同比增加44.63%;工业增加值增速为9.6%。

【招商引资】 年内,全县招商引资在建项目共有36个,续建30个,新建6个,全年累计到位资金40.95亿元,累计完成固定资产投资40.47亿元,完成任务目标175.95%。

【新冠肺炎疫情防控】 年内,加强疫情防控工作力度,强化对返藏务工人员进行全面摸排,要求企业依照“低中高”风险区返藏要求,每日排查上报返墨竹工卡人员,做到“一人一档”建档入企。共监测摸排进藏入企人员14524人次,接种第一针疫苗为13543人,接种第二针疫苗为13280人。全面开展各领域督导检查工作,开展矿山领域疫情防控检查26次,商务领域加油站、快递、商超、农贸市场疫情防控检查74次,共计100余次,开展宣传40余次。

【安全监管】 年内,为确保安全监管工作落到实处,多次下发安全生产文件通知,明确工矿企业、民爆企业、加油站安全生产工作排查和防范工作重点,明确工作要求。同时,进一步加强企业安全生产监督检查,加大企业复工复产的安全生产专项检查力度,确保安全隐患排查治理、提升危机意识、增加防范和应急处置的能力。截至年底,组织矿山企业、民爆企业、加油站、商贸领域等安全生产专项检查50余次,牵头各部门开展工矿企业复工验收5次,召开矿企联席会议1次,梳理解决企业难点问题10余条。

2021年6月23日,墨竹工卡县经济和信息化局局长邓晓刚(右排中)一行到西藏巨龙有限公司调研固定资产投资工作

【重点项目建设】 年内,抓好墨竹工卡县格桑花开产业园建设,在完成园区双创产业基地(一期)项目建设的基础上,筹划推进园区双创产业基地(二期)项目建设工作,预计投资5767万元,建设打造园区入口景观带、1栋园区展示中心、3栋标准化厂房及附属配套设施和路政管网等基础设施,该项目是墨竹工卡县产业集聚区重要组成部分,填补了墨竹工卡县产业载体空白。同时,为提升服务群众质量,实施乡镇邻里服务中心一期项目,2021年建设甲玛乡和唐加乡邻里服务中心。截至年底,甲玛乡邻里服务中心项目已开始施工建设;唐加乡邻里服务中心建设点在积极协调施工前的各项准备工作。

【惠民工作】 年内,走访调研了解企业面临的困难问题,及时帮助企业协调生产建设工作的堵点。特别是对企业涉及机械租赁、产品运输、遗留事项等因素产生的矛盾纠纷,墨竹工卡县经济和信息化局联合县信访局、乡镇等单位进行及时协调解决,保障企业正常开展工作。全力跟进县域内拟新建加油站建设，及时对接联系各部门、投建企业促进新建加油站项目推动工作。截至年底，尼玛江热乡新建加油站项目正有序开展建设；门巴乡新建加油站各项审批工作有序推进。

2021年7月16日，墨竹工卡县召开疫情防控条件下经济稳增长政企联席会议

【碘盐配送】 年内，为进一步宣传广大群众自我防治缺碘症状，提高群众食用碘盐覆盖率，实现消除碘缺乏病的目标，确保全县食盐市场供应安全、稳定、有序，让广大农牧民群众吃上安全盐、放心盐，积极协调西藏中兴盐业有限责任公司拉萨碘盐配送中心及七乡一镇为农牧民食用碘盐进行配送。为保障群众碘盐供给，完成全县 2021 年农牧民食用碘盐统计配送 278729 公斤。协调县民宗局、各乡镇积极开展对全县 55201 人，共计 165603 公斤的健康茶配送发放工作。

【推介项目】 年内，围绕现代农业、生态工业、文化旅游、商贸物流等产业，精心筛选德仲温泉、墨竹工卡县 4 星级文旅度假酒店等 13 个项目，委托第三方公司制作成招商引资宣传画册，通过各类招商活动，面向区内外开展推介；重点对墨竹德仲温泉、日多温泉、扎雪乡牦牛养殖基地、墨竹小菜籽油等项目进行资料整理，申请市商务局聘请第三方设计公司进行策划包装，已完成项目招引宣传片及 PPT 制作；2021 年由县委常务副书记、常务副县长施勇君带领招商引资工作小组，到成都、北京、南京等地考察，其间走访四川缘恒达新材料科技有限公司、北京中关村智慧环境产业联盟、南京高淳弥盛陶瓷有限公司，分别就高原尾矿回填剂生产项目、青藏高原环境保护技术研究院项目和西藏弥盛塔巴陶瓷工艺品有限公司落地拉萨市墨竹工卡县的有关事宜进行洽谈。

积极开展“请进来”考察工作，邀请中国能建、西藏建投、四川吉通港进出口贸易有限公司、华达实业有限公司等企业对墨竹工卡县德仲温泉、日多温泉小镇、墨竹工卡县国家农村产业融合示范园、唐加藏茶种植等开发资源开展实地考察，同时通过“南京墨竹周”等各类渠道，邀请区内外客商到墨竹工卡县考察，全力搭建招商引资平台，实现招商工作的新发展、新跨越，着力推进格桑花开产业园区双创产业基地二期建设，秉承建设与招商同步推进的工作原则，完成 4 家企业单位 8 批共 26 人次的对接工作，完成弥盛塔巴陶瓷、县扶贫公司吨袋厂项目的入驻合作。

【商贸流通】 年内，按照西藏自治区电子商务农村综合示范整体推进建设运营服务项目的有关具体的实施意见，建设电子商务综合服务中心（自治区公共服务中心）、加强电商扶贫，做好平台、产销、农校、农企、农社等对接，减少流通环节，提高流通效率，打造“互联网 + 旅游 + 农产品”运营模式和电商综合服务体系；商业基础设施建设步伐加快，商业设施、购物环境都有较大改观，大中型超市分布较多、专业市场发展迅速，综合性市场，生态小镇投入使用，成为流通业发展的新增长点。整合农村商业资源，依托邮政物流体系，主要在各行政村村委建立完善服务网点，建成乡（镇）级服务站 8 个、村级服务点 40 个。

年内，墨竹工卡县有运行菜市场 1 家，为南京路菜市场，在建以及“十四五”规划中的农贸市场暨邻里服务中心7家(除工卡镇外其他行政乡),逐步形成以县城为中心,延伸至乡镇的农贸市场中心格局;农产品仓储保鲜冷链物流稳步推进。截至年底,墨竹工卡县有冷库2座、冷链运输车15辆(中型12辆,小型3辆),主要用于牦牛肉及净土蔬菜制品冷鲜运输方面。

【对外宣传】 年内,参与自治区招商引资局及拉萨市人民政府组织的“苏藏一家亲,金秋江苏行”招商引资推介会、第十八届中国西部国际博览会招商引资活动、拉萨雪顿节招商引资推介会,大力推介墨竹工卡县综合投资环境、投资优惠政策,投资优势和墨竹工卡县13个精选重点项目,主动与各地企业家对接洽谈,吸引深圳市颐泰中和科技有限公司、福建金山耐磨材料有限公司等优秀企业到墨竹工卡洽谈。通过招商引资工作,墨竹工卡县累计达成意向投资共计7.93亿元。

11月,南京市举办“携手与‘宁’·‘墨’契共赢”发展恳谈会,在南京市委、市政府的大力支持推动下,墨竹工卡县8个乡(镇)与南京东南国资投资、安居建设集团、体育产业集团、大数据集团、文化投资控股集团、南京地铁集团、河西新城区国有资产经营控股(集团)、旅游集团8个国有企业签订“乡企共建”合作协议,围绕乡村振兴人才、美丽乡村建设以及文化和旅游发展等方面提供定向支持与帮扶。县经信局、县文旅局、县农业农村局还与南京市相关政府部门及企业签订协议,涉及墨竹工卡县格桑花开产业园区运营合作、非遗活化推广、科技共建等方面,全面开启招商引资发展新局面。

【项目跟进服务】 年内,严格落实重大项目全程跟踪机制,全面梳理在建、洽谈签约项目,找准堵点难点,全力解决项目建设中存在的突出问题;认真贯彻落实并向企业推介宣传自治区、拉萨市《西藏自治区招商引资优惠政策若干规定》《拉萨市招商引资促进实体企业绿色发展扶持办法(试行)》等招商引资优惠政策,切实帮助企业解决困难问题,投资发展环境进一步改善。为切实抓好招商引资项目落实工作,紧紧围绕签约项目跟踪推进,积极对接企业客商、做好招引服务工作。

2021年8月31日,墨竹工卡县经济和信息化局协助西藏自治区盐业总公司拉萨配送中心开展2021年墨竹工卡县碘盐配送工作

为尽快推进西藏辉振新材料有限公司20万吨/年尾矿综合利用特种材料生产项目(该项目计划总投资1亿元)落地墨竹工卡县,县经信局先后4次组织县自然资源局、县发改委、属地乡镇等单位负责人召开项目实施评审会和专题推进会,着力解决项目落地过程中存在的突出难题,取得项目立项,与甲玛乡政府对接选址工作。华鑫隆能源有限公司华泰龙矿区及周边50兆瓦牧光互补光伏发电项目,县经信局协调县发改委、县自然资源局、属地乡镇及村委负责人,深入项目备选地块进行考察,做好项目用地要素保障工作,现场为企业排忧解难,并多次与属地乡镇沟通交流,工卡镇用地权属部分已获得百姓同意,与甲玛乡政府及百姓对接,争取支持。

【民生实事】 年内,根据全县党史学习教育、“三更”专题教育和“三新”大学习大讨论活动和领导干部下基层大接访办实事活动、2021年急需解决300件惠民项目(事项)的总体安排,协调解决无通信信号和通信信号弱5个点位建设基站的事项和巴日卡村机械设备租赁的事项。为进一步提升县域内通信信号覆盖面，县经信局积极协调县电信、移动、联通三家运营商，在符合建设基站相关要求的基础上争取上级建站指标34个点位。年内，25个点位基础设施已建设完成，年底投入使用，2个点位正在建设，其余7个点位已上报自治区通信管理局审批。同时，积极争取“十四五”加油站拟建项目2个，其中包括扎西岗乡、扎雪乡项目。向市经信局争取的LED惠民信息发布屏建设点位项目，截至年底，已建设完成39个。

（任雪洋）

【机构领导】

局　长

邓晓刚

副局长

宋立斌（南京援藏）

张建福

春　芳（女，藏族，4月免）

税务

【概况】2021年，墨竹工卡县税务局面对新的税收形势和任务，进一步增强政治意识和全局观念，坚持“为国聚财、为民收税”的宗旨，以创新求发展，紧紧围绕自治区、市两级税收工作思路及县委、县政府的阶段工作部署，本着“创新、务实、高效”的原则，牢固把握新时期税收工作的指导思想，在狠抓落实税收精细化管理、认真贯彻落实各项税收政策、严抓疫情防控各项工作、积极落实各项政策宣传、大力推进内部运作机制、提高纳税服务水平、创新管理机制和提高干部队伍素质等方向，取得了明显成效。

2021年3月9日，墨竹工卡县税务局党支部与墨竹工卡县高速公路管理局党支部开展主题党日共建活动

2021年，墨竹工卡县税务局组织收入共116416.38万元，其中中央级53815.38万元；自治区级5266.66万元；地市级5354.72万元；县级48979.62万元。实现各项税款及时、足额入库。

【组织领导】年内，为保证各项工作的正常开展，强化组织领导队伍，墨竹工卡县税务局继续实行局长值班制度，每周由一名局领导在大厅值班，协助大厅开展各项工作，同时为纳税人排忧解难，有效缓解征纳矛盾，同时为可能发生的突发事件做好应急准备。致力打造基层学习型队伍，建立干部长效学习机制，抓好落实对各项税务文件的学习和日常工作中对文件的学习力度。

【发挥税务部门行政职能】年内，为贯彻落实国家税务总局“四力”工作要求，墨竹工卡县税务局结合税务部门工作职能，以税收看经济走势，以税收观复工复产，切实发挥税务部门行政职能，为墨竹工卡县委、县政府疫情防控部署工作提供税务建议。

【党史学习教育】年内，墨竹工卡县税务局为强化党史学习教育组织力量保障，根据国家税务总局、西藏自治区税务局、拉萨市税务局党委工作部署要求，成立“墨竹工卡县税务局党史学习教育领导小组”，并下设领导小组办公室，建立健全党史学习教育机制体制，确保党史学习教育活动纵横贯穿全局上下。

年内，紧紧围绕“理论、历史、立场、精神”四个维度，根据国家税务总局、自治区税务局、拉萨市税务局党委关于税务系统党史学习教育计划，结合中国共产党成立100周年和西藏和平解放70

周年重要活动，制定整体学习计划，明确学习要求，落实学习教育责任，用高标准、严要求深入学习习近平总书记党史学习教育动员部署大会上的讲话精神，学习习近平总书记“七一”百年建党大庆的重要讲话精神，学习习近平总书记西藏考察调研期间重要讲话精神，切实做到学懂弄通悟深。

年内，以党史学习教育为契机，积极与墨竹工卡县农业银行党支部、墨竹工卡县委组织部、墨竹工卡县高速公路管理局党支部、墨竹工卡县武警中队党支部携手开展联学共建活动，通过交流学习，进一步加深学习成果，同学共进。

2021年7月1日，墨竹工卡县税务局联合农行墨竹工卡县支行党支部开展“共庆百年党日　同向心砥砺奋进初心长存”主题党日活动

年内，墨竹工卡县税务局根据拉萨市税务局党委“我为群众办实事，一局一策谋实效”实践活动要求，结合“我为纳税人办实事暨使命春风”活动，创建以“农行·税务·人社多部门携手，深入七乡一镇培训社保民生政策”为主题的一局一策项目品牌，针对各乡镇社会保险费征收专干及群众对城乡居民社会保险费各项政策不了解、接受线上缴费新渠道有困难的问题，以问题为导向、以实践活动为契机，积极联动墨竹工卡县人社局、农业银行等部门，牵头组织各单位业务骨干深入墨竹工卡县七乡一镇，逐一对七乡一镇城乡居民社会保险专干及群众宣讲城乡居民社会保险费政策，并详细介绍农行掌上银行藏汉双语软件，手把手、点对点、面对面教授城乡居民社会保险线上缴费操作流程方法。截至年底，已完成所有乡镇的培训宣传，项目参与人员达50余人，花费近2个月的时间，涉及受惠群众近万人，通过实践活动发挥税务职能作用，切实提升缴费人满意度和获得感，切实助力县域民生经济事业。

【社保及非税收入征收工作】 年内，共计入库各项社保费22817.6万元，2021年同期各类社保收入入库12908.92万元，同比2020年增加9908.68万元，增幅较大。其中机关事业单位参保户数为72户4601人，入库6774万元；城乡居民养老保险征缴16751人次，入库308.3万元；城乡居民医疗保险征缴32914人次，入库489.05万元；企业五险共42户，入库金额为14117.27万元；机关事业单位职业年金入库金额1128.98万元。切实以组织收入为中心，统筹抓好社保费、残疾人保障金、水土保持费等费用的征收工作，做到“应收尽收”，及时入库。

年内，按季度主动向地方政府领导汇报收入落实情况并呈阅季度收入变化分析报告，根据收入变化情况积极建言献策，切实发挥税务部门职能作用。

年内，运用税收大数据，及时预测收入变化，及时跟踪辖区重点税源生产经营情况，做好收入预测工作，并将预测的重大收入变化情况及时向地方党委、政府汇报。

【税收征管改革】 年内，墨竹工卡县税务局组织全局干部集中学习《深化税收征管改革意见》文件精神，学懂弄通悟深文件精神，切实提高思想认识，做到思想统一。

年内，通过组织对外纳税人培训和对内业务骨干培训等方式，切实让全体干部职工吃透电子发票、社保费、个人所得税、企业所得税等税费政策，并持续以稳步推进为主基调，做好电子专用发票推广、社保及非税收入划转、个税综合所得汇算清缴工作、企业所得税研发费用加计扣除等改革推进任务。

【优化税收营商环境】 年内,墨竹工卡县税务局开展"智慧税务+精细服务"的双重发力纳税服务模式,大力推广电子税务局、社保费管理客户端、个人所得税扣缴客户端等线上申报App,并点对点、面对面、手把手辅导教授纳税人相关系统的操作应用,确保纳税人做到不出门也能"指尖"一键办税。

年内,为更好地服务纳税人、缴费人,为纳税人、缴费人提供更加优质、不间断的纳税服务,深化便民服务宗旨,打造无处不在的"身边税务局",墨竹工卡县税务局大力强化办税服务大厅各项软、硬件综合实力,实现办税大厅"一窗通办"业务办理,切实让纳税人享受"最多跑一次"便利纳税服务,并在全面推行税务总局一系列线上办税渠道方法及线上办税App的同时,针对农牧民合作社等相对文化程度较低、操作各项线上办税业务存在困难群体以及办税大厅人员节假日放假等情况,推出"税企群"微信号,不打烊,方便纳税人、缴费人在下班后或节假日期间也能及时咨询相关涉税事项和税收政策。

【提升征管质效】 年内,针对市局大数据团队下发的问题数据清单,及时组织业务骨干进行问题整改落实,强化整改质效,并举一反三深挖问题产生原因,切实做到从源头避免垃圾数据问题的产生。

年内,积极利用晨会和周例会等,组织业务骨干对窗口服务工作人员进行税费政策、业务流程及服务规范等解读和示范,进一步提升窗口服务工作人员的综合能力,切实增强纳税人"满意度"。

年内,以制度压实责任,将责任细化到具体一个人,确保切实提升干部责任心,强化征管纪律。

【"阳光税务·天边守望"文化品牌】 年内,为适应新时代税收工作要求,推动税收工作高质量发展,墨竹工卡县税务局与市税务局"阳光"文化品牌建设形成合力,找准开展税务文化建设的切入点和落脚点,促进党建与税收工作深度融合,结合自身历史、地域、文化背景等特点,打造"阳光税务·天边守望"墨竹工卡县税务局文化品牌。

通过构建阳光团队、阳光执法、阳光保廉、阳光服务的四大阳光体系,引领形成阳光团队激发热情活力、阳光执法彰显公平正义、阳光保廉规范权力运行、阳光服务促进征纳和谐的文明之风,努力建设一支政治过硬、业务熟练、作风优良、团结协作、富有奉献精神的高素质干部队伍,为税收事业提供阳光的文化指引,形成强大的精神动力,使墨竹工卡县税务干部职工形成阳光健康、积极向上的生活心态,求真务实、团结奋进的工作心态,勤勉互助、和睦友好的相处心态,埋首苦学、精益求精的学习心态。

【全面从严治党】 年内,始终把全面从严治党摆在全局工作的第一位置,做到开会必讲从严治党,落实必抓从严治党,考核必看从严治党。从墨竹工卡县税务局主要负责人到局班子成员,再到各股所负责人形成一级抓一级、层层抓落实,责任全覆盖的工作机制。同时把明确责任作为落实主体责任的第一环节,班子成员在职责岗位上,严格执行"一岗双责"制,落实党组织管党治党政治责任,做到有权必有责、有责要担当、失责必究。且根据年初召开的总局、自治区局、市局三级税务系统全面从严治党工作会议,细化制定墨竹工卡县税务局全面从严治党工作安排,把行风建设、廉政建设融入各个岗位之中,分解落实到每个干部身上,使人人肩上有担子,个个身上有责任,营造了齐抓共管的工作氛围。

(巴桑扎西)

【机构领导】

局　长

　李树范

副局长

　常建英

　缪　琳(女)

纪检组长

　丁　丽(女)

市场监督管理

【概况】 2021年,墨竹工卡县市场监督管理局扎实推进注册资本登记制度、"先照后证""多证合一”、企业简易注销登记、简化住所登记等改革，推动工商注册登记便利化，实现各项改革措施在墨竹工卡县有效落地生根。

2021 年，全县新增市场主体 753 户；办理食品经营许可证 166 张，延续 9 张；企业注册 86 家，与 2020 年市场主体相比增长 34%。全面推进“互联网 + 政务服务”，共受理全程电子化 80 家，大力实施市场主体退出便利化改革，个体简易注销 126 家。开展清理长期停业未经营企业工作，简易注销个体工商户 253 户。加强信用监管，共有 30 家企业列入异常名单，开展“双随机、一公开”定向不定向抽查 99 家。

【新冠肺炎疫情防控】 年内，持续开展经营单位疫情防控措施落实情况专项检查，加大“健康码”“藏易通”“场所码”的宣传推广力度，落实好消杀、佩戴口罩、体温监测等常规防控措施的现场查验；加大冷链食品经营单位跟踪检查力度。开展冷链食品经营单位集中约谈 1 次，督促冷链食品经营单位严格履行食品安全主体责任和疫情防控主体责任。严厉打击冷链食品违法违规行为，结案 2 起，处罚 15000 元。

发放商超、餐饮领域卫生防护指南、温馨提示、疫情防控倡议书、经营场所体温监测登记本、经营场所每日消毒登记本等防疫台账 4250 余册，价值 2 万余元。加大其他市场监管力度。全面禁止活禽市场交易，对进口商品开展专项检查，特别是对中文标签、索证索票进行专项检查，对存在的问题要求限时整改。

【食品安全监督】 年内，检查餐饮环节、流通环节各类经营主体 2500 余家次，责任约谈 4 家次，停业整顿 4 家次，下达监督意见书 2 份，下达责令整改通知书 13 份，立案办结 4 起，处罚 23000 元，没收销毁价值 3000 余元不合格食品。助推食品生产行业，直孔白琼菜籽油成功办理食品生产许可证，促进企业规范化发展。

开展餐饮单位质量提升以奖代补行动，评选出 36 家餐饮单位荣获提升表彰，兑现奖补资金近 20 万元。推荐 2 家餐饮单位参加评选市级放心消费餐饮示范店，1 家最后被确定为市级放心消费餐饮示范店。“明厨亮灶”有序推进，学校食堂、集中供餐单位、中型及以上餐饮店等重点单位已基本实现“明厨亮灶”。学校食堂“互联网＋明厨亮灶”达到100% 全覆盖，大中型餐饮单位实现“互联网＋明厨亮灶”工作。加强食品安全风险隐患预警能力，开展食品风险监督抽检 68 批次。

2021年5月20日，墨竹工卡县市场监督管理局开展虫草采挖点临时商店食品安全检查工作

【药品安全监管】 年内，开展药品信息化监管，实现 2 家药店药品购、销、存数据向拉萨市药品安全网上监管平台实时传送。加强疫苗从业人员监管，召开各乡镇疫苗管理人员专项培训班 1 期，督促 10 余名接种人员及时更换接种证。对县区内各接种点开展专项检查 5 次，重点检查储存情况、不良反应上报、应急处突、持证接种等工作，对存在的问题要求限时整改。定期不定期开展药械经营单位疫情防控措施专项检查，落实退烧药、感冒药实名登记报告，每日上报库存及销售情况，严禁违规接诊发热病人。

【特种设备检查】 年内，为保障墨竹工卡县辖区特种设备安全，遏制和防范特种设备事故的发生，墨竹工卡县市场监督管理局先后

2021年7月11日，墨竹工卡县市场监督管理局在城市广场成立消费维权联络站

开展节前压力容器、电梯维保情况、气瓶追溯体系建设等相关检查，确保设备安全使用。开展特种设备使用单位地毯式安全隐患排查工作，出动执法人员120余人次，检查使用单位60余家次，共梳理安全共性隐患七大类，涉及企业8个，下达责令整改通知书5份，现已整改完毕。

大力推行气瓶追溯体系建设，县域气站投放1.2万余个带“身份证”的钢瓶到市场，有效杜绝超期气瓶、报废气瓶到处流窜。加强特种设备备案登记，办理压力容器、压力管道、电梯、承压类锅炉、气瓶等特种设备使用登记证84张。用好问责“利剑”，对直孔电站特种设备管理情况，联合拉萨市相关科室对该单位主要领导进行责任约谈。

【工业产品监管】 年内，为进一步提升产品质量监管的有效性，准确掌握全县产品质量状况，开展工业产品质量抽检25批次。推行质量体系认证，促进企业规范化发展，全县2家矿产企业质量体系认证基本实现，向市局推荐4家民营企业参与免费认证体系建设工作。

开展工业产品质量专项整治，围绕电线、电缆、口罩、学生用品、成品油、消防产品等，出动执法人员40余人次，严厉打击制售假冒伪劣产品行为。

【质量提升】 年内，为拓宽县域企业发展思路，助力企业经济壮大，邀请拉萨市市场监督管理局讲师开展质量提升、品牌建设专题讲座1期。为进一步提升墨竹工卡县食品生产企业的安全管理水平和产品质量，开展生产企业从业人员培训1期。邀请市局专家在墨竹工卡县开展工业产品、旅游产品、生产企业专项调研1次，诊断墨竹工卡县企业在发展中的“症结”，提升全县企业发展水平。

【维护消费者合法权益】 年内，在健全完善已有9家消费维权联络站的基础上，新增加2家消费维权机构，在城市广场综合商场设立消费维权联络站。邀请拉萨市市场监督管理局专家指导帮助松巴工艺品销售店在全国“12315”平台开通ODR企业在线调解消费纠纷功能，开启“一次也不用跑”的线上维权新路径，受理办结2起。

年内，共受理办结投诉举报24起，挽回经济损失10万余元，办结率达到100%。市场领域投放投诉举报牌1000余张，积极构建社会共治格局。

【亮点工作】 年内，推进检验检测能力提升工作。墨竹工卡县菜籽油检测中心已纳入自治区发改委“十四五”项目总盘子内，预计总投资1500万元。

（郭　添）

【机构领导】

局　长

宗　吉（女，藏族）

副局长

扎西吉（女，藏族）

魏国强（4月任）

社会事业

民政

【概况】 年内，墨竹工卡县民政局紧紧围绕县委、县政府决策部署，全面落实从严治党要求，着力推进社会救助、社会福利、社会治理和残疾事业体系建设。

2021年，共办理结婚登记504对，离婚登记79对，补办登记106对；认真贯彻落实《中华人民共和国民法典》，实施离婚调解冷静期1个月制度，经调解冷静后，成功劝导拟离婚登记23对，引导和树立正确的婚姻家庭观；加强地名文化服务，开展“大、洋、怪、重”等不规范地名清理整治，更新完善国家地名信息库信息75条，县本级投入14.32万元，在县城区域安装门牌885个。

【社会救助】 年内，在城乡低保动态管理中，巩固“动态管理、应保尽保、分类施保”，调整城乡低保对象114户408人。截至年底，共有城乡低保对象954户1659人，落实资金906.59万元；规范临时救助制度，确保困难对象得到及时救助，向各乡镇按每年5万元的标准下拨临时救助备用金，有效发挥临时救助托底线、救急难的作用，全年为81户城乡困难家庭发放临时救助金56.3万元，确保困难群众得到及时救助。

2021年7月16日，副县长许震宇（右一）主持召开墨竹工卡县撤县设市协调会

认真落实各项惠民政策，做好特殊群体生活救助，按照区、市对城乡低收入家庭实施物价联动补贴的要求，为全县1139户城乡低收入家庭落实物价补贴62.82万元；年内，“三大节日”期间开展扶贫济困送温暖慰问活动，发放慰问金47.28万元，为群众创造了一个祥和安定的节日气氛。

【特困供养】 截至年底，全县特困人员共206名，已集中供养符合条件的特困对象150人；为56名特困分散对象落实全年供养金40.28万元，集中特困人员供养每人年标准达到14196元；年内，投入73.9万元，提升改造县特困人员集中供养服务中心门卫值班室、厨房设备和室内娱乐设施，定制老年公寓楼宿舍热水器，为供养对象添置衣帽，营造一个安全舒心的养老环境。

投入100万元，为福利机构集中采购微型消防站、防火门监控系统、消防设备电源监控系统、电器火灾监控系统、安防监控系统、门禁系统等消防设施设备，完善消防安全设施；县特困人员集中供养服务中心每月定期组织开展消防安全隐患排查和消防应急、安全疏散培训演练，进一步落实疫情防控措施，继续实行封闭式管理，配备检测监测、消杀、防护等防控处置相关设备，推行使用场所防疫码，随时保持室内外和个人卫生，继续做好内部消杀，定期开展大扫除、大消毒。

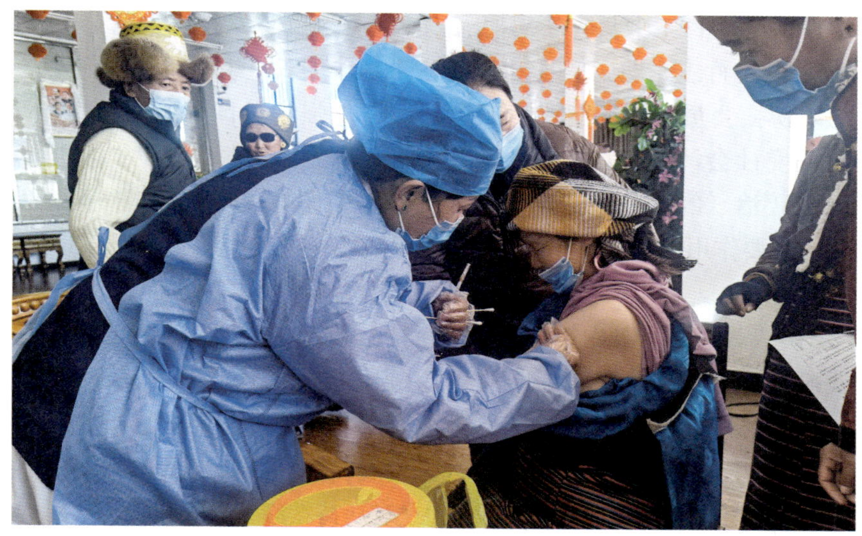

2021年12月21日，墨竹工卡县特困人员集中供养服务中心开展新冠肺炎疫苗全员接种

【社会福利】 年内，按照县委、县政府“三大民生项目”安排部署，为全县4550名农牧区60周岁以上老人实施幸福养老补贴，落实资金1949.35万元；为186名失能、高龄老人落实生活补贴10.95万元，为803名重度和生活困难残疾人发放两项补贴135.15万元；为7名事实无人抚养儿童发放生活补贴3.07万元，同时开展《中华人民共和国未成年人保护法》宣传，引导未成年人提高自我保护意识。

投入15万元运营经费用于强化老年日间照料中心日常管理，对全县60岁及以上老人开展养老服务需求调查和政策宣传；投入35万元南京援藏资金，实施“格桑花开·幸福助力”民生微实事微公益项目，解决好弱势群体生产生活中的实际问题，增强人民群众获得感、幸福感、安全感。

【换届选举工作】 年内，圆满完成全县第十届村（居）民委员会及第三届村（居）务监督委员会换届选举工作，配备“两委”班子成员260名、村监委成员123名；组织全县41个村（居）制定和完善村规民约、“一事一议”民主议事决策和民主协商制度，明确“四议两公开”。

【村（居）建设】 开展扫黑除恶专项斗争、社区禁毒、人居环境整治、社区消防工作，服务墨竹工卡经济社会发展大局；在村（居）委会设立民生服务窗口，全面承担政府延伸到社区的各项公共管理与公共服务职能，实现社区服务管理的全覆盖、零距离；挂牌成立乡镇社会工作（双语）服务站，提升为民服务精细化水平；实施尼玛江热乡羊日岗村老村委会升级改造游客驿站项目，提升村集体公共服务功能。

【社会事务】 年内，落实拉萨市“十四五”规划，推进墨竹工卡县撤县设市进程；有序推进宗教活动场所财税监管，为13家试点场所颁发法人登记证书；开展流浪乞讨人员收容清理专项整治，救助遣送流浪乞讨人员7名；解决60万元资金修建门巴乡德仲村卓欧松多至帕容加琼天葬台道路，方便当地群众日常生产生活；将5名天葬师纳入本级财政供养岗位，投入10万元购置废弃物品粉碎设备，进一步实现殡葬管理规范化、科学化；圆满完成墨竹工卡县和工布江达县全区第六轮行政区域界线联检，促进双方边界地区经济发展和社会稳定。

【社团管理】 年内，建立打击非法社会组织的长效机制，依法注销13家社会团体组织法人登记，为合法社会组织营造风清气正的良好环境；积极培育社会组织，登记注册成立墨竹工卡县青年志愿者协会和墨竹工卡县总商会，定期组织协会会员参与环境整治工作与关爱社会活动，发挥出社会组织在政治、经济、社会、文化等领域的重要作用。

【残疾人事业】 年内，为223名残疾人落实各类残疾人社会福利资金62.49万元；为推进残疾预防综合试验区创建试点工作，发布墨竹工卡县残疾预防公益宣传片，结合助残日等活动发放价值10.86万元宣传物品，落实产筛、儿筛和残疾评定补贴40.82万元；县本级财政投入资金21.9万元，为全县73名瘫痪在床的残疾人免费发放失禁护理用品；为增强服务残疾人能力和质量，县残联采用入户筛查评估和定点医院评估等多种形式，为残疾人开展精准康复服务，投入100万元，为579名残疾人免费适配辅助器；扶持创办达琼残疾人摩托车维修店，组织16名残疾人参加实用技术培训，促进残疾人创业就业。

【机关建设管理】 年内，不断提高政治站位，进一步增强“四个意识”、坚定“四个自信”、做到“两个维护”，坚决贯彻落实党中央决策部署和习近平总书记重要批示指示和区、市、县委各项决策部署，做到不折不扣、落实落细落到位。严明党的政治纪律和政治规矩，把学习和遵守党章作为基础性经常性工作来抓，做到深学细照笃行；严格执行《关于新形势下党内政治生活的若干准则》，严格落实“三会一课”、组织生活会、领导干部参加双重组织生活等制度。

加强党员日常教育和监督管理，围绕主题党日活动扎实推进党建工作与民政业务工作融合发展，把旗帜鲜明讲政治贯彻到机关党建全过程、各方面，持续开展社会救助、社会福利、社会治理等领域专项治理；深化警示教育，坚定不移推动全面从严治党向纵深发展，有效推进民政队伍纪律作风整顿，持续净化优化民政系统政治生态，深入贯彻落实中央八项规定精神及区、市、县委实施细则，建设高素质、专业化民政干部队伍。

（吴　敏）

【机构领导】

局　长

向巴卓玛（女，藏族）

人力资源和社会保障

【概况】 墨竹工卡县人力资源和社会保障局是县人民政府工作部门，为正科级，加挂墨竹工卡县劳动监察大队牌子，单位下属设立工资专技服务中心事业机构。2021年，实有行政编制人员5名、事业编制人员4名、工勤技能岗位人员1名，其中乡科级正职1名、乡科级副职1名、四级主任科员1名、一级科员2名，事业单位专业技术人员助理级4名，事业单位工人中级1名。

【城乡劳动力就业】 年内，实现城镇新增就业643人，完成年目标任务的107.17%，城镇失业登记率控制在3%以内；职业介绍成功397人，完成年目标任务的198.5%；开发就业岗位1123个，完成年目标任务的102.09%；农牧民转移就业10731人，创收1.1亿元，分别完成目标任务的101.23%和104.79%，其中组织化转移就业7336人、创收6549.76万元，分别完成目标任务的115.35%和124.76%，组织化转移就业人数占

2021年12月13日，墨竹工卡县人力资源和社会保障局参加分管副县长组织召开的部门负责人2021年度述职述廉汇报会

比转移就业人数的68.63%；跨省转移就业201人，完成目标任务的134%；跨地市转移就业850人，完成目标任务的141.67%；实名制系统录入率100%。开展农牧民技能培训1835人，完成目标任务的111.21%。培育劳务经纪人17名，完成目标任务的283%。

【高校毕业生就业创业】 年内，墨竹工卡县高校毕业生500人（建档立卡42人），已就业500人，就业率100%。落实高校毕业生区外就业及市场就业补贴171.33万元、涉及42人次，其中落实脱贫户高校毕业生区外就业及市场就业补贴35.66万元、涉及10人次；落实高校毕业生创业补贴420.87万元、涉及78人，其中落实脱贫户高校毕业生创业补贴79.2万元、涉及15人。

【社会保险】 年内，企业职工基本养老保险参保人数317人，完成目标任务的144.09%；机关事业单位基本养老保险参保人数2011人，完成目标任务的114.91%；城乡居民社会养老保险参保人数23509人，完成目标任务的110.34%；失业保险参保人数937人，完成年目标任务的102.97%；工伤保险参保人数5025人，完成年目标任务的111.17%。

【工资福利】 年内，认真贯彻落实工资福利政策，加强工资信息日常管理，完成全县机关事业单位（除教育系统）职务（职称）、级别

2021年8月16日，墨竹工卡县召开2021届高校毕业生政策宣讲暨企业专场招聘会

（薪级）、固定、浮动等各项工资变动共1316人次。按照《关于预发调整西藏特殊津贴标准部分增资的通知》要求，完成1432人预发增资调整工作。

【劳动监察】 年内，对全县工矿企业开展专项检查9次，全面实施工矿领域以及政府在建项目分账管理和农民工实名登记制度，受理劳资纠纷案件共计51起（其中25起“12345”投诉案件、26起来访案件），涉及人数276人，涉及资金347.06万元，举报投诉结案率98%以上。

【专业技术人员管理】 年内，完成事业单位人才统计工作，全县共有政府口事业单位工作人员1152人（其中管理人员13人、专业技术人员1063人、工勤技能人员76人；汉族216人、少数民族936人；男性459人、女性693人）；认真推进专业技术人员职称评聘工作，共委托推荐参加专业技术资格评审人员87人（其中高级人员7人，中级人员40人，初级人员40人）；稳妥推进事业单位岗位设置管理工作，共认定1051人，其中管理人员11人（含4人兼任岗位）、专业技术人员1022人、工勤技能人员22人，并及时兑现岗位等级相应待遇。

开展事业单位工作人员年度考核工作，应参加考核1152人（不含党群口），实际参加考核1138人，参加考核率为98.78%，评定优秀等次136人，占实际参加考核人数的11.95%；合格等次970人，占实际参加考核人数的85.24%；未定等次33人，占实际参加考核人数的2.90%。

【劳务输出】 年内，充分依托墨竹工卡县人力资源公司、劳务经纪人，向拉萨市城投公司项目建设点输送群众62名，就近工地、企业等输送群众80余名，17名劳务经纪人组织化输送群众673名；大力实施技能提升行动，组织开

展厨师、创业、实用技术等符合市场需求的技能培训，组织墨竹工卡县百名农牧民群众开展“乡村振兴能工巧匠100+”培养计划，有效提升本地农牧民技能水平；搭建转移就业基地平台，推动劳动力家门口就业，完成10家转移就业基地认定，为本地群众解决976个就业岗位，实现增收937.32万元。

【未就业高校毕业生就业】 年内，为切实转变高校毕业生及毕业生家长就业观念，先后开展县级毕业生集中宣讲3场、乡（镇）家长毕业生座谈宣讲13场；联合各乡（镇）组成宣讲小分队，通过深入走访家庭、开展结对帮扶等形式，了解毕业生就业意愿、培育家长的就业观念，累计走村入户达到800余人次。

积极争取相关资源，组织开展就业创业培训5期，受训学员186人；与本地矿企巨龙公司协商，组织墨竹工卡县86名大中专毕业生到福州大学开办定向委培班，委培结束后实现家门口就业；加强与紫金矿业等行业龙头企业和华泰龙、城投等驻地企业的沟通协调，累计开发就业岗位788个，实现企业就业246人；成功举办第三届格桑花开大学生就业创业特训营，以“1+3+N”（即1个月的特训、3个月的见习、N种可能性）的模式，使35名墨竹籍高校毕业生赴南京进行就业创业培训。

【社会保险基金安全】 年内，联合各乡（镇）积极开展社会保险基金安全排查工作，通过入户走访、电话抽查、集中宣讲等多形式，为农牧民群众宣传社会保险政策并开展生存认证，发放待遇领取证和年审手册各4500余份，发放宣传资料及物品1000余份。

（次 央）

【机构领导】

局 长

阿旺曲珍（女，藏族）

副局长

杨 勇

卫生健康

【概况】 墨竹工卡县卫生健康委员会主要承担对全县卫生健康工作的领导，贯彻执行国家、区市县对卫生健康工作的方针政策和决策部署，为人民群众提供全方位全周期的健康服务。2021年，墨竹工卡县卫健委在岗工作人员11人，其中在编6人，借调1人，公益性3人，“三支一扶”1人。全县共有各级各类医疗卫生服务机构47家，卫生技术人员328人，每千人口执业（助理）医师数为2.4人，每千人口注册护士数为1人，实际开放床位139张，每千人口实际拥有床位2.5张。

2021年，墨竹工卡县卫生健康系统始终坚持以习近平新时代中国特色社会主义思想为指导，深入学习贯彻中共十九大和十九届二中、三中、四中、五中、六中全会精神以及中央第七次西藏工作座谈会精神、习近平总书记在西藏考察时的重要讲话精神和关于卫生健康的重要指示精神，以保障人民群众生命安全和身体健康为主线，以不断提高群众的幸福感、获得感和安全感为目标，全力推进医疗卫生事业高质量发展。

【乡村振兴】 年内，始终保持政策连续性和稳定性，组织救治17名

2021年1月26日，墨竹工卡县卫健委组织全县干部职工开展以“无偿献血、你我同行”为主题的献血活动

先心病、髋关节脱位、唇腭裂等先天性疾病患儿和16名白内障等眼病患者；持续落实基本医疗有保障工作标准，实现医疗卫生机构“三个一”、医疗技术人员“三合格”、医疗服务能力“三条线”；主动做好易地扶贫搬迁点医疗卫生服务工作，通过健康宣讲、义诊巡诊、家庭医生入户、政策宣传等活动的开展，切实满足搬迁点群众健康需求；持续开展“一站式结算”服务，全年做好健康乡村动态监测系统数据维护工作；完成国家巩固拓展脱贫攻坚与乡村振兴有效衔接的迎检工作。

【县域医共体建设】 年内，制定实施《墨竹工卡县加快推进国家紧密型县域医共体试点县工作三年行动计划（2021—2023年）》《墨竹工卡县人民医院医疗集团章程》《墨竹工卡县人民医院医疗集团人才管理暂行办法》《墨竹工卡县乡镇卫生院管理办法》《墨竹工卡县乡镇卫生院院长管理办法》等配套政策文件。

年内，本级财政投入3990万元的县医院综合住院楼项目在建设中，预计2022年年底建成使用。同时，投入900余万元有序实施智慧疾控暨公卫平台建设以及县人民医院医疗集团全成本绩效考核系统、人脸识别平台和集团内信息安全等级保护项目。完善村医退出机制，制定完善《墨竹工卡县非公益性聘用村医暂行管理办法（试行）》，严把村医的“准入、退出”两大关口，严格村医的日常考核和管理。

2021年9月23日，墨竹工卡卫生健康系统党员干部一行到林周县党员党性教育基地开展党史学习教育参观活动

【信息化建设】 年内，积极实施信息化平台改造提升、智慧疾控暨公卫平台等信息化项目，三期建设正稳步推进，全面搭建县、乡、村三级信息化平台，推动实现“基层检查、上级诊断、结果互认”的“共享医疗”模式。

【家庭医生签约服务】 年内，组建以村医为核心、乡（镇）医生为重点、县医作指导的家庭医生团队41个，融合县乡村三级139名医生力量，按照“应签尽签”的原则，完成签订52247人，签约率98%，其中重点人群签约率100%，县级层面组织对履约服务情况督导检查4次，强化家庭医生服务质量，更好地满足签约居民多样化服务需求。

【爱国卫生运动】 年内，以健康中国理念和区、市爱国卫生工作的总体要求为指导，以创建国家卫生县城为总目标，积极开展国家卫生县城和卫生乡镇创建活动，组织动员全县开展环境卫生整治等各类爱国卫生活动4次，有力改善城乡村（居）环境整体面貌。墨竹工卡县成功被命名为自治区卫生县城、墨竹工卡县甲玛乡孜孜荣村和墨竹工卡县扎西岗乡扎西岗村被成功命名为自治区卫生村（居）。

【优生优育】 年内，落实“一孩双女”和伤残死亡扶助政策资金105.792万元，落实“一孩双女”扶助资金61.152万元，确认奖励扶助对象637人；落实西藏特殊子女家庭扶助资金44.64万元，确认奖励扶助对象84人；生育服务行政审批61人，计划生育综合免费技术服务467人次。

【妇幼健康】 年内，为经考核合格的20名母婴保健技术从业人员发放母婴保健技术人员合格证；兑现住院分娩奖励补助发放760人，85.888万元，投入20万元用于孕妇住院待产期间的营养供

2021年3月26日，墨竹工卡县卫生健康工作会议召开

给；高危孕产妇筛查172人，住院分娩率达99.9%，无孕产妇死亡；适龄妇女宫颈癌和乳腺癌筛查1541人，发现1例宫颈癌确诊患者。

【老龄健康】 年内，为2158名老年人发放高龄健康补贴176.41万元，办理老年人优待证35个，以敬老月为契机，开展“学党史、感党恩、我为群众办实事——关爱老人送健康、情满重阳享健康”爱心义诊和慰问活动，为150余名老人提供义诊服务，发放价值3万元药品及1万余元的慰问品，根据《拉萨市老年健康和医养结合工作实施方案》的工作要求，选取唐加乡先行开展试点工作，以家庭医生签约服务为基础探索推行老年健康和医养结合工作。

【职业病监测】 年内，针对全县范围内所有矿山等行业领域用人单位，严格落实职业健康管理措施，纳入职业病防治管理系统并督导进行申报及备案管理，县域内矿企申报率100%，职业病危害现状调查完成率100%。开展职业病宣传3次，矿区一线从业人员职业病主动监测200人，职业健康档案审核1500份。

【医疗人才队伍建设】 年内，选派7名医护人员到市医院进修深造，进修专业分别为影像、心电、新生儿、急诊；建成并使用县医疗集团模拟技能培训中心，自主开展5次实习医生和护理操作培训和1次基层医疗卫生服务能力提升培训，全力提高医疗服务专业化水准，推动全县医学事业发展和基层医学人才队伍建设。

【卫生基础设施建设】 年内，投入215万元的妇幼保健站项目已竣工并完成初验；投入1000万元的疾病预防控制中心标准化建设项目开工；投入280万元的县人民医院生活区提升改造项目已完工，医疗卫生设施条件不断健全，群众就医环境明显改善。

【新冠肺炎疫情防控】 年内，先后组织召开疫情防控和新冠肺炎疫苗接种工作部署推进会议15次，修改完善《墨竹工卡县加强新冠肺炎疫情防控工作方案》《墨竹工卡县全员核酸检测工作实施方案》《墨竹工卡县新冠肺炎疫情应急预案》，建立健全县、乡、村疫情防控工作体系，筑牢“四包一”四级防控责任制，严格落实“五方责任”。

年内，由县疫情办牵头，对全县各领域、各场所疫情防控措施落实情况开展督导检查80余次，涉及单位、场所70余家，累计下达整改通知单90余份。各乡（镇）、各行业主管部门组织开展对本辖区、本领域疫情防控工作开展情况检查指导共330余次。全县核酸检测实验室配有检测设备4套，核酸检测操作人员7名，实验室执行24小时值班制，单日最高混检量2.16万人次。同时，对县乡村三级医务人员开展流调、采样、消杀、防护用品正确使用、疫苗接种等方面知识培训28次。组织各乡（镇）、行业主管部门对本辖区、本领域的涉疫地区来（返）墨人员进行全面摸底排查、落实核酸检测的基础上，在全县设置门巴乡、甲玛乡、高速口、扎雪乡、日多乡共5个检查卡点，严格把控好进拉萨第一关。

年内，各检查点累计投入警务力量500余人次、医务人员400余人次、干部职工380余人次、车辆28辆。累计完成新冠肺炎疫苗接种87702剂次，其中完成第一剂次接种43701人，完成第二剂次41128人，完成第三剂次接种2873人。同时，加强防疫物资储备，时刻保障防疫物资调配。

【党建工作】 年内，依托党史学习教育活动和“三更”“三新”专题教育活动，卫生系统共开展理论学习40余场次，组织全体党员开展党史学习40余场次、观看《长津湖》等爱国电影4场次，全面提高党性修养。充分发挥党员先锋模范作用和支部战斗堡垒作用，把学习成效转化为为民服务的行动，组织党员干部深入乡村、养老院等地开展主题党日活动30余次，组织17名先天性疾病患儿到南京接受免费救治。同时，投入12.6万元，开展送医送药活动、投入140余万元，维修改造村卫生室，满足群众就近就便就医的需求。

【党风廉政建设】 年内，依托支部学习、主题党日等载体，把违反中央八项规定精神典型案例作为学习的重要内容和节假日安排部署的重要任务，开展廉政学习活动20余场次、观看警示教育片10余次并撰写心得体会，全面增强党员廉洁自律意识，时刻绷紧廉洁自律的高压线。

（德吉央宗）

【机构领导】

主 任

曹 伟（6月免）

负责人

何学志（8月任）

医疗保障

【概况】 2021年，墨竹工卡县医疗保障局全面履行基本医疗保险、大病保险、医疗救助等职能，不断提升医疗保障服务水平，持续开展打击欺诈骗保工作，保障广大参保人员的医疗待遇权益。

2021年，墨竹工卡县医疗保障局有工作人员18人，在编公务员6人、事业编制4人、政府购买服务2人、第三方保险公司经办员4人、公益性1人（保洁）、临时工1人（驾驶员）。

【宣传医疗保障政策】 年内，为做好参保缴费筹资工作，墨竹工卡县医疗保障局提前到各（乡）镇，村（居）开展医疗保障政策宣传，在人流量密集的场所开设宣传点、张贴宣传标语及利用墨竹微信公众号、墨竹视讯、LED等拓宽城乡居民医疗保障政策宣传渠道，多渠道多方式对城乡居民2021年90元、150元、280元不同参保标准的报销比例进行宣讲解读，动员群众主动缴费、及时参保，做到“应保尽保”。截至年底，共发放城乡居民医疗保障藏汉双语宣传册7500余本。

【城乡居民参保】 年内，城乡居民参保人数49572人（含“三岩”搬迁254人），其中脱贫人口7621人（含“三岩”搬迁161人），参保率达98%以上，成功导入自治区医保系统，医疗保障水平较大提高。

【打击欺诈骗保】 年内，坚持医保基金监管工作常态化，巩固打击欺诈骗保专项治理行动成果，持续捍卫医保基金安全。年内，打击欺诈骗保组织，开展以《医疗保障基金监督管理条例》、加强基金监管为主题的集中宣传月活动。线上线下同步宣传，拓宽宣传渠

2021年4月8日，墨竹工卡县医疗保障局召开医疗保障工作安排部署会议

道，印制藏汉双语宣传海报，40家定点医药店进行全覆盖宣传，利用微信公众号、宣传栏等，集中展示打击欺诈骗保成果，扩大宣传面，全年累计悬挂横幅22条、发放宣传册、海报160张，形成全社会关心支持参与医保基金监督的良好氛围。同时为保障基金安全运行，完成与县域内41家定点医药机构签订基本医疗保险医疗服务协议，督促开展常态化自查自纠工作，2021年聚焦“假病人、假病情、假凭证”三假欺诈骗保问题，开展医保基金监督检查42次。

【“智慧医保”建设】 年内，推动“智慧医保”建设和使用工作，墨竹工卡县医疗保障局积极推进统一的医疗保障信息业务编码工作，充分贯彻落实国家医保标准化和信息化建设要求，着力推进墨竹工卡县信息编码标准贯彻工作，全年为县乡村定点医疗机构信息贯标39个，为统一的医疗保障信息系统上线奠定坚实基础。

同时，为保障城镇职工基本医疗保险待遇，按照自治区医保局系统将切换工作要求，安排2名干部负责对全县机关和企事业单位参保人员信息进行全面梳理和核对，并建立微信群指导和解读具体操作流程，按时间段完成信息核对工作。

【医疗保障待遇支付】 年内，墨竹工卡县医疗保障局医保服务中心结算城乡居民842人，产生总费用455.36万元，统筹基金支付301万元，大病保险50万元，医疗救助17.01万元。县人民医院住院1524人，产生总费用878.53万元，统筹基金支付743.26万元，普通门诊13266人，产生总费用171.89万元，统筹基金支付86.89万元；全年各乡镇农牧民合作医疗门诊核销人数38618人，金额1994615.28元，其中脱贫人口门诊核销人数2101人，金额199026.47元。

2021年9月27日，南京对口支援墨竹工卡“民生微实事100+计划”点亮微心愿医疗爱心基金兑现仪式举行

城镇职工住院93人、报销金额116.37万元，生育153人、报销金额251.74万元，支现清户10人、金额7.7万元（退休、死亡、辞职等），退休认定、在职转退休9人，结算县域内定点医药店医保刷卡26人、金额192.07万元。

【医保扶贫】 年内，墨竹工卡县医疗保障局全面贯彻落实《中共中央 国务院关于实现巩固拓展脱贫攻坚成果同乡村振兴有效衔接的意见》，抓好医疗保障脱贫攻坚成果巩固，助力乡村振兴战略实施，严格执行《拉萨市巩固拓展医疗保障脱贫攻坚成果有效衔接乡村振兴战略实施细则》，紧紧围绕乡村振兴发展战略，统筹推进巩固拓展医疗保障脱贫攻坚成果同乡村振兴战略有效衔接。

墨竹工卡县医疗保障局立足在巩固医保扶贫成果上下功夫，在防止因病返贫致贫上做文章，严格落实“四个不摘”，切实做好应保尽保、应报尽报、优化经办等重点工作，推进医保扶贫长效机制建设，做到工作不留空当，政策不留空白。严格落实脱贫人口报销比例提高5%和医疗救助70%的政策实施，实现基本医疗保险、大病保险、医疗救助信息数据的联通、共享，做到“数据多跑路，群众少跑腿”。对脱贫人口在统筹区范围内定点医疗机构发生的合规费用，提供“一站式服务、一窗口办理、一单式结算”和门诊就医即时结算服务，确保脱贫人口住院医疗费用报销到位。同时加强监测预警机制动态管理，对全县

2021年9月29日，墨竹工卡县召开2022年城乡居民基本医疗保险参保登记工作安排部署会

脱贫人口参保信息动态调整、脱贫人口医疗费用各项保障落实情况以及产生大额医药费用患者等情况进行定期动态监测，防止因病致贫、因病返贫。

【新冠肺炎疫情防控】 根据《西藏自治区关于做好新冠病毒疫苗及接种费用保障工作实施方案》文件精神，接种费用按照10元/人的标准执行。年内，墨竹工卡县医疗保障局严格落实新冠肺炎疫苗接种费用拨付规定，及时拨付新冠肺炎疫苗接种费用，全年累计拨付新冠肺炎疫苗接种费949394元。

【开通医保刷卡】 1月1日，开通城镇职工、离退休人员住院和门诊特殊病在县人民医院的医保刷卡业务，方便职工及离退休人员住院和门诊特殊病即时结算。

【安装POS刷卡设备】 年内，为解决群众门诊"报销难"问题。墨竹工卡县医疗保障局以党史学习教育，"三更"专题教育、"三新"大学习大讨论活动为契机，积极协调市医保局申请"村医通门诊购药POS机"，利用5天时间到31个村（含拉萨搬迁点）卫生室配置安装POS刷卡设备，完成测试工作。"村医通门诊购药POS机"的投入使用，标志着墨竹工卡县在全区率先在村一级同步实现城镇职工与城乡居民医保门诊购药刷卡业务，打通群众购药"最后一公里"。

【"大病爱心救助基金"】 年内，制定《墨竹工卡县城乡居民"大病爱心救助基金"管理补充办法（试行）》，并在县人民政府第60次常务（扩大）会议通过，对下一步做好"大病爱心救助基金"收支管理奠定良好的基础，能够以更好、更快、更安全的流程，满足群众的借款需求，"大病爱心"共有24人借款365万元、已收回182.71万元。同时，针对"大病爱心救助基金"产生的借款，制定爱心基金借款追缴方案，明确全局干部职工包乡（镇）责任制。

【购买城乡居民超大额医疗保险】

年内，本级财政投入120.05万元，为全县4.9万名城乡居民购买超大额医疗补充保险，每人保额22万元，构建"基本医疗保险+大病保险+医疗救助+超大额保险"四种保障体系，最大程度降低群众看病负担。

【"点亮微心愿"爱心基金】 年内，积极对接南京市申请医疗爱心基金，共收到爱心基金20万元，墨竹工卡县医疗保障局在各乡（镇）和县城搬迁、拉萨搬迁病患中共筛选出因病造成生活困难的家庭21户，兑现"点亮微心愿"爱心基金10.4万元。

（强　珍）

【机构领导】

局　长

德　吉（女，藏族）

副局长

路春侠（女）

墨竹工卡县人民医院

【概况】 墨竹工卡县人民医院是一所集医疗、教学、科研、保健、预防、健康管理为一体的综合性二级甲等医院。总占地面积72170.61平方米，总建筑面积22000平方米，医院编制床位90张，实际开放床位103张（医院占地面积45383.3平方米。）

2021年，墨竹工卡县人民医院工作人员共264人（在编117人，公益性17人，乡村振兴专干1人，三支一扶2人，财政供养5人、聘用122人）。本科学历99人，专科学历79人，中专及以下86人。其中卫生技术人员197人，行政职能（财务、挂号室、供应室）、后勤工作人员67人。卫技人员技术职称结构：高级职称9人，中级职称34人，初级、助理级职称56人，员级98人。

【党建工作】 按照2020年九届县委巡察反馈的三大类20条问题及三条整改意见建议，制订整改计划，细化整改问题，做到举一反三，全面落实巡察整改意见。墨竹工卡县人民医院党支部以中国共产党成立100周年为契机，按照县委、医疗集团党委的部署，坚持从严治党，落实管党治党责任，全面提高党的建设工作水平，累计开展各类学习30余次，结合“学党史、悟思想、办实事、开新局”主题，把学习成效转化为为民服务的活动中，充分发挥党员先锋模范作用，组织党员干部深入乡村、社区、养老院等地开展主题义诊活动15次。先后组织全体党员开展廉政学习活动7次，观看警示教育片2次并撰写心得，全面提高党性修养，增强党员廉洁自律意识，绷紧廉洁自律的高压线。

【开展新技术、新业务】 年内，墨竹工卡县人民医院开展新技术新项目10种。包括普通胃镜/无痛胃镜28次，肺通气功能检查25次，微生物药敏试验51次，24小时动态心电图8次，CT增强3次，腹腔镜下疝囊高位结扎术5次，体外冲击波碎石5例。无痛人工流产8例，特别是4月25日县人民医院血库完成验收，取得取血证以来，已开展7例异体输血，实现墨竹工卡县人民医院输血“零”的突破，填补近几年无输血病例的空白。

2021年6月18日，南京市医疗保障局、江苏恒瑞医药股份有限公司一行到墨竹工卡县进行药品物资捐赠

10月19日，成立新生儿有陪病房，已经进行蓝光治疗72人次，收治早产儿1例，新生儿肺炎2例，重度窒息1例。

【药事管理】 年内，召开2次会议，并制定下发药事管理制度、职责，改造药事与药物治疗学委员会成员，进一步完善药事管理工作，加强重点环节的监督和管理。

截至年底，墨竹工卡县人民医院共点评门急诊处方1500张，其中问题处方64张。住院病历100份，抗生素使用率45.03%，更新药品相关目录，出版医院第一版《使用药品名录》，随机抽取点评门急诊、住院部辅助营养药品的使用情况（共2次），其中门急诊辅助、营养药物费用占药费的4.3%，住院部辅助、营养药物费用占药费的7.9%，不良反应上报14次，上报率99%，针对发现的问题，制订实施干预和改进措施，促进临床药物合理使用。

【护理管理】 年内，继续推行“患者至上”的文化建设理念，全面提高患者优质护理服务，针对医院低年资护理人员占全院护理人数65%的现状，为提高低年资护理人员的操作水平，共考核操作6项（穿脱防护服、插胃管术、导尿术、核酸采样术以及心肺复苏）；同时进行7次满意度调查问卷（3次患者满意度调查、2次实习生满意度调查、1次护士长履职调查、1次护理人员对护理部的满意度调查）进行汇总整改。

【人才培养】 年内，选派7名医护人员到市医院进修深造，进修专业分别为影像、心电、新生儿、急诊。为解决医护人员实际操作机会少、动手能力差的问题，积极筹建县医疗集团模拟技能培训中心。截至年底，相继开展实习医生和护理操作培训共6次，内容涉及清创换药、插胃管操作、导尿术操作、心肺复苏等操作，参训70余人次。

10月13日，召开墨竹工卡县“基层医疗卫生服务能力提升培训”，努力提高医疗服务专业化水准，推动全县医学事业发展和基层医学人才队伍建设。截至年底，全院及科室开展讲座共30余次，培训县乡各级医务人员830人次，内容主要以疫情防控知识、疫苗接种、呼吸机使用、新生儿复苏指南、最新中国糖尿病诊治指南解读、新生儿复苏中国专家共识（2018）等相关知识。年内，累计接收区内外4所高校，共计47名实习生到县人民医院实习。

【万名医师下基层】 3月1日，自治区藏医院第六批“万名医师支援农村卫生工程”的2名专家到县人民医院藏医科后，根据“万名医师”支援农村卫生工程建设内容，与2名当地医师确立师徒关系，签署“万名医师师带徒”协议，先后开展幼儿发育性髋关节脱位复位术手术3例，右侧胫腓骨骨折术后13年内固定取出术1例，全身多处痛风性关节炎合并高血压患者的痛风结石取除术1例，开创墨竹工卡县人民医院藏医科外科手术历史先河。此外，还申报立项“墨竹工卡县发育性髋关节脱位筛查及预防教育”课题，获得科研资助9.5万元，为医院科研打下了坚定的基础。

2021年3月4日，西藏自治区卫健委常务副主任王寿碧（左一）一行到墨竹工卡县人民医院调研

【“组团式”医疗援藏】 3月10日，南京援藏医疗队的专家奔赴雪域高原，开启为期一年的医疗援助工作。在墨竹工卡县工作期间，他们不保留、不藏私，遵循“输血”支援的原则，已完成手术示教21次，各类会诊138人次，教学查房51次，疑难病例讨论80次，同时进行科室及院内外各种讲座67次，讲解各种常见病的诊疗指南及各种手术后病情观察的要点，受训1300余人次。

【新冠肺炎疫情防控】 年内，召开新冠肺炎疫情防控会议7次，层层部署落实，结合疫情防控实际，细化调整新冠肺炎防控院感工作实施方案、医疗救治应急处置预案和新冠病毒核酸检测工作方案。

年内，墨竹工卡县人民医院实施三级预检分诊，采取人员分流、车辆管控的形式，避免出现人群聚集现象，切实发挥疫情防控“守门人”作用。

年内，墨竹工卡县人民医院设立发热门诊和隔离病区，配备6名医护人员，开放留观病床3张，隔离病房开放床位11张。根据疫情防控要求，结合医院实际，进一步完善《墨竹工卡县人民医院常态化疫情防控医疗救治工作方案》，可承担县域内所有发热病人的收治及转运。

年内，墨竹工卡县人民医院根据实际情况，在急诊、妇产科、内外科、藏医科病区均设置一间缓冲病房，在挂号室、药房区域地面张贴“一米线”标识，防止人员聚集，确保防控安全。同时严格加强住院病区陪护管理，落实一人一陪护，做好陪护人员体温健康监测，加强人员管理。

年内，墨竹工卡县人民医院持续加强全员培训，培训内容包

2021年8月7日，墨竹工卡县副县长任彦芳（左一）到县人民医院调研阅览室筹建情况

括新型冠状病毒肺炎诊疗方案和防控知识以及新冠病毒核酸检测、流调、环境消毒、个人防护等相关知识，累计受训830余人次。

年内，墨竹工卡县人民医院PCR实验室，配有7名检测人员，单日最大单检测量2880人次，混检最大日检测量28800人次。为提高结果反馈效率、满足群众检测需求，避免进出交叉感染风险，在县医院门口放置报告自助打印机，安排专人上传检测结果，提高查询和领取报告的便捷性。截至年底，已开展核酸检测36116人次。

【文化建设】 年内，在门诊大厅设立导医台、志愿服务点和党员示范岗，在开展“诊间支付”的基础上，积极探索不断完善患者就诊流程，不断提高服务水平。为患者提供舒适的优质温暖服务，2021年引进扫码租借陪护床20张，并将医保办搬至门诊一楼，极大方便了出入院和“门特”患者。

年内，进一步加强医院文化建设，增强职工的学习积极性和便捷性，提高医疗质量和为患者服务的能力，县人民医院坚持实施“科教兴院”方针，依托南京后援医院和历届南京援藏专家。4月，启动综合阅览室建设项目，综合阅览室有图书2000余册，包括医学专业、历史、文学、地理、专业期刊、党建、地方特色、藏文等各类书籍，还可提供网络知识查阅服务。

年内，加大信息宣传力度，积极运用微信公众号、“门户网站”“微墨竹”“南京援藏”等平台，宣传县人民医院医疗卫生动态。截至年底，共发表文章50余篇，传播了县人民医院医务人员日常工作和社会正能量。

（色　珍）

【机构领导】

党支部书记、副院长

贡　嘎（藏族）

院　长

黄　丹

副院长

次旦顿珠（藏族）

疾病预防控制

【概况】 墨竹工卡县疾病预防控制中心位于工卡镇（原）县小学院内。负责全县的疾病监测、预防接种、健康教育、地方病防治、慢性病调查、统计、分析、突发公共卫生事件的处置、各种传染病、流行病的预防监测、统计、分析、报告和处置、全县卫生（包括学校卫生）监督，传染病防治监督；负责全县妇幼保健工作、包括孕产妇建卡、产前产后访视的监督管理，0 ~ 14岁儿童的系统管理统计，全县孕产妇及儿童死因分析报告。

2021年，墨竹工卡县疾病预防控制中心有职工18人，其中专业技术人员14人，工勤1名（驾驶员），公益性（后勤工作人员）1人、临时工2人；学历结构：本科10人、大专5人、中专1人，中专以下2人。专业结构：公共卫生8人、西医临床2人、临床检验2人、藏医2人，其他4人。职称结构：专业技术中级4人、初级7人，员级3人；工勤高级1人、其他3人。科室分类：中心办公室、地方病防治科、传染病防治科、结核病防治科、卫生监督科、免疫规划科、慢性病防治科、健康教育科、艾滋病防治科、妇幼保健科。

【传染病防控】 截至年底，全县共报告法定传染病乙、丙类9种189例，发病率314.42/十万（总人口数 60109 人），乙类传染病 5 种 120 例，发病率 199.63/ 十万（总人口 60109 人），主要病例报告有病毒性肝炎 19 例、痢疾 2 例、肺结核 53 例、淋病 2 例、梅毒 44 例；丙类传染病 4 种 69 例，发病率 114.79/ 十万（总人口 60109 人），主要病例报告有流行性感冒 2 例、流行性腮腺炎 2 例、其他感染性腹泻病 2 例、手足口病 63 例。其他非法定传染病 2 种 22 例，发病率 36.60/ 十万（总人口 60109 人），主要病例报告（水痘 20 例、尖锐湿疣 2 例）。年内，无传染病死亡病例，无甲类传染病报告，无突发公共卫生事件发生。能够按时报告相关传染病疫情，未发生疫情漏报、瞒报和误报、重报等现象。

【结核病防治】 结合 3 月 24 日"世界防病结核病日"及相关系列宣传日，利用展板、宣传册、悬挂横幅等多种形式，在全县范围内开展预防结核病的宣传活动，发放宣传册 400 余张、宣传礼品袋 20 余袋、宣传洗脸盆 15 个、洗脸毛巾 60 余条、饮水杯 30 余个，进学校宣传 4 次，覆盖人数 4300 余人。麻风病人监测跟踪及筛查密切接触者中未发现麻风疑似病人。年内，全县未发现新发麻风疑似病例。

【慢性病监测】 年内，全县死亡信息的收集、汇总与上报，死亡医学证明书共报告 256 例，死亡率为 5.2‰；收集与汇总全县出生医学证明相关信息，出生活产总数 746 例，出生率为 15.06‰。

公共卫生项目。根据双月报表情况，全县高血压病患者共 1853 例、管理人数共 1853 例、规范化管理 1398 人、新发 12 例、死亡 15 例；2 型糖尿病患者共 91 例、管理人数 91 例、规范化管理 80 例、新发 3 例、死亡 1 例；重性精神病疑似患者 1 例、确诊病人 76 例、管理患者 77 例、新发 1 例、死亡 1 例；服药患者 41 例，医嘱无须服药 17 例，服药率 76.3%。

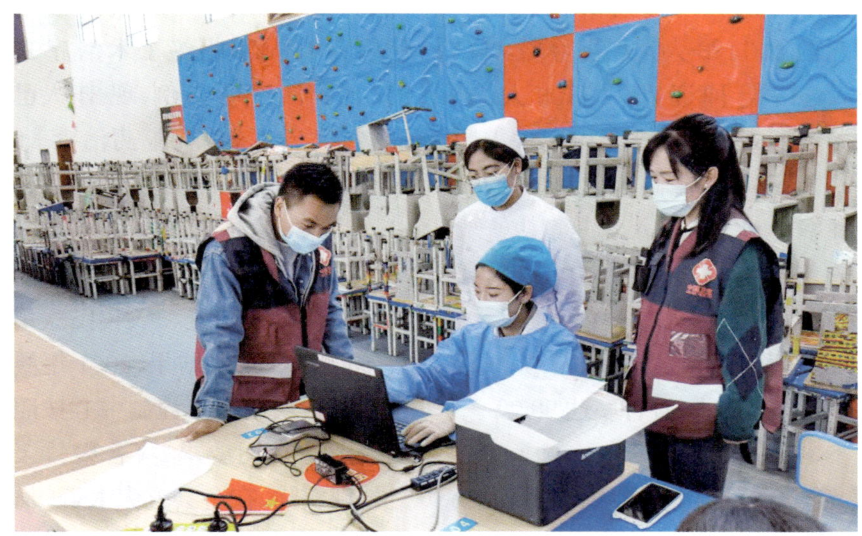

2021年9月17日，墨竹工卡县疾病预防控制中心工作人员到县中学新冠肺炎疫苗临时接种点开展疫苗接种督导检查工作

慢性病系列宣传。4 月 25 日第 27 个肿瘤宣传周，开展主题为"关爱生命、科学防癌"的宣传活动。5 月 20 日全民营养周，开展主题为"珍惜盘中餐，粒粒助健康；平衡膳食，吃动平衡"的宣传活动。9 月 1 日全民健康生活方式日，开展主题为"三减三健、健康新动力"的宣传活动；9 月 20 日"全国爱牙日"，开展主题为"口腔健康，全身健康"的宣传活动；10 月 8 日"全国高血压日"，开展主题为"血压药知晓，降压要达标"的宣传活动；10 月 13 日"精神卫生日"，开展主题为"青春之心灵、青春之少年"的宣传活动；10 月 29 日"世界脑卒中日"，开展主题为"警惕卒中症状、尽早识别救治"的宣传活动；11 月 16 日"全国糖尿病日"，开展主题为"人人享有糖尿病健康管理"的宣传活动；11 月 24 日，开展寺庙"三减三健"宣传活动，墨竹工卡县疾病预防控制中心慢病科与健教科通过设立咨询台、健康咨询、悬挂横幅、发放宣传资料和宣传物品等方式在墨竹工卡县 318 国道边进行宣传。

开展国家居民营养健康知识知晓率调查：实施调查乡为尼玛江热乡（帮达村、其玛卡村），扎西岗乡（扎西岗村、加尔多村），甲玛乡（赤康村、龙达村），共完成 322 份问卷调查。

【免疫规划】 年内，墨竹工卡县所有一类疫苗接种率均达到国家、区、市相关要求，其中乙肝疫苗应种总针次 1843 剂，实种总针次

2021年8月17日，墨竹工卡县疾病预防控制中心工作人员对县中学师生进行新冠肺炎疫苗接种注意事项宣讲

1842 剂，报告接种率 99.95%；卡介苗应种总针次 515 剂，实种总针次 515 剂，报告接种率 100%；脊灰疫苗应种总针次 2487 剂，实种总针次 2484 剂，报告接种率 99.88%；百白破应种总针次 2721 剂，实种总针次 2718 剂，报告接种率 99.89%；白破应种总针次 540 剂，实种总针次 540 剂，报告接种率 100%；A 群流脑疫苗应种总针次 1254 剂，实种总针次 1254 剂，接种率 100%；A+c 群流脑疫苗应种总针次 1141 剂，实种总针次 1141 剂，接种率 100%；甲肝减毒活疫苗应种总针次 762 剂，实种总针次 762 剂，接种率 100%；麻腮风疫苗应种总针次 1378 剂，实种总针次 1373 剂，接种率 99.64%。

年内，全县新冠肺炎疫苗第一针累计接种 43907 剂次，新冠肺炎疫苗第二针累计接种 41578 剂次，新冠肺炎疫苗第三针累计接种 6914 剂次。

年内，全县（1 ~ 4 岁）脊灰疫苗查漏补种工作两轮合计应种数 636 人，实种数 575 人，报告接种率 90.4%。其中常住儿童应种儿童数 614 人，实种数 565 人，报告接种率 92.02%；流动儿童应种儿童数 22 人，实种数 10 人，报告接种率 45.45%。

9 月，进行全县入托、入学儿童接种证查验及补种工作，全县各乡镇共有小学 8 所，幼儿园 36 所，本年度入托、入学查验工作覆盖率为 100%。其中入托儿童应查验数 1128 人，实查验数 1113 人；持接种证人数 1108 人，补接种证人数 5 人；全程接种人数 644 人，完成补种人数 463 人，补种率达 98.7%。入学儿童应查验数 872 人，实查验数 870 人，持接种证人数 863 人；补接种证人数 7 人；全程接种人数 509 人，完成补种人数 357 人，补种率达 98.9%。

【碘缺乏病防治】 年内，按照上级文件要求，制定《墨竹工卡县 2021 年碘营养监测工作方案》。5 月 10 日，开展碘盐质控工作，质控结果数据已上报网络监测系统。年内，已完成 207 名学生和 62 名孕妇（包括育龄妇女）尿样采集并已送至市级疾控中心进行尿碘检测。5 月 15 日，在全县范围内开展以“科学补碘，健康一生”为主题的防治知识宣传活动，共发放宣传单 / 册 250 余份，覆盖宣传人数共达 410 余人。

【大骨节病监测】 8 月 26 日，开展大骨病筛查工作，共筛查 380 人，墨竹工卡县共有大骨节病确诊病例 61 人（其中Ⅰ度 31 人、Ⅱ度 28 人、Ⅲ度 2 人），均已建立个人档案和治疗卡，进行药物治疗。下一步严格按照市级业务部门要求，将愿意手术患者尽快安排手术治疗。

【包虫病防治】 年内，墨竹工卡县包虫病阳性患者（确诊）185 例（死亡 6 人）；符合手术治疗共 123 病例，符合药物治疗 45 病例，钙化 17 例（无须治疗）；已完成手术治疗患者 104 例，拒绝手术治疗 17 例；药物治疗共 45 例，现 31 人已治愈，12 人好转（现服药治疗），2 人因出现药物不良反应拒绝服药。

【饮茶型地氟病】 结合 2019 年饮茶型地氟病筛查和农牧民饮用茶砖氟含量测定结果，2021 年墨竹工卡县疾病预防控制中心按照上级业务部门要求，集合墨竹工卡县域实际，在全县五大人群（僧尼、学生、城镇居民、农民群众、干部职工）中开展预防饮茶型地氟病知识宣传教育，同时完成地氟病知识知晓率调查工作。

【健康教育】 年内，利用各种形式，多渠道全方位开展健康教育宣传活动。利用各类宣传日、宣传周，在人群较多的地方开展新型冠状肺炎、麻风病、慢性病系列宣传周、计划免疫宣传周、结核病宣传日、世界卫生日宣传等共宣传198期健康教育活动，将宣传活动进村（入户）、入乡、入学校、入矿企业等，以及发放各种藏语汉语的宣传资料13类12500余份、展出宣传展板10种35张及26条横幅，发放宣传礼品350份，发放安全套45000支，受益人数224000余人。开展健康教育专兼职人员培训4次，参加人数105人；对中小学生、居民等开展学校健康教育及健康教育基础知识讲座4次，参加1800余人次。

【性病、艾滋病】 年内，艾滋病高危行为估计人数为2611人，干预人次数为2519人次，高危干预率为96.65%；外来务工人员高危干预估计人数为1170人，干预人数为1123人，干预率为95.98%；其他人群估计人数为1131人，干预人数1124人，干预率为99.38%。

年内，艾滋病检测人数为1977人；以现住址为统计口径，符合治疗标准的感染者和病人中接受抗病毒治疗人所占比例为60%。艾滋病病人随访13次，随访率为100%；艾滋病感染者管理率为100%；全年无新增、死亡病例。截至年底，没有有关性病（艾滋病）的重大群体性事件。

【卫生监督】 年内，全县共有10所学校，其中一所中学、八所小学、一所幼儿园，对各所学校饮用水和学校卫生开展定期或不定期卫生监督检查2次、其中联合监督检查1次、卫生监督覆盖率达100%、卫生合格率达95.5%、各所学校食品从业人员体检率及两证持证率均达100%。

墨竹工卡县共有22户公共场所，2021年发放卫生许可证8户（延续和新办），从业人员共有45人，体检45人，发放健康证45人，两证持证率达100%。对从业人员培训卫生法律法规知识1次，累计培训30人次。发放公共场所管理制度12份，已建立卫生监督举报投诉制度并公布监督举报电话。

根据2021年重大公共卫生项目农村饮用水监测项目分配任务表要求，墨竹工卡县已完成枯水期水质采样工作，检测结果已录入至国家水质监测系统。

年内，七乡一镇共有16名卫生监督协管员，卫生监督协管员培训1次、共培训人数18人，培训内容主要有协管员的工作职责及范围，饮用水卫生安全、学校卫生、非法行医（采血）等卫生监督相关知识并发放卫生监督协管员工作职责、工作证，卫生监督协管员巡查登记本、信息报告等。协管员对所属辖区范围内学校卫生巡查6次、生活饮用水巡查2次、公共场所巡查3次。

截至年底，墨竹工卡县22家公共场所实行量化分级管理。评审结果为：B级单位1家，为理发店；C级单位21家，分别为沐浴场所7家、美容美发7家、住宿店7家。

年内，辖区内积极开展职业病防治宣传活动，主动监测200人，针对一线施工人员开展尘肺病监测工作。

2021年9月20日，墨竹工卡县疾病预防控制中心工作人员开展“全国爱牙日”宣传活动

【孕产妇管理】 年内，发现孕产妇

2021年12月23日，墨竹工卡县疾病预防控制中心对县人民医院医务人员进行新冠流行病学调查和核酸采样知识培训

总数1375人，其中孕妇数590人，建卡数590人，建卡率100%。产妇数785人，早建卡732人，早建卡率93.2%。分娩数791人，其中双胎6对，产妇系统管理776人，系统管理率98.9%，其中住院分娩数790人，住院分娩率99.9%，新法接生数785人，新法接生率100%，剖腹产53例，剖腹产率6.75%。产前检查5次产妇数785人，产检率100%，产后访视三次785人，访视率为100%。高危孕产妇数311人，其中高危产妇172人，产前检查6次以上172人，检查率100%，产后访视3次以上172人，访视率100%，高危住院分娩171人、住院分娩率99.4%。

【儿童系统管理】 年内，全县7岁以下儿童数5854人，应健康管理人数5854人，实际健康管理人数5736人，管理率98%。

年内，全县5岁以下儿童数4132人，应管理人数4132人，实际管理人数4070人，管理率98.5%，其中低体重人数84人、生长发育迟缓人数1人、消瘦人数6人、超重人数2人，血红蛋白检测人数3925人，其中贫血人数45人，中重度贫血人数1人。

年内，全县3岁以下儿童数2216人，应系统管理人数2216人，实际系统管理人数2194人，管理率99.0%。

年内，分娩总数791人，其中双胎6对，出生活产数781人，死胎死产10例、婴儿出生七天内死亡4例，围产儿死亡率17.67‰。

年内，5岁以下儿童死亡10例，死亡率12.8‰；婴儿死亡8例，死亡率10.24‰；新生儿死亡6例，死亡率7.68‰。

【“两癌”筛查】 年内，宫颈癌筛查任务数500人，乳腺癌筛查500人。实际完成宫颈癌筛查人数711人，筛查率100%；其中HPV阳性人数34人，确诊0例；乳腺癌筛查人数830人，筛查率100%，其中初筛阳性人数6人，乳腺癌确诊0例，“两癌”个案系统录入100%。

（普　珍）

【机构领导】

主　任

旦　增（藏族）

文化和旅游（文物）

【概况】 墨竹工卡县文化和旅游局业务范围涵盖文化、旅游、文物、非遗四大类，是县人民政府工作部门，为正科级建制，加挂墨竹工卡县文物局的牌子。墨竹工卡县文化和旅游局行政编制5名，部门领导职数3名，文化馆事业编制7名。2021年成立墨竹工卡县文化市场综合行政执法队，编制5人，领导职数2名。2021年全县旅游市场实现接待游客79866人次，旅游综合收入397万元，实现乡村旅游57604人次；全县公共文化场馆免费开放率达80%以上，县综合文化活动中心开放率达100%；全县共44项非遗，其中国家级6项，自治区级3项，拉萨市级11项、县级24项；全县文物保护点131个，其中寺庙、拉康、日追48座，野外文物点83座。

【党建工作】 年内，为深入贯彻落实“党史”“三更”“三新”主题教育，根据县委、县政府、县委组织部对党建工作的总要求，墨竹工卡县文化和旅游局紧紧围绕庆祝中国共产党成立100周年和西藏和平解放70周年，聚焦新时代新思想、新任务、新要求，以深入学习中共十九届六中全会精神为契机，抓好党建促发展的工作思路，扎实有效地推进党员队伍思想建设、组织建设和作风建设，使党员干部的整体素质不断得到提高。

截至年底，墨竹工卡县文化和旅游局党支部共开展书记讲党课活动3次、支部委员会12次，党员大会4次；开展支部主题“党日活动”共12次；积极主动交纳党费共计1974元；开展“三更”“三新”“党史”学习教育活动共15次；完成转入2名党员干部的党组织关系，新发展1名党员；学习各级纪委相关文件和作风纪律有关规定12余次，做到始终拧紧廉洁从政的螺丝钉，筑牢反腐守廉和遵规守纪的思想防线。

【新冠肺炎疫情防控】 年内，根据《全县文化和旅游行业新型冠状病毒感染的肺炎疫情防控工作预案》要求，墨竹工卡县文化和旅游局持续响应上级部门对疫情防控工作的安排部署，明确职责分工，及时采取各种防控措施，始终将人民群众的生命安全、身体健康放在首位，疫情防控期间，严格监督检查全县公共文化及娱乐密集场所（电影院、网吧、KTV、文化馆、图书馆、文化站、文化室、旅游景区等）对外开放情况。

截至年底，开展文化旅游市场疫情防控专项检查共46次，其中日常检查22次，联合检查24次，涉及文化经营场所386家次，出动执法人员135人次，出动执法车辆52台次，发放宣传资料1300余张，悬挂宣传横幅2条，当场整改6家，限期整改5家，删除网络违禁歌曲20首，依法取缔流动摊贩1家，接待群众咨询50余人次，受教群众达100余人。

【公共文化服务】 年内，提升公共文化服务水平，保障群众基本文化权益是墨竹工卡县文化和旅游局工作的重点任务与重要目标。截至年底，县级综合文化活动中心已全面完成装饰装修工作并投入使用，在文化活动中心共开展文艺演出活动15场，参与活动群众达8700余人次，开展文物、非遗、文化培训工作4次，培训人数达850余人；“松赞”艺术团到各乡镇、村（居）开展文艺演出活动，共计74场次，观看人数达2万余人次，创作新节目17（首）支；行政村文艺演出队开展业务培训4次，新创作节目123个，演出场次数达226场，参演人员数达4068人次；开展“戏曲进乡村”活动达48场；积极调动全县志愿者参与活动12场次，参与志愿者达290人次。

【非遗保护】 年内，墨竹工卡县坚持“保护非遗文化，传承墨竹文明”的非遗工作方针，邀请墨竹工卡县非遗传承人，以“画”非遗、“做”非遗、“说”非遗、“写”非遗为四个框架，大力开展“非遗进校园”活动。截至年底，共开展非遗进校园4期；成功完成第六批拉萨市级非物质文化遗产代表性项目名录推荐申报工作，墨竹工卡县有14项非遗（传统技艺11项、民间文学1项、传统美术1项、传统医学1项），被纳入拉萨市第六批市级非遗名录推荐项目范畴；设立墨竹工卡县非物质文化遗产传承人每人每年补助经费2000元，积极争取上级经费64.5万元用于非遗传承保护工作；组织举办非遗传承人开展非遗传承与保护工作培训2期，受训达90余人次；2021年8月建成墨竹工卡县非遗展示与传习中心，全面展示墨竹

2021年8月24日，墨竹工卡县举办“格桑花开·能工巧匠100+”手工编织培训班开班仪式

2021年11月17日，墨竹工卡县文化和旅游局召开室内及野外文物保护培训会

工卡县44项非遗文化，设立非遗壁画走廊、非遗展厅、非遗传承人工作室等，为拉萨市县（区）首创。

【完善文物工作管理机制】 年内，以“保护为主、抢救第一、合理利用、加强管理”为方针，加大对文物的保护力度，定期开展文物消防安全专项检查工作，成立文物保护工作领导小组，负责全县文物保护工作的统筹协调。截至年底，重点巡查大小寺庙、拉康等40余家、90余场次，出动检查人员150余人次，对存在的安全隐患现场指出并督促整改；完成全县28处石刻文物的专项调查、资料收集、编写报告、数据录入等工作；邀请自治区文物专家对78名野外看管人员及对34座寺庙特派员、管委会进行培训；完成对仁青林寺、艾玛日寺等8座寺庙2800余件可移动文物拍照、测量等前期工作。

【旅游服务】 年内，全县旅游业坚持新发展理念和高质量发展要求，着力解决旅游产品业态单一、配套设施不完善、市场主体活力不足、服务管理薄弱、发展环境不优等突出问题，全面提升游客的便利舒适度、体验满意度和品牌认同度，加快实现由旅游资源大县向旅游经济强县的转型跨越。

年内，顺利实施完成“墨竹工卡县松赞干布纪念馆周边环境整治”项目及松赞干布纪念馆维修项目，争取到雅嫩景区建设项目（总投资2000万元）、沟域文化旅游规划编制项目（援藏投资200万元）、墨竹工卡县旅游厕所建设项目（总投资312.4万元）；加大对旅游市场的安全生产检查力度。截至年底，对旅游市场开展安全生产检查40余次，排出隐患2处，整改完成2处；规范旅游市场秩序，对旅游购物点、米拉山垭口摊贩等开展市场整治30余次，妥善处理游客投诉4起；做好景区环境卫生工作，优化旅游服务环境，2021年对德仲温泉、米拉山垭口等重点景区景点组织景区环卫工、志愿者进行环境卫生大整治20余次。

（次旦旺姆）

【机构领导】

局　长

黄　　洋

副局长

袁　　瑜（江苏援藏）

次旦旺姆（女，藏族）

农业农村

【概况】 2021年，全县粮食总产量达2.681万吨，青稞产量达2.25万吨。全县牲畜存栏169561头（只、匹），其中牛存栏159537头、羊存栏6123只、马存栏2827匹、猪存栏1074头，藏鸡存栏51397只。年出栏3万头（只、匹），其中牛出栏27438头、羊出栏1083只、生猪出栏1524头，藏鸡出栏33079只。肉、蛋、奶产量分别达5100吨、134.01吨、17200吨。

【种植业】 年内，调运青稞良种25.165万公斤，购买墨竹小油菜种子1.26万公斤；调运化肥938吨、农药13.6吨；积造农家肥16万吨；2021年购置424台农用机具，共计兑现406.1万元。给14个行政村发放20台联合收割机，解决自筹资金164万元，涉农行政村农业机械化普及率达到100%；落实播种面积11.11万亩，其中粮食作物7.3万亩，经济作物3.41万亩，饲草作物0.4万亩。

年内，安排县农业技术推广站干部全程参与种植业各环节技术指导。种植业产前做到统一选种、统一种子包衣、统一机械化耕作、统一播种、统一播量，在关键环节进行技术人员蹲点指导。产中针对病虫草鼠害，实现常态化督导检查。

年内，及时召开“三秋”工作安排部署会，充分调动全县各级力量投入秋收、秋耕和秋播工作，确保了颗粒归仓、丰产丰收。

【畜牧业】 年内，以调整和优化畜牧业结构为出发点，有序推进黄牛改良及牦牛（犏牛）经济杂交工作。完成黄牛改良3242头、牦牛（犏牛）经济杂交317头。完成牦牛种公牛购买发放270头，其中市级170头，县级100头。

年内，全县强制免疫牲畜共计16万头（只、匹），免疫率达到100%。严格落实24小时值班和重大动物疫情日报告、零报告制度，全年投入工作人员297人次、消毒药品32吨，对养殖场进行消杀107场次、2.3万户次。

年内，市级调拨饲草50吨、县级储备饲料137吨，分别向高海拔牧区及易灾乡（镇）调拨饲草162吨、饲料135吨，确保牲畜能够越冬寒、度春荒。

年内，逐级签订牲畜清点责任书，按期完成牲畜清点及数据录入、统计工作，兑现农牧民补助奖励政策资金1200万元。

【项目带动产业升级】 年内，实施新品种试验示范。在工卡镇工卡村实施引进6个油菜新品种筛选试验示范基地项目380.98亩。

年内，在工卡镇、唐加乡、扎西岗乡和甲玛乡投资601.86万元修建农田水利设施，项目已完工。

年内，完成建设规模2万亩总投资6000万元的2020年高标准农田建设项目，已完工并通过验收。开展实施总投资9000万元的2021年高标准农田建设项目，处于项目实施阶段。截至年底，全县温室共422栋，可利用温室343栋，均已全部安排种植蔬菜。

年内，奶牛养殖“万户工程”完成验收合格示范户32户；县标准化奶牛养殖场存栏达到734头，建设工作稳步推进。扎雪乡牦牛养殖基地建设项目完成，并已同步开展牦牛采购工作。稳定饲草产业，优化粮改饲比例，推行一年两茬、冬圈夏草，房前屋后种植饲草8000亩。

年内，以斯布牦牛地理标志申报成功为契机，加强品种保护，斯布牦牛存栏达10395头，同时，加大出栏力度及强化品牌建设，在惠民肉食销售活动上，出现供不应求局面。依托南京援藏资源，开展墨竹工卡县小菜籽油特色产业“小组团援藏”工作，注册设立“天边墨竹”品牌，制定《墨竹小菜籽油年度营销策略》，深度挖掘墨竹小菜籽油文化价值、营养价值、市场价值，整体提升市场销量，通过电视直播、直播带货、展洽会、小油菜花文化旅游节等方式进行立体式营销。2021年成功举办第三届“南京墨竹周”活动，其间墨竹小菜籽油销售额突破660万元。

年内，落实涉农资金整合，用于脱贫攻坚与乡村振兴，累计整合资金2.31亿元，实施34个产业发展、基础设施等衔接乡村振兴项目，已完工28个，资金支出率为90.87%，有序保障发展扶贫产业、基础设施建设、人居环境整治、生态环境保护等关键政策衔接落实。

年内，加强项目前期论证，提前完成部分可行性强的项目立

2021年8月5日，西藏自治区动物疫控中心副主任拉巴次仁（中）一行到墨竹工卡县尼玛江热乡督导检查动物重大疫病防控工作

2021年6月15日，2021年"科技之春"墨竹工卡县科技特派员实用技术第二期培训举行

项、用地、环评、风评等前置手续办理，做好项目储备，初步谋划"十四五"重点农牧业项目6个。同时，由净土公司主导，加大墨竹小油菜榨油厂、农业示范园区的提升改造和市场化运营，辐射带动效应得到进一步发挥。第四季度农牧业总产值实现64764.63万元，全年农牧民人均可支配收入达21066元，增长15.8%。

【深化改革】 年内，在工卡镇、扎西岗乡、唐加乡和甲玛乡投入资金160.47万元，实施耕地托管服务面积11262亩，按照全程托管、多环节托管和关键环节托管三种不同模式托管给3家作业公司。在土地托管试点过程中，根据播种时间不同，提供差别化技术服务，狠抓服务对接，带动1847户，减少劳力2722人，增加外出务工人数1709人，增加收入605万元，节约劳动成本，提高单产面积，促进农牧民增收，解决"谁种地""种好地"的问题。

截至年底，顺利完成全县41个村（居）和198个村民小组年度清产核资任务，共清查农村集体资产1.81亿元，清查全县集体土地总面积为13.9万亩（耕地11万亩、林地1.3万亩、建设用地1.6万亩、待界定未利用地534.94亩）。确定成员身份，全县摸排登记确认村集体组织成员户数11706户，50576人。

年内，对全县各畜禽养殖场施行每月监督检查，覆盖养殖场养殖档案建立、动物防疫、兽药饲料使用、污染防治、场区环境消毒等全部环节，并对重点区域"瘦肉精""生鲜乳违禁物"进行专项检查。截至10月30日，全县累计开展动物及动物产品检疫1091件，共检疫禽类1.8万只、马109匹、骡3匹、牛4575头；检疫牛肉1.53吨、猪肉0.3吨。

年内，共制作科技宣传布标3幅、发放宣传材料428份，书籍51套（册），进行科技人员培训2期，参与人员共计280余人次，有效增强了墨竹工卡县农牧民科学种植养殖技术。

【整村推进】 年内，成立以县委书记为组长，县委副书记、县长为常务副组长的"美丽乡村·幸福家园"建设领导小组，高位推动工作开展，有序实施第二批"美丽乡村·幸福家园"第一期整村推进工作，新建房屋264户、改造提升143户。截至年底，已完成总工程量的90%。该项工作的开展，为全市整村推进提供了墨竹样板，获得群众一致好评。

【乡村振兴】 年内，对标对表《墨竹工卡县农村人居环境整治三年行动方案》，实施2021年工卡村等部分村庄人居环境整治工程（一期），该项目投资2304.95万元，现已完成总工程量的78%，二期总投资2644.95万元，已完成工程量的40%。

【户厕改造】 截至年底，完成户厕改造1253户，农户拥有卫生户厕数4870户，卫生户厕普及率达到59.3%，开展户档资料完善和奖补资金的逐步兑现工作，并积极开展未完成户数的统计和调研，相关建设工作有条不紊地进行。

（旦增英色）

【机构领导】

局　长

达瓦次仁（藏族）

副局长

李求超（江苏援藏）

益西旺久（藏族）

代贵彬

乡村振兴

【概况】 2021年，墨竹工卡县乡村振兴局紧紧围绕“产业兴旺、生态宜居、乡风文明、治理有效、生活富裕”的目标要求，持续推进巩固拓展脱贫攻坚成果同乡村振兴有效衔接各项措施，大力实施“美丽乡村·幸福家园”建设行动。2021年5月31日挂牌成立墨竹工卡县乡村振兴局，继续履行扶贫开发办公室脱贫巩固与乡村振兴有效衔接相关职责。核定行政编制14人，其中科级领导数3人，正科级领导1人，副科级领导2人，实有12名行政编制工作人员。

【帮扶政策】 年内，按照“四个不摘”要求，从县、乡、村“三级书记”抓扶贫向“三级书记”抓乡村振兴转变，将乡村振兴作为县域层面各项工作重中之重。继续落实涉农资金整合用于脱贫攻坚与乡村振兴，2021年投入资金6701.58万元，实施念村牦牛养殖等9个产业项目，着力发展墨竹小菜籽油、宗穆夏民族手工业等特色产业。围绕格桑花开产业园、现代农业示范园、墨竹小油菜榨油厂，推进以塔巴一带为核心的国家级农村产业融合发展示范园创建工作。

“十三五”期间实施的扶贫产业项目为1644户，累计分红1228.36万元，解决326名脱贫群众稳定就业，辐射带动1058人就业、增收198.18万元，土地流转增收352.63万元。2021年，累计整合涉农资金2.31亿元，实施34个产业发展、基础设施等衔接乡村振兴项目，已完工28个，资金支出率为90.87%。制定完成《墨竹工卡县关于全面推进乡村振兴加快农业农村现代化若干举措》《墨竹工卡县关于健全防止返贫动态监测和帮扶机制的实施方案》，在巩固拓展脱贫攻坚成果基础上，以解决建档立卡户贫困人口“两不愁三保障”为重点，全面推进同乡村振兴有效衔接。

【防返贫监测】 年内，深入排查脱贫不稳定户、边缘易致贫户以及因病因灾因意外事故等刚性支出较大或收入幅度缩减导致基本生活出现严重困难户，纳入动态监测，及时采取对应帮扶措施，通过实时摸排造册、每月监测上报、及时精准帮扶，确保监测不落一户、帮扶不落一人。全年监测对象共计41户183人，其中消除致贫、返贫风险19户87人，对剩余未消除风险监测的22户96人采取产业分红、低保兜底、安排生态岗位等针对性措施，有效避免返贫致贫风险发生，坚决守住不发生大规模返贫底线。

【搬迁扶持】 全县易地扶贫搬迁710户3045人（其中“三岩”片区搬迁群众48户256人），安排配套产业项目10个。年内，分红376.44万元，年人均增收1236元、年户均增收5302元；解决本地易地扶贫搬迁户654户918人稳定就业岗位，户均解决1个以上就业岗位，解决“三岩”片区搬迁47户98人稳定就业，户均基本解决2个以上就业岗位。结合居委会换届选举工作，进一步优化搬迁点管理队伍，保障群众搬得出、留得住、能致富。

【转移就业】 年内，组织群众参加招聘会，以劳务公司、务工联队为平台，组织规模化劳务输出，鼓励群众走出去就业。截至年底，组织200余名建档立卡劳动力参

2021年12月30日，墨竹工卡县2021年度巩固拓展脱贫攻坚成果同乡村振兴有效衔接国家综合考核评估汇报会

加各专场招聘会，组织劳务输出3722名，以工代训完成90人。通过政府购买服务，大力开发就业门槛低的公益性岗位，召集县直部门和县域企业分任务促就业，帮助260余名农牧民群众就近就便实现就业。

依托矿业资源，实施政企合作订单定岗式培训就业模式，帮助农牧民群众高质量就业，组织86名墨竹工卡籍大中专毕业生到福州大学开展为期1年的定向委培，培训结束后，全员在县内矿山企业就业。全县劳动力共19298人，符合转移就业条件10606人，完成转移就业目标5981人，其中建档立卡户累计实现就业1656人。

【产业支撑】 年内，持续壮大产业扶贫项目经营规模、提升产业效益，同步提升带动脱贫群众各项收入的能力。制定《墨竹工卡县关于加强扶贫资产管理工作实施方案》和《墨竹工卡县产业扶贫利益联结机制》，有效解决扶贫项目与农村集体产权确权中的堵点问题，完成88个扶贫项目资产登记、确权、移交等相关工作，有效维护扶贫资产所有者、经营者、受益者的合法权益。

【消费扶贫】 年内，按照公开、公平、公正和自愿申请原则，组织符合具有消费扶贫产品供应商申报资质的企业、合作社积极进行国家消费扶贫工作系统网上申报，全县在全国消费扶贫工作系统名录中累计录入合作社5家，产品10类。

年内，消费帮扶产品累计销售1272.8万元。其中全国消费扶贫工作系统名录产品累计销售624.6万元，对口援藏省市采购全国消费扶贫系统名录产品累计648.2万元。

（马　超）

【机构领导】
局　长
　　伦　珠（藏族）

退役军人事务

【概况】 2021年，墨竹工卡县退役军人事务局（以下简称县退役军人事务局）牢牢把握“学党史、悟思想、办实事、开新局”的工作目标，着力在落实政策、营造氛围、维护稳定和提升能力等方面加强单位建设，努力推进区级双拥模范县创建工作，扎实高效做好退役军人各项重点工作，进一步在全县营造尊崇军人职业、尊重退役军人的浓厚氛围。

【党建工作】 2021年，县退役军人事务局党支部坚持用习近平新时代中国特色社会主义思想武装头脑、指导工作，始终把理论教育和转变作风紧密结合，把理论学习和业务工作紧密结合，认真抓好党的创新理论学习，发掘学习的内在动力，勤于学、善于学、精于学、乐于学，切实坚定信仰、纯洁思想，提高党员干部理论素养，强化党员干部“四个意识”，不断增强党支部战斗堡垒作用。年内，支部集中组织学习47次，开展党日活动12次，深化实施“我为群众办实事”实践活动10次，参加拉萨市委党校科级领导干部轮训班2次，县委党校科级干部培训班3次，开展党员干部阶段性现场述学1次，书面述学4次，撰写党史学习、习近平总书记在庆祝中国共产党成立100周年大会上重要讲话精神、习近平总书记在西藏考察时重要讲话精神和“三

2021年3月25日，墨竹工卡县退役军人事务局组织开展法治宣传活动

新”学习心得体会19篇，参与“西藏组工”“法治西藏”等App线上答题7次，在县党史学习教育“拉练比拼”擂台赛“迎国庆、赛党史、展风采”知识竞赛中荣获第三名。加强党风廉政建设，狠抓意识形态工作，以高度的政治自觉和强烈的政治担当，不断提高党风廉政和意识形态建设水平，树立新时代机关党建标杆。2021年，被县委评为“全县先进基层党组织”。

2021年10月15日，墨竹工卡县退役军人事务局联合西藏巨龙铜业有限公司举办退役军人专场招聘会

【双拥共建】 2021年，紧紧围绕县双拥工作总体要求，深化双拥活动形式、丰富双拥内容、拓宽双拥领域，推动双拥工作顺利开展。年内，县委、县政府积极组织动员广大干部职工及社会爱心人士慷慨解囊，奉献爱心，为患病现役军人家属送去爱心款。在“三大节日”和“八一”建军节期间，走访慰问驻墨竹工卡县部队，发放慰问品，组织和引导拥军企业，以送慰问品和邀请民间演出队等形式参与双拥活动，进一步融洽军政军民关系；县退役军人部门上门慰问困难退役军人、军转干部、病故军人遗属等优抚对象21人次，发放慰问金和慰问品；为2021年度入伍的新兵和驻墨竹工卡部队退役军人送上慰问金。县退役军人事务局、县人武部、乡镇服务站组成慰问团，上门为荣立三等功的现役军人家庭送上“三等功臣之家”牌匾，立功奖励金0.40万元。西藏华泰龙矿业有限公司成立自治区首个企业型基层人武部，助推墨竹工卡基层武装工作取得更大实效。2021年，墨竹工卡县荣获“自治区双拥模范县”称号。

【示范创建】 2021年，县委、县政府高度重视，持续深入学习推广新时代“枫桥经验”，严格按照退役军人服务保障体系“五有”创建标准，有序推进示范型退役军人服务中心（站）建设，顺利通过自治区退役军人事务厅、拉萨市、昌都市、那曲市开展示范型退役军人服务中心（站）创建交叉验收。年内，组织全县退役军人事务系统人员参加业务知识及相关法律政策培训2场次，进一步提升业务能力，发挥退役军人服务中心（站）的主体作用。率先完成优待证办理设备配发，投入经费，提前为县退役军人服务中心及各乡镇配备高拍仪，为墨竹工卡县优待证信息采集和办理提供硬件保障。投入资金打造“退役军人之家”，按照“规范、节约、实用”原则和“完善功能、一室多用”要求，把“退役军人之家”功能划分为谈心谈话区、学习交流区、老兵驿站等，努力实现“争当表率、争做示范、走在前列”，全面提升服务退役军人的能力。

【就业创业】 2021年，县退役军人事务局积极探索实践退役军人就业创业新模式，直面贴近退役军人群体，拓展退役军人就业渠道，将退役军人就业创业工作作为创新工作和亮点工作来抓。年内，妥善安置符合政府安排工作条件的2020年度转业士官；组织多批次有意愿的退役士兵参加自治区、市退役军人系统组织的招聘活动；联合西藏巨龙铜业有限公司举办墨竹工卡县退役军人专场招聘会。村“两委”换届工作启动后，主动对接乡镇退役军人服务站，广泛宣传换届政策，动员政治可靠、作风过硬、敢于担当、勇于奉献、责任心强、能力素质全面的优秀退役军人踊跃参与换届竞选，鼓励他们争当乡村振兴“领头

2021年11月11日，墨竹工卡县退役军人事务局为荣立“三等功”现役军人家属送喜报

雁”、基层治理“排头兵”，以实际行动投身家乡建设。

【退役军人服务保障】 2021年，县退役军人事务局开展“致敬建党百年，情暖百名老兵”活动，送上健康礼包，组织农村籍60岁及以上退役军人、困难退役军人、伤残军人、军转干部以及兵支书等到县医院进行体检并赠送血压仪，为退役老兵服务；为县退役军人服务中心和各乡（镇）购置急救包、党旗、办公电脑等设备设施，进一步助推退役军人服务保障体系建设。

【优待抚恤】 2021年，县退役军人事务局严格执行各类优抚对象抚恤补助政策，依照法规保证优抚对象应有待遇按时发放，让退役军人和其他优抚对象感受到党和政府的关心与温暖。年内，为2020年自主就业的退役士兵发放一次性经济补助和家庭优待金，为60岁及以上农村籍退役士兵、伤残军人、因公致残和病故军人遗属等优抚对象发放生活补助资金。

【宣传报道】 2021年，县退役军人事务局围绕中心工作，探索宣传阵地新模式，进一步加大宣传力度，利用办公场所、走廊、楼道等空间，打造全新的精神文明家园，扩大做好退役军人事务工作的社会影响力。年内，编印《墨竹退役军人月报》5期，反映优待抚恤、双拥共建、示范创建等方面的通讯稿件先后被今日新闻头条、《西藏日报》《西藏商报》、拉萨电视台等媒体采用，较好地展示了全县退役军人事务工作的亮点特色。

【新冠肺炎疫情防控】 2021年，县退役军人事务局组织党员干部和退役军人志愿者积极参与新冠肺炎疫情防控工作，主动到高速卡点开展疫情防控志愿服务，支部党员干部和退役军人志愿者充分发扬连续作战、勇于攻坚克难的精神，协助对区外返墨竹工卡人员做好落实核酸检测和健康跟踪管理等工作，为全县筑牢疫情防控安全做出积极贡献。

（彭连峰）

【机构领导】

局　长

达　瓦（藏族，4月任）

副局长

廖　凡

水利

【概况】 针对墨竹工卡县部分农牧区饮水设施老化，3个高海拔乡镇存在季节性冻管等现象，墨竹工卡县水利局多方筹集资金，实施一批农村安全饮水巩固提升工程：2018年投资1100余万元实施五乡一镇安全饮水巩固提升工程，已完成验收，已安排施工单位进行全面检修，确保正常供水。2019年，整合扶贫资金733.24万元，实施安全饮水项目6个，提灌站项目1个，5个项目已完成建设并完成自验；援藏投资400万元的扶贫二期供水项目及上级投资100万元的门巴乡德仲村饮水巩固提升工程已完工，已完成自验、终验及财政评审工作。2020年整合1477万元，实施六乡一镇安全饮水巩固提升工程，已全部完成。2021年县水利局共计实施15处农村安全饮水巩固提升项目，涉及墨竹工卡县七乡一镇，总投资601.59万元（其中县本级投资384.35万元、扶贫整合资金

217.24 万元)项目的实施,有效解决墨竹工卡县 3835 人的饮水安全问题。同时积极与上级水利部门对接,争取中央水利发展资金 168 万元,实施两批农村安全饮水维修养护项目,共 59 处维修养护点,有效解决墨竹工卡县 9967 人的饮水安全问题。

2021 年,县政府出资 60.2655 万元,对急需抢修的 7 处农牧区安全饮水项目进行抢修。2020—2021 年,墨竹工卡县水利局共投入 78.6 万元,实施 262 处农牧区饮水安全项目水源点水质检测工作(其中县级资金投入 29.4 万元),实现墨竹工卡县水源点检测全覆盖,均达到《西藏自治区农村饮水安全评价准则》标准,保障了墨竹工卡县农牧民群众的用水安全。

【“河(湖)长制”工作】 年内,根据区、市关于开展“清四乱”行动的系列文件要求,墨竹工卡县及时成立工作领导小组并下发实施方案,在全县范围内开展“清四乱”专项行动。截至年底,共整治销号完成 10 个河(湖)四乱问题;开展迎接西藏和平解放 70 周年庆祝活动河(湖)治理行动,累计清理河(湖)垃圾 92 吨;按照时间节点要求,整治并销号完成 4 个自治区遥感监测发现的四乱问题。

年内,始终坚持对全县 2 个城镇集中式饮用水水源地进行专项执法检查,全面加强县城集中式饮用水水源一级、二级和准保护区日常监管,确保城镇集中式饮用水安全。截至年底,实施完成农村饮用水水源点保护工程 76 处,投入资金 760 万元;截至年底,对全县 180 多个农村饮用水水源和 10 条重要河流(沟系)以及思金拉措湖等水质进行常规检测,为全县水安全提供强有力的保障。

【防汛抗旱】 年内,根据人事变动及时调整充实县防汛抗旱指挥部成员,建立健全防汛机构,明确防汛工作职责,加强防汛工作的组织领导。按照落实防汛抗旱责任的要求,进一步建立健全单位主要领导负总责,分管领导具体抓,各防汛抗旱成员单位各司其职,各负其责的县、乡、村三级防汛责任体系,明确防汛责任,落实汛期地质灾害隐患管理措施。

根据上级要求,结合墨竹工卡县工作实际修订完善《墨竹工卡县城防洪预案》《墨竹工卡县防汛抗旱应急预案》《墨竹工卡县山洪灾害防御预案》,针对各乡镇、各成员单位、各矿山企业、国家电网直孔电站防汛指挥部,县防办下发相关文件通知,要求及时补充完善各类防汛抗旱应急预案,组建防汛抢险队伍,落实防汛措施,加大汛前隐患排查整治工作力度,进一步推进墨竹工卡县防汛工作的深入开展。

4 月 20 日,墨竹工卡县水利局从县财政预算中安排防汛专项资金 48 万元,以询价采购方式储备防汛抗旱物资,包括铅丝笼圈、抽水机(泵)25 台、编织袋 1 万个、吨袋 500 个、雨靴 50 双、安全帽 30 顶、手电筒 30 个、雨衣 30 件等,市局发放铅丝笼圈、抽水机(泵)25 台、编织袋 1 万个、吨袋 500 个并向各乡镇防汛抗旱指挥部发放相应抢险物资,同时要求各乡镇自行储备防汛抢险物资及专项经费。

年内,在做好对全县防汛工作的具体安排部署的同时,县防汛抗旱指挥部专门组织人员,对各乡镇,各矿山企业进行一次拉网式大排查工作,针对矿山企业排查出的问题,要求矿山企业及

2021年12月24日,西藏自治区严格水资源管理、河(湖)长制工作以及农村饮水安全考核组一行到墨竹工卡县日多乡考核工作

2021年10月18日，墨竹工卡县水利局党支部一行到林周县党员党性教育基地开展主题党日活动

时进行整改，并组织成员单位进行整改验收。针对各乡镇排查出的隐患点，县防办及时下发通知，要求根据每一处隐患点，列出问题清单，措施清单，责任清单，并按照时间节点逐一进行整改销号。

年内，在汛期期间，墨竹工卡县水利局在水利重点工程度汛管理上始终坚持“属地管理”原则，汛期县、乡、村严格落实防汛值班制度，定期不定期到所辖水利重点工程进行巡逻，确保重点工程、重点流域安全度汛。为有效保护全县水利重点工程和中小河流，确保全县行洪安全、河势稳定，县政府统一领导，县水利局牵头联合县相关职能部门组成联合检查组，坚持每月开展1次专项整治行动，重点对拉萨河墨竹段、重点水利工程进行1次联合检查工作，确保重点工程、重点流域安全度汛。

年内，从县本级资金中支出765.45万元，用于拉萨河新城区防洪堤水毁修复、墨竹玛曲左岸防洪堤水毁修复及墨竹玛曲右岸防洪堤水毁修复。从县本级支出723.3万元，实施巴洛村防洪堤工程、朗杰林村防洪堤工程及塔巴村4组排水渠工程等民生工程。县水利局利用上级维修养护资金和2021年防汛抗旱专项经费，用于全县8处隐患点整治工作，确保2021年汛期安全度汛。

年内，为贯彻落实习近平总书记关于防灾减灾救灾工作重要指示精神，根据县委、县政府安排部署，于7月9日在唐加乡东部岗村1组（拉萨河边）开展墨竹工卡县山洪灾害防御综合演练。目的是进一步明确各单位山洪灾害防御责任人的职责，熟悉山洪防御的内容，提高应急处置意识；提高人民群众遇到灾害时的自救能力和逃生能力；提高干部群众和各部门的协调能力；检验山洪灾害非工程措施的使用效果。县委常委、政府副县长索朗多吉担任指挥长、县水利局负责人柏强、唐加乡党委副书记、乡长旺堆次仁任副指挥长，县相关单位等65人参加演练。

7月17日，扎雪乡龙珠岗村6组发生山洪灾害险情，县防办接到险情后第一时间前往现场，紧急调运30卷铅丝笼、5卷铁丝，组织指导群众进行抢险加固，后续增加20卷铅丝笼和3卷铁丝；8月24日，墨竹工卡县甲玛乡防洪堤出现2处水毁现象，县防办紧急调运11个防冲墩，乡政府联系矿山企业调运石料、机械等设备，及时排除险情。

【安全饮水】 年内，针对墨竹工卡县部分农牧区饮水设施老化，季节性缺水等现象，墨竹工卡县水利局多方筹集资金，实施一批农村安全饮水巩固提升工程：2021年县级投入383.45万元，实施墨竹工卡县安全饮水巩固提升工程，涉及7个乡（镇）13处工程点，项目已接近尾声。

年内，整合扶贫资金217.26万元，实施安全饮水巩固提升项目2个，已完成建设并完成自验；对排查出的59个点位，争取上级资金168万元，实施饮水工程维修养护，已完成工程量的85%，11月10日之前全部完成；为确保群众用水，急需实施三处农村安全饮水抢修项目，共计40.34万元，项目已全部完工；根据要求2021年对墨竹工卡县农村安全饮水巩固提升项目的5处水源点进行检测。

【新冠肺炎疫情防控】 年内，召

开疫情防控会议3次，积极传达县疫情防控领导小组疫情防控精神，及时排查中、高风险地区人员的来、返墨情况，并落实层层包保的责任体系，确保不落一人。截至年底，在县政府的合理安排和组织下，水利局疫苗接种第一针人数达到13人，接种率达100%，第二针接种人数12人，未接种1人，接种率达83%。

（卓玛拉措）

【机构领导】

局　长

许晓菲

一级主任科员

柏　强（5月任，12月免）

副局长

斯朗拥宗（女，藏族，4月免）

索朗央宗（女，藏族，4月任）

教育（体育）

【概况】 2021年，墨竹工卡县各级各类学校共49所，其中初中1所，中心小学8所，幼儿园40所；义务教育阶段在校生共计7195人，其中初中在校生1961人，小学在校生5234人，在园幼儿2702人；小学适龄儿童净入学率达100%，初中毛入学率达104.87%，学前三年毛入园率达97.76%，义务教育巩固率达99.23%；全县在职教职工688人，专任教师684人，其中初中165人，小学328人，幼儿园191人，教师学历合格率达100%。2021年，教师小考达线人数32人，位居全市第二。

【党建工作】 年内，组织教育系统各党组织开展组织生活会、评议党员活动。各党组织召开党史教育"三更、三新"大学习大讨论、党风廉政教育等，党员集中学习不少于32次，讲党课不少于4次，每位党员学时不少于32学时，写心得体会不少于4篇，顺利完成各党组支部换届选举工作和党员个人述学述评。

【落实立德树人根本任务】 年内，建立健全思政工作领导体系和组织网络，在全县中小学设立"思政办"，2021年以庆祝中国共产党成立100周年和西藏和平解放70周年为主题开展"石榴籽·百年足迹·魅力绽放"迎庆活动、"致敬戍边英雄"爱国活动、"不忘初心·永远跟党走"庆祝"六一"活动、"童心向党·礼赞百年"学生文艺会演等形式多样的系列活动，在全县各类学校师生中深入开展"培养什么、怎样培养人、为谁培养人"专题教育。

年内，通过与卫健委、疾控中心、市场监督管理局、消防救援大队等单位联合治理以及聘请专家举办讲座等形式，多层面开展校园安全隐患排查整治、师生心理健康疏导等工作。

年内，深入贯彻习近平总书记关于"绿水青山就是金山银山"的指示要求，将生态文明教育纳入劳动教育体系，培养学生爱护环境、热爱劳动的优良品质。

年内，切实丰富广大干部职工及农牧民群众体育文化生活，成功举办第三届干部职工运动会暨民族传统体育运动会，参与达600余人次。

【改善学校软硬件设施】 年内，墨竹工卡县政府对教育投入预算12278万元、投入比例达到21%。完善经费使用管理，聘请第三方审计公司对教育系统近三年财务进行全面盘查。截至年底，实施基础项目共16个、总投资1.17亿元。已投入7074万元，新建教学

2021年4月22日，墨竹工卡县2021年度教育工作会议暨义务教育基本均衡发展迎国检工作动员部署会议召开

辅助用房、体育场、电子图书馆、学生宿舍等项目。争取到资金2400万元，拟新建甲玛乡、唐加乡、扎西岗乡双语幼儿园综合楼及南京实验小学宿舍等项目。投入46.7万元，补充完善学校课桌凳及床铺等设备。结合自然资源厅相关意见，对县中学山体进行深度详细的勘探，并逐级请示报告相关事宜。

【教育“三包”惠民政策】 年内，全面落实15年教育“三包”惠民政策，积极推进学生营养改善计划。规范财务管理规章制度，通过专业培训、聘请审计以及交流学习等形式，不断提升局机关及各学校财务人员业务能力素质，从而规范资金使用管理制度，发挥惠民资金最大效益。

年内，下拨“三包”经费3157.48万元，惠及学生90126人次，营养改善经费545.2万元，惠及学生68150人次。落实年度大学生资助金共703.76万元，惠及学生1459人。

【教育发展】 年内，足额划拨教研及提升教学质量专项经费312万余元，稳步推进教研教改工作，编制《墨竹工卡县教育教学质量提升工程实施意见（2021—2025年）》。截至年底，组织教学常规视导、教研员蹲校活动16次，投入4万余元，开展学科主题大教研及“以赛代培”教研活动4期，参与教师430人。开展教学质量检测及总结分析活动各2次，全面启动小学集体备课研学工程。

年内，举办“南京班”开班仪式，第二批6名援藏教师到墨竹工卡县任教，多形式开展宁墨教师交流、互动活动，不断放大“南京班”示范效应。

年内，开展本学年全县在校生相关数据、系统更新工作，掌握全县适龄学生动态。顺利劝回12名初中“两后生”继续就读中职学校。

年内，开展全县责任督学培训，完成全县31所村级幼儿园的督导挂牌和60名督学人员的确定工作。完成2020年度政府履行教育职责情况自查自评。持续督导抓实均衡教育、“五项管理”和“双减”以及疫情防控、校园安全等工作，推进学前教育普及普惠及义务教育优质均衡发展。

年内，组织70余名教师参加国家、区市培训，投入13万余元，组织县本级培训8期、参训教师达180余人。通过公开竞聘为南京实验小学、县一幼、二幼及甲玛希望小学招录补充老师12名，为偏远小学和幼儿园争取新分教师15名，对4所小学校长进行岗位调整，以此优化教师结构，提升教学质量，推动学校提升管理水平。

【推广普及国家通用语言文字】 年内，全面实施混班教学，推行普通话教学，持续加强各类学校国家通用语言文字教育。顺利举办2021年新任村（居）“两委”班子成员普通话培训班共四期，参训人员达310人。结合本地区实际制定《普通话日常用语》汉语版和藏语版教材并发放至各村委会。多举措深入开展第24届全国推广普通话宣传周活动，加强国家通用语言文字推广普及。

【校园安全】 年内，投入校园安全生产专项经费169万余元，完善机制、细化措施，常态化落实校园安全稳定及新冠肺炎疫情防控工作。投入130余万元，实施校园亮化工程，完成购买师生员工人生意外保险、各学校防雷改造

2021年7月1日，墨竹工卡县举办庆祝中国共产党成立100周年和西藏和平解放70周年“童心向党　礼赞百年”学生文艺会演

2021年9月8日，县委书记沈鹏里（前排右二），县委副书记、县长巴桑（前排右三）参加庆祝第37个教师节文艺会演暨表彰大会

项目以及49所学校饮用水水质监测等工作。截至年底，投入新冠肺炎疫情防控专项经费33万元，添置防疫物资，有效落实常态化疫情防控措施。

【党史学习教育】 年内，紧扣党史学习教育，着力完善教育配套设施，累计落实1000余万元，解决学校功能用房改造、校舍维修、电路改造等民生项目，覆盖全县中小学和部分幼儿园。

【改善办学条件】 年内，按照全市统一安排，投入1951万元，对全县未供暖的38所小学幼儿园实施集中供暖工程，实现全县小学幼儿园供暖全覆盖。此外，正式投入使用扎雪乡其朗村西玛朗双语幼儿园，更换9所中小学“三包”生活用车。

【提升教学质量】 年内，编制《墨竹工卡县教育教学质量提升工程实施意见（2021—2025年）》，全县中小学设立“思政办”，南京实验小学被评为第二届西藏自治区文明校园。县委、县政府投入专项经费121.1万元，举行教师节表彰活动，表彰奖励教育系统先进集体及优秀个人，颁发“格桑花开”教师奖教助困基金。

【教育现代化】 年内，投入教育信息化专项经费1000余万元，稳步推进“互联网+教育”国家示范县创建工作，在南京实验小学、唐加乡中心小学2所小学建设智慧教室示范点，同步完成南京实验小学远程电子图书项目，各学校一键报警系统及校安监控系统全面投入使用。通过网络远程，实施国培计划—教师全员培训。

【校园安全】 5月28日，全面开通公交公司学生接送线路，先行落实学校保安由第三方专业安保公司运营工作。

（曲　珍）

【机构领导】

局　长

次仁旺堆（3月任）

副局长

涂金龙（4月任）

二级主任科员

白玛卓嘎（女，藏族，4月任）

墨竹工卡县中学

【概况】 2021—2022学年，墨竹工卡县中学有37个教学班级（均为双语教学班），在校学生1961名；教职员工共171人，其中专任教师168人，中高级职称93人。

【基层党员发展】 年内，召开中国共产党成立100周年党日活动和党员转正表彰大会1次，在转正大会中有2位预备党员转为正式党员，2位同志发展为预备党员，2021年共有103名正式党员（包括南京援藏党员教师2名）。

【党风廉政建设】 年内，把学习习近平新时代中国特色社会主义思想作为首要政治任务，扎实开展“三更”、“三新”大学习大讨论主题教育活动，持续推进“两学一做”常态化制度化，用“四个意识”导航，用“四个自信”筑基，用“两个维护”铸魂，努力营造良好政治生态。

【基层党组织建设】 年内，认真定期开好党委会议、支部委员会、党小组会。年内，按期召开党委民主生活会议、各党支部组织生活会，加强意识形态教育。其中召开党委会议、党委扩大会议共计50余次，各支部召开支部委员会共计8次。

【"四讲四爱"群众教育实践活动】 年内，开展"3·28"百万农奴解放纪念日、"喜迎中国共产党成立100周年暨西藏和平解放70周年"一系列丰富多彩的主题教育活动，提升校园宣传阵地建设水平，并常规性开展系列仪式教育。

【精准扶贫】 年内，坚持工会对住院、困难、退休等职工的慰问工作，落实对工会会员的正常福利发放，继续推进精准扶贫家庭脱贫致富工作，为决胜全面建成小康社会、决战脱贫攻坚，学校教职工凝心聚力提供组织保证。

【德育工作】 年内，发挥德育领导小组的核心作用，形成各部门密切配合，班主任和任课教师共同承担的纵向连接的德育工作体系。德育领导小组成员增强"教书育人""服务育人""管理育人"的意识，并能以身作则，努力工作，带领全员积极探索学校德育工作的新途径。注意加强德育队伍建设，特别是班主任队伍建设。坚持开展主题班会活动，让班主任在实践中互学互进，共同提高，由于长期开展这项活动，因此班会课质量得以较大程度的提高。定期举行班主任例会，通过学习有关经验文章、经验介绍等方式，努力提高班主任的工作能力，学校则采用"帮、扶、带"的方式，以使他们尽快胜任班主任工作。

年内，德育处根据学校德育工作计划，认真组织开展德育工作。加强学生行为习惯管理，组织人员不定期对学生行为习惯进行监督检查，对于查摆出的问题做到及时通报，并要求限期整改。在班主任们的通力协作下，很大程度地改善了学生们的行为习惯。本学期由校长尼玛次仁组织召开全校班级的家长会，强调学生在校期间的各项情况，以及家长需要知晓的各项事宜，为今后班主任开展工作扫清障碍。

2021年7月6日，墨竹工卡县中学举行庆祝中国共产党成立100周年系列活动表彰大会

【校园文化建设】 年内，加强对板报等文化阵地的指导管理，在把好舆论导向的同时，力求主题突出，图文并茂，充分发挥宣传教育功能。抓好安全、法制及心理健康主题教育。通过安全、法制讲座及心理健康教育专题讲座，以真实的典型案例教育学生，积极疏导化解学生心理上出现的各种问题；举办图片展，观看法制教育影片及"珍爱生命，远离毒品"的宣传教育活动。

【学生养成教育】 年内，加强建设未成年思想道德政治建设是学校德育工作的核心和重要途径。做到因人而异，考虑不同年级的学生在思想道德水平方面的差异，使得思想道德活动更加具体深入化。丰富的活动作为加强学生养成教育和规范行为习惯的主要渠道，不仅丰富学生的课余生活，而且对学生思想道德建设起到很好的作用。让德育贴近学生思想道德实际，贴近学生的生活现实，以达到"润物无声"的效果。

充分利用各种有利资源，引入生动活泼的教育形式，将德育渗透到学生的学习和生活的各方面，对学生进行潜移默化的教育，陶冶学生情操。同时注重课堂外求发展，形成课堂课外有机结

2021年6月26日，墨竹工卡县中学举行毕业生欢送仪式

合，开展内容鲜活、形式新颖、吸引力强的道德实践活动，以增强思政班的吸引力和感染力，提高实效。

【教务教研】 年内，注重教学常规管理工作和家校教育，引导学生行为习惯的养成；持续推进“第二课堂”，丰富学生课余生活，培养学生兴趣爱好；带领教师改进教研教改工作，不断汲取新的教育理论知识，不断总结教育教学经验和学校管理经验，面向未来；充分利用“南京班”教学师资，交流教师资源并做好传帮带工作；召开家校联谊会15场次，努力完善家校共建机制；组织学生开展法制讲座，培养学生法治意识；认真落实“五项管理”“双减”措施，规范学校办学行为，减轻学生过重课业负担。举行丰富多彩的校园活动，丰富师生员工课余生活，关心关爱师生；在全体师生员工的共同努力下，大家众志成城，按照学校工作计划，各项既定工作任务圆满完成，学校办学水平、管理水平、学校凝聚力和为学生服务的能力得到很大的提高，学校全面发展进入新境界

年内，进一步规范教师教学行为，夯实教师教学基本功，推动教学管理规范化、科学化、精细化，提高教学质量。进一步制定并完善《墨竹工卡县中学教职工请假考勤管理办法》和《墨竹工卡县中学教育教学常规管理办法》等制度，严格落实《拉萨市教育局关于教学五环节的实施方案》。

【青少年活动中心】 年内，青少年活动中心为更好地服务墨竹工卡县中学学生的课外实践活动，针对学生实际情况，依托全体七八年级教师，于每周五和周六的下午七、八节课开展轮滑、滑板、雕塑、绘画、手工、棋类、跆拳道、科技、足球、篮球、攀岩、舞蹈、台球、街舞、健身、小主持人等17个社团活动和篮球、羽毛球、跳绳、呼啦圈、朗读、电子琴、藏文书法、汉文书法、乒乓球、计算机、摄影摄像、舞台表演、影视欣赏等13个兴趣小组活动。

【总务后勤】 年内，积极组织后勤人员参加学习、不断加强自身素质建设，贯彻落实党的教育方针，做好服务育人工作，认真执行学校制定的有关总务工作制度，组织好后勤全体工作人员，进行业务等方面的知识学习和培训，对存在的问题及时解决，努力提高后勤工作人员的职业道德水平，让后勤全体工作人员以高度的责任感和坚持不懈的精神投入到学校后勤工作中来。明确责任目标，做好后勤服务工作。学校后勤工作包括资产物资采购、水电维修、绿化、环境卫生、食品安全等管理，经过学校高层管理会议研究决定，对重点部位、重点设备，明确了责任，指定专人管理、专人监管。在学校人手紧张的情况下，进行有效探索，不断改进管理服务方式方法，及时做好各项设施的安全隐患排查和毁损维修工作，保障教育教学的正常进行。做好物品的采购和保管工作，规范校产管理制度。

年内，总务处不断规范物品的采购和保管制度。学校需要添置的教学用品、办公用品或维修零配件等经批准后，再操作。购买时，多了解市场信息、货比三家，同等商品比价格，同等价格比质量，选择质量好、价格廉的购买，并索要正规的销货单及发票。采购的物品及时入库进行登记，

物品的领用必须填写领取单。

（郑作良）

【机构领导】

党委副书记、副校长

尼玛次仁（藏族，主持工作）

党委副书记

旦增格桑（藏族）

副校长

周 文 泉

罗 星 敏

王 广 臻（江苏援藏）

全 洪 兴（校长助理）

2021年2月9日，拉萨市气象局党组副书记陈友珍（右三）一行到墨竹工卡县气象局调研

气象

【概况】 墨竹工卡县气象局国家系统人员编制数为6名，参照公务员法管理事业编制数3名，国家气象事业人员编制数3名。2021年，实有人数5名，其中，正科级2名，科员1名，事业编制2名。局内设置综合管理科、防灾减灾科2个管理机构。

【党建工作】 年内，墨竹工卡县气象局党支部以习近平新时代中国特色社会主义思想为指导，根据西藏自治区气象局党组、拉萨市气象局党组和墨竹工卡县机关工作委员会相关要求部署，党建工作有序开展，其中，开展理论学习暨党史学习教育32次，廉政教育学习12次，主题党日活动12次，专题研讨12次，专题党课4次，支部党员大会6次，党史学习教育专题组织生活会1次，年度组织生活会1次，民主评议党员1次。

【亮点工作】 年内，墨竹工卡县气象局被中国气象局、中国气象学会评为2020年度优秀全国气象科普教育基地，为地方气象防灾减灾知识推广应用和青少年科学普及做出积极贡献，成为墨竹工卡县新兴的科教研学点。年内，墨竹工卡县气象局秉持“智慧气象、安全气象”发展理念，深入贯彻落实《中国气象局关于印发〈研究型业务试点建设指导意见〉的通知》，推进“局企合作”新方式，墨竹工卡县气象局与华泰龙公司开展合作，确定在华泰龙矿区新建5套六要素气象观测站（风向、风速、气温、相对湿度、气压、降水），可有效监测矿山周围气象要素信息，提升矿区防灾减灾能力。同时，与西藏巨龙铜业有限公司在数据共享、信息服务、应急响应等方面深化合作，及时为合作单位提供有针对性气象服务。

年内，为提高人工影响天气能力，保障社会经济发展，重点建立健全人影安全管理体系，增强作业人员作业安全性，将3个人工影响天气作业点作为试点，建成全区首批人工影响天气自动化作业室，进一步促进人工影响天气工作科学、规范、安全发展。

【基本业务】 年内，墨竹工卡县气象局对观测场防雷设备进行改造，全面提升观测业务设备的安全。年内，合理布局观测站点，将原有的4个雨量站搬迁到泥石流易发多发地，为人民生命财产安全提供更好保障；截至年底，墨竹工卡县辖区内有国家气象观测站1个，国家级无人自动站2个，区域无人自动站6个，交通气象站1个，泥石流监测站5个，矿山站2个；随着气象观测要求的不断提高，完成业务观测软件升级工作3次，开展全县自动站巡检12次，气象装备维护维修15次，雨量设备标校65次，开展业务集体学习 42 次，开展气象观测业务安全大检查 2 次。

【气象服务】 年内，墨竹工卡县气象局结合全县实际情况，以习近平总书记关于气象工作的重要批示精神为指导，围绕“监测精密、预报精准、服务精细”要求，认真开展全县气象服务工作，及时主动报送各类气象服务材料。墨竹工卡县气象局共计发送气象预报信息短信 28658 条，制作节日专题预报 7 期、周预报 52 期、虫草采挖专题预报 4 期、重要气象报告 5 期、天气公报 4 期、天气消息 28 期、发布山洪地质灾害预警 2 期、气象灾害预警 9 期。

2021年6月1日，墨竹工卡县气象局工作人员到门巴乡虫草采挖点开展气象防灾减灾科普宣传活动

汛期内，墨竹工卡县气象局积极开展气象服务工作，主动进行灾害隐患点排查，局内人员 24 小时轮班，确保全县各级领导能够在第一时间了解天气实况，为墨竹工卡县防灾减灾领导小组的决策和部署工作提供科学依据。此外，墨竹工卡县气象局还提供气象证明材料，为气象灾害导致的农田、牲畜、房屋等财产损失的保险办理提供依据。为增强乡镇应对气象灾害的应急处置能力，及时开展气象信息员培训和考核工作。

【气象科普宣传】 年内，墨竹工卡县气象局深入贯彻落实《全面科学素质行动计划纲要实施方案（2016—2020 年）》《气象科普发展规划（2019—2025 年）》等文件要求，围绕公众与社会需求，加强气象科普基地的设施建设。年内，开展室外气象科普宣传 5 次，科普馆宣传 10 余次，共计发放气象防灾减灾宣传手册 16000 余册，参加活动达 13000 余人次。年内，先后有区外和区内 4 家兄弟单位前来参观、学习交流科普工作。

2021年4月14日，西藏自治区人影中心联合拉萨市人影办、墨竹工卡县人影办开展火箭作业人员操作技能培训

【人工影响天气】 自墨竹工卡县开展人工影响天气作业以来，在农业防雹、抗旱、水库蓄水等方面发挥应有的作用，产生较好的社会和经济效益，为防灾减灾决策部署提供有力的气象保障和数据支撑。年内，完成弹药库周边规范化建设，建成消防水池、道路硬化、弹壳堆放简易库房等，进一步加强人工影响天气安全管理。

年内，墨竹工卡县气象局开展人工影响天气安全生产大检查 6 次，开展人工影响天气作业炮手安全培训 1 次，火箭培训作业 1

2021年4月28日，墨竹工卡县气象局召开业务工作部署会

次。汛期内，人工影响天气申请作业共计124次，成功作业69次，作业高炮弹、火箭弹共计发射689发，并协助市气象局完成“西藏70周年大庆活动保障”和“廓琼岗日冰川人工增雪作业”，通过各乡镇人民政府气象信息站统计，墨竹工卡县人影工作保护村庄40个，保护面积达7万余亩，为粮食安全生产提供了重要保障。

【防雷减灾】 年内，墨竹工卡县气象局认真贯彻落实拉萨市气象局和墨竹工卡县安委会关于气象安全生产工作部署要求，对全县加油站、加气站、矿区炸药库等易燃易爆危化场所开展防雷安全检查5次，提出整改意见10余条。

【全国自然灾害综合风险普查】 年内，根据《西藏自治区人民政府办公厅关于做好第一次全国自然灾害综合风险普查的通知》，完成1978—2020年墨竹工卡县气象灾害致灾因子(暴雨、干旱、低温、风雹、雪灾、雷电)的调查、收集、审核、补充、上报、汇交工作。通过整理历史灾情资料、档案查阅、现场勘查(调查)、与其他部门共享普查信息等方式，获取本地区历史气象灾害信息。通过外部媒体、全彩显示屏、横幅等多种宣传形式，广泛宣传第一次全国自然灾害综合风险普查工作，提高群众对自然灾害综合风险普查的认识，认清普查工作的重要性，切实将本次灾害普查工作落到实处。

(德例归吉)

【机构领导】

局　长

　　刘　勇(3月任)

副局长

　　永　红(女，藏族)

气象台台长

　　邹芳娥(女)

城市建设·环保

住房和城乡建设

2021年6月17日，墨竹工卡县住房和城乡建设局局长旦增罗布（左四）到扎雪乡向老百姓宣讲“美丽乡村·幸福家园”政策

【概况】 2021年，墨竹工卡县住房和城乡建设局有工作人员12人，其中行政编7人，合同制工人4人，三支一扶1人，编制下辖事业单位墨竹工卡县自来水厂，现有工作人员公益性1人、临时聘用人员8人。

2021年，墨竹工卡县住房和城乡建设局深入贯彻落实县委、县政府关于住房和城乡建设的一系列指示精神，不断拓宽城乡建设思路，提高建设水平，以加大项目建设、推进民生工程、加强项目监督管理为抓手，精心组织开展市政基础设施建设、住房保障、行业监管等重点工作任务，各项工作任务稳步推进，城市功能、城市品质、人居环境得到有效提升，人民群众的获得感、幸福感和安全感不断增强。

【改善城乡人居生活环境】 年内，有序推进老城区排水管网改造工程、老城区318国道沿线自来水管道改造工程、甲玛乡特色小城镇市政道路、甲玛乡特色小城镇市政道路（矿区延伸段）、甲玛乡特色小城镇水厂提升改造项目等工程。完成墨竹工卡县城郊生态修复工程建设及新建乡镇厕所9座。深化党史学习教育，倾力为民办实事。坚持把墨竹工卡县“领导干部下基层大接访办实事”活动、墨竹工卡县“格桑花开·幸福助力”民生微实事100+行动计划深入贯穿到党史教育全过程中，有效打通民生服务“最后一公里”，投资372.452万元，新建860盏路灯、维修363盏路灯，真正解决了群众急难愁盼问题。

【住房保障】 年内，始终坚持以住房保障工作为抓手，不断完善住房保障体系，提升服务水平，全面推进住房保障、“美丽乡村·幸福家园”等民生工程。年内，实施工卡镇工卡村三组110户棚户区基础设施改造项目。完成竣工验收公共租赁住房440套项目，为9户11人低收入人群发放租赁住

2021年5月18日，墨竹工卡县住房和城乡建设局副局长扎西次仁（左四）在老城区宣传安全文明施工活动

房补贴金 38520 元，实施“美丽乡村·幸福家园”153 户。

【依法行政】 年内，始终坚持以依法行政为目标，不断提高行政执法的能力和水平，全面推动法治单位建设，有力地促进了全局各项工作的开展。组织局系统的行政执法人员充分利用政治学习时间进行建设领域和相关公共法律法规的学习，有效地提高了干部职工的依法行政意识和行政执法水平。

加大建筑施工安全生产监管力度，年初制定工作方案和检查制度，保证安全生产形势的持续平稳，全年累计组织开展建筑工程领域安全文明检查 85 次，发现安全隐患 56 条，现场整改 41 条，限期整改 16 条，开具行政处罚 85.2 万元，全年行政处罚共计 85.2 万元。

【便民服务】 年内，为深入推进审批服务便民化，群众办事简便化，墨竹工卡县住房和城乡建设局始终立足“便民利民、即到即办、优化流程、提高效率”的服务理念，努力营造高效、便捷的便民服务环境，使各项业务更加流畅，切实增强企业和群众的幸福感与获得感。

不断规范工作流程，公开服务窗口的服务事项和内容，并将相关内容公示上墙。同时对便民服务大厅工作人员加强岗前培训教育。优化服务环境，提高行政效能，全年受理低收入人群廉租房审核 22 户，公租房审核 95 户；消防备案 42 件，验收 5 件；核发施工许可证 59 份；质量监督备案 63 份，出具建设工程质量监督报告 24 份；办理房产抵押 16 件，房屋权属交易登记 3 件。结合宣传月活动，组织工作人员通过在 318 国道沿线、施工现场发放安全生产、扬尘治理、农民工工资保障等宣传册 500 余册、宣传礼品 100 余份。

【城乡环境综合治理】 年内，为巩固城乡环境综合治理成果，进一步推进城乡环境综合治理工作深入、持续开展。生活污水收集和处理能力极大提升，县乡污水日处理量 1915 立方米，年处理量达到 363839 立方米，处理率达到 100%。垃圾收集处置能力有效提升，全县生活垃圾处理量 25 吨 / 天，年处理量达到 9125 吨，无害化处理率达到 100%。“厕所革命”运维管理能力有效加强，群众满意度不断提高，全年安排 150 万元运维资金，正常开放运维全县 61 座“厕所革命”，开展专项检查 4 次，解决 61 名低收入人群就业。

【关心关爱干部职工】 年内，以实际行动落实习近平总书记在藏考察期间关于“关心关爱干部职工”的指示要求，实施政府干部职工食堂改造工程及政府院内膜结构停车棚、洗车场项目。

【供水服务】 年内，坚持以“优质供水，满足生产和生活用水”要求，不断完善生产运行和管理机制，确保水厂饮水安全运行。县城供水面积达 5.2 平方公里，给水管网长度达 12.4 公里，受益人数约 1.8 万人。老城区水厂日累计供水量约为 6720 吨，嘎则新区水厂日供水量约为 11040 吨。全年出动 20 余次应急抢修，每季度开展水质监测。

（董乃瑕）

【机构领导】

局　长

旦增罗布（藏族）

副局长

扎西次仁(藏族,5月任)

生态环境保护

【概况】 2021年,拉萨市生态环境局墨竹工卡县分局以改善人居生活环境为核心,全力推动生态文明建设,加强生态工程建设,推进生态环境治理,深入打好污染防治攻坚战,各项工作取得阶段性成效。拉萨市生态环境局墨竹工卡县分局编制人员3人,实有工作人员4人。

2021年,共投入生态环保资金1224万元,其中环境监测经费60万元;环保业务整改(环保管家服务)40万元;生态资金367万元(含34名环境监督员工资、考核专项经费);环境保护宣传经费5万元;"禁白"专项经费2万元;生态环境保护整改经费10万元;监测站及湿地管理分局办公设备购置10万元;上级第一、二批重点生态功能区转移支付资金730万元。

【环境质量状况】 年内,全面掌握县域环境质量现状,分析县域环境质量变化情况。根据相关法律法规和行业标准,研究制订《墨竹工卡县2021年环境质量监测方案》。委托西藏晟源环境工程有限公司对县域重点流域(领域)及县城建成区集中式饮用水、大气、土壤等42个点位开展四个季度监测工作,监测数据显示环境空气监测项目指标均能够满足《环境空气质量标准》(GB3095—2012)一级标准限值要求,城市空气质量优良,集中式饮用水监测项目指标均能够满足《地下水质量标准》(GB/T14848—2017)Ⅲ类标准限值要求。

【中央环保督察"回头看"】 在第一轮中央环保督察组进驻西藏期间,转办给墨竹工卡县的信访案件共有21件(主办15件、协办6件),共反馈墨竹工卡县三大矿山问题9个,西南督察局重点关注墨竹工卡县的3项生态环境问题;自治区本级生态环境保护督察给墨竹工卡县转办9起生态环境案件,所有信访案件已全部办结。

年内,拉萨市生态环境局墨竹工卡县分局联合县直相关部门,按照"整改一件、验收一件、销号一件"的原则,扎实开展转办案件"回头看"的各项工作。

2021年12月9日,西藏自治区生态环境厅生态文明建设示范创建现场核查专家组一行到墨竹工卡县实地核查

【环境执法】 年内,为进一步提升行政执法能力,规范行政执法行为,提高案卷制作水平,有力打击生态环境领域违法违规行为,确保2021年度生态环境保护执法大练兵各环节不缺项、能得分。拉萨市生态环境局墨竹工卡县分局选配专人积极参与2021年度全区环境执法大练兵活动,加强环境执法队伍建设,提升环境监管水平,进一步规范严格执法、公正执法、文明执法的秩序,树立执法队伍的良好形象。

【环境综合整治】 年内,为进一步做好环境综合整治工作,加强乡镇及寺庙管委会环境综合整治基础设施建设,县本级财政投入192万元采购6辆垃圾压缩车,解决环境综合整治资金99万元;对县域内部分乡镇开展环境综合整治工作进行抽查,针对抽查中发现的问题要求属地乡政府进行整改,并要求长期坚持;为进一步加强墨竹工卡县采挖虫草期间环境卫生整治工作,为虫草采挖集中点发放编织袋8000个。

【环境保护宣传活动】 年内，拉萨市生态环境局墨竹工卡县分局联合各相关部门开展“5・22”国际生物多样性日、节能宣传周、“6・5”世界环境日、8月生态文明宣传月等活动，共计800余人参加，发放环保宣传用品5850件、环保宣传手册2800余份、悬挂宣传横幅20余条。

【环保监管执法】 年内，严格项目环评审批，2021年确认建设项目环境影响评价登记表网上备案41个，无一例违法、违规、违纪审批；对全县辖区内矿山企业、医疗机构等开展200余人次生态环境保护工作检查，对4起环境违法行为进行立案调查，共处罚金16.8万元，均已上缴国库。

【污染防治】 年内，进一步巩固污染防治成果，坚持精准治污、科学治污、依法治污总方针，深入打好污染防治攻坚战，确保生态环境质量持续向好，让良好生态成为人民群众最普惠的民生福祉。制订《墨竹工卡县入河（湖）排污口排查整治工作方案》，组织开展城镇、乡村入河排污口专项排查，建立入河排污口清单，经排查县域内有9个入河排污口，均办理排污许可证及排污登记，其中，完成论证并获得批复的有7个，正在编制论证报告待批复的2个；对辖区内6家涉重金属矿区固体废物堆存场所进行检查，并建立监管清单和环境风险隐患排查清单；有效落实环境大整治工作方案，印发《关于开展县域内环境综合整治工作的通知》，解决环境综合整治资金99万元；建立完善9家危险废弃物环境重点监管单位清单及危险废弃物产生单位清单；按照相关要求开展固体废弃物专项检查，形成检查报告；积极配合上级部门开展“绿盾”自然保护地监督检查专项行动，对各级自然保护区开展自查工作。

2021年11月23日，墨竹工卡县召开全区环保考核安排部署会

【生态文明示范创建】 年内，按照《中共西藏自治区委员会西藏自治区人民政府关于创建国家生态文明建设示范区加快建设美丽西藏的决定》精神，组织开展墨竹工卡县生态文明示范创建工作，完成自治区生态文明示范创建县、乡、村规划、实施方案及工作报告编制，并通过拉萨市政府预审。

【环保监管网格化】 年内，为强化全市生态环境保护监管工作做实、做细、做好，拉萨市生态环境局根据《关于印发〈开展拉萨市生态环境局网格化监管平台培训方案〉的函》，开展拉萨市生态环境局网格化监管平台培训，墨竹工卡县8名网格化监管人员参加此次培训，通过学习生态环保网格化监管平台、生态环保网格化工作相关政策、微信“拉萨生态环保网格化”小程序的操作及使用，为下一步辖区内环境监管区域和内容的全方位、全覆盖、无缝隙管理夯实基础，确保墨竹工卡县生态环境领域的安全和谐。

【巩固“禁白”工作】 年内，按照上级相关部门要求，开展辖区内塑料污染（白色污染）治理工作，联合县直相关部门对县城农贸市场、超市、商铺、餐饮店使用一次性发泡塑料餐具、不可降解塑料购物袋进行“禁白”专项检查，投入资金2万元，开展宣传工作4次，发放环保宣传资料500余册、可降解环保替代品1.2万个，收缴暂扣一次性不可降解塑料购物袋

5公斤。

【新冠肺炎疫情防控】 年内，拉萨市生态环境局墨竹工卡县分局深入贯彻落实区、市、县党委、政府和生态环境部门的部署要求，建立完善全局干部职工新冠病毒疫苗接种对象档案电子表，按期完成疫苗接种工作。不断强化医疗机构、污水处理厂、饮用水源地等生态环境重点领域风险管控工作，切实加大日常监管力度，坚持以生态环境执法推动“战疫”决胜。

（郭　敏）

【机构领导】

局　长

普布次仁（藏族）

副局长

巴桑旺堆（藏族）

城市管理和综合执法

【概况】 墨竹工卡县城市管理和综合执法局成立于2019年4月28日，核定行政编制3名，其中科级领导职数2名，2021年有工作人员5人，正科级1人，副科级1人。按照墨竹工卡县城市管理和综合执法局三定方案的规定，局全体干部积极探索，全面落实城市管理和综合执法工作的职能。

【党建工作】 年内，通过参加县委、县政府安排的党课教育及“三更三新”活动、党员活动日、党员集中学和个人学等形式，不断创新党员干部队伍教育、管理、监督和服务的新途径。自主创新开展每月“主体党日”活动，提高党员干部的政治素养。严格落实“三会一课”制度，适时召开党内组织生活、民主生活会，做好民主评议党员。以支部为单位开展“三更三新”“不忘初心、牢记使命”党史学习教育活动。认真学习习近平总书记在中国共产党成立100周年大会上的讲话精神和西藏和平解放70周年之际习近平总书记在西藏视察时的重要讲话精神。

【党风廉政建设】 年内，墨竹工卡县城市管理和综合执法局党支部高度重视党风廉政建设工作，坚持落实“党支部统一领导、各负其责、全体在岗人员共同参与”的工作机制，认真落实好局领导班子廉政建设责任制，明确责任主体，签订《党风廉政建设责任书》，严格责任追究，上下联动，层层落实，形成反腐倡廉工作的整体合力。

推进局干部落实“八项规定”，改进作风密切联系群众、严格履行城市管理职能与各项工作职责，进一步巩固和扩大作风建设成果。严肃工作纪律，坚持干部上下班考勤制度，提升机关行政效能。

【城市管理执法】 年内，按照县委、县政府关于做好迎接中国共产党成立100周年和西藏和平解放70周年，城市“四化”工作的指示精神，加大对县城内的占道经营、流动商贩、乱摆摊设点、乱堆放杂物、尾随兜售等问题的执法查处力度，2021年已清理占道经营186次，清理流动摊贩152余次，有力地打击遏制各类非法占道经营行为，切实维护和提升了县城环境。

年内，对临街设置的各类移动式灯箱、广告牌、横幅、进行清理取缔。共清理违规设置户外广告牌18处，老旧横幅143条，拆

2021年3月18日，墨竹工卡县城市管理和综合执法局邀请拉萨市专家开展垃圾分类专题讲座

2021年5月8日，墨竹工卡县城市管理和综合执法局工作人员到甲玛乡小学开展垃圾分类宣传活动

除老旧破损宣传栏46个。

为督促严格按照“门前三包”责任书要求做好责任区的环境卫生工作，2021年共分3批24人次员对县城范围内的商铺进行“门前三包”责任制落实情况，检查共发现28户卫生不达标，乱堆放37处，已全部整改完毕。

【市政设施维护】 年内，改造全县城路灯线缆856米，更换全县城路灯LED灯头273个、高压钠灯150个、整流器150个、触发器150个、控制柜内配件9个，新购灯笼180个，维修灯笼150个，对调更换灯笼60个，对调更换灯笼支架28个，LED灯笼变压器79个，更换高分子井盖18个，更换铸铁方圆井盖23个，更换雨箅子5个，重新涂刷县城主干道交通指示线等工作，县城主要路段路灯亮灯率已达到95%。

【安全生产】 年内，根据安委会相关文件精神，6次对县德旺加气站及173家餐馆的煤气罐进行检查、排查，在检查工作中发现德旺加气站存在部分安全隐患并现场要求德旺加气站及时整改。在检查餐馆时发现部分餐馆在使用过期的煤气罐，责令立即更换，并对德旺加气站强调禁止给过期煤气罐加气的要求。在市政设施安全隐患排查4次，发现县中学附近路灯电缆裸露并部分损坏存在安全隐患和部分通信网线存在安全隐患，及时联系通信公司进行当场整改。

【县城垃圾分类宣传】 截至年底，已有多数人实施垃圾分类和兑换。进一步为调动群众的积极性，开展垃圾分类知识宣传活动4次，分别在县城、嘎则新区、甲玛乡和尼玛江热乡。通过入户宣传，入乡村宣传，微信公众号宣传等，让更多的群众了解并参与到垃圾分类行动中。

【垃圾分类关注度兑换积分】 年内，已使用积分547470分、已兑换积分548825.61分、纸板16894.13公斤、报纸329.2公斤、书3261.8公斤、酒瓶50528个、塑料瓶128850个、易拉罐143916个。积分可兑换日常用品。其中生活用品类的兑换量总计为17075个。食饮品类的兑换总计796个、文具类兑换量总计12个。截至年底，微信公众号关注人数增长到980人。

【可回收物处置】 年内，将各乡村的可回收物收集到县城内进行再分类，再分类后的可回收物自3月开始运往拉萨指定地点进行变卖，投入二次利用。

（格桑云单）

【机构领导】

局　长

赤列坚参（藏族）

副局长

拉巴仓决（女，藏族）

交通·通信

交通运输

【概况】 2021年，墨竹工卡县纳入统计里程690.785公里（除高速、国省道外），其中县道1条，共计30.593公里，乡道3条，共67.281公里，村道85条，361.364公里，专用道路56条，共231.547公里。全县41个行政村（居）全部实现道路通畅；198个自然村道路全部通达。行政村、自然村通客运班线100%。2021年，干部职工共9人。

【基本职能】 推进墨竹工卡县综合交通运输体系建设，统筹规划公路行业发展，建立与综合交通运输体系相适应的制度体制机制，优化交通运输主要通道和重要枢纽点布局，促进交通运输方式融合，组织拟订全县综合交通运输发展战略、规划、政策和规范性文件，指导、协调、监督全县公路发展战略、规划、政策和规范性文件的拟订，指导综合交通运输枢纽规划和管理，负责交通运输行政执法检查和监督。

承担道路运输市场监管责任。监督实施全县道路运输执行相关政策、技术标准和运营规范。指导全县城乡客运及有基础设施管理和维护，承担有关重要设施的管理和维护。

制定全县交通运输行业科技发展规划并监督实施。指导全县交通运输信息化建设，监测分析运行情况。指导公路行业环境保护和节能减排工作，承办县人民政府交办的其他事项。

【法治统计建设】 年内，以"学党史、办实事"常态化制度化为契机，学习中共十九大精神，结合县委，县政府制定的交通改革任务，进一步细化依法治统措施，明确责任分工落实到人，法治统计建设持续深入推进。

【党风廉政建设】 年内，明确干部履职、作风要求和纪律要求；深入推进廉政风险防控体系建设，特别是基层廉政风险防控体系建设。狠抓"八项规定"和"四风"

2021年7月9日，墨竹工卡县交通运输局局长洛桑多吉（右一）对客运班车进行安全检查

2021年6月30日，墨竹工卡县交通运输局联合县交警大队开展对客运车班线驾驶员“两节”期间安全生产警示教育培训会议

问题，筑牢拒腐城墙。深入开展两个专项整治工作，党支部会专题研究贯彻落实两个专项治理工作精神，严格查处各类违规行为。

年内，开展主要领导讲党课制度，明确局党支部书记和班子成员要通过多种形式，为其分管的党员干部讲一次专题党课，并把党风廉政建设作为党课教育的重要内容。认真落实廉政约谈制度，认真开展“不忘初心、牢记使命”主题教育学习工作。

年内，组织全局6名党员、干部职工观看警示教育片2次，大家深受教育。局党组将每月第一个周五固定为例会。组织全局干部职工，到林周县红色教育基地参观学习。

【农村公路实施项目】 年内，实施“溪桥二期”工程，桥梁47座援藏资金投资3550万元。18个农村公路基础设施项目，项目总投资3497.92万元，其中本级资金解决项目5个，项目总投资798.36万元，涉农整合资金解决项目11个，项目总投资2268.93万元，上级资金解决项目2个，项目总投资430.63万元，已全面完成并投入使用。

【协调工作】 年内，墨竹工卡县交通运输局重大交通项目协调办公室，积极主动与自治区交通厅、拉萨市交通运输局等相关部门配合，认真开展嘉黎县措多乡经波朗村至墨竹工卡县门巴乡公路改建工程、省道S507线林周县旁多乡至阿朗乡经扎雪乡至墨竹工卡县尼玛江热乡公路工程及国道349改造项目的建设、交付使用期间。重大交通项目协调办公室积极参与和协助解决公路项目地材运输、民工工资和工程款。

对接组、村、乡和县环保局、自然资源局、水利局、农业农村局、应急管理局等相关部门解决完三个重大项目墨竹境内的临时用地，主要是取料点、拌和站、民工驻地、养护段建设基地等；全面参与工程指挥部、项目部、监理、村委会、乡政府一起测量公路建设红线之内征地拆迁，并建立相关台账。截至年底，损毁耕地及围墙、网围栏已完成恢复；对接工程建设指挥部、项目部、施工队，强调以工程建设为契机，做好当地民工及设备的使用，提高公路建设沿线群众的收入。

【农村公路养护管理】 年内，为推进墨竹工卡县农牧业产业化和新农村建设提供优质、高效的服务，进一步规范墨竹工卡县农村公路养护工作，公路日常养护迈入常态化、规范化轨道，县交通运输局坚持“统一领导，分级负责”的原则，进一步落实分级管理养护责任，认真落实养管责任主体，不断提升农村公路的通行能力和服务水平，制定《墨竹工卡县农村公路养护制度》，明确各乡（镇）的养护路段、养护标准和养护要求，并将公路管养纳入村规民约。

截至年底，墨竹工卡县境内共实施养护项目4个，投资共计550.75万元。全力保障公路安全畅通。截至年底，墨竹工卡县未发生水毁导致道路中断情况。

【安全生产】 年内，高度重视安全生产工作，把交通运输领域安全工作摆上重要位置，贯彻落实“党政同责、一岗双责、失职追责”规定，全面组织安全生产计划，明确工作重点，确定监管思路，部署安全检查、督查及整改，开展安全生产工作大检查大排查。

年内，在县域内交通道路进行安全隐患排查共计66次，其中在建项目安全生产检查57次，县客运站检查3次，农村道路检查6次，发现并及时整改问题97件，3件立项整改（道路滑坡、路基冲毁、山体落石等共投入资金490万元）。对易发生山体滑坡、泥石流、雨水冲刷桥梁、涵洞等路段，以及排查出存在安全隐患的道路，及时设立警示标牌，并制定保通方案，确保第一时间调配人员机械，保障道路安全通行。

【运输管理】 年内，道路运输管理窗口已办理业务3705项：货运车辆年审610辆，客运车辆年审31辆、货运车辆过户33辆、货运车辆换证补证7辆、货运车辆迁出24辆、货运车辆迁入83辆、货运车辆新增186辆、道路运输许可280户，从业资格证诚信考核1913人次、继续教育538人，对所有受理项目，一律依法按章办理。在规定的完成时限内完成审批手续，为服务对象提供高效优质的服务，全年办件率为100%。

（胡兴旺）

【机构领导】

局　长

洛桑多吉（藏族）

副局长

丹增曲达（藏族，4月任）

公路养护

【概况】 2021年，西藏自治区公路局林芝公路分局墨竹工卡公路养护段（以下简称墨竹工卡公路养护段）严格按照公路养护相关标准，坚持以公路日常养护作为工作重点。2021年日常养护工作量共计疏通涵洞79道、整理路肩86750平方米、新挖土质边沟315米、清理白色垃圾1312公斤、清扫路面1019076.2平方米、清扫路肩54725平方米、清理边坡杂草杂物337072平方米、整理边坡262139平方米、河流改道2135米、路肩培土105.4立方米、砂土路季节性养护28000平方米。

2021年小修工程工作量共计路面灌缝171755米、沥青路面修补坑槽9167.4平方米、安防设施刷漆14349.75平方米、更换标志牌74块、新安装桥梁限载牌49块、安装轮廓标55个、更换波形护栏板40米、罩面9公里、新增波纹管涵1处，更换路缘石12块、维修涵洞帽石4块，安装涵洞警示柱226根，处理桥头涵洞跳车32.32平方米，补画道路中心标线2637平方米，修复涵洞进出水口损坏4.8立方米，局部维修挡土墙79立方米。

【应急抢险】 年内，汛期抢险保通量共计清理泥石流357.2立方米、清理零星塌方93立方米、投放钢筋骨架铅丝笼10立方米、路基回填加固8立方米、浇筑混凝土5立方米。

冬季抢险保通工作量共计抢险人员228人次，机械28台次，铺撒防滑料166立方米、清除积雪29586.53立方米，铺撒融雪剂9.14吨。

【桥梁养护】 年内，主要对甲玛桥的桥头引道进行维修、尼江大桥两侧增设防撞栏杆60米、旁多1桥桥栏杆损坏部分进行维修处理、嘎巴村2号桥新修桥底铺砌层60立方米、扎叶巴2桥混凝土护基15.99立方米、江夏桥混凝土护基9立方米、尼玛江热桥修复桥头引道140.8立方米、修复导流堤82.5立方米、桥台混凝土护基32.4立方米、色康桥修复导流堤

2021年11月11日，墨竹工卡公路养护段组织开展安全生产宣传教育活动

2021年5月17日，墨竹工卡公路养护段组织职工储备抢险保通物资

22.65立方米、桥梁梁板铰缝勾缝72.2米。较好地完成林芝公路分局下达的各项目标、指标：普通国道铺装路优良路率达到68.9%，路面技术状况米QI值达到80.1，路面性能PQI值达到83.4，砂石路优良率达到60%；普通省道铺装路优良路率达到61.6%，路面技术状况米QI值达到79.0，路面性能PQI值达到81，砂石路优良率达到60%。

【创建平安单位】 年内，认真对照“平安单位”创建标准，加强组织领导，落实工作责任，健全制度。年内，共召开扫黑除恶专题工作会议12次；面对广大群众组织开展扫黑除恶宣传活动2次；组织干部职工观看扫黑除恶教育短片2次。为提高对保密工作的重视，组织重点岗位人员学习《涉密人员保密管理办法》及开展保密知识竞赛活动。

【排查安全隐患】 年内，多部门联合对单位院内、职工食堂、职工宿舍、辖区出租房屋等区域开展2次安全大检查工作。在段部和工区共配备80个干粉灭火器，每月定期检查有效期，做好安全记录。对各商品房的电线、插线板、消防设施进行检查，对存在的问题要求限期整改，确保安全。加强食品安全监管，不定期检查食堂菜品餐具的安全卫生，切实保障职工人身安全。

【新冠肺炎疫情防控】 年内，严格落实疫情防控责任，明确防控任务，细化具体防控措施，落实人员责任。对照国家及自治区、林芝公路分局、墨竹工卡县疫情防控相关要求，自查各项防控措施落实情况。严格职工健康管理，全面落实返墨竹工卡人员信息报备制度，延缓国内中高风险地区墨竹工卡公路养护段职工返藏来藏。开展单位及公路服务设施消毒，对单位内生产、生活、办公区域、食堂进行全面环境卫生清理，保持良好通风。人员密集场所、重点设施设备等定期进行彻底消杀，确保不留死角、不漏盲区。对公共卫生间、经常使用的公共部位、重点区域加强清洁消毒。严格实行门卫登记检查制度，落实24小时人员值守，对进出人员、车辆严格查验健康码、行程码、场所码，做好信息登记。

严格落实职工日常防护制度，遵守相关防疫规定。做到勤洗手、不随地吐痰、不乱扔垃圾，废弃口罩等有害垃圾归集到指定区域或器具存放，通勤车辆要定期做好防疫消毒。确保防疫物资保障，备置口罩、消毒剂等疫情防护用品、药品等各类防疫物资，加强防护设施以及日常物资储备。年内，共发放一次性医用口罩5300个，84消毒液500毫升460瓶，2.5升18瓶，100毫升喷雾酒精60瓶，杀菌湿巾30包，一次性橡胶手套50双，手提式喷雾器1个，背负式喷雾器6个，防护服13套。

【业务培训】 年内，加强培训学习工作，积极制定科学合理的养护技能培训方案，进行3次养护生产统计培训、3次养护知识培训。严格按照《林芝公路分局公路养护统计报表制度》的要求，做好公路养护统计工作和“四张表”、工区“一长五员”记录表，规范段部、各工区上墙养护图表和内业资料填写和整理工作，达到数字准确、图表清晰、内容齐全、资料规范。

【安全生产】 年内，制定并细化墨竹工卡公路养护段安全生产目标责任书。与各工区、各部门签订安全生产目标责任书，严格落实安全生产一票否决制和安全生产责任追究制度。年内，组织开展5次安全生产培训、每季度召开安全生产形势分析会1次、段行政办公室每月召开1次安全生产专题会议、段党支部每季度召开1次安全生产会议、工区每月召开安全生产例会1次、学习习近平总书记关于安全生产重要论述专题3次、组织观看各类安全警示教育片5场次，受教人员共计380人次，提高了广大干部职工的安全意识。

组织开展公路水毁应急演练、消防安全应急演练、防灾减灾应急演练，共计3场次。坚持把预防和治理水毁、雪阻作为重点工作来抓，成立抢险防汛突击队，实行24小时值班制，加大对冬季降雪天气和夏季汛期的公路巡查、检查的频率和力度，全面了解、准确掌握公路路基、路面、桥梁、涵洞和边沟等的技术状况，及时检修，消除隐患，保证公路安全畅通。及时补充应急物资，根据实际情况进行30米公路钢桥的清洗、除锈、喷漆等保养工作；补充48米的U形标准钢桥面版18片、篷布4个；储备波纹管共90米；储备防滑料750立方米、防滑链2条、除雪机刀片3套；补充更换失效灭火器50瓶。

【路政执法队伍建设】 年内，主要开展路政人员业务学习、准军事化训练；路政法规宣传、“八五”普法、法律“七进”活动。路政人员学习、准军事化管理，墨竹工卡公路养护段共举办4次业务学习。开展“八五”普法2次，向社会集中宣传大件运输许可、涉路施工许可、路域环境治理等方面政策法规。其间，共设立固定宣传点2个，发放各类宣传资料约2190份，接收路政法律咨询约360人次，出动人员20人次。全段干部职工积极参与《生态环境法律知识》《防范电信网络诈骗》等全区线上统一考试，均达到合格。

清理公路两侧的乱堆乱放6处、非公路交通标志20余块、联合工区清理公路两侧堆积物800余立方米。校正波形护栏80余米。清理路面漏、洒约2800公里。在巡查过程中，主要针对是否按照路政许可的要求进行涉路施工。是否损坏或占用公路、公路附属设施、边沟。是否进行恢复、交通安全防护设施是否齐全等，违法涉路施工的查处。通过事中事后监管纠正1处。2021年共处理路政案件4起，收取路产损坏赔(补)偿费3320元，报请上级批准办理路政许可3起，收取占用费12600元。办理大件运输通行证8起，护送大件5起。

【机料管理】 年内，开展机械设备的保养维修工作，共计保养维修设备39台次。坚持每月到工区进行机械设备的日常保养、技术状况检查并严格要求设备作业前的安全检查。加强操作手管理，落实岗位责任，进一步提升操作手责任意识，杜绝“只用不养、不坏不修”的恶习。

截至年底，采购养护生产工具、路面沥青、各类养护生产材料，共计产生采购费3562365元，日常养护油料和抢险保通油料共计消耗116812升，切实保障墨竹工卡公路养护段日常养护生产和抢险保通工作的完满完成。成立材料采购小组，把材料采购过程透明化，公开化。建立健全油材料管理制度，定期检查段属工区的油材料储备、油材料出入库等

2021年6月18日，墨竹工卡公路养护段组织工区职工浆砌片石挡土墙

2021年3月24日，墨竹工卡公路养护段组织工区职工开展划线机培训

情况，安排专人负责。

联合安委办定期开展段属工区操作手安全生产教育宣传活动，以集中学习、传达安全生产有关文件精神等多种形式，共计培训12次，开展2次机械设备操作培训（划线机和打桩机培训）。

【党建工作】 年内，坚持把学习习近平新时代中国特色社会主义思想与党史学习教育和“三更”专题教育紧密结合；坚持把学习贯彻中共十九届六中全会精神、中央第七次西藏工作座谈会精神。开展党史学习教育，开展支部班子成员讲党课活动。组织干部职工瞻仰参观革命遗址、遗迹、纪念场馆、烈士陵园等红色教育基地，现场感悟革命精神、弘扬伟大建党精神。举办“歌舞青春、礼赞百年”庆祝中国共产党成立100周年暨西藏和平解放70周年文艺会演活动。

先后召开专题学习会36次，研讨会6次，深入一线调研7次，发放学习资料100余套，撰写心得体会260余篇。认真执行“三重一大”议事决策规定，坚持班子成员间互通情况、沟通思想，在重大事项的决策上，充分发挥班子成员的积极性和主观能动性，集思广益，民主决策。

【党风廉政建设】 年内，研究布置党风廉政建设相关工作，进一步完善党风廉政建设制度机制。制定下发《2021年墨竹工卡公路养护段党风廉政建设和反腐败工作要点》。4月，召开党风廉政建设和反腐败工作会议，分别与班子成员、各股室、各工区负责人签订《党风廉政建设责任书》24份、《廉洁自律承诺书》101份、《网络行为自律承诺书》101份、《不参加任何形式的赌博活动承诺书》101份、《廉政风险防控承诺书》23份、《自觉遵守大工区管理制度承诺书》71份、《安全文明驾驶承诺书》62份。

【制度建设】 年内，建立健全机关财务管理制度，严格执行公务用车、公务接待管理制度。规范和制约权力运行。通过召开廉政风险防控工作会，建立健全廉政风险防控管理机制。以《墨竹工卡公路养护段廉政风险防控手册》为契机，认真做好内部自查评估工作，通过自查未发现风险行权事项。

【思想政治建设】 年内，开展5期“以案说纪”警示教育活动。参学干部职工130人次。组织廉政专题学习会议36次，参学人员1192人次，撰写学习笔记34篇。组织干部职工集中观看警示教育片11场次，参学干部职工319人次。参观警示教育基地1次，参学干部职工35人。

年内，加强对春节、藏历新年、端午节、雪顿节、中秋节、国庆节等重大节日违规公款吃喝、旅游、请客送礼，违规利用土特产、冬虫夏草等名贵资源谋取利益不当行为的监督力度，深入基层一线对疫情防控、公车私用、大操大办等进行明察暗访2次以及开展“四风”问题明察暗访1次；利用节日期间发送廉政短信（微信）7次、14条。严防“四风”问题反弹回潮，持续正风肃纪。

（其　美）

【机构领导】
党支部书记、副段长
　　段 锡 格（4月免）
　　孙 国 江（4月任）
党支部副书记、段长
　　普布次成（藏族）

纪检员

次吉卓玛（女，藏族）

电信

【概况】 2021 年，墨竹工卡县电信局围绕“规模效益发展”这一工作主线，以移动业务、宽带业务、ICT 业务、智能业务四轮驱动，切实做好“内强素质、外树形象”基础管理工作。近几年墨竹工卡县电信分公司移动用户持续递增，新增手机用户中 95% 以上使用智能手机，无线网络与有线智能光宽已经正在改变墨竹工卡县广大农民的信息生活方式。全县自然村电信宽带普及率达 54% 以上，继续保持电信宽带的市场主导地位；家庭 DICT 同办率不断提升，用户应用感知良好。此外，电信政企 OA、天翼云、电子政务、公安天网、翼校通、协同通信等一批信息化应用新业务，已在全县党政机关、公安、学校、中小企业等越来越多的行业领域得到应用。

【党建工作】 年内，开展“学党史办实事”专题教育活动。严格按照公司党委决策部署，及时制定策划“学党史”专题教育实践方案，并组织落实好支部“学党史办实事”专题教育党课和十九届六中全会、西藏自治区第十次党代会、中央第七次西藏工作座谈会、中央第七次经济工作会议等精神的传达。根据中国电信拉萨分公司开展基层党组织机构设置优化工作有关要求，墨竹工卡县电信局高度重视，认真开展优化党支部建设工作，开展党员与群众结对帮扶工作，按照因人而异、注重实效的原则，在学习、工作、生活等方面进行帮扶工作。将监督执纪落实到位，聚焦主责主业，赢得业务发展的胜利，守初心担使命，抓巩固促提升，外树形象内塑品质，推动拉萨电信分公司全面从严治党高质量发展。

【五星级“文明职工之家”】 年内，墨竹工卡县电信局“职工之家”，通过中国电信集团公司西藏公司工会组织实施检查“职工之家”、职工周转房、办公场所及局大院设施设备完整和卫生情况；员工不记名对职工食堂周期和餐饮质量进行评分；检查季度员工开展活动记录；检查全年对员工慰问、体验及疗休养情况；建立健全相关制度及全局团队建设情况等考核事项，墨竹工卡县电信局“职工之家”被评为“文明职工之家”，并升级为区公司五星级“职工之家”。

【资源覆盖】 年内，结合墨竹工卡县巩固拓展脱贫攻坚成果同乡村振兴有效衔接相关工作要求，以数字乡村建设激活乡村振兴新动能。接应县政府为深入贯彻落实全县党史学习教育，根据领导干部下基层大接访办实事活动方案以及按照 2021 年急需解决 300 件惠民事项的总体安排部署，全力配合落实墨竹工卡群众急难愁盼的问题，切实打通服务群众“最后一公里”，提高人民群众的获得感、幸福感、安全感，利用第七批普遍服务的项目在墨竹工卡落地的 20 个基站建设，得到县委、县政府、老百姓的充分肯定。

中国电信履行社会责任和经济责任起到重要作用。为全面助力“美丽乡村 · 幸福家园”建设及平安墨竹、数字墨竹奠定良好的基础。FTTH 已全面覆盖各个新建小区、易地搬迁点、各乡和行政村，实现县域 1000M 高速宽带

2021年2月23日，墨竹工卡县电信局党支部开展慰问困难群众活动

接入，乡镇300M以上宽带接入。4G机站138个，5G基站14个，无线网络已经覆盖全县40个行政村，网络覆盖率实现100%，自然村组覆盖率提升到97%，境内高速公路、国道和省道全程覆盖，是拉萨市各县内覆盖最广的移动网络地区之一，已实现宽带天地一体化的通信网络。

【客户服务感知提升】 年内，墨竹工卡县电信局以“用户至上、用心服务”为理念，以“全面创新，求真务实，以人为本，共创价值”为核心价值观，从“让客户尽情享受信息新生活”为企业使命，以提升用户满意度为指引，以关键服务环节为介入，以感知测评为手段，强化差异化服务优势。有效落实“首问负责制”公约，积极参与政风行风建设，通信扶贫行为，加强用户信息安全、网络安全和信息化建设。通过投诉预防体系、集中服务工单管理体系、客户体验感知等做好服务提升，实现事前防范，事中监督和事后管控。

（琼达次仁）

【机构领导】

局　长

琼达次仁（藏族）

副局长

次仁拥宗（女，藏族）

邮政

【概况】 2021年，墨竹工卡县邮政分公司围绕邮政集团公司“四梁八柱”战略部署和构建“六维共生”新发展格局要求，践行区邮政分公司“两升一稳”经营发展策略，凝心聚力、克坚攻难，各项工作保持稳步向好的发展态势，实现“十四五”规划良好开局。2021年，墨竹工卡县邮政实现收入207.97万元，完成预算116.84%，同比增长21.5%。

2021年7月26日，墨竹工卡县邮政投递员为尼玛江热乡高考学子送去录取通知书

【企业发展】 年内，墨竹工卡县邮政分公司持续做好能力建设，全县投递服务工作覆盖七乡一镇一新区、40个行政村、48个寺庙，年服务里程达8万多公里，全县所辖7个乡均设有乡邮政网点，乡镇通邮率达100%，村村通邮率达100%。同时还运营邮政储蓄网点一个，为全县提供居民个人存款、理财、贷款、商户二维码收款等业务。截至年底，储蓄余额规模达到4400余万元，为20余家单位提供贷款服务，积极构建商户结算场景，为接近200家商户安装收款二维码。投递服务覆盖墨竹工卡县各乡镇、各学校、各企事业单位等机构，日均服务量达到500人次，为墨竹工卡县经济发展和农牧区文化建设做出贡献。

【物流体系建设】 截至年底，墨竹工卡县城区、各乡镇、各行政村均形成双向物流配送网络，实行“固定频次”的运行模式，覆盖率达到100%。其中拉萨市至墨竹工卡县城执行“每日一班”往返频次；墨竹工卡县城至各乡镇、各行政村，设置投递段道6条，投递汽车6台，执行“每周五班”往返频次。

【服务地方发展】 年内，墨竹工卡县邮政分公司秉承“人民邮政为人民”的服务理念，加强与当地政府部门沟通联系，切实履行好普遍服务义务，以优质的服务赢得当地政府、企业及基层群众的一致好评。年内，墨竹工卡县邮政分公司组织工作专班承担西藏和平解放70周年纪念品发放，累计运输55车次，保障党中央关怀直达千家万户。

（王　昊）

【机构领导】

经　理

王　栋（8月免）

王　昊（河南援藏，8月任）

移动

【概况】 2021年，中国移动通信集团西藏有限公司墨竹工卡县分公司（以下简称墨竹工卡县移动分公司）秉承"正德厚生、臻于至善"的企业核心价值观，以"有价值、可持续"为经营理念，努力以"客户为根、服务为本"为职业操守，服务墨竹工卡县各族人民群众。全体员工自力更生、积极进取。在公司上下各级班子的正确领导下，成功实现机构调整，网格划分，TD覆盖。用户规模从公司成立之初的4854户增长到现在当前的2.5万户，运营收入呈逐年上升趋势，公司内部贡献占比为17.89%，已成为区域市场最有实力和最有竞争力的通信运营商。

2021年，墨竹工卡县移动分公司有在岗员工12人，驾驶员1人，乡镇区域经理9人，解决当地就业人员17人。墨竹工卡县移动分公司现有自办厅1个，合作营业厅3个。各级渠道代理店30余家。全县共有基站208个，覆盖8个乡镇，42个行政村，网络覆盖率为100%。2021年共计新建8个基站，服务日多乡、扎西岗乡、甲玛乡、唐加乡、尼玛江热乡、扎雪乡、门巴乡，共七乡一个镇的群众。

【市场经营】 年内，墨竹工卡县移动分公司主动开拓市场资源，不断提高人员营销水平，全年活动客户14267户，客户总量2.5万户，新业务使用客户数累计达18728户。其中彩铃业务普及率达88.76%。新业务收入比重达到30.97%，成为运营收入增长的主要方向。新增客户市场占有率为61.58%，期末客户市场占有率为51.25%，市场主导地位得以巩固。持续推进品牌整合，着力提升品牌影响力和竞争力，"全球通"高端品牌形象和价值不断提高，"和"品牌市场带动作用逐渐增强。

不断加快渠道建设，认真兑现服务承诺，积极改进渠道管理，核心社会渠道控制力和价值贡献不断提高。进一步加大集团客户市场开发力度，从单一产品植入到综合的信息化解决方案，实现集团客户的"无缝"服务，打造有效的商业"价值链"，促进双赢。积极宣传推广移动智能终端，实现"七乡一镇"全面展示，有效发挥综合捆绑和黏性作用。

【员工综合素质全面提升】 年内，墨竹工卡县移动分公司在拉萨分公司各职能部门的有力支撑下定时或不定时对营业人员、集团客户经理、渠道管理人员进行业务知识、服务技能、营销方法等方面的培训，极大地增强了员工对自身以及企业可持续的关注度，激发了员工们的学习热情。

截至年底，成功营销1.6万笔。打造了一支业务技能过硬、综合素质较高的员工队伍。

【班组建设】 墨竹工卡县移动分公司"318"班组成立于2012年，共有成员12人。本着"开心工作、快乐生活"的一帮平均年龄只有27岁的年轻团队，通过内容丰富、形式多样班组技术知识交流活

2021年9月22日，墨竹工卡县移动分公司通信保障2021年中国农民丰收节

动，分享工作经验，齐心协力，共同解决工作难题。贯彻执行向“双标”学习，班组成员扶贫解忧，多次为公司内部困难职工捐款、捐物。生产之余，班组成员与友好单位的班组进行交流座谈活动、积极参加县政府组织的各项体育运动和联谊活动，营造了良好的班组氛围及社会口碑。在各员工们的共同努力下，2021年考核获得全市第二名的好成绩。

（罗舜航）

2021年12月28日，联通墨竹工卡县营业部参加拉萨分公司2022年工作启动会

【机构领导】

经　理

泽　西（女，藏族）

联通

【概况】 中国联合网络通信有限公司拉萨市分公司墨竹工卡县营业部（以下简称联通墨竹工卡县营业部）主要经营移动通信，4/5G物联网综合应用等。联通墨竹工卡县营业部建于2010年，现有员工4名，营业厅1个，合作厅1个，按照集团“聚焦、创新、合作”发展战略，聚焦重点区域发展、重点产品服务，经营模式创新，结合“一切为了市场、一切为了客户、一切为了一线”的经营理念，推进业务拓展、渠道建设、团队建设、网络基础资源建设等方面取得好的成绩，营业部各项业务、品牌影响力、竞争力均得到有效提升和改变。“腾讯大王卡”和“5G冰激凌”等产品得到广大客户的青睐和一致好评。

2021年8月25日，联通墨竹工卡县营业部经理蒋奕科（前排左一）一行到扎雪乡开展“我为群众办实事——‘银发无忧　智慧助老’”活动

【服务和管理提升】 年内，为进一步提升联通墨竹工卡县营业部各渠道对服务工作的主动性和积极性，按照一切为了客户的理念，提升网络服务水平，提高客户满意度和客户感知。充分借助产品和网络优势，差异化的服务优势，大力发挥协同效应，夯实基础管理，提升网络质量，加快有效发展，增强综合实力，努力为全县广大用户提供更加高效优质的信息化服务，紧紧依靠广大用户的深情厚爱，紧紧围绕集团“聚焦、创新、合作、发展”战略，深入贯彻落实习近平系列讲话精神，坚定信心，抢抓机遇，加快业务发展和网络建设，提升服务水平，树立企业形象，增强综合竞争力和可持续发展能力，适应不断变化的市场需求，向用户提供专业化和全方位的宽带通信与信息服务。

【网络覆盖】 年内,互联网宽带只在县域318国道、华泰龙希望公寓、幸福公寓、快乐公寓、修理厂、养护段有宽带覆盖。网络信号运营商的核心服务,网络质量是优秀服务的基础。2021年联通致力于网络建设和优化,将全县各个乡镇的乡道、村镇、寺庙进行网络覆盖和优化,使网络覆盖率和网络质量得到很大的提升和改变,客户感知得到有效提升,全面实现高接通率、低掉线率、通话清晰,网络稳定高效。

【党风廉政建设】 年内,联通墨竹工卡县营业部的发展与管理工作中,坚持此项原则,党建统领全局。日常工作中全体员工积极开展"两学一做"学习教育活动,按照要求,切实把党风廉政建设贯穿到各项工作中,热心服务联通的客户。按照规范及各类流程要求,不断加强内部管理和标准化建设,理顺工作关系,完善KPI考核体系,有效提高工作效率。以风险防范作为增强内部管理的重要手段,以创新管理作为提高经济效益的重要保证。

【信息化建设】 年内,联通墨竹工卡县营业部秉承"做优秀企业公民"的理念,发挥通信行业信息化优势,致力于信息化快速建设,构建公平和谐的信息社会,参与政府信息化、农村信息化、应急通信建设,推进信息化和工业化融合,通过向信息服务商的转型,推进整个社会信息化进程。在西藏联通、拉萨市联通的号召与组织下,向墨竹工卡县扎雪乡其朗村开展"我为群众办实事—'银发无忧、智慧助老'"西藏联通爱心慰问活动,传播爱的力量,向扎雪乡其朗村老年人送去温暖并宣讲网络电信诈骗防范意识。

(蒋奕科)

【机构领导】

经　理

蒋奕科

金 融

中国银行股份有限公司墨竹工卡县支行

【概况】 中国银行股份有限公司墨竹工卡县支行(以下简中行墨竹工卡县支行)成立于2018年10月31日,位于墨竹工卡县工卡路17号;现金服务窗口2个;智能服务机具2台;自助服务机具1台。2021年,中行墨竹工卡县支行工作人员共10人,其中中行内编制员工5人,聘用工5人。

2021年6月3日,中国银行墨竹工卡县支行党支部一行到县特困人员集中供养中心慰问老人,开展主题党日活动

【经营范围】 主营业务:人民币存款、贷款、结算业务、办理票据贴现;代理发行金融债券;代理发行、兑付、销售政府债券;人民币信用卡业务;代理收付款项及代理保险业务;外汇业务;外汇存款、贷款、汇款;外币兑换;国际结算;总行授权的外汇担保、代客外汇买卖;结汇、售汇;外汇信用卡的发行;代理外卡业务;资信调查、咨询、见证业务。经银行业监督管理部门批准的其他业务、个人黄金买卖业务、贵金属代销业务,为当地居民提供便利的金融服务。

【金融服务】 年内,中行墨竹工卡县支行通过全员共同努力,各项业务实现跨越式发展,特别是存款业务实现翻倍增长。

同时,中行墨竹工卡县支行积极对接县财政、华泰龙、巨龙以及县域各大国企等重点单位,不仅做好对公业务服务,也满足了县域各类客户的个人业务需求,以优质的服务做好各项金融支持。

【经济发展】 年内,中行墨竹工卡县支行各项存款余额为10460万元,其中对公存款余额为7971万元,储蓄存款余额为2490万元。

截至年底,中行墨竹工卡县支行不良贷款余额为0万元,全年为县域内公务员及企事业单位员工发放各类个人贷款累计金额达到685万元。

【精神文明建设】 年内,中行墨竹工卡县支行联合墨竹工卡县民政

2021年6月22日，中国银行墨竹工卡县支行荣获“青年文明号”单位授牌仪式举行

局开展为墨竹工卡县特困人员集中供养服务中心送温暖主题党日活动，通过活动为孤寡老人、残障人士及孤儿等送去价值0.8万元的慰问品，体现了中国银行担当社会责任的态度。

同时，中行墨竹工卡县支行积极与共青团墨竹工卡县委员会对接，高质量推进团委有关工作，获得2021年墨竹工卡县“青年文明号”称号并挂牌。

【队伍建设】 年内，中行墨竹工卡县支行党支部开展党建共建活动2次、主题党日活动2次、组织生活会1次，开展党史教育等各类学习20余次，有效提升党员干部的党性修养。同时，利用每周一下班后的休息时间组织全体青年员工集中学习业务类管理办法、集中探讨新型业务，为更高效地服务客户打下坚实的基础。

【配套设施】 年内，中行墨竹工卡县支行积极争取资金，维修员工宿舍及部分工作区域，修建支行“职工之家”，大力改善员工工作环境和生活环境，有效提升员工的幸福感。

【综合营销】 年内，中行墨竹工卡县支行加大与县委、县政府及县财政等单位的联系力度，极力推介中国银行一揽子金融服务方案，为下一步做好县域金融服务打下良好的基础。

【安全运营】 年内，中行墨竹工卡县支行通过每周开展1次内控合规学习、每月开展1次案防分析及警示教育大会，有效提升员工合规意识，全年未出现任何一起大小风险操作事件，确保安全运营。

【安全保卫】 年内，中行墨竹工卡县支行严格按照县委、县政府及分行安全保卫部的有关规定，工作条例等，有序开展检查对照工作，全年组织安保应急演练2次、消防应急演练1次，确保无任何隐患地开展安全生产工作。

（白玛玉珍）

【机构领导】

行　长

益西多吉（藏族）

副行长

李　　蓉（女）

中国农业银行股份有限公司墨竹工卡县支行

【概况】 中国农业银行股份有限公司墨竹工卡县支行（以下简称农行墨竹工卡县支行）位于墨竹工卡县工卡镇达塘林路7号（支行于2021年12月从工卡镇14号整体搬迁至工卡镇达塘林路7号）。服务面为县城及7个乡1个镇41个村（居），是墨竹工卡县唯一实现乡镇全覆盖的金融机构。

【业务辐射范围】 中国农业银行网点遍布中国城乡，成为国内网点最多，业务辐射范围最广的大型现代化股份商业银行，业务由最初的农业信贷、结算业务，发展为品种齐全，本外币结合，能够办理国际、国内通行的各类金融业务。主要包括：存款服务、综合业务、外汇理财、人民币理财、代客境外理财、银行卡、汇款及外汇结算保管箱租赁缴费服务、代发薪服务、出国金融服务、电子银行服务、私人银行、融资业务、国内支付结算、国际结算、基金相关业务、企业理财服务、金融机构服务。

【"三农"服务】 年内,农行墨竹工卡县支行通过全体员工的共同努力,业务取得新的拓展,各项业务经营稳步健康发展,信贷资产质量明显提升,内控管理水平进一步提升,特别是作为县域支行在"三农"服务和支持当地经济发展工作方面,农行墨竹工卡县支行加大对网点数字化转型,充分结合互联网平台对于服务"三农"方面推出惠农卡、惠农e贷、雪域惠农e贷等线上产品,同时充分依托藏文版掌银,对辖内村委会积极挂牌掌银村的方式拓宽了网点服务渠道,对于辖内的产业,农行墨竹工卡县支行不仅依托抵押E贷等线上产品提供资金支持,同时帮助企业入驻扶贫电商,帮助企业做好销售。

【经济发展】 截至年底,农行墨竹工卡县支行累计发放"三农"个人贷款2526笔,金额34924万元,"三农"个人贷款余额突破10亿元大关,成为全区第二个"三农"贷款余额突破10亿元的县支行。墨竹工卡县连续15年被评定为信用县:累计颁发贷款证13895户,颁证面达100%,使用率达99.85%,其中,金卡5685张、银卡5311张、铜卡1189张,钻石卡978张(一星207户、二星323户、三星448户),精准扶贫小额到户贷款证732张。截至年底,精准扶贫贷款余额为2964万元,通过给能人贷款,带动农牧户残疾人、贫困户,通过与钻石卡户签订帮扶协议(执行扶贫利率),每年帮扶贫困户。年内,各项指标均得以圆满或超额完成。

【"三农"业务发展】 年内,农行墨竹工卡县支行严格按照《中国农业银行西藏自治区分行精准扶贫小额到户贷款管理办法》相关规定,在县委、县政府和上级农行的正确领导下,认真贯彻落实党中央、国务院战略部署,准确把握"面向三农"的市场定位,主动适应国家宏观调控政策,高度契合县域经济金融需求,本着以推进"三农"服务,金融扶贫为核心的经营理念,创新金融服务,打开服务"三农"新思路,探索服务"三农"新模式,为墨竹工卡县精准扶贫工作做出积极的贡献。

2021年12月13日,农行墨竹工卡县支行党总支联合农行拉萨分行纪委办开展"学党史、强信念、跟党走"主题党日活动

农行墨竹工卡县支行根据中央脱贫攻坚总体目标在拓宽新的扶贫思路的基础上,支行总结推广"银行的票子、能人的脑子、贫困户的膀子"信贷扶持方式,改进服务,加大对贫困户的经济扶持,总结全年,共下乡340余次,发放金融扶贫宣传折页2700余张,开展金融扶贫政策宣讲50余次,农行墨竹工卡县支行还大力采用媒体和现场服务方式,开展"金融知识下乡"活动,大力做好农行业务宣传,传授理财知识,帮助农牧民提升金融知识水平,提升金融安全防范能力。年内,相继在全县范围内开展防范电信网络诈骗宣讲、"激情仲夏"线上线下协同营销等一系列活动。

通过强化"三农"金融服务及管理,提高风险管控水平,不断提升本行"三农"服务能力,不仅涉农信贷资产质量保持较高水平,同时有力支持地方经济发展。根据上级行有关"惠农通"工程方案,农行墨竹工卡县支行予以高度重视,切实感受到开展此项工作是农行又一项惠农具体措施和手段体现,能够对金融空白行政村农牧民带来就近便利的金融服务。截至年底,完成40个村累计安装33台的POS机布放,组织专人认真开展前期政策宣传解释工作,积极争取党政机关和农牧民

2021年11月10日，农行拉萨分行党委委员、纪委书记戴轩（右一）一行到墨竹工卡县调研

的理解和支持。

【配套设施】 年内，针对农行墨竹工卡县支行近年来年轻员工逐年增加的现状，积极争取资金，完成支行搬迁后配套设施建设，加强食堂管理，彻底解决员工一日三餐的后顾之忧，尽量给员工营造优异的工作环境。

【综合营销】 年内，农行墨竹工卡县支行各项存款呈现稳中有升，总体完成情况较好。2021年农行墨竹工卡县支行储蓄存款增长较快，贷款业务增长较好，呈现“三农”贷款与个人贷款齐头并进的势头。

【基础管理】 年内，开展组织实施员工合规文化建设活动，员工整体合规理念、合规意识明显提升，继续实行差异化绩效分配体制，切实激发员工工作积极性，充分体现奖励机制的作用，认真开展对所辖内的尽职监督检查，做到及时查漏补缺，减少差错和工作中瑕疵，促进各项业务操作合乎程序规定以及制度要求。

【安全运营】 年内，农行墨竹工卡县支行未出现任何一起大小风险操作事件，确保安全运营。2022年针对运营、会计、信贷、安全保卫等环节加大规范化、科学化、标准化建设，开展各业务条线的“三化三达标”创建前期准备基础工作。

【集中学习】 年内，农行墨竹工卡县支行利用每周二下午下班后的休息时间，组织全辖青年员工集中学习业务类管理办法、集中探讨新型业务，召集支行全体党员干部开展党课28次，提升全体党员干部的党性，提高员工合规操作意识，强化职业道德素养。

【安全保卫】 年内，农行墨竹工卡县支行将严格按照安全保卫工作条理、条例，逐条开展检查对照工作，确保无任何隐患地开展安全生产工作。

【安防教育】 年内，不仅圆满完成重大节日的安防工作，同时确保全年无论守库、押运、值班以及营业期间的安全无事故，平时农行墨竹工卡县支行主要采取加强对员工的安防教育，引导员工自觉履行各项安防制度规定，严格相关纪律，层层签订安防责任书，加大对所辖网点的监督检查力度，对违反安全保卫的行为及时进行批评教育，达到惩戒目的，领导做到在注重业务经营的同时，狠抓安全保卫工作，从而确保安全运营。

（欧曲罗布）

【机构领导】

党总支书记、行长

索朗多杰（藏族）

副行长

张　西

次仁群培（藏族）

行长助理

曲　扎（藏族）

西藏银行股份有限公司墨竹工卡县支行

【概况】 2021年，西藏银行股份有限公司墨竹工卡县支行（以下简称墨竹工卡县支行）紧紧围绕总行的工作部署，确立墨竹工卡县支行的经营策略、目标任务和工作重点，认清形势，坚定信心，锐意进取，推动各项工作有目的、有计划、有步骤开展。落实好各

2021年11月17日，西藏银行副行长白华龙（左一）一行到墨竹工卡县支行调研

项金融宏观调控政策，引导金融机构支持辖区经济社会发展。

2021年，各项存款余额为37591.29万元，其中储蓄存款时点余额为21612.43万元，较年初新增2368.34万元；对公存款时点余额为15979.49万元，较年初新增4140万元。各项贷款余额为38348.23万元，其中对公贷款时点余额26527.40万元，较年初减少73710.60万元（主要为西藏巨龙铜业有限公司归还银团贷款80000万元）；除去西藏巨龙铜业有限公司8亿元银团贷款，支行对公贷款2021年新增6390万元；个人贷款时点余额11820.83万元，较年初减少6446.87万元（支行个人贷款权限全部已上收至个贷中心）。有效客户数2156户（日均1万元）、有效卡9580张、手机银行签约15166户，活跃用户1536户、微信签约210户、手机号码支付签约2790户。

【金融服务与创新】 年内，积极营销重点单位存款及财政一体化账户的开立。开立墨竹工卡县医疗保障局零余额专户；墨竹工卡县水利局零余额专户；实现墨竹工卡县域交通项目实名制专户的开立；墨竹工卡县支行牵头墨竹工卡县农户与拉萨经营管理部个贷中心对墨竹工卡县农户宝石卡贷款发放。

年内，墨竹工卡县支行高度重视对公贷款客户存款营销及综合回报率工作，注重公私联动，梳理支行已发放贷款客户及2021年新授信贷款客户，逐户进行上门拜访和营销，积极捕捉营销机遇，强化各项工作措施，有效整合各类渠道资源及客户资源，积极营销存款、代发工资、二维码收单等业务。在支行班子及客户经理的不懈努力下，2021年贷款发放6户，转基本户3户，开立代发工资3户，存款7000万元。在后续的营销工作中，墨竹工卡县支行将继续做好贷款客户的服务，做好宣传和服务营销工作，做到有贷款就有存款，提高整体贷款的综合回报率。

【支持地方经济】 年内，墨竹工卡县支行认真贯彻执行总行工作重点：根据总行工作部署和指导方针政策，提高政治站位，支行将按照“多找客户、找好客户”的基本思路，多措并举“把系统营销、分层营销、全员营销、精准营销”落到实处，全员上阵，加大存款营销

2021年12月27日，西藏银行总行行长助理刚组（左二）出席西藏巨龙铜业有限公司建成投产仪式

2021年6月10日，西藏银行墨竹工卡县支行开展以“守护信用记录，享受幸福生活，普及征信知识，珍爱征信记录”为主题的征信宣传活动

力度，积极应对墨竹工卡县财政性存款份额较低的挑战。

【惠农政策】 年内，墨竹工卡县支行坚持服务“三农”的市场定位，为农牧民提供优惠便捷的服务；拓展小微信贷业务，大力支持农村经济发展，支持农牧民生产经营，助力脱贫攻坚。针对这些问题，要优化业务流程，提升客户体验；加强专业队伍建设，提高员工综合素质；扩大信贷支持范围，建立有效管理机制。

年内，加强与企事业单位的合作，做好对公贷款、“薪享贷的投放”；加强贷款管理，把握贷款投向，严格落实信贷政策，规范操作，防控风险，全力提高信贷资产质量，防止新发放贷款的劣变，切实维护信贷资金的安全。

【党风廉政建设】 年内，墨竹工卡县支行党支部全面贯彻落实习近平总书记系列重要讲话精神，中共十九大报告及历次全会精神和新时代习近平中国特色社会主义思想，在总行机关党委的关心和指导下，全面推进党支部的政治、思想、组织、作风、纪律和制度建设，加强领导，明确职责，狠抓落实，切实提升党员的理论水平和服务意识，转变党员工作作风，充分发挥党支部的战斗堡垒作用和党员的模范带头作用，为支行各项业务的稳健发展提供了有力保证。

（黄琨洵）

【机构领导】

副行长

索朗多杰（藏族，主持工作）

黄 琨 洵（女）

乡（镇）概况

工卡镇

【概况】 工卡镇是县城所在地，平均海拔3800米，总面积198.65平方公里。下辖工卡村、塔巴村、格桑村3个行政村，1个嘎则居委会，5个网格，19个村小组，辖区内有学校5所，寺庙2个，属于以农为主、牧业为辅的乡镇。

2021年，全镇户籍人口1615户5634人，其中劳动力2144人；低保户32户87人，分散供养5户5人，脱贫户241户1058人（脱贫低保户12户35人、监测户6户23人），残疾人152人。在编干部职工43名，其中，行政24人、参公管理1人、事业编16人、工人2人，编外职工29人。

2021年，全镇农村经济收入实现13844.98万元，同比增长13%，农牧民人均可支配收入达24905.52元，同比增长13%。

【党建工作】 年内，全镇党组织23个，其中党委5个、党支部18个（含机关党支部）；党员共601名，其中农牧民党员565名、少数民族党员585名、女性党员111名，党建活动室22个。截至年底，吸收积极分子26名、发展预备党员4名，开展党员组织关系排查2次，未发现失联党员、口袋党员。重大节日慰问困难党员、“三老人员”等130人。

【干部队伍建设】 年内，完成村（居）“两委”、群团组织、镇领导班子换届选举，共选出新一届村级班子成员126人，新一届镇领导班子成员11名。深化“强党固基扶村”工作，选派“1+3”专干、驻村工作队、大学生专干、协管员等共计45名，保证基层一线党建、乡村振兴工作力量。

【党史学习教育】 年内，充分利用“三会一课”、主题党日、文明实践站等载体，结合“3·28”西藏百万农奴解放日、国家安全日、虫草采挖、庆祝中国共产党成立100周年和西藏和平解放70周年等重要节点，深入群众中开展党史、

2021年9月2日，县委书记沈鹏里（左三），县委副书记、县长巴桑（左四）一行到工卡镇嘎则居委会调研

新中国史、改革开放史、社会主义发展史、西藏地方和祖国关系史教育，深化民族团结进步创建活动，开展“讲村史、谈变化、颂党恩”活动以及发挥文艺演出队作用，丰富群众精神文化生活，引导各族群众增强“五个认同”，树牢“三个离不开”思想，促进各民族交往交流交融。

年内，开展各类宣讲60余次，涉及群众7000余人次。组织干部集中学习31次，党委书记讲党课2次，集中观看警示教育片3次，开展知识测试3次，围绕党史教育、全面从严治党等专题研讨12次，到西藏军区军史馆、拉萨市林周农场等红色教育基地实地参观学习50余人次，撰写心得体会33篇。

2021年3月12日，工卡镇工卡村开展老年人免费体检活动

【党风廉政建设】 年内，制定《工卡镇党风廉政建设暨反腐败工作计划》，镇党委与各村（居）党支部签订党风廉政建设责任书，将全面从严治党压力传导到“神经末梢”。村（居）、乡（镇）党委换届完成后，及时调整充实工卡镇党风廉政建设和反腐败工作领导小组，明确1名党支部委员负责纪检工作。三村一居共配备监督委员会成员8人，每月召开一次监督委员会例会，重点对村务重大事项进行听证，对低保户、防返贫监测户资格评审等事项进行监督，对村级财务进行审核。坚持将监督检查贯穿于党委、政府各项重大决策部署和重点工作推进全过程，加强对政策措施落实、项目建设和资金管理使用等关键环节的监督，防范廉政风险，突出监督实效。

【基础设施】 年内，全镇公路里程46.47千米，其中农村公路总里程23千米，柏油路面18.57千米，砂石路面4.9千米。改建农村公厕15座、农户用卫生厕所815户，建成1个乡镇污水处理设施。

【农牧业】 年内，完成粮食种植面积14548.41亩，主要有青稞、油菜、土豆等农作物，实现粮食生产0.37万吨，其中实施引进油菜新品种筛选试验示范基地项目380.98亩，实施高标准农田建设项目4993亩。全镇草场总面积19.68万亩，牲畜总头数8921头（只、匹），主要为牦牛、黄牛等，大牲畜防疫疫苗注射率达100%，全年牲畜出栏350头，增加群众收入420万元，组织虫草采挖群众180人，增加群众收入144万元。截至年底，兑现草畜平衡奖励资金和粮食补贴874992元。

【产业项目】 工卡镇综合广告传媒服务中心、格桑村藜麦种植（转型为饲草种植）、扎西罗布嘎琪家具合作社、塔巴村强冲组机械租赁、工卡村集体商品房和洗车场、工卡镇扶贫增收项目等7个“十三五”扶贫产业项目全部投产见效。截至年底，累计分红140万元，累计发放就业工资600余万元。塔巴苗木花卉基地投入使用以来，每年解决2名长期务工人员、零散务工人员及当地机械租赁工资共计40余万元；西藏弥胜塔巴陶瓷有限公司新生产基地规模化生产以来，每年为群众分红10万元，村小组集体占股15%。

【城乡建设】 年内，开展违法建设专项整治行动工作，全年发现新增违建建筑18处，针对未批先建群众进行说服教育35次。大力推进农村占耕建房问题摸排工作，完成辖区全面航拍、数据采集录入及公开公示工作。

2021年3月18日，住建部一行到工卡镇塔巴村帕热组考察人居环境示范点

【“美丽乡村·幸福家园”建设】 年内，完成工卡村50户，塔巴村15户“美丽乡村·幸福家园”建设，持续巩固村组活动场所建设、院落围墙美化、植树种草绿化、生活污水处理、生活垃圾清运等多个人居环境综合整治项目。完成849户农户厕所改造，集中清运垃圾3500余吨，栽种国土绿化苗木22028株，新增绿地面积15亩。

【乡村振兴】 年内，严格落实“五级书记抓乡村振兴”责任制，明确“班子成员包村、镇干部包组、村干部包户”协同配合、齐抓共管的工作职责。镇党委书记主持召开党委会、专题会议研究部署和推动乡村振兴工作24次，带头深入村（居）调研和入户走访5次，收集社情民意39条，开展监督检查16次。通过组织集中宣讲、党员包户、结对帮扶入户宣讲等方式，开展乡村振兴、脱贫巩固、医保参保、防返贫政策、法律法规、惠民资金使用等宣讲活动40余次、涉及群众5000余人次。

年内，制定下发《工卡镇防止返贫动态监测和帮扶工作方案》《工卡镇巩固拓展脱贫攻坚成果同乡村振兴有效衔接工作方案》，为推动脱贫巩固和乡村振兴工作提供支撑和依据，助力乡村振兴高质量推进。经多次筛选核对，全镇拟纳入监测对象6户23人，已通过产业分红、低保兜底、安排生态岗位等针对性措施，有效避免返贫致贫发生。

【人社工作】 年内，全镇应届毕业学生68人，均建立干部结对帮扶机制，掌握毕业生就业意向及就业情况，动态更新就业系统。截至年底，发布就业信息50余条，组织劳动力转移就业5000余人次，实现转移就业收入5600万元。2021年新型农村养老保险参保3000余人，保费收缴380900元。完成90余名60岁及以上人员生存认证，追缴去世人员资金120余万元。

【医疗卫生】 年内，完成农牧民家庭账户结余资金统计和城乡居民医疗参保缴费登记，全镇农牧民家庭账户结余人数5384人，结余资金886598.33元。2021年城乡居民医疗参保缴费7159人，参保率为92%；完成70岁以上享受高龄健康补贴统计279人和两项扶助人员信息核对工作，全镇现有特扶人员18人，奖扶人员127人；为172户731人脱贫户签约家庭医生帮扶协议；落实65岁以上老年人健康管理309人，高血压、糖尿病、重性精神病患者签约家庭医生服务381人；组织在职妇女职工免费体检23人。开展“爱国卫生运动”知识宣讲12次场次，在公共场所悬挂设立宣传标语26个，集中开展卫生整治9次，清理清运垃圾50余吨。

【民政工作】 年内，完成152名残疾人基本情况的入户调查登记，兑现49名残疾人两项补贴资金25800元。兑现农村低保资金222237.37元，分散特困供养资金34155.09元，幸福养老资金2098400元，申请解决生活困难群众家庭临时救助17户，发放资金125000元。

【教育文化】 截至年底，全镇在校学生1816人（其中大学生256人、高中生198人、初中生301人、小学生787人、幼儿园274人），十五年免费教育学生入学率和巩固率达100%。为4名2020年新入学大学生发放资助金8000元，为172名在校大学生报销学费、住宿费及教材费748288.56元。全镇村（居）农家书屋存书12000余册，村文艺队参加“松赞干布艺术团”、中国共产党成立100周年和西藏和平解放70周年大庆活动演出2次。

【安全生产】 年内，召开安全生产工作会议5次，开展安全生产月宣传活动3次，发放各类宣传资料360份，组织消防演练2次。配合县市监局开展辖区餐饮业质量安全提升评选活动，为入选的14家餐饮单位发放奖励资金46000元。对辖区学校、商铺、加油站、农贸市场进行食品安全、消防安全和疫情防控检查3次，发现问题2类5条，全部督促现场整改。

【社会治理】 年内，全镇4个村（居）安装摄像头，同时充分利用镇村电子显示屏、村组广播宣传《中华人民共和国国家安全法》《拉萨市民族团结进步条例》等，提高干部群众对国家安全知识的知晓率和平安创建的参与率。

（蒲仕玉）

【机构领导】

县人大常委会副主任、工卡镇党委书记

次旦卓玛（女，藏族，4月免）

副县长、工卡镇党委书记

周　君（4月任）

党委副书记、镇长

周　君（4月免）

史秀玉（女，藏族，4月任）

党委副书记、人大主席

普布卓玛（女，藏族，4月免）

格桑加措（藏族，4月任）

党委副书记

央金卓嘎（女，藏族，4月免）

户杨东（4月任）

党委委员、派出所所长

汤金伟（4月免）

扎西俊梅（藏族，4月任）

党委委员、纪检书记

户杨东（4月免）

拉　珍（女，藏族，4月任）

政法委员

扎西平措（藏族，4月免）

周长城（4月任）

党委委员、组织委员

尼玛卓玛（女，藏族，4月免）

扎西群配（藏族，4月任）

党委委员、统战民宗委员

普布次仁（藏族，4月任）

党委委员、副镇长

周　玲（女）

益西旺久（藏族，4月免）

拉巴仓决（女，藏族，4月免）

副镇长

哈比布拉（回族）

郭有仓（4月任）

甲玛乡

【概况】 甲玛乡位于拉萨河上游，318国道沿线，距拉萨市60公里，距县城11公里，乡域面积275.9平方公里，耕地面积7749.15亩。全乡辖3个村委会，14个村小组，1207户4844人，其中劳动力1935人；18个基层党组织，其中，村级党委2个，村党总支1个，党支部15个，共有党员350人，其中农牧民党员310人；每个自然小组设组长2名，联户长62名；有1所小学和1所幼儿园，分别是甲玛中心小学和甲玛乡中心幼儿园，小学教师24名，学生410名；幼儿教师14名，学生293名。乡级卫生院1所，医务人员12名（西医临床2名、藏医临床4名、护理2名、聘用人员2名、村医2名），为援藏投资1358万元建成，作为墨竹工卡县人民医院分院（康复理疗中心）于2018年5月投入使用；宗教活动场所共5座，其中寺庙1座（布拉寺）、拉康3座（赤康拉康、松赞拉康、松玛拉康）、日追1座。乡域内有大型企业3个，分别是西藏华泰龙矿业开发有限公司、西藏巨龙铜业有限公司、拉萨升航龙达石灰厂；国资企业2个，分别是甲玛工贸有限公司和甲马城乡发展有限公司；扶贫产业项目1个，为甲玛乡大型修理厂。此外，乡域内建筑公司、修理企业、机械租赁合作社及各种超市、菜店、茶馆等应有尽有。

【气候特点】 甲玛乡气候属于拉萨地区温带半干旱高原季风气候，年平均气温7.5℃，无霜期3个月左右，年日照时数2750—3000小时。气候具有气温较低，长冬无夏，春秋相连，日温差大，年温差小；干湿季分明，冬季干燥，多大风，多夜雨；日照充足，辐射强烈；冬无严寒，夏无酷暑；气压低，含氧量较少等特征。

【经济发展】 年内，农牧民人均可支配收入指定目标要达到28527元，截至年底，甲玛乡经济总收入

14068.61万元，农牧民人均可支配收入达到29230.44元，完成全年总目标的102.46%，其中工资性收入3741.84万元、经营性收入7667.57万元、财产性收入2581.21万元、转移性收入78万元。

【农牧业】 年内，种植冬小麦273.81亩、青稞4396.4亩、豆种110.505亩、油菜1739.31亩、青饲料48亩、豌豆169.17亩；全年青稞产量1434.3吨、冬小麦产量145.4吨、油菜产量254.5吨，耕地托管试点2271.2亩，发放化肥共58.2吨，其中尿素18吨、二胺13.6吨、复混肥20.6吨、氯化钾6吨；牲畜存栏11680头（只）、牲畜出栏242头（只）。

【基础设施建设】 年内，全乡自来水到户，广播电视覆盖率达100%，电信、移动网络覆盖率100%。甲玛乡主要对外交通是318国道，乡内主要道路是南北向甲玛路，北接318国道，向南通往华泰龙矿区和巨龙矿区。集镇内设有一个客运站，位于乡政府门口。各村、小组道路阡陌相通，甲玛乡用电（矿区除外）由县城变电站供给。

8月，甲玛乡矿用运输道路已开工建设，建成后可将大型运输车辆和小型车辆进行分流，大大减少乡政府街道粉尘污染和噪声污染，保障居民出行安全，提升居民生活质量；乡党委、政府积极协调县住建局，申请甲玛乡水厂提升改造工程，投资2000余万元，8月开工建设，建成后，能满足甲玛乡群众生产生活用水需求，提升居民生活幸福感。

【社会保障】 年内，免费发放残疾人辅助器具及成人纸尿裤50箱、尿垫30箱；宣传党的惠民政策18次，参与群众650余人次；“三大节日”慰问农村低保户、五保户、困难残疾人、百岁老人（共26人），每人兑现800元，共兑现慰问金20800元；兑现4名家庭经济困难大学新生生活补贴8000元（每人2000元），2020—2021学年在校大学生学杂费717184.07元；兑现2020年阳光家园补贴（1人）1500元；兑现2021年第一季度（5户8人）低保金6008.6元；兑现2021年第二季度（6户12人）低保金6521.92元；兑现2021年第三季度（5户11人）低保金5671.95元；兑现2021年第一季度（6人）的村务监督委员会成员补贴9000元；兑现第一季度分散特困五保金（5人）共8837.55元；兑现第二季度分散特困五保金（7人）共12017.5元；兑现第一季度0—16岁残疾少儿（5人）康复补贴共3000元；兑现第一季度残疾人两项补贴（28人）共13700元；兑现第二季度残疾人两项补贴（28人）共13700元；兑现第一季度老年人两项补贴（4人）共600元；为全乡农牧民群众发放碘盐26477公斤；按照每人3公斤的发放标准发放配送健康茶14535公斤。

【精神文明建设】 年内，以多项活动为契机，以农牧民群众、寺庙僧尼、青少年学生为重点，结合中国共产党成立100周年、西藏和平解放70周年等节点，各行政村组织文艺会演12场次，4900余人参加活动；加强党员管理，开展“主题党日”活动38次，书记讲党课4次，各村党组织书记讲党课3次，集中表彰乡级优秀共产党员11人、优秀党务工作者4人、优秀基层党组织3个，开展党史趣味问答等活动，各村开展庆祝中国共产党成立100周年和西藏和平

2021年12月9日，县委书记沈鹏里（右二）一行到甲玛乡修理厂调研产业发展情况

解放70周年庆祝活动6场次；开展学雷锋活动，组织机关干部志愿服务队赴赤康村布拉小组开展“小、微、专”服务实践活动；全乡党员干部开展志愿人居环境整治10余次；开展结对帮扶慰问政策宣讲2次，涉及105户400多人。

【乡村振兴】 年内，制定《甲玛乡巩固脱贫攻坚成果同乡村振兴有效衔接、全力做好防返贫监测工作计划》，成立以乡党委书记为组长的领导小组，压实责任，严格落实“四不摘”的具体要求；为发挥产业项目更大市场效益，开发更多就业岗位，积极与墨竹工卡县扶贫开发有限公司对接。9月15日，签订合同委托其经营甲玛乡产业项目大型修理厂。

持续巩固脱贫攻坚成果，做好政策衔接，坚持脱贫不脱政策要求，持续做好群众动态收入监测；持续巩固就业，加大农牧民技能培训，增强农牧民就业创业竞争力。甲玛乡扶贫产业大型修理厂自2019年8月15日经营以来，共为105户412名建档立卡贫困人口分红21万元。带动创业、就业10人，年人均收入3万元左右；甲玛城乡发展有限公司为1206户4828人分红267.8万元（2021年分红）。

【人居环境】 年内，召开环境保护工作会议4次、环保宣传活动6次、悬挂宣传环保横幅30余条、环境检查10次，调解环境纠纷5起；发动群众500余人次，累计清理河道垃圾30余次、清理河道垃圾30余吨；3个行政村开展村庄清洁行动，累计参加3168人次，清理各类垃圾1500余吨。保护生态环境，植树造林，推进“四旁”植树，2021年共计植树15600株，其中新疆杨7805株、旱柳7795株；补助建档立卡贫困户生态岗位96个；2021年兑现野生动物肇事补偿资金28500元。

2021年3月10日，县委常委、组织部部长靳小卉（中）一行到甲玛乡调研指导“1+4+n”党建+基层治理赤康样本工作

【安全生产】 年内，召开安全生产工作专题部署会议4次、隐患排查防控部署会议6次、交通安全驾驶领域的相关工作部署会议8次，开展安全生产综合检查40余次，发现问题20余条，消除安全隐患8个；宣传各类安全知识12次，发放各类宣传资料4000余份，其中交通安全宣传4次，展示各类交通事故警示图片、发放交通安全知识宣传册达2000余份，累计受教育人员涉及5000余人次；检查涉爆车辆20余次，发现安全隐患问题3个，并督促现场立即整改；定期和不定期对各村、学校、寺庙、宗教活动场所进行消防安全检查；聚焦主责主业，安排专人全面协调排查施工期的各类安全生产隐患。县生态环境局每季度对甲玛沟水进行检测，加强企业排污管理；县水利局每年一次全面检测甲玛饮水（乡政府也不定时抽检），确保群众饮水安全。

【防汛度汛】 年内，成立防汛应急领导小组，共排查28次，发现汛情隐患7个，对发现的隐患点及时进行处置，消除隐患。对防汛安全堤坝残破缺损的河段及时进行补修加固，修补加固堤坝总计900米，并于6月完工。累计出动挖掘机11台、卡车30台运送抗洪抢险石料500余立方米，投入50余人，确保安全度汛。

【组织建设】 年内，分别完成乡、村“两委”班子和乡领导班子换届工作；开展新任村“两委”能力提升培训，组织乡党委班子成员参加县委学习党史，做到“三更”、落实“三新”暨落实中央巡视整改专题培训班；严格落实“三会一课”、组织生活会等基本制度，切实抓好2020年述职评议整改工作；充分发挥市县两级村集体经济发展扶持资金和村党组织核心作用，整合2020年和2021年乡强基惠民资金共84万元，用于甲玛大型修理厂修理车间建设，收入纳入3个村集体经济进行分红；建设赤康村集体经济项目1个。

开展党员“三包”工作，查找梳理出存在的突出问题和群众反映强烈的热点难点问题4件，解决落实3件，充分发挥村级组织活动场所载体作用；预备党员转正4人，12月初吸收发展对象2人、吸收入党积极分子12人；深入开展“主题党日”、便民服务、群众活动、庆祝活动等，充分凝聚民心。

【党风廉政建设】 年内，与班子成员、各村第一书记、书记签订《党风廉政建设责任书》；严格按照《中国共产党廉洁自律准则》和《中国共产党纪律处分条例》办事，加强党员管理教育，及时组织召开新进村“两委”班子及全乡干部职工廉政谈话1次；元旦、春节、藏历新年、“萨嘎达瓦”、中秋节、国庆节等节假日期间，领导干部亲自部署督察检查事宜，认真接待群众，引导群众及时办结相关事宜。

加强公车管理，防止出现违反党风廉政的事件；签订党员不得信仰宗教及参加宗教活动承诺书354份；选派3名乡班子成员到3个村任第一书记，沉到村里扎实干，坚持岗位在村、阵地在村、责任在村，同时，把“我为群众办实事”作为党史学习教育的一项重点工作，与党史学习教育各项工作同谋划、同部署、同落实、同督促，聚焦群众急难愁盼问题，班子成员包片联村、带动干部走村入户，落实民生项目4个，解决群众急难愁盼问题30个，化解矛盾纠纷60余起。

2021年12月8日，甲玛乡党委书记扎仓（右一）到孜孜荣村督导检查重点工作开展情况

【化解矛盾纠纷】 9月6日，解决江苏中心水务公司与务工人员梁某的劳资纠纷15539.46元；9月30日，积极协调处理任某与西藏宏博实业有限公司工伤纠纷428656.67元，以上上访案件均成功协调，且已履行。同时，针对甲玛乡突出的机械租赁、大小车队运输等矛盾纠纷，先后召开协调会议20余次，切实把矛盾纠纷化解在萌芽状态。

【扫黑除恶专项斗争】 年内，成立扫黑除恶专项斗争工作领导小组，召开扫黑除恶常态化工作部署会议达4次；结合综治宣传日、“七五”普法、国家安全教育日等活动，深入各村及矿山、工地开展扫黑除恶专题宣传10次、受教育群众5500余人；利用LED轮番播放扫黑除恶内容的宣传标语30条，在各显眼位置张贴横幅30余处，悬挂大型宣传标语8幅，发放宣传资料2500余份。通过多形式、全方位的宣传活动，使扫黑除恶专项斗争工作常态化，真正达到家喻户晓，人人皆知。

【新冠肺炎疫情防控】 年内，甲玛乡制定新冠肺炎疫情防控方案，成立领导小组，先后召开20余次疫苗接种专项推进会。截至年底，3岁以上第一针接种2980人、第二针接种1443人；乡周边商铺、餐饮等从业人员共105人，接种一针疫苗94人，除2名因手术、过敏性体质住院外均已接种完2针；乡政府在岗干部职工（包括临时工、公益性、聘用等）共65人，

2021年1月19日，甲玛乡党委副书记、乡长王小芬（右一）到龙达村检查指导换届工作

其中除1名干部因自身疾病不能接种外，其余64名工作人员均已完成2针接种，接种率达到98%。

【自身建设】 年内，开展党史学习教育、“三更”专题教育、“三新”大学习大讨论活动和理论学习中心组集中学习研讨。开展集中学习11次，党史专题学习7次，书记讲党课4次，研讨发言8次，发言30人次，参观红色教育基地2次；开展志愿活动11次，开展党史学习宣讲20余次；各党组织及党员群众开展深入揭批十四世达赖“三性”及反动本质活动22场次；签订党员不信仰宗教承诺书350余份，排查党员、群众违规摆挂违禁图片15场次。

严格落实“三会一课”“四议两公开”等制度；完善《甲玛乡干部管理制度》《三重一大议事制度》等12项规章制度，建立以制度管人管事的制度体系；持续推进赤康村“1+4+N”党建+基层治理模式建设，创建党建标杆示范工程，充分发挥示范点辐射带动作用，完成县党建教育基地甲玛活动室建设；严格按照中央八项规定和自治区党委“约法十章”中要厉行勤俭节约的要求，对各村财务实施“阳光”工程管理，确保村务公开、财务公开。

（王 妮）

【机构领导】

党委书记

平措旺堆（藏族，4月免）

扎 仓（藏族，4月任）

党委副书记、乡长

王小芬（女）

党委副书记、人大主席

阿旺次仁（藏族，4月免）

班旦羊培（藏族，4月任）

党委副书记、龙达村第一书记兼工作队队长

赵炎龙（4月任）

党委委员、派出所所长

顿 同（4月任党委委员）

党委委员、纪委书记

索朗央宗（女，藏族，4月免）

扎西多吉（藏族，4月任）

组织委员

余 俊

宣传委员

单增央宗（女，藏族）

政法委员、孜孜荣村第一书记兼工作队队长

巴桑朗杰（藏族）

党委委员、副乡长

岳维莉（女）

副乡长

高各会

达 嘎（藏族）

唐加乡

【概况】 唐加乡位于墨竹玛曲河北岸，地处墨竹工卡县腹地，距墨竹工卡县城8公里，东北与尼玛江热乡宗雪村隔河相望，西北与达孜区唐嘎乡接壤，东南与工卡镇相依，全乡总面积347.1平方公里，驻地海拔3800多米，属雅江中游河谷黑颈鹤国家级自然保护区，下辖莫冲、卓村、东布岗、拉东、仲尼5个行政村，28个村小组，共1669户7950人，其中劳动力4050人；下辖4个村党委，1个村党总支，1个机关党支部，共有中共党员592名，其中少数民族党员571名，占党员总数的96.45%；妇女党员102名，占党员总数的17.23%。70岁以上老党员33名，占党员总数的5.57%；50—69岁党员147人，占党员总数的24.83%；35—49岁（含35岁）党员221名，占党员总数的37.33%；35岁以下党员191名，

2021年5月1日，唐加乡第十五届人民代表大会第一次会议第三次全体会议召开

占党员总数的32.26%。大专以上文化程度43名，占党员总数的7.26%；中专（高中）文化程度6名，占党员总数的1.01%；初中（含初中）以下文化程度543名，占党员总数的91.72%。联户长105名。

【基层组织建设】 年内，圆满完成乡、村两级换届工作，配齐配强党组织队伍，不断发挥基层党组织战斗堡垒作用，努力推动唐加乡全面工作；本着择优择精的原则，吸收积极分子19人，发展对象3人，预备党员转正7人，不断扩大党的群众基础；进一步完善党委会议事规则，进一步加强民主集中制的落实，坚持落实会前充分酝酿沟通，领导班子集体研究，构建起决策科学、运行高效、保障监督有力的工作格局。

截至年底，共召开乡长办公会议5次、党委会15次；紧紧围绕党史学习教育、“三更”专题教育、“三新”大学习大讨论活动，结合“三会一课”、党日活动，通过组织党员自学和集中学习、集体劳动、参观学习、观看警示纪录片等多种形式丰富了党建工作载体，召开理论学习中心组学习共12次，专题党课5场次，支委会10次，开展党日活动12次，到警示教育基地参观学习2次，举办宣讲会28场次，参加者7300余人次。

【意识形态工作】 年内，对意识形态工作安排部署2次，半年总结1次，党委专题研究意识形态领域工作会议3次，向县委专题汇报意识形态工作开展情况1次。乡党委书记深入村组，对意识形态工作进行调查研究，形成调研报告1份。开展政治违禁品专项整治活动2次，开展反分裂主题教育活动6场次，全面开展党员信仰宗教问题排查工作。以机关支部为单位，排查党员信仰宗教问题的同时，组织党员学习《西藏自治区共产党员不信仰宗教行为规范（试行）》有关规定，签订《墨竹工卡县共产党员不信仰宗教承诺书》590余份。

结合党史学习教育、“四讲四爱”群众教育实践、“五有五好”、新时代文明实践活动，广泛开展“新旧西藏对比”“讲村史、谈变化、颂党恩”等活动，在群众中不断宣传党的方针政策、治藏方略以及惠民富农政策，进一步深化群众感党恩、爱核心的爱国情怀，逐步淡化宗教消极影响，弘扬健康向上的主旋律，为铸牢中华民族共同体意识奠定坚实基础。

【经济发展】 年内，全乡总户数1669户，总人口7950人，劳动力4050人，累计外出务工1829人次（包括已就业大学生96人），其中建档立卡外出务工420人。全年培训人员达67人，其中建档立卡培训人员5人。辖区耕地面积29333.87亩，主要种植青稞、冬小麦、油菜、豌豆等作物，草场面积259268.13亩，牲畜22103头（只、匹）。

年内，全乡农村经济总收入为14209万元，其中工资性收入8132.05万元，经营净收入5556.63万元，财产净收入70.74万元，转移净收入449.54万元，农村居民人均可支配收入达到17933.84元，经济收入来源主要以种植业、畜牧业、劳务输出和转移就业为主。

【农牧业生产】 年内，冬小麦“山东7号”种植面积达到5605亩；“喜拉22号”种植面积达2500亩，“藏青2000”种植面积达9454.76亩、

"藏青320"种植面积达1800亩。共召开8次关于田间管理工作的安排部署会议，并组织除草工作15次，参与群众达680余人。

畜禽存栏情况：黄牛6101头、牦牛12289头、犏牛321头，绵羊118头、山羊247头，藏猪831头，藏鸡16522只。

畜禽出栏情况：黄牛182头、牦牛1509头、犏牛111头，绵羊219头、山羊19头，藏猪443头，藏鸡22221只。

新生仔畜情况：新生仔畜4512头、仔畜成活4077头，先后出动12人次开展秋季疫苗注射工作。牦牛应注射27866头，实注射27780头，未注射86头，注射免疫率达到99.7%。黄牛应注射10154头，实注射10131头，未注射23头，注射免疫率达到99.7%。山羊应注射298头，实注射298头，注射免疫率达到100%。绵羊应注射133头，实注射133头，注射免疫率达到100%。猪应注射691头，实注射691头，注射免疫率达到100%。肉产量达到0.063万吨，奶产量达到0.231万吨，牦牛经济杂交61头。黄牛改良1980头，其中本交438头。

【项目建设】 年内，唐加乡"十三五"共发展扶贫产业项目3个，分别为唐加乡设施农业建设项目，总投资468.62万元；莫冲村藏地之南养殖专业合作社项目，总投资149.1万元；唐加乡扶贫农机租赁合作社项目，总投资678.98万元。莫冲村藏地之南养殖专业合作社项目，2021年度收入共计32万元，该项目2021年度分红资金为13800元。乡扶贫农机租赁合作社项目，2021年度收入共计462000元，该项目2021年度分红资金为142229.96元，分红对象为全乡困难群众和监测对象户，涉及村民72户311人。设施农业项目（温室大棚）已于年底与第三方公司签订租赁合同。

【社会保障】 年内，完成乡2617人新型农村养老保险收缴工作，收缴保费523500元，参保率达100%；完成全乡7472人新型农村合作医疗收缴工作，筹资率达到100%；全面做好高校毕业生就业创业工作，全乡高校毕业生共计96人，全部就业，就业率达到100%。

【民政救助】 年内，全乡低保户24户61人，分散特困供养救助人员6户6人（其中5户是脱贫户），残疾人201人（其中享受残疾人两项补贴128人），重度残疾45人，60周岁以上老人754人。全乡共有4户17人申请临时救助，共发放临时救助金27000元；35名残疾人得到残疾人补助器具；"三大节日"慰问44人，每人800元，慰问资金共计35200元；低保24户61人，全年共发放低保资金103634.62元；0—16岁残疾人7人，共发放资金16200元；重点关爱14人，共发放资金81000元；残疾人两项补贴发放资金210600元，分散养老6人，发放资金45540元，幸福养老723人养老，发放资金1550100元。

【教育工作】 年内，完成建档立卡"十五年免费教育"登记造册工作，摸清底数；2020—2021学年在校大学生283人，其中建档立卡、农村低保大学生39人（区内14人，区外25人），2020级新入学大学生86人，其中建档立卡12人；收集完成2020—2021学年往届生票据报销与核对工作，收集票据学生数217人，其中建档立卡、农村低保户20人、困难户9人；与

2021年10月1日，唐加乡党委副书记、人大主席央金次仁（左一）到卓村检查指导工作

各村、乡学校签订2021年度控辍保学目标责任书、制定并下发控辍保学工作方案，共有10名学生实行“送教上门”（其中小学阶段6人、中学阶段4人），建档立卡5人，全乡无一名失学、辍学儿童。

【生态文明建设】 年内，继续保护好唐加乡黑颈鹤保护区的生态环境，确保生态环境只能更好，不能变差，让人类与自然和谐共生，坚决遏制河道污染、破坏土壤、露天焚烧、乱倒垃圾等严重影响生态环境的现象。在“植树节”“世界环境日”等节日开展宣传工作15次，共计悬挂环保宣传工作横幅15条，检查8次，宣传手册500本、布制环保手袋100余个，各村组织党员、群众开展环境卫生大扫除活动50余次。清理农村生活垃圾26吨，清理农村白色垃圾数量9.5吨，清理村内水塘数量43口，清理河道、湖泊11.5公里，清理村内淤泥数量6吨，清洁卫生死角25处，开展人居环境宣讲29次，参与人数约790人。

【安全检查】 年内，先后在各村委会增设食品药品安全宣传条幅10余条，在乡政府大门利用LED屏滚动播放食品安全口号标语。开展食品安全知识进学校、进农户活动，发放宣传彩页和食品安全知识读本400余份，开展专项检查12次，专项整治行动4次、学校食堂食品安全专项检查5次、夏季低温储存食品药品专项检查、各种节日食品专项检查等各类食品药品专项整治检查8次。开展安全生产大排查大整治专项行动，共排查生产经营单位90家次。乡辖区内G349国道唐加段顺利进行沥青铺设工作，乡辖区路段已基本完成。

【林业工作】 年内，全乡“四旁植树”任务共21554株，分别路旁种植6874株，集体林卡种植5291株，农户家中种植9389株，全部种植柳树，已全部种植完毕，购买土工格栅，防止牲畜啃食，组织护林员及生态岗位人员做好管护工作，及时冬灌及涂树美白工作。上半年安排343人（包括县城搬迁106人）、下半年安排344人（包括县城搬迁107人），在生态补偿脱贫购买服务转移就业，安排生态岗位，划分每个人的管护区域，实现区域划分责任制。

2021年11月19日，唐加乡组织机关党支部党员及各村党员代表到林周县党员党性教育基地参观学习

【水利工作】 年内，投入10万余元对唐加乡范围内的干渠及支渠开展维修工作，及时解决基本农田灌溉问题。与各村村级河（湖）长签订全面推行河长制目标管理责任书，积极参加河（湖）长制培训工作。着力开展污染源治理及“清四乱”工作。全乡排查出14个安全隐患点，在汛期前组织群众开展清淤、清理河道工作。乡政府自行准备2万余元防汛资金，真正做到有备无患，牢牢把握防汛抗旱主动权。

【国土住建】 年内，全乡采挖虫草人数为357人，其中建档立卡为37人，统计收入为6698786.25元；协助县自然资源局做好县闲置土地统计及农村宅基地审批程序；做好灾害统计工作。全乡30户群众申请并纳入2021年住房提升改造工程，其中包含仲尼村因地质灾害引起的隐患房屋7户、拉东村因自然灾害引起的新增隐患房屋10户，共17户纳入“美丽乡村·幸福家园”项目。

【文化活动】 年内，全乡5个行政村成立村委会文艺演出队，5个

2021年9月17日，水发设计（拉萨）有限公司一行到唐加乡开展结对帮扶活动

村各有20名文艺队队员，全乡共100名队员，年龄均在18—40岁。乡政府及各村文艺队利用以“3·28”西藏百万农奴解放纪念日、中国共产党成立100周年、西藏和平解放70周年和戏曲进乡村等为契机，组织开展文艺演出活动18场次，进一步丰富群众文化生活，引导群众积极转变思想观念，共享社会主义建设成果。

【乡村振兴】 年内，全乡下辖5个村，集体经济收入均超过10万元，后续收入持续稳定；全乡无家庭人年均可支配收入低于6000元的农牧户、“两不愁、三保障、一安全”均已得到有效保障。全国防返贫监测信息系统内唐加乡共有脱贫户351户1789人，边缘易致贫户1户2人，已消除致贫风险。对全乡所有已脱贫户和一般农户开展一次全面摸排，了解掌握“两不愁、三保障、一安全”及饮水安全情况，进一步完善脱贫户和边缘易致贫户台账，对摸排发现的问题，实行台账管理、动态清零。为脱贫户中的收入较低户和边缘易致贫户兑现2020年度扶贫产业项目分红。唐加乡易地搬迁一共103户498人（其中拉萨文创园搬迁点12户61人、嘎则搬迁点91户437人），搬迁前无房户6户，每户至少有一人已稳定就业。

【新冠肺炎疫情防控】 年内，调整充实新冠肺炎疫情防控应急方案、预案；全乡户籍人口共7950人，18岁以上户籍人口5802人，其中患有禁忌证、怀孕等不宜接种新冠疫苗585人，全乡应接种5217人，已接种第一针4923人，接种率为94%，已接种第二针4574人，接种率为88%，已接种第三针2255人，接种率为46%；持续做好返乡人员和外来人员的跟踪排查工作，及时统计返乡人员信息登记，核查情况及时上报，做到不漏一人。

（贺 娇 次 吉）

【机构领导】

党委书记

王　静（5月免）

许晓菲（5月任）

党委副书记、乡长

巴　桑（藏族，5月免）

旺堆次仁（藏族，5月任）

党委副书记、人大主席

央金次仁（女，藏族）

党委副书记、宣传委员

白玛欧珠（藏族，5月任）

党委委员、纪委书记、派出监察室主任

涂金龙（5月免）

洛桑平措（藏族，5月任）

党委委员、组织委员

贺　娇（女）

党委委员、政法委员

西绕江措（藏族，5月免）

格松次仁（藏族，5月任）

党委委员、统战委员

代江涛（5月任）

党委委员、副乡长

旦增措姆（女，藏族，5月免）

次尼卓玛（女，藏族，5月免）

旦增卓玛（女，藏族，5月任）

扎西岗乡

【概况】 扎西岗乡地处318国道沿线，距离墨竹工卡县20公里，东接日多乡，西临工卡镇，北接门巴乡，南与山南市乃东区毗邻。全乡总面积1100平方公里，属半农半牧乡，平均海拔3980米，下辖7个行政村，总户数2111户，总人口8605人。

2021年，扎西岗乡总收入为

2021年8月8日，县委副书记、县长巴桑（左三）一行到扎西岗乡斯布村调研“十四五”发展规划

14674.3万元，2021年农牧民人均可支配收入目标为16875元，农牧民人均可支配收入达到17053元，其中，工资性收入为6598.5万元，占总收入的45%；经营性收入为6789.8万元，占总收入的46.3%；财产性收入为680.7万元，占总收入的4.6%；转移性收入为605.3万元，占总收入的4.1%，人均可支配收入同比增长13.76%。

【党建工作】 年内，扎西岗乡共有党组织53个，其中党委3个、党总支5个、党支部45个。截至年底，全乡党员638名，其中机关党员43名，下沉党员干部20名，农牧民党员575名。全乡预备党员按期转正，16名入党积极分子按期转为预备党员，入党申请人1名，入党积极分子20名。

在党建工作中，扎西岗乡党委牢固树立“四个意识”，严格落实党建工作责任制。年内，切实抓好党建重点任务的落实，党员管理在往年的基础上实行更加规范化的管理模式，着重于党员教育与素质的提升，力争优化党员结构，不断提高党员的自身素质和服务水平。全力夯实执政根基、净化政治生态，优化执纪环境，努力营造河清海晏的社会主义事业好局面。

【党员队伍建设】 截至年底，扎西岗乡共有党员638名（巴洛村76名、预备党员2名，扎西岗村101名、预备党员4名，吉古村85名、预备党员3名，仁青林村104名、预备党员4名，斯布村75名、预备党员1名，朗杰林村74名、预备党员1名，加尔多村80名、预备党员1名，机关党员43人），其中农牧民党员575名，占农牧民人口数的6.7%。扎西岗乡建立入党积极分子、预备党员信息档案，为今后的党员信息库录入工作奠定基础。

【党风廉政建设】 年内，制定重大事项报告制度，对全乡决策各项重大事项施行报告制度，确保主管领导及时准确地掌握并妥善处置紧急重大事项，避免工作失误；实行签到考勤制，结合不定时抽查，确保干部在岗率，加强干部组织纪律。通过制定学习制度、请销假制度、坚守岗位制度、请示报告制度等，扎西岗乡干部在工作作风漂浮、责任心不强、办事效率低下、工作不实、作风不正等方面有进一步改进。

关于经费使用，对各类资金的使用情况都进行透明公开，每季度在各行政村公开村务、政务、固定资产登记等内容，每笔资金使用都召开班子会议征求班子意见；对于食堂采购，经乡党委、政府统一商议，安排专人负责，采购时，必须由值班人员对当天购进的食品进行检查，购买手续清楚，同时多次开展厉行节约宣传活动，做到杜绝浪费；对于公车使用，车辆使用一律遵循车辆派遣单制度和加油卡制度，车辆维修保养由乡纪检、人大、财务人员参与并监督。

【干部队伍】 年内，扎西岗乡党委委员10名，其中书记1名，副书记3名，委员6名；乡人大班子1名；乡政府班子4名，其中乡长1名，副乡长3名；乡纪委班子5名，其中纪委书记1名，副书记1名，委员3名。

扎西岗乡7个村工作力量共129人（其中一人兼两职共9人，以下为重复统计），下沉干部28人、驻村工作队21人、大学生“村官”1人、村干部59人、乡村振兴专干9人、协管员7人和科技专干4人。

【换届工作】 3—5月，扎西岗乡领导班子换届工作全部完成，先后召开党代会和人民代表大会，圆满完成换届工作，共选举产生党委委员10名，其中党委书记1名，党委副书记3名，委员6名，其中纪委书记1名、副书记1名、委员3名，人大主席团主席1名；乡长1名，副乡长3名。通过这次换届，乡党委、纪委、人大、政府班子结构进一步优化，干部素质明显提高，班子平均年龄有所下降，妇女干部、优秀年轻干部比例有所提高，以清肃换届氛围为出发点和落脚点，以严明换届纪律为着眼点和着力点，做到思想不散、秩序不乱、工作不断、圆满实现预期目标。

【农业发展】 年内，扎西岗乡总耕地面积19158.45亩，草场面积91.6万亩，发放草补资金224.2元。2021年扎西岗乡实行大面积连片耕地托管共计4384.8亩，带动群众致富增收499人，累计减少劳动力投入2709人，富余劳动力外出务工492人，实现外出务工增收300余万元。发放尿素1052袋、二胺692袋、复合肥1052袋、氯化钾240袋。

【林业工作】 年内，在墨竹工卡县自然资源局的大力支持和帮助下，共种植新疆杨2000株、柳树2000株，完成分发、栽种"四旁"植树苗木25332株。野生动物肇事补偿303170元。共组织481名农牧民群众到门巴乡和日多乡采挖虫草，实现总收入494万元，人均增收10270.27元。

【水利工作】 年内，扎西岗乡根据上级文件精神及乡情实际，制定抗旱应急预案、防汛预案、防汛演练预案，组建由民兵和"双联户"构成的防汛队伍，储备防汛物资铅丝笼50卷，编织袋700个。有专人定期到各村对监测站、道路桥梁等进行隐患排查，汛期每日向县水利局防汛办公室报告扎西岗乡汛情，保护群众生命财产安全。"溪桥工程"项目8个，涉及6个村，惠及1551户6986人；加尔多村5组、6组桥梁维修项目已完成，涉及资金9.5万元。

2021年12月27日，扎西岗乡党支部带领乡团委开展"迎新年、送温暖"主题日活动

【教育事业】 年内，扎西岗乡辖区内有中心学校1所（南京希望小学），在编教师人数49人；村级幼儿园5所以及乡中心幼儿园1所，在编幼教29人、临时工36人、乡村振兴专干教师18人。全乡在校大学生300人，在校高中生331人，在校初中生485人；在校小学生785人，幼儿园在园人数390人。年内，扎西岗乡南京希望小学考入其他省市西藏班学生2人。截至年底，全乡实现义务教育均衡发展。

【文化工作】 年内，按照上级部门要求，扎西岗乡成立新时代文明实践志愿者队伍、7个村级文艺演出队伍，设置1个乡级新时代文明实践所、6个村级新时代文明实践站。在西藏百万农奴解放纪念日、中国共产党成立100周年之际，举行文艺会演15次，参与人数达1800余人。

【民政工作】 年内，扎西岗乡享受幸福养老老人763人，低保户81户，256人。2021年累计受理困难家庭3户，县乡两级发放生活救助金14000元/户；全年审核评定通过农村低保81户250人，主动退出低保13户45人；符合残疾人“两项补贴”条件人员100人，不符合条件人员155人；符合享受高龄失能老年人“两项补贴”人员31人。

【安全生产管理】 年内，落实安全生产责任制，树牢“安全第一”生产理念，不断加强安全生产宣传教育，积极开展安全生产专项整治，切实做好安全隐患排查整改，积极抓好安全专项整治，积极做好防洪防汛隐患排查。年内，开展宣传活动5次，召开安全生产会议6次，开展校园安全隐患排查7次，工程质量监督检查20余次，个体工商户食品安全检查89家。截至年底，扎西岗乡未发生安全生产事故、安全隐患、食品安全等问题。

【特色产业】 年内，斯布村鲜奶收购站向高原之宝牦牛乳业股份有限公司供应鲜奶，累计17.5万余公斤，实现村集体经济收入30余万元，群众收益280余万元。

【乡村振兴】 扎西岗乡“十三五”建档立卡脱贫户206户944人，防返贫动态监测户4户19人，均已消除致贫返贫风险。年内，扎西岗乡开展2次大规模的防返贫动态监测摸底、排查、核实工作，无新增返贫致贫户；有效推进扎西岗乡“美丽乡村·幸福家园”建设项目167户，其中县城投负责实施3个村104户，拉萨市城投负责实施63户。

2021年6月17日，扎西岗乡安排部署虫草点退点工作

【新冠肺炎疫情防控】 年内，加强人员聚集场所、重大活动等管理服务工作，落实场所消毒消杀、人员口罩佩戴、体温监测等防控措施，按照上级部署任务有序推进疫苗接种，适宜接种3430人中，完成第一剂接种3422人，完成率为99.77%，完成第二剂接种2044人，完成率为93%，全乡89家商户全部完成第二剂接种，基本做到“应接尽接”，超额完成上级制定的目标。

（次旦卓玛）

【机构领导】

党委书记

达　　瓦（藏族，5月免）

县人大常委会办公室副主任、扎西岗乡党委书记

杨　　勇（6月任县人大常委会办公室副主任，5月任党委书记）

党委副书记、乡长

杨　　勇（5月免）

扎西顿珠（藏族，5月任）

党委副书记、人大主席

扎西顿珠（藏族，5月免）

春　　芳（女，藏族，5月任）

党委专职副书记

巴　　桑（藏族，5月免）

刘金桥（5月任）

党委委员、派出所所长

次仁多吉（藏族，5月任）

党委委员、纪委书记

普布拉吉（女，藏族）

党委委员、组织委员

李毅立（5月免）

曾洪群（女，5月任）

党委委员、统战委员、宣传委员

杨雪钟（藏族，5月任）

党委委员

金玉洁（5月免）

李　　庆（5月任）

党委委员、副乡长

扎西次仁（藏族，5月免）

杨瑞鹏（5月任）

副乡长

次列旺姆（女，藏族，5月免）

颜灵芝（女，5月任）

丹增白珍（女，藏族，5月任）

日多乡

【概况】 日多乡隶属拉萨市墨竹工卡县，位于县城以东55公里处，米拉山脚下，东临林芝市工布江达县，西接扎西岗乡，北与门巴乡接壤，南面毗邻山南市桑日县和乃东区，辖区内林拉高等级公路、G318线穿境而过，平均海拔4500米，总面积为955.5平方公里。全乡下辖3个行政村12个村民小组，总人口694户、2753人，其中劳动力1693人。乡党委下辖1个村党委，2个村党总支，1个乡机关党支部，下设12个村民小组党支部，全乡共有党员243名（包括预备党员14名），其中，机关党支部党员25人，拉龙村党委党员92名、怎村党总支党员69名（预备党员2名），念村党总支党员57（预备党员12名）人。每个自然小组设小组长2名，全乡联户长47名。各村均健全完善群团组织。乡卫生院1所，医生11名，村卫生室2个，村医6名；乡双语中心小学1所，教职工35名，学生240名；村双语幼儿园4所，教职工45名，学生139名；派出所干警9名；寺庙1座，驻寺干部2名。境内主要旅游点包括“一山”（米拉山）、“一湖”（思金拉措湖）、“一泉”（日多温泉）。

【气候特点】 日多乡气候属于典型的高原温带半干旱高原季风气候，年平均气温0.8℃，年最高气温18℃，年最低气温-26℃，年平均降水量350毫米，年日照平均时数3000小时。具有气温低，冬长夏短，日温差大，年温差小；干湿季分明，冬季干燥，多风；日照充足，辐射强烈；冬季严寒，夏季凉爽湿润；气压低，含氧量较少等特征。

【经济发展】 年内，日多乡经济总收入7800.9万元，人均可支配收入达到28429.23元，其中工资性收入1089.5万元、经营性收入6053.124万元、财产性收入255.09万元、转移性收入406.2657万元，农牧民群众生活水平不断提升。

【畜牧业】 年内，全乡704户（包括草场户），牲畜存栏18462（头、只）、牲畜出栏（包括自食）2587（头、只）、无超载户、未超载528户，及时兑现2021年草场补偿资金2681460.43元。

【基础设施建设】 年内，广播电视覆盖率达100%，电信、移动网络覆盖率100%。318国道及林拉高等级公路贯穿全境，交通便利。境内拥有一座污水处理厂、一处垃圾转运点，解决了乡周边700人的生活污水处理问题和全乡704户的生活垃圾转运问题。具备条件的行政村全部通硬化路，公路里程79公里，砂石路面35公里。2021年新修溪桥13座，累计为民办实事23件。

【社会保障】 年内，对15户41人兑现农村最低生活保障金71956.19元；兑现4名分散特困户补助金30360元；为7名重点关爱人员（精神残疾及瘫痪在床残疾人）发放救助金39000元；兑现4名0—16岁残疾少儿康复补贴9600元；为27名重度和困难残疾人发放两项补贴49200元；兑现2户城乡困难家庭临时救助金12000元；为184名60岁及以上老人发放幸福养老金396100元；发放两项补贴资金共2250元。免费发放失禁用品尿裤21箱、尿垫8箱。

2021年6月10日，日多乡组织开展庆祝中国共产党成立100周年参观活动

2021年8月18日，南京援藏“格桑花开·幸福助力”100+民生微实事项目——日多温泉小镇垃圾桶集中发放仪式举行

【新冠肺炎疫情防控】 年内，为守好拉萨“东大门”，充分发挥前沿哨点作用，从严从细落实疫情防控各项措施，筑牢疫情防控安全线，确保疫情防控工作有组织、有步骤、有保障，日多乡党委、政府按照上级的安排部署，在乡街道设立疫情防控服务点，干部职工24小时值班，为过路车辆和游客提供方便面、热水、口罩等暖心服务，不断密切党群干群关系。截至年底，共排查外来车辆5000余辆，送检核酸样本892份，未发现阳性人员。

【行政审批】 年内，投资13万元，改造建设成立日多乡便民服务中心，该中心建筑面积60余平方米，设有保险理赔、户籍、就业平台、民政、医疗、农牧、社保7个窗口，共有7名业务精湛的工作人员，已全部进入服务中心，集中办公，统一管理，窗口操作。截至年底，日多乡便民服务中心各窗口收办各类便民事项达4000件。

【乡村振兴】 年内，在持续巩固深化脱贫攻坚成果的基础上，完成日多乡乡村振兴战略三年规划编制，农牧区发展新动能持续培育，货运运输车辆93辆，商店、餐饮等服务实体50家，行政村通客车率达到100%，辖区内2个合作社，分别是墨竹工卡思金拉措绿色牧畜产品加工专业合作社和墨竹工卡县念村农畜产品专业合作社，产值31.8万元，解决当地15名群众就业，实现人均增收1.2万元。开展就业政策宣讲达20余场次，组织高校毕业生参加自治区、市、县就业招聘26场，涉及156人次，实现高校毕业生就业率100%；农牧民转移就业录入人数1043人，就业人数占比100%，2021年中式烹调师职业技能培训55人。参与虫草采挖群众437名，实现增收1305.4万元。

【重点项目建设】 年内，投资200万元，扩大念村母畜养殖项目规模，购买197头适龄母畜，并寄养在卖方(养殖户)家中，村委会与卖方(养殖户)签订5年养殖协议。建立怎村夏季摄影文化基地暨林卡基地，进一步吸引人流，增加集体收入。整合资金，为怎村购买一台挖掘机，用于巩固和提升村集体经济，该挖掘机已投入使用。拉龙村中央直达资金50万元，全部用于发展母畜养殖项目，进一步带动群众增收并增强村集体经济的多元化和可持续性，该项目前期准备工作已完成。

【人居环境】 年内，共开展环保行动30余次，统一收集群众生产生活垃圾及国道沿线、河湖周边垃圾1000余袋，组织垃圾车转运80次，参与群众达2500余人，乡政府垃圾车每周对318国道沿线，河湖沿线，景区，学校等地产生的垃圾及时运送到怎村垃圾中转站，确保乡域整洁。

【宣传教育】 年内，结合法律小课堂，邀请检察院、法院、公安等部门，重点向农牧民群众宣传《中华人民共和国宪法》《中华人民共和国民法典》、电信诈骗以及酒驾造成的危害，推动广大干部群众学法尊法用法。截至年底，开展各类法治宣传教育30余场次，受教育群众1700余人次。组织村级文艺队举办庆祝中国共产党成立100周年、“四讲四爱”群众教育实践活动系列文艺会演23场次；设置精神文明宣传栏、公益广告牌等宣传平台20余个，开展“3·28”活动、新旧西藏对比、村史家史大家谈、清明节默哀活动、升国旗等文化活动20余场次，参与群众达3000人次。

【“美丽乡村·幸福家园”整村试点推进】 从“硬化、绿化、亮化、美化、标准化”等村容村貌的外在提升改造，到“健全完善村规民约、提升群众自治能力、夯实基层群众基础”等自我治理的内核变化，美丽乡村建设的内容也越来越丰富。日多乡实施第二批“美丽乡村·幸福家园”建设，2021年实施24户。

【信访工作】 年内，成功调解虫草纠纷、群众利益纠纷、拖欠民工工资等各类社会矛盾10余起，调解率达到100%，受理信访事件5起，办结率达100%。始终以热情、负责的工作态度接待来访群众，做好政策法规的宣传解释工作，力争全面化解群众反映的热点难点问题。年内，全乡无重大政治性、群体性事件发生，没有发生一起越级上访事件，干部群众安全感不断增强。

【组织建设】 年内，按照发展党员的25个步骤，规范发展党员工作流程，注重在致富能手、退伍军人和返乡大学生中发展党员，进一步使党员队伍结构得到优化。截至年底，共发展党员8人，培养入党积极分子36人；乡11名班子成员分包3个村，开展调查研究，帮助各村理清党建工作思路，同时积极参与村级组织建设，指导村支部落实各项规章制度、开展“三会一课”、主题党日等活动，协调解决具体困难和问题，236名党员分包2700余名农牧民群众，制作《日多乡党员三包工作记录》250余本发放到各党员手中。

【党风廉政建设】 年内，通过廉政党课，加强学习《中国共产党廉洁自律准则》和《中国共产党纪律处分条例》，共组织开展各类集体学习7次，党委书记讲廉政党课2次，撰写心得体会2篇，组织干部职工学习各类典型案例通报文件20份。以案说纪、以案说法，用身边人、身边事为党员干部敲响警钟。采取纪委定期报告制度，重点报告对党员遵章守纪监督工作的开展情况，对村“两委”班子履职情况进行量化考核，对不作为、慢作为的村干部严厉问责，从而促进村干部发挥作用。

（央　啦）

2021年11月29日，墨竹工卡县政协副主席班旦曲扎到日多乡宣讲党的十九届六中全会精神

【机构领导】

党委书记

班旦曲扎（藏族，4月免）

程爱青（4月任）

党委副书记、乡长

程爱青（4月免）

平措扎西（藏族，5月任）

党委副书记、人大主席

白玛卓嘎（女，藏族，4月免）

旦增措姆（女，藏族，5月任）

党委委员、专职副书记

苍　巴（藏族，4月任）

党委委员、派出所所长

袁　飞（4月任）

党委委员、纪委书记、派出监察室主任

刘金桥（4月免）

索朗次仁（藏族，4月任）

党委委员、组织委员

席贤锋

党委委员、宣传委员、副乡长

索朗措姆（女，藏族）

党委委员、政法委员

刘　学

党委委员、统战委员

梁泽英（女，4月任）

副乡长

白　珍（女，藏族，4月免）

王　龙（4月免）

普　琼（藏族，5月任）

边巴旺堆（藏族，5月任）

尼玛江热乡

【概况】 尼玛江热乡位于墨竹工卡县东北部，距县城25公里，东邻门巴乡，西连唐加乡，北接扎雪乡，行政区划总面积862.68平方公里，平均海拔4200米，交通便利，349国道、507省道穿境而过，属拉萨以东旅游环线重要节点。尼玛江热乡属高原温带半干旱季风气候区，平均气温5.1—9.1℃，全年无霜期约90天，日照时长为2813.5小时。尼玛江热乡境内有拉萨河、雪绒藏布、珠铺、帮曲、芒热白曲等河流，最大河流为拉萨河，雪绒藏布、珠铺、帮曲、芒热白曲等支流最终汇入拉萨河，从东南至西北流经境内章达村，出境流入唐加乡，河流总长119.9千米。全乡辖有宗雪村、帮达村、芒热村、章达村、仲达村、羊日岗村、其玛卡村7个行政村，32个村小组，5个纯牧业小组，共有2138户，8990人（其中女性4481名）。全乡宗教活动场所有8座（寺庙7座、拉康1座），乡辖区矿山企业8家。

【经济发展】 尼玛江热乡属农业为主的半农半牧乡，全乡耕地面积17987.4亩，人均耕地面积2.02亩，草场面积58529.62公顷，可利用草场面积56774.01公顷；牲畜存栏27827头（只、匹），出栏940余头（只、匹）。粮食种植总面积11023.52亩，其中青稞10263亩；蔬菜725.63亩，年内，粮食总产量3906.05吨。经济收入来源以农牧业、劳务输出和转移就业为主。截至年底，全乡实现农村经济总收入1.84亿元，同比增长16%；农村居民人均可支配收入20421元，同比增长15.92%。

【医疗卫生】 年内，尼玛江热乡有医疗卫生机构6个，乡级卫生院1个，病床5张，医务人员13名，执业（助理）医师8人，专业卫生人员5人，2021年尼玛江热乡卫生院完成诊疗1800人次；村级卫生室5个，村医11人。截至年底，尼玛江热乡新型农村合作医疗保险参保人数8424人，参保率93.7%。

【教育文体】 年内，尼玛江热乡有小学1所，在校生940人，专任教师55人，小学适龄儿童入学率100%，九年义务教育覆盖率达100%。幼儿园7所，在园幼儿435人，专任教师32人，其他人员51人。

尼玛江热乡现有新时代文明实践所（综合文化站）1个，建筑面积350平方米，“农家（寺庙）书屋”13个，藏书约2万册；村级新时代文明实践站（文化活动中心）7个，建筑面积110平方米。年内，尼玛江热乡现有广播喇叭15套，有线电视用户数2138户，卫星接收器2138套，电视综合覆盖率100%，入户率100%，通响率100%，广播电视综合覆盖率100%。

【民生保障】 年内，尼玛江热乡持续关爱特殊困难群体，其中享受60岁及以上农村籍退役军人优抚政策数十人；低保户53户155人，2021年兑现低保资金11.78万元；分散特困供养人员15人，2021年发放供养金5.9万元；享受国家养老保险853人，其中享受墨竹幸福养老795人。2021年，政府向159名残疾人发放辅助器具，向12名残疾儿童康复补贴1.44万元；临时救助4人，发放救助资金0.8万元。年内，尼玛江热乡开展劳动力就业技能培训90余人

2021年9月9日，尼玛江热乡举办新时代文明实践活动暨国家通用语言文字和乡村振兴专业知识大比武

2021年11月29日，共青团尼玛江热乡委员会联合县人民法院、尼玛江热乡中心小学共同举办预防青少年违法犯罪暨法律宣讲进校园活动

次，农牧民转移就业2452人次，结对帮扶高校毕业生实现就业66人，就业率达100%。

【文明创建】 年内，尼玛江热乡组织完善志愿服务队14支，开展志愿服务活动30余次，开展学雷锋活动10次、新时代文明实践活动80余次。围绕两个大庆活动，加强社会主义核心价值观教育，悬挂横幅50余条，设立宣传展板16块、宣传栏30余块。

年内，尼玛江热乡开展专题演讲、电影放映、文艺会演等文体活动100余场次。尼玛江热乡在朗诵比赛中荣获优秀组织奖；宗雪村在拉萨市委宣传部举办的“庆丰收、迎国庆、颂党恩”书香拉萨农牧民朗诵活动中荣获三等奖。羊日岗村接受中央媒体团采访，扩大影响力。9月23日，尼玛江热乡积极参加中国农民丰收节，并在拔河比赛中取得第一名；尼玛江热乡干部职工积极参加全县干部职工运动会，在多个项目中名列前茅。

【人居环境】 年内，尼玛江热乡扎实推进农村人居环境整治，加大河道巡查整治力度，确保境内拉萨河流域干净整洁。2021年全乡环境整治50余次，清理转运垃圾500余吨；开展乡级巡河10次，村级巡河74次。2021年全乡生态岗位1335人次，每人每年落实岗位资金3500元，其中护林员530人次。“四旁”植树25320株，成活率70%左右。“美丽乡村·幸福家园”建设大力推进，2021年羊日岗村46户群众新房全部建成并投入使用。

【乡村干部队伍建设】 截至年底，尼玛江热乡共有村“两委”班子成员46人，村民监督委员会21人，下沉干部19人；特派员1名，驻寺民警4名，驻村工作队7个。年内，尼玛江热乡组织乡村干部参加自治区、市、县各类培训70余人次，组织民族干部通过不同形式定期学习国家通用语言，并集中测评学习成果；组织乡村党员干部、人大代表先后3次参观林周县党员党性教育基地和拉萨活佛转世展览馆。通过强化理论武装和严格执纪，全乡党员干部进一步增强“四个意识”、坚定“四个自信”、坚决做到“两个维护”，深入推进抓党建促乡村振兴和脱贫攻坚有效衔接，强化基层党组织战斗堡垒作用。

【党建工作】 年内，尼玛江热乡强化政治建设，坚决开展反分裂斗争，组织全乡党员干部深入揭批十四世达赖和达赖集团“五顶帽子”反动本质活动20余次，组织全体党员签订不信仰宗教承诺书737份。修订完善乡党委议事规则、村规民约20条。

尼玛江热乡充分运用理论学习中心组集中学习、“三会一课”、主题党日、集体学习等方式开展学习，通过党史学习教育深化党性淬炼，筑牢政治忠诚，擦亮忠诚、担当、为民、清廉本色，压实主要领导主体责任，班子成员自觉摆正政治站位，带头进行习近平新时代中国特色社会主义思想专题学习5次，开展中心组理论学习14次，集中学习50余次，乡村书记讲党课20余次，党员干部撰写心得体会200余篇，发表原创影响力网评文章36期，党员干部通过西藏组工、法治西藏等平台参与知识测试240余人次，乡村共召开专题组织生活会32次。

【党风廉政建设】 年内，尼玛江热乡党委压实管党治党主体责任，建立健全以乡党委书记为组长，分管副书记为副组长，其他班子

2021年10月20日，尼玛江热乡开展疫情防控消杀工作

成员和各村书记为成员的党风廉政建设领导小组，加强对党风廉政建设和反腐败工作的领导。乡党委主要领导主持专题研究党风廉政建设工作2次，讲授专题廉政党课3次，班子成员认真履行“一岗双责”职责，落实党风廉政建设责任制，抓业务工作的同时强化党风廉政建设，经常性开展廉政提醒谈话，班子成员与党员干部全年开展谈心谈话2轮48人次。

乡纪委坚持在重要时间节点重申纪律要求，开展纪律督查39次，发现问题3个，下发整改通知书3份；组织全乡干部学习典型案例28次，严肃查处和纠正纪律作风相关问题。坚持问题导向，抓常抓细，将元旦、春节、藏历新年、端午、中秋、雪顿、国庆等重要节日连点成线，集中整治享乐主义、奢靡之风，在潜移默化中持续放大“正能量”，持续推进作风建设常态化，在全乡上下营造了踏实干事、团结拼搏的良好氛围。

（张刚宁）

【机构领导】

党委书记

次　　达（藏族）

党委副书记、乡长

柏　　强（4月免）

王 吉 泽（5月任）

党委副书记、人大主席

旺　　扎（藏族，4月免）

顿珠坚才（藏族，5月任）

党委副书记

贾 慧 婷（女，4月任）

党委委员、纪委书记

索朗曲珍（女，藏族，4月免）

欧珠旺姆（女，藏族，4月任）

党委委员、组织委员

施 龙 武（4月免）

郝 苗 苗（女，4月任）

党委委员、政法委员

土旦旺久（藏族）

党委委员、统战委员、宣传委员

江白伟色（藏族，4月任）

党委委员、派出所所长

普布次仁（藏族，4月任）

党委委员、副乡长

旦增卓嘎（女，藏族，4月免）

周 国 元

党委委员、人大副主席

格桑曲珍（女，藏族，4月免）

副乡长

四朗达措（女，藏族，5月任）

贺 小 军（5月任）

扎雪乡

【概况】 扎雪乡位于墨竹工卡县以北51公里的米洛山脚下，东与尼玛江热乡接壤，西与林周县阿朗乡相连，面积796.84平方公里，平均海拔4200米，以农业为主，牧业为辅，种植青稞、小麦、油菜，牧养牦牛、绵羊、山羊，产贝母，水资源丰富，辖格老窝、米洛、塔杰、龙珠岗、扎雪、其朗6个村，乡政府驻格老窝村。全乡下辖33个自然村小组，全乡1610户，总人口8151人（格老窝村228户1252人，塔杰村198户1016人，扎雪村166户682人，其朗村321户1527人，米洛村352户1778人，龙珠岗村345户1896人），其中劳动力4452人，残疾人228人，低保户61户262人，特困分散供养6户6人。全乡党组织42个，其中党委4个、党总支2个、党支部36个（含机关党支部和2个寺管会党支部），全乡机关党员41人。

【经济发展】 年内，全乡耕地总面积18792.15亩，全乡存栏牲畜禽类22746头（只、匹），经济收入来源主要以农业、劳务输出和转移就业为主。全乡农业总产值6929.93万元，同比增长12.2%。

农牧民人均纯收入 14956.1 元，同比增长 13%。

【农业生产】 年内，全乡总播种面积 18792.15 亩，其中青稞 10278.15 亩、经济作物面积为 7514 亩、牧草 1000 亩。

2021年9月5日，墨竹工卡县人大常委会副主任普桑（右二）、副县长雷青松（左二）一行到扎雪乡吉布寺管委会调研

【乡村振兴】 年内，扎雪乡始终坚持守住不发生规模性返贫致贫的底线，不断建立健全动态监测帮扶机制，巩固拓展脱贫攻坚成果。健全防返贫动态监测机制，由村到乡自下而上建立动态监测预警机制，确定 6 名村级信息监测员，每季度进行返贫风险监测，并上报动态监测表；与医保、残联、民政、教育、水利、住建等专干协调沟通，建立信息共享预警机制。

自防止返贫监测工作开展以来，扎雪乡累计识别监测对象 18 户 93 人，其中 2019 年 9 月识别 3 户 16 人，2020 年 1 月识别 10 户 56 人，2020 年 11 月识别 1 户 6 人，2021 年 8 月识别 1 户 2 人，2021 年 12 月识别 3 户 13 人；累计取消监测对象 10 户 52 人，其中 2020 年 9 月取消监测 1 户 7 人，2020 年 11 月取消监测 9 户 45 人。截至年底，未取消监测 8 户 41 人，其中脱贫不稳定户 2 户 16 人，边缘易致贫户 1 户 4 人，突发严重困难户 5 户 21 人。

【人居环境】 年内，立足全乡实际，科学编制“十四五”发展规划、产业项目规划和村庄整体规划。新增格老窝村、龙珠岗村水源点 4 个，并对其进行水质检测，实施龙珠岗村道路维修 5 公里，新建龙珠岗村 3 座小型桥梁。

大力实施龙珠岗村“美丽乡村 · 幸福家园”建设计划整村推进试点项目，截至年底，扎雪乡龙珠岗村有 52 户农户纳入墨竹工卡县“美丽乡村 · 幸福家园”整村推进住房提升与人居环境整治工程中；持续深化垃圾分类，2021 年出动垃圾车 400 余辆次，转运生活垃圾 83.2 吨；“厕所革命”行动顺利开展，完成改造验收农户厕所 245 座，已实现补贴资金全额打卡。

6 个行政村修订村规民约 1 次，将劳动光荣、贫穷可耻和崇尚科学、破除迷信等内容加入村民公约，乡村治理力度得到有效提升。

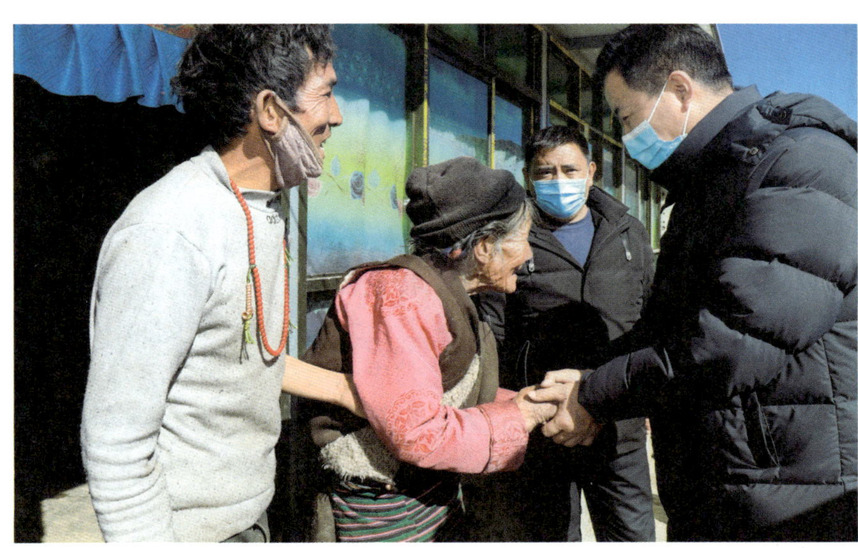

2021年2月4日，县委副书记、县长旦增尼玛（右一）一行到扎雪乡慰问困难群众

【转移就业】 年内，全乡 78 名应届高校毕业生就业率 100%，农牧民转移就业 1377 人，开展技能培训 67 人。

【教育事业】 年内，龙珠岗村和米洛村新建幼儿园落地生效，有效地解决89名偏远儿童入学交通不便问题。脱贫户学生享受“十五年公费教育”1126人，其中大学生111人。

【社会保障】 年内，保障体系逐步完善，建立“基本医疗保险+大病保险+医疗救助+超大额保险”新模式，纳入低保、分散特困供养、残疾等536人，其中脱贫户56户260人，落实各项惠民政策840万余元。纳入分散特困人员7人，其中脱贫户6人，实现“应保尽保”。

【精神文明建设】 年内，完成全乡6个村文艺演出队考评工作，开展集中会演活动3次，各行政村自行演出20余场，将各项惠民政策和劳动光荣等精神纳入其中，开展除陋习、树新风活动和破除“不信今生，只信来世”宣讲20余次，有效帮助全乡群众转变了增收思路。

【生态岗位】 年内，扎雪乡共安排生态补偿岗位162人次，三个季度兑现资金共计160.6万元。

【易地搬迁】 年内，扎雪乡易地搬迁共131户697人，其中拉萨文创园搬迁47户261人，墨竹工卡县嘎则搬迁84户436人。易地搬迁户已完成拆旧复垦65户326人，其中拉萨文创园35户191人，墨竹工卡县嘎则搬迁30户135人。搬迁群众已基本实现城区集中安置就业，达到“一户一岗”的基本要求，人均月工资3000元。同时，针对搬迁户，扎雪乡组织各村第一书记、村级宣讲员深入各搬迁点开展大宣传、大走访活动，宣传扶贫政策，开展精准帮扶，把扶智结合起来，把巩固拓展脱贫攻坚成果同乡村振兴有效衔接起来，认真开展“志智双扶”活动，评选“勤劳致富建档立卡户”和“致富带头人”，树立“勤劳脱贫光荣”的正确导向，凝聚了乡村振兴的正能量。

2021年10月13日，拉萨市委副书记、市长果果（左三）一行到扎雪乡龙珠岗村调研

【组织建设】 年内，扎雪乡下设党的基层委员会6个，分别为中共扎雪乡扎雪村党总支，党员92人；中共扎雪乡其朗村委员会，党员106人；中共扎雪乡龙珠岗村委员会，党员102人；中共扎雪乡塔杰村党总支，党员80人；中共扎雪乡格老窝村委员会，党员102人；中共扎雪乡米洛村委员会，党员110人。有党支部3个，中共扎雪乡机关支部委员会，41人，热旦寺党支部4人、吉布寺党支部4人。全乡共有党员634人，其中农牧民党员593人，占党员总数的93.5%。

【理论学习】 年内，全乡各级党组织始终坚持党的集中统一领导，通过学习习近平总书记关于从严治党重要论述、党委（党组）落实全面从严治党主体责任规定、中央和自治区、市、县纪律检查委员会会议精神，持续开展“深挖根治再加力、长效长治不松懈”“学习一封信”“学党史、感党恩”等主题党日活动，党史教育实践活动中开展揭批十四世达赖集团反动本质活动。

不断学习习近平新时代中国特色社会主义思想、中共十九大及十九届二中、三中、四中、五中、六中全会精神，深入学习贯彻中央第六次西藏工作座谈会、自治区、市第十次党代会精神，结合本乡实际，制定《扎雪乡2021年“党史”学习教育实践活动方案》《关于在党史学习教育活动中开展揭批十四世达赖集团反动本质实施方案》，使全乡党员干部群众进一步坚定“五个认同”，自觉与反动分子做斗争，增强“四个意识”、坚定“四个自信”、做到“两个维护”。

【党员发展】 年内，始终坚持规范发展党员工作5个阶段25个步骤，乡机关支部、各村党组织新吸收积极分子23名，确定发展对象9名。进一步充实村级后备干部人才库，为村级换届工作顺利开展提供有力保障，全乡6个村党组织共有64名后备干部；积极组织乡干部、村“两委”班子成员参加党员政治教育、“四讲四爱”、智慧团建等各类理论知识和业务能力培训共计40余人次；全面实现党员联系群众1225户，落实基层党组织服务、组织、教育群众工作；成立乡机关、各村志愿服务队6支326人，发挥作用，解决热点难点问题，服务有力有效。

（魏　巍）

【机构领导】

县人大常委会副主任、扎雪乡党委书记

普　　桑（藏族）

党委书记

张 原 嘉（4月任）

党委副书记、乡长

张 原 嘉（4月免）

益西查巴（藏族，4月任）

党委副书记、人大主席

旺堆次仁（藏族，4月免）

伍金彭措（藏族，4月任）

党委副书记

益西措杰（女，藏族，4月免）

次仁平措（藏族，4月任）

党委委员、纪委书记

魏 国 强（4月免）

唐 志 勇（4月任）

党委委员、组织委员

次仁平措（藏族，4月免）

仁青索朗（藏族，4月任）

党委委员、宣传委员、统战委员

巴　　桑（藏族，4月任）

党委委员、派出所所长

土旦吉美（藏族，4月任党委委员）

党委委员、政法委员

伍金塔杰（藏族，4月免）

王　　昆（4月任）

党委委员、副乡长

杨 玉 伟（4月免）

杨 龙 亮

副乡长

尼玛央金（女，藏族，4月任）

达　　珍（女，藏族，4月任）

门巴乡

【概况】 门巴乡位于墨竹工卡县东北方向，距县城62.7公里，东靠米拉山和工布江达县，北接嘉黎县，雪绒藏布江贯穿全乡。全乡区域面积为1684.9平方公里，平均海拔4500米，辖区内盛产虫草、贝母等名贵藏药材，铅、锌等矿产资源较为丰富。门巴乡是全县纯牧业乡之一，辖6个村民委员会（巴尔卡村、德仲村、仁多岗村、达珠村、贴尔朗村、波尔朗村），18个村民小组。2021年，门巴乡共有935户，4195人（其中女性2112人），劳动力人口1899人，牲畜总头数20017头（只、匹），耕地面积2992.5亩，草场面积126.79万亩。全乡共有寺庙5座（直孔替寺、查布寺、德仲寺、顶杰寺、卓欧松多寺）。

【人员编制】 年内，门巴乡机关干部职工共有44名，行政编制24名，其中科级领导干部12名，一般干部32名，其中事业编制20名；聘用干部4名；公益性4名。另外，门巴乡6名第一书记（其中1名为门巴乡干部）。

村“两委”班子成员为35名，其中党员35人；6个村班子配备40岁以下年轻干部，占到总数的31%；初中以上文化程度22人，占班子成员总数的62%；共有9名女性进入村“两委”班子，占到班子总数的25%，确保每个村有1名女性，巴尔卡村有6名村“两委”，德仲村有5名村“两委”，仁多岗村有7名村“两委”，达珠村有6名村“两委”，贴尔朗村有5名村“两委”，波尔朗村有6名村“两委”。村乡村振兴、科技专干及协管员等23名。

【党建工作】 年内，门巴乡现有1个乡党委、1个村党委、1个机关党支部、1个村党总支、4个村党支部和9个村小组党支部。乡机关党员38名，其中预备党员3名，乡农牧民党员共有381名，其中正式党员366，预备党员15名，有入党积极分子42名。1个乡团委，6个村团支部，1个流动团支部，团员110名。每个自然村小组设组长1名，全乡联户长84名，各村均健全完善群团组织。

【农牧民增收】 年内，全乡农牧民工资性总收入2109.96万元、经营性净总收入7917.43万元、财产净总收入493.55万元、转移净总收入1261.93万元，四项合计总收入11782.87万元，农村居民人均可支配收入约2.8万元。

【文明创建】 年内，围绕中国共产党成立100周年和西藏和平解放70周年，全力做好宣传教育及安全保障工作。年内，共悬挂横幅30余条、张贴标语300余张、组织开展“大庆”宣传、庆祝活动40余场次，参与群众4000余人次，开展环保、法治、安全知识等宣传100余次，开展应急演练5次，开展安全生产、市场监管领域检查100余次，各类矛盾纠纷隐患排查100余次，妥善解决天丰、天顺集团拖欠门巴乡民间车队运费1300万元的问题。

【新冠肺炎疫情防控】 年内，根据新冠肺炎疫情防控工作要求，做好宣传教育、疫情相关排查、设卡、全民接种等相关工作。悬挂横幅10余条、张贴发放相关标语宣传单300余张、疫情相关排查100余次、设卡1个月（其间检查车辆5000余台，检查进出人员14000余人），同时做好全乡疫苗接种工作及疫情期间食品和防护物资的储备。

【民生事业】 年内，6个行政村实现通路、通水、通电、通网、通广播电视、通邮、通班车2辆；门巴乡建有中心小学1座，各村均建有幼儿园，在校生共计1291人，其中大学在校生人数约156人，高中人数164人，初中人数196人，小学人数481人，学龄前儿童人数294人，适龄儿童入学率为100%；建有文化站1座，各村均有图书室，文艺队6个。2021年全乡各村文艺演出队开展演出共52次。建有营业所1所；建有兽医站1座；建有乡卫生院1所，村卫生室5所，每个村都有村医，农牧民基本实现小病不出乡的目标，医疗保险参保率100%，养老保险参保率100%。

2021年5月2日，门巴乡第十五届人民代表大会第一次会议召开

【市场领域】 年内，门巴乡市场监督管理办公室共核准登记68户。按照属地原则，各行政村对辖区内所有商户进行健康码和场所码张贴工作，进一步加强“场所码”的应用和查验。

【乡域特色】 门巴乡境内旅游资源丰富，境内分布众多的旅游景点，主要以温泉与寺庙为主。德仲温泉位于德仲村，分上中下三处，为天然地热温泉，德仲温泉水温42℃，富含硼、硅、砷、锂等微量元素，具有多种神奇疗效，具有极高的医疗价值。曾是历代直孔喇嘛及王公贵族的浴场，被美国、德国、日本等国家的专家称为“世界第一热泉”。门巴乡境内有五座寺庙，分别是直孔替寺、查布寺、德仲寺、顶杰寺、卓欧松多寺，其中直孔梯寺为直孔噶举派主寺，距今已有八百多年历史，位于距门巴乡政府4公里的半山坡上，平均海拔4500多米。全寺占地面积90万平方米，建筑面积16万平方米。

门巴乡境内动物种类繁多，如棕熊、藏原羚、马鹿、白唇鹿、岩羊、狼等国家级保护动物和珍稀动物；珍贵药材资源丰富，如冬虫夏草、龙胆花、贝母、红景天等，每年的5月、6月是虫草采挖季节，因独特的地理气候条件造就了门巴虫草的顶级品质，是滋补身体和馈赠亲朋的绝佳礼品。全乡境

2021年7月28日，中央采访团一行到墨竹工卡县门巴乡采访解放军进藏见证者德庆旺姆（左一）

内矿产资源正在开发，已探明的矿藏有铬矿、铅锌矿等。

门巴乡来往旅游游客众多，餐饮住宿条件较为发达，主要以温泉宾馆和家庭旅馆为主。年内，德仲温泉—直孔替寺旅游线路已初具规模，全乡上下正着力打造综合旅游小镇。

【生态环境】 随着门巴乡经济社会的不断发展，合理布局人居环境，优化人居环境；重视环境基础设施的建设；建设生态型乡镇、生态型乡村，构建自然和谐美丽的乡镇人居环境体系，营造舒适、方便、优美的居住环境，形成宜人的生活空间，生态保护系统更加完善，预警机制进一步增强，农牧民群众生活更加宜居。

（谭云耀）

【机构领导】

党委书记

周 军 勇（4 月免）

土登次仁（藏族，4 月任）

党委副书记、乡长

土登次仁（藏族，4 月免）

马 发 强（4 月任）

党委副书记、人大主席

边巴次仁（藏族，4 月免）

罗布旺堆（藏族，4 月任）

党委专职副书记

程 利 平（4 月免）

扎西列措（藏族，4 月任）

党委委员、纪委书记

罗布旺堆（藏族，4 月免）

周 玉 同（4 月任）

党委委员、副乡长

益西措姆（女，藏族）

党委委员、组织委员

格桑拉姆（女，藏族，4 月免）

嘎玛群培（藏族，4 月任）

党委委员、政法委员

格桑旺堆（藏族，4 月免）

扎西列措（藏族，4 月任）

党委委员、派出所所长

索朗平措（藏族）

宣传委员、统战委员

扎西达瓦（藏族，4 月任）

党委委员、副乡长

普布次仁（藏族，4 月免）

王 峰 山（4 月免）

副乡长

官　　清（4 月任）

王 亚 东（4 月任）

国有企业

墨竹工卡县思金拉措旅游发展有限公司

【概况】 墨竹工卡县思金拉措旅游发展有限公司于2018年8月成立，注册资金5000万元。属县国有独资企业。公司业务范围涵盖组织、招揽、接待旅游者，旅游会展服务，旅游资源整合，旅游景区投资、开发、运营，旅游文化咨询，交通客运，旅游班线，旅游线路开发，旅游客运及相关配套服务设施，旅游观光服务，旅游餐饮服务及其他旅游服务（酒店经营开发、旅游民宿、温泉开发经营）；文化传播，文艺表演，非遗文化保护传承，体育项目策划运营，舞台灯光音响设计安装，全媒体运营，文艺创作，文创产品研发、制作、销售；文化传播及艺术交流活动策划，展览展示；文艺演出和大型活动策划，藏文化挖掘与推广。依法须经批准的项目，经相关部门批准后方可开展经营活动，基本形成集旅游全要素为一体的产业链。2021年，墨竹工卡县思金拉措旅游发展有限公司有工作人员共21人，其中农牧民转移就业12人。

2021年12月28日，县委常委、副县长索朗多吉（右二）带领县交通运输局、县交警队检查县客运站安全生产工作

【主要负责景区】 思金拉措景区（日多片区）：该景区于2018年5月由墨竹工卡县思金拉措旅游发展有限公司接管进行经营，景区有工作人员4名，均为墨竹工卡县高校毕业生。

甲玛景区（甲玛片区）：甲玛景区现有景点霍尔康庄园和松赞干布纪念馆，霍尔康庄园已挂牌为爱国主义教育基地。一方面展示霍尔康家族历史和如何资助更登群培的相关资料；另一方面举办阿沛·阿旺晋美生平事迹展。景区有工作人员2人，为高校毕业生和甲玛乡建档立卡贫困户。

办公室负责文秘工作4名、财务总监1名、驾驶员1名。

【领导调研】

10月，墨竹工卡县常务副县长陈亮陪同思金拉措景区接团“江苏万民同胞墨竹工卡探亲游”200 名游客。

12 月，墨竹工卡县委常委、副县长索朗多吉带队，县交通运输局联合县交警队开展道路交通运输安全生产工作检查，严厉打击各类“非法营运”行为，重点对县客运站、国道 318 县城段、林拉高速墨竹段路口开展“非法营运”专项整治行动。

【社会效益】 年内，思金拉措景区初营运期间，旅游公司联系乡政府、村委会，旅游公司支付日多乡念村 4 组，13 户农牧民环境整治费 7.5 万元。

【推广宣传】 年内，墨竹工卡县思金拉措旅游发展有限公司联合相关部门先后举办“第四届墨竹万亩油菜花旅游文化节”“格桑花开·南京墨竹周活动”，签发出去 300 多张“探亲证”。

南京市国际博览中心拉开帷幕，“墨竹花开·南京墨竹周”是南京远近闻名的大型新兴文化活动，墨竹文化吸引中外各界知名人士、行家和商家，这个节点把握得恰好，尤其能够得到南京旅行社的倾情帮助，让探亲证发出顺利圆满。探亲证就如红媒牵线，让社会各界名流和墨竹工卡县思金拉措旅游发展有限公司结缘。

【党建工作】 年内，墨竹工卡县思金拉措旅游发展有限公司组织党员干部健全制度，增强党建工作合力、围绕目标、夯实党建基础，为更好地提高党员干部整体素质，充分发挥党委班子的龙头作用，多措并举强化落实，指导基层党员党组织有效开展工作，为旅游公司全面发展提供有力的组织保障。

【经济效益】 年内，思金拉措景区共接待区内外游客 16429 人次，其中区外游客 5769 人次，区内游客 10660 人次；旅游业总收入 40 万元。

（次仁曲珍）

【机构领导】

经　理

扎西旺堆（藏族）

墨竹工卡农牧业净土产业发展有限公司

【概况】 墨竹工卡农牧业净土产业发展有限公司成立于 2014 年 3 月 12 日，办公场所位于墨竹工卡县净土健康产业园，有员工 76 名。公司主营业务为农业生产；畜牧生产；农畜产品生产、加工、销售；民族手工艺品生产、加工、销售；旅游接待。

【党建工作】 年内，墨竹工卡农牧业净土产业发展有限公司党支部充分发挥党建引领作用，董事长发挥火车头带动作用，监事会发挥监督作用，经理层发挥经营管理作用，实行“双向进入、交叉任职”的领导体制，促进公司合法合规、高效运行。

结合“三会一课”制度认真开展各项学习及活动，以习近平新时代中国特色社会主义思想为指导，学习贯彻中共十九大、十九届历次全会及中央第七次西藏工作座谈会精神、贯彻习近平总书记在西藏视察期间重要讲话精神，落实区市第十次党代会精神，增强“四个意识”、坚定“四个自信”、做到“两个维护”，长期坚持、持续发力、不断深化，重担当，勇作为，新实干。

年内，将党风廉政建设融入

2021年3月4日，拉萨市农业农村局质检科工作人员一行到墨竹工卡县现代农业示范园开展2021年国家第一次农产品抽样检查工作

党建工作中，加强党员与党员、党员与普通员工、普通员工与普通员工之间的日常监督管理，杜绝“四风”问题，旨在打造一支高效廉洁的农牧民党员队伍。

【新冠肺炎疫情防控】 年内，按照区市县疫情防控策略，始终绷紧疫情防控这根弦。结合实际，墨竹工卡农牧业净土产业发展有限公司内部成立疫情防控工作领导小组，加强人、物、环境同防，提高内防输入，外防扩散的警觉性与自觉性。各厂根据各自工作实际，实行全年24小时值班制度（尤其在重大活动和节假日期间严格执行值班制度和领导带班制度），完善疫情防控应急预案，履职尽责，做好安全管理工作，做好值班记录和报告记录，对进出各产业园的所有人员健康状态进行及时跟踪。

【业务拓展】 年内，以净土公司名义参与2021年墨竹工卡县教育局“三包”大宗物资配送竞标并获得配送权，为提高经济效益，对配送工作模式进行探索，实行商品出入库、商品配送跟踪制，定期对客户满意度进行调查，对投诉订单及时处理，对配送员实行严格管理制度，及时整改配送清单不规范等问题。全年实现营业收入3598.31万元，比2020年同期增长38.92%；净利润333.30万元，比2020年同期增长27.50%。

7月，成立墨竹工卡县农盛农业发展有限公司及墨竹工卡县牧之源奶牛养殖有限公司，其中，以农盛公司的名义分别于9月、10月、11月与巨龙公司、县公安局、县医院、拉萨市财政局签订物资配送合同，总收入达420万元，净利润38万元；牧之源公司通过政府配送、工会采购等渠道进行奶制品销售，全年奶制品（包括鲜牛奶、酥油、奶渣等）共计销售39.96万元。

墨竹工卡县小油菜榨油厂通过市场开发，与拉萨市城投集团等单位签订订单合同，同时利用南京援藏工作组资源，向南京销售菜籽油，全年总销售额达1339.90万元。

年内，拉萨市墨竹工卡县净土健康产品直营店开业，上架商品除墨竹小菜籽油、直孔噶瑕糌粑外，还包含县域各合作社的特色农产品、民族手工艺品等，为更好宣传净土产品，让县域优质好货走出墨竹工卡，提供了一个高效平台。

【品牌打造】 年内，坚持新媒体与传统媒体相结合的方式，围绕墨竹小油菜籽“国家地理标志”品牌、文化等优势，邀请西藏电视台、拉萨电视台、自治区气象局等各大媒体及单位进行宣传，同时通过传媒公司拍摄宣传片、参加区内外各种展销活动、网红直播带货、设立县净土健康产品直营店等途径，加强线上线下宣传，营造浓郁的发展氛围，提高墨竹小菜籽油在全国市场的知名度与认可度。

【种植养殖、加工业】 年内，现代农业示范园温室大棚种植品种达11种，产量150.50吨，实现效益80万元。同时，向易地搬迁户及当地老百姓分发10栋温室并为其提供蔬菜种子及肥料等物资，通过“菜篮子”直销车，帮助群众销售2.5万公斤左右蔬菜。5月，奶牛养殖中心第五批奶牛采购233头，总费用113万元。截至年末，进驻奶牛养殖中心的奶牛共计748头，全年完成改良母牛达260头，新生犊牛150头。奶牛成活率达

2021年6月14日，墨竹工卡农牧业净土产业发展有限公司董事长索朗加措（中）到小油菜榨油厂生产车间指导工作

2021年11月4日，第三届“格桑花开·南京墨竹周”暨“天边墨竹最西藏”净土产品与文化博览会现场

97%，犊牛存活率73%。2021年，县榨油厂生产毛油438吨，精炼成品油356吨，油饼256吨。

【社会效益】 年内，现代农业示范园按照1200元/亩的价格流转土地面积658.552亩，涉及农户71户，带动农牧民增收79.03万元，其中建档立卡贫困户25户，土地流转面积113.5亩，带动其增收22.70万元。2021年标准化奶牛养殖中心从工卡镇、扎西岗乡等地农牧民手中，以0.75元/公斤的单价收购饲草共计711.80吨，收购金额213.53万元；县榨油厂按8000元/吨单价收购本地菜籽原料共计1253吨，原料收购额达1002.40万元，带动本地种植户4000余户，每户增收2506元。12月，在2021年惠民牦牛肉收购活动中，按照19元/公斤的单价收购牦牛肉1362.9公斤，收购金额103580.4元，带动8户农牧民家庭实现增收，平均每户增收12947.55元。

年内，新招聘录用墨竹工卡县高校毕业生4名。全年实现就业人数共计92名，其中，大学生23名，贫困员工52名（包括搬迁户43名），一般户员工17名，实发员工工资391.90万元，无拖欠员工工资情况；使用固定临时用工58名，共计用工次数7058次，实发劳务费84.69万元。

（杨　怡）

【机构领导】

董事长

索朗加措（藏族）

总经理

斯塔欧珠（藏族，6月免）

副总经理

格桑次仁（藏族，8月任）

中国人民财产保险股份有限公司西藏分公司墨竹工卡县分公司

【概况】 中国人民财产保险股份有限公司西藏分公司墨竹工卡县分公司（以下简称人保财险墨竹工卡县分公司）位于墨竹工卡县工卡路18号，是中国人民财产保险股份有限公司的一家县域综合性保险服务机构。

2021年，人保财险墨竹工卡县公司始终以“人民保险、服务人民”为使命，坚持“以客户为中心”的经营理念，以服务县域人民为首要任务，主要经营各类财产损失保险、责任保险、信用保险、意外伤害保险、短期健康险、种、养殖等保险业务；与上述相关的再保险业务；向客户提供咨询服务；国家法律规定的业务。

【机构建设】 年内，人保财险墨竹工卡县公司现有墨竹工卡营销服务部1个、县级“三农”保险服务站1个、乡镇级“三农”保险服务站8个，实现全县范围内县、乡机构全覆盖。机构有工作人员20人，为全面落实县委、县政府关于促进本地待业青年就近就便就业和精准扶贫有关要求，机构工作人员20人中16人为墨竹工卡籍青年，其中建档立卡户6人。为更好地服务当地农牧民，安排13人从事农业保险工作，其中，墨竹工卡县网点2人、乡镇级网点11人，确保农牧民在出险后能及时报案，方便及时查勘和处理相关理赔事宜。

随着保险发展的不断深入，保险为墨竹工卡县的农业生产和其他产业保驾护航的作用和效果越来越明显，越来越受到广大县域人民的欢迎，真正发挥了保险

2021年9月23日，人保财险墨竹工卡县公司农险负责人在农民丰收节发放保险基本手册

社会稳定器、经济助推器的作用。

【承保理赔】 年内，墨竹工卡县政策性涉农保险保费收入共计21353862.05元。承保数据分别为青稞65719.65亩、小麦2773.32亩、油菜29840.56亩、马铃薯80亩、牛131160头、羊3543只、能繁母猪31头、农房6672户；除政策性涉农保险外，年内还分别承保县域超大额补充医疗保险、人身意外伤害保险、车辆保险、各类企业财产险、责任险、保证险等，为墨竹工卡县人民保驾护航提供了保险保障。

截至年底，墨竹工卡县涉农保险赔款共计27068890.8元，其他各类保险累计赔付共计103万元。

【服务承诺】 中国人民保险公司服务网络遍布全国，有4500多家分支机构和24小时服务热线“95518”可随时随地提供多功能、全方位的优质服务。人保财险墨竹工卡县公司将以雄厚实力和优质的服务，竭诚为县域人民提供高质量、充分可靠的保险保障，充分发挥专业技术和服务优势，认真履行社会责任，切实做到为政府分忧，为群众解难，充分体现“人民保险、服务人民”的服务宗旨。

（胡　琴）

【机构领导】

副经理

胡　琴（女，主持工作）

国网墨竹工卡县供电公司

【概况】 墨竹工卡县供电有限公司于2013年12月25日正式挂牌成立，由国网拉萨供电公司代管，是由墨竹工卡县人民政府出资设立的一家国有独资企业。2020年6月30日，国网西藏电力有限公司与墨竹工卡县人民政府顺利完成《关于墨竹工卡县供电有限公司无偿划转协议》签订，墨竹工卡县供电有限公司成功实现直管上划。国网墨竹工卡县供电公司于2021年10月15日取得企业营业执照，公司类型为有限责任公司分公司，负责墨竹工卡县七乡一镇的电力供应、销售和输变电、配电设施的建设、运维检修，担负着为墨竹工卡县工农业生产、居民生活、市政公用建设供电的职责。

国网墨竹工卡县供电公司负责运维管理35千伏变电站6座，主变8台，容量7.06万千伏安，35千伏线路7条，长度278.7公里。10千伏配变771台，10千伏线路20条，长度770.971公里，架空线路758.881公里，电缆线路12.09公里。低压配电线路长度874.8公里。水电站1座，总装机容量550千瓦。2021年全社会用电量（购电量）为8323.56万千瓦时。

国网墨竹工卡县供电公司有在职职工总数72人，正式职工48人，劳务派遣工12人，业务外包12人。设总经理1人、副总经理1人。下设2个部门，为供电服务中心和综合管理部。

【党建工作】 年内，持续跟进学习习近平总书记重要讲话和重要指示批示精神。坚持学习党史、新中国史、改革开放史、社会主义发展史。组织职工参加党史学习教育线上线下知识竞赛活动。开展支部集中学习15次，党课2次，党史学习18次，组织专题讲座辅导会3次，观看教育学习视频4次，赴红色教育基地学习交流2次，党史知识测试1次，公司4名党

2021年6月3日，国网西南分部副总师陈钢（右一）一行到墨竹工卡县以四不两直形式开展“五查五严”检查指导工作

员荣获拉萨公司“季度标兵”。深入开展“我为群众办实事”活动，为巴洛村和加尔多村120户过渡安置房进行接电和线路改造，完成门巴乡虫草采挖点217顶帐篷接电，主动对接疫情防控监测点，提供价值3万余元配电物资并完成现场接电，向未通电牧区开辟绿色通道并提供180余万元物资，多次慰问贫困户家庭。将廉政警示教育文件列为长期学习内容，逐步优化党内监督体系和权力运行制约机制。

【安全生产】 年内，根据机构改革后岗位设置，动态完成安全责任清单修编。持续开展三年专项整治行动，在“二下二上”集中攻坚阶段，发现并整改隐患5项，整改率100%，立查立改隐患10项。建设131应急体系，成立应急领导小组，新编“1+20”项应急预案，开展专项应急演练1次。配齐配全应急物资，设置应急物资仓库。完成安全工器具智能管理系统建设。开展五查五严工作，排查问题12项，整改完成7项，需常态化整改5项。开展森林草原防火专项行动，清理树障隐患26处。加强交通消防安全管理，发现并整改完成隐患6处。开展安全教育活动20次，安全宣传活动5次，发放宣传材料2400余份，圆满完成保电任务32次。

【设备运维】 年内，开展“大、长、频”治理行动，梳理现有外破隐患点。强化智能视频“可视化”监控设备使用，大型施工外破隐患点全覆盖。开展输配线路的故障分析报告，对故障率较高线路、设备开展集中特巡和检修。高效利用故障指示器，缩短故障排查时间范围。推进中、低压拉网式排查，制订实施方案，成立领导小组，顺利完成县域内20条10千伏线路拉网式排查。

【营商环境】 年内，进一步压减办电流程，缩小接电时间。低压用户实现“三零三省”，与部门关键岗位人员签署“三不指定”承诺书。入驻嘎则新区政务大厅，减小供电服务半径。建立健全重要用户“一户一档”，明细用户用电设备清单。制定一季度检查用电安全隐患机制，完成5个重要用户和6个普通用户用电检查20余次，下发隐患整改告知书10份。完成8个台区1800余户智能电表改造，完成试点台区营销系统建档和采集调试，采集成功率100%。制

2021年4月16日，国网墨竹工卡县供电公司开展劳动技能竞赛

定公司营业普查方案及周倒排计划，完成12566户高低压用户普查工作，完成率100%。

【综合管理】 年内，积极落实“子改分”工作，成立领导小组，如期完成出资人变更、注册、印章刻制、税务登记以及47名职工劳动合同变更和社保转接。以“每周一学”为契机，讲安全、开展制度宣贯，提升员工综合素质。按照“三型”机构设置，重设公司组织架构。制定公司中层管理人员竞聘工作方案，开展岗位竞聘。完善“三重一大”决策主要事项清单和“党支部议事规则”“总经理办公会议事规则”。督促职工参与学历提升，有34人在进行学历提升。开展公司领导人员任职回避摸排清查，规范清理亲属经商办企业。规范执行企业负责人业绩考核指标，新冠肺炎疫苗应种尽种，接种率100%。

（杨　晨）

【机构领导】

党支部书记、总经理

扎西次仁（藏族）

副总经理

陈辉义（2月任）

墨竹工卡县城市建设投资经营有限公司

【概况】 墨竹工卡县城市建设投资经营有限公司成立于2017年8月15日，注册资金5000万元。2021年，公司下属子公司共计7家，其中2家为控股公司（墨竹工卡县锦墨砂石加工有限公司、墨竹工卡墨林绿化工程有限公司），5家为全资子公司（墨竹工卡县墨龙城投建材有限公司、墨竹工卡城镇发展投资有限公司、西藏净墨物业管理有限公司、西藏鑫墨建设工程有限责任公司、墨竹工卡县格桑花开产业园区管理有限公司）。2021年，墨竹工卡县城市建设投资经营有限公司共有员工303名（其中财政供养38名），大学生25名（墨竹工卡籍大学生17名），净资产总额达到1.44亿元。

【党建工作】 年内，按照《中国共产党国有企业基层组织工作条例（试行）》相关规定，墨竹工卡县城市建设投资经营有限公司将党建工作纳入公司章程，明确党组织的职责权限、机构设置、运行机制、基础保障，并以党组织研究讨论为前置程序的重要事项，保证切实落实党组织在公司治理结构中的“法定地位”。截至年底，公司党支部先后为工卡镇帕热组、旁麦组、门巴乡巴日卡村、扎雪乡、尼玛江热乡、扎西岗乡等地开展办实事活动11次，共计投入经费26.2万元。

【建筑行业】 年内，墨竹工卡县城市建设投资经营有限公司共实施27个代建项目，其中，新建项目20个，续建项目7个，代建投资约6.28亿元，预计实现代建费收入840.89万元。其中“美丽乡村·幸福家园”建设项目作为公司头号工程，共计投入8名工作人员。

【建材行业】 年内，销售砂石16.01万立方米，销售额达到940.43万元；销售商品混凝土5.2万立方米，销售额达到2500万元；销售混凝土砖150万块，销售额达到450万元。

【园林产业】 年内，依托苗圃基地，承接10个绿化项目，合同额

2021年6月9日，县委副书记、县长巴桑（左四）到扎西岗乡考察污水处理站运行情况

2021年8月20日，县委书记沈鹏里（前排左一），县委副书记、县长巴桑（前排左二）一行考察“美丽乡村·幸福家园”建设工作

为322.33万元。截至年底，唐家乡苗圃基地现有各类苗木41.69万株，其中榆树12.56万株、梧桐307株、梨树1644株、苹果树500株、江孜沙棘5.6万株、隆孜沙棘5000株、黄刺玫5000株、油松824株、红叶李4500株、云杉2191株、桃树1940株、旱柳5.61万株、新疆杨4.23万株、小榆树3万株、移栽白榆5万株、扦插旱柳35000株。

【环卫物业】 年内，为推进文明城市创建工作，墨竹工卡县城市建设投资经营有限公司通过实际情况为县城道路清洁地点划分两大区，分别为县新区环卫及县老区环卫，具体划分为九个区域，共计投入126名环卫工。为保障县域形象，在县城投放150个四分类垃圾桶，在县城公厕、公园内设置公益广告和温馨提示语。为提高人民群众垃圾分类意识，建立以“体验+参与+共享”为理念的垃圾分类展示厅，定期邀请群众、学生等社会团体参加垃圾分类展示活动。年内，共开展6次宣讲活动，微信公众号关注人数达到1500人，共回收纸板、报纸、书等共计5.16万公斤，酒瓶、塑料瓶、易拉罐等共计105.69万个，全年共计兑换积分达到175.73万分。

【房地产业】 年内，“天边之乡·墨竹苑”已完成办理不动产权证书。

【社会效益】 年内，累计实现增收1536.44万元，其中，通过项目代建使用本地农牧民用工7441.5人次，实现增收481.34万元，使用本地机械增收达到706.68万元，运输费860万元；通过建材产业使用本地运输车队7000余车次，实现增收220万元，使用本地机械4台，实现增收11万元；通过园林产业，本地用工量达到1856人次，实现群众增收25.98万元，租赁200亩村集体土地，实现增收13万元。年内，墨竹工卡县城市建设投资经营有限公司共计吸收20个墨竹工卡籍员工，其中易地搬迁群众9名。

（旦增朗杰）

【机构领导】

董事长

旦增曲珠（藏族）

总经理

王　博

附录

墨竹工卡县受县（区）级以上表彰的先进集体一览表

表 1

获奖单位	获奖名称	表彰时间	授予单位
南京对口支援墨竹工卡县工作组	全国脱贫攻坚先进集体	2021 年	中共中央、国务院
南京对口支援墨竹工卡县工作组	全国脱贫攻坚先进集体	2021 年	国务院
墨竹工卡县工卡镇塔巴村	2021 年中国美丽休闲乡村	2021 年	农业农村部
墨竹工卡县气象局	2020 年度全国优秀气象科普教育基地	2021 年	中国气象局、中国气象学会
墨竹工卡县	自治区双拥模范县	2021 年	中共西藏自治区委员会、西藏自治区人民政府、西藏军区
墨竹工卡县	自治区双拥模范县	2021 年	中共西藏自治区委员会、西藏自治区人民政府、西藏军区
墨竹工卡县乡村振兴局	全区脱贫攻坚先进集体	2021 年	中共西藏自治区委员会、西藏自治区人民政府
墨竹工卡县扎雪乡人民政府	全区脱贫攻坚先进集体	2021 年	中共西藏自治区委员会、西藏自治区人民政府
墨竹工卡县工卡镇人民政府	全区脱贫攻坚先进集体	2021 年	中共西藏自治区委员会、西藏自治区人民政府
墨竹工卡县门巴乡人民政府	全区脱贫攻坚先进集体	2021 年	中共西藏自治区委员会、西藏自治区人民政府
墨竹工卡县工卡镇人民政府	全区“四讲四爱”群众教育先进集体	2021 年	中共西藏自治区党委宣传部、西藏自治区四讲四爱群众教育实践活动领导小组办公室
墨竹工卡县人民法院	自治区优秀法院	2021 年	西藏自治区高级人民法院
墨竹工卡县	自治区农产品质量安全县	2021 年	西藏自治区农业农村厅
墨竹工卡县农业农村局	自治区农产品质量安全县	2021 年	西藏自治区农业农村厅

续表 1

获奖单位	获奖名称	表彰时间	授予单位
墨竹工卡县气象局	拉萨市气象局 2020 年度事业单位集体嘉奖	2021 年	西藏自治区气象局
墨竹工卡县	第五届西藏自治区县级文明城市	2021 年	西藏自治区精神文明建设指导委员会
墨竹工卡县唐加乡中心小学	西藏自治区 2021 年度藏棋普及推广先进单位	2021 年	西藏自治区体育总会、西藏自治区藏棋协会
墨竹工卡县	西藏自治区卫生县城	2021 年	西藏自治区爱卫办
墨竹工卡县甲玛乡孜孜荣村	西藏自治区卫生村(居)	2021 年	西藏自治区爱卫办
墨竹工卡县扎西岗乡扎西岗村	西藏自治区卫生村(居)	2021 年	西藏自治区爱卫办
墨竹工卡县	自治区卫生县城	2021 年	西藏自治区爱卫办
墨竹工卡县日多乡人民政府	拉萨市庆祝中国共产党成立 100 周年活动表现突出集体	2021 年	中共拉萨市委员会、拉萨市人民政府
墨竹工卡县工卡镇人民政府	墨竹工卡县工卡镇经复查合格继续保留文明乡镇荣誉称号	2021 年	中共拉萨市委员会、拉萨市人民政府
墨竹工卡县扎雪乡扎雪村委会	全市先进基层党组织	2021 年	中共拉萨市委员会
墨竹工卡县尼玛江热乡中心小学	全市先进基层党组织	2021 年	中共拉萨市委员会
墨竹工卡县文化和旅游局(墨竹工卡县文物局)	拉萨市第五届县(区)艺术团文艺调演组织奖	2021 年	拉萨市人民政府、中共拉萨市委宣传部
墨竹工卡县“松赞”艺术团	拉萨市第五届县(区)艺术团文艺调演最佳节目奖	2021 年	拉萨市人民政府、中共拉萨市委宣传部
墨竹工卡农牧业净土产业发展有限公司(现代农业示范园)	拉萨市现代农牧业产业园	2021 年	拉萨市人民政府
墨竹工卡农牧业净土产业发展有限公司	2021—2023 年度拉萨市级农牧业产业化经营龙头企业	2021 年	拉萨市人民政府
墨竹工卡县尼玛江热乡宗雪村	“庆丰收、迎国庆、颂党恩”——“书香拉萨”农牧民诵读大赛三等奖	2021 年	中共拉萨市委宣传部、拉萨市新闻出版局
墨竹工卡县工卡镇人民政府	第七次全国人口普查先进集体	2021 年	拉萨市第七次全国人口普查领导小组办公室
墨竹工卡县	第七次全国人口普查先进集体	2021 年	拉萨市第七次全国人口普查领导小组办公室
墨竹工卡县唐加乡中心小学	2020 年度拉萨市优秀少先队集体	2021 年	共青团拉萨市委员会、拉萨市教育局、中国少年先锋队拉萨市工作委员会
墨竹工卡县日多乡中心小学	2020 年度拉萨市优秀少先队集体	2021 年	共青团拉萨市委员会、拉萨市教育局、中国少年先锋队拉萨市工作委员会

续表 1

获奖单位	获奖名称	表彰时间	授予单位
共青团墨竹工卡县委员会	拉萨市第九期少先队辅导员培训班暨 2021 年少先队辅导员技能大赛团优秀奖	2021 年	共青团拉萨市委员会、拉萨市教育局、少先队拉萨市工作委员会
墨竹工卡县尼玛江热乡仲达村	全市五四红旗团支部	2021 年	共青团拉萨市委员会
墨竹工卡县中学	红旗团委	2021 年	共青团拉萨市委员会
墨竹工卡县公安局日多一级公安检查站	全市公安机关先进基层党组织	2021 年	拉萨市公安局
墨竹工卡县公安局扎西岗乡派出所	集体三等功	2021 年	拉萨市公安局
墨竹工卡县唐加乡中心小学	全市教育系统先进基层党组织	2021 年	拉萨市教育局
墨竹工卡县门巴乡双语幼儿园	集体慰问	2021 年	拉萨市教育局
墨竹工卡县门巴乡达珠村双语幼儿园	集体慰问	2021 年	拉萨市教育局
墨竹工卡县民政局	全市第六次民政会先进集体	2021 年	拉萨市民政局
墨竹工卡县畜牧兽医站	2020 年度黄牛改良先进单位	2021 年	拉萨市农业农村局、拉萨市畜牧兽医总站
墨竹工卡县唐加乡人民政府	拉萨市文明村镇	2021 年	拉萨市精神文明建设指导委员会
墨竹工卡县唐加乡莫冲村	拉萨市文明村镇	2021 年	拉萨市精神文明建设指导委员会
墨竹工卡县唐加乡仲尼村	拉萨市文明村镇	2021 年	拉萨市精神文明建设指导委员会
墨竹工卡县文化和旅游局(墨竹工卡县文物局)	拉萨市文明单位	2021 年	拉萨市精神文明建设指导委员会
墨竹工卡县教育(体育)局	拉萨市文明单位	2021 年	拉萨市精神文明建设指导委员会
墨竹工卡县委宣传部	2021 年拉萨市“119”消防先进集体	2021 年	拉萨市防火安全委员会
墨竹工卡县委宣传部	2022 年度全市广播影视先进集体	2022 年	拉萨市广播电视局
墨竹工卡县财政局	墨竹工卡县新时代文明实践活动“诵读红色经典、献礼建党百年”朗诵比赛三等奖	2021 年	中共墨竹工卡县委员会、墨竹工卡县人民政府
墨竹工卡县人民法院	信访工作贡献奖	2021 年	中共墨竹工卡县委员会、墨竹工卡县人民政府
墨竹工卡县人民法院	朗诵比赛二等奖	2021 年	中共墨竹工卡县委员会、墨竹工卡县人民政府
墨竹工卡县工卡镇人民政府	2021 年度全县农牧业大检查一等奖	2021 年	中共墨竹工卡县委员会、墨竹工卡县人民政府
墨竹工卡县尼玛江热乡人民政府	墨竹工卡县第三届全民运动会暨 2021 年西藏“中国农民丰收节”拔河比赛第一名	2021 年	中共墨竹工卡县委员会、墨竹工卡县人民政府

续表 1

获奖单位	获奖名称	表彰时间	授予单位
墨竹工卡县尼玛江热乡人民政府	墨竹工卡县新时代文明实践活动“诵读红色经典、献礼建党百年”朗诵比赛优秀组织奖	2021 年	中共墨竹工卡县委员会、墨竹工卡县人民政府
墨竹工卡县尼玛江热乡人民政府	党史学习教育“拉练比拼”擂台赛“迎国庆、赛党史、展风采”知识竞赛第二名	2021 年	中共墨竹工卡县委员会、墨竹工卡县人民政府
墨竹工卡县唐加乡人民政府	2021 年度全县农牧业大检查三等奖	2021 年	中共墨竹工卡县委员会、墨竹工卡县人民政府
墨竹工卡县委办公室	墨竹工卡县新时代文明实践活动“诵读红色经典、献礼建党百年”朗诵比赛第三名	2021 年	中共墨竹工卡县委员会、墨竹工卡县人民政府
墨竹工卡县扎雪乡扎雪村卫墨竹工卡县扎雪乡堆砖瓦加工合作社	带动农牧民增收先进合作社	2021 年	中共墨竹工卡县委员会、墨竹工卡县人民政府
墨竹工卡县尼玛江热乡人民政府	全县先进基层党组织	2021 年	中共墨竹工卡县委员会
墨竹工卡县尼玛江热乡仲达村	全县先进基层党组织	2021 年	中共墨竹工卡县委员会
墨竹工卡县尼玛江热乡羊日岗村	墨竹工卡县“文明村镇”	2021 年	中共墨竹工卡县委员会
墨竹工卡县唐加乡莫冲村	全县先进基层党组织	2021 年	中共墨竹工卡县委员会
墨竹工卡县退役军人事务局	全县先进基层党组织	2021 年	中共墨竹工卡县委员会
墨竹工卡县委办公室	墨竹工卡县党史学习教育“拉练比赛”擂台赛“迎国庆、赛党史、展风采”知识竞赛第一名	2021 年	中共墨竹工卡县委员会
中国银行墨竹工卡县支行	青年文明号单位	2021 年	中共墨竹工卡县委员会
墨竹工卡县扎雪乡龙珠岗村委会	全县先进基层党组织	2021 年	中共墨竹工卡县委员会
墨竹工卡县扎雪乡格老窝村委会	全县先进基层党组织	2021 年	中共墨竹工卡县委员会
墨竹工卡县交通运输局	2021 年墨竹工卡县“119”消防先进集体	2021 年	中共墨竹工卡县委员会
墨竹工卡县门巴乡中心小学	墨竹工卡县庆祝第 37 个教师节表彰教育教学成绩突出奖	2021 年	中共墨竹工卡县委员会
墨竹工卡县疾病预防控制中心	2021 年新冠肺炎疫情防控先进集体	2021 年	墨竹工卡县人民政府
墨竹工卡县南京实验小学	第 37 个教师节全县教育质量优异奖	2021 年	墨竹工卡县人民政府
墨竹工卡县南京实验小学	整班移交教学质量一等奖	2021 年	墨竹工卡县人民政府
墨竹工卡县扎雪乡中心小学	2021 年墨竹工卡县第二届中小学生校园足球联赛第一名	2021 年	墨竹工卡县人民政府
墨竹工卡县扎雪乡中心小学	墨竹工卡县 2021 年春季学期全县一年级质量检测第二名	2021 年	墨竹工卡县人民政府
墨竹工卡县唐加乡中心小学	墨竹工卡县 2017—2020 年度优秀少先队大队	2021 年	墨竹工卡县人民政府

续表 1

获奖单位	获奖名称	表彰时间	授予单位
墨竹工卡县唐加乡中心小学	墨竹工卡县2020年全县教师课堂教学技能大赛“以赛代培”活动综合组赛点组织奖	2021年	墨竹工卡县人民政府
墨竹工卡县唐加乡中心小学	墨竹工卡县2020—2021学年第一学期全县二年级质量检测第二名	2021年	墨竹工卡县人民政府
墨竹工卡县唐加乡中心小学	庆祝中国共产党成立100周年和西藏和平解放70周年“童心向党·礼赞百年”学生文艺大赛优秀节目奖	2021年	墨竹工卡县人民政府
墨竹工卡县唐加乡中心小学	墨竹工卡县第三届干部职工运动会民族传统体育运动会女子篮球比赛优秀组织奖	2021年	墨竹工卡县人民政府
墨竹工卡县尼玛江热乡中心小学	墨竹工卡县第二届中小学生校园足球联赛第三名	2021年	墨竹工卡县人民政府
墨竹工卡县尼玛江热乡中心小学	庆祝中国共产党成立100周年和西藏和平解放70周年“童心向党·礼赞百年”学生文艺会演二等奖	2021年	墨竹工卡县人民政府
墨竹工卡县尼玛江热乡中心小学	庆祝中国共产党成立100周年和西藏和平解放70周年“童心向党·礼赞百年”学生文艺会演三等奖	2021年	墨竹工卡县人民政府
墨竹工卡县尼玛江热乡中心小学	2020—2021年第一学期全县三年级质量检测第一名	2021年	墨竹工卡县人民政府
墨竹工卡县尼玛江热乡中心小学	2020—2021年第一学期全县四年级质量检测第二名	2021年	墨竹工卡县人民政府
墨竹工卡县尼玛江热乡中心小学	墨竹工卡县庆祝第37个教师节表彰教育教学成绩突出奖	2021年	墨竹工卡县人民政府
墨竹工卡县尼玛江热乡中心小学	2021年内地西藏班初中招生考试一等奖	2021年	墨竹工卡县人民政府
墨竹工卡县尼玛江热乡中心小学	墨竹工卡县2021年小学毕业班教学质量检测第一名	2021年	墨竹工卡县人民政府
墨竹工卡县门巴乡中心小学	优秀少先队大队	2021年	墨竹工卡县人民政府
墨竹工卡县门巴乡中心小学	庆祝中国共产党成立100周年和西藏和平解放70周年“童心向党·礼赞百年”学生文艺大赛一等奖	2021年	墨竹工卡县人民政府
墨竹工卡县门巴乡中心小学	2021年内地西藏班初中招生考试三等奖	2021年	墨竹工卡县人民政府
墨竹工卡县门巴乡中心小学	2021年春季学期全县一年级质量检测第三名	2021年	墨竹工卡县人民政府
墨竹工卡县门巴乡中心小学	2021年全县小学毕业班质量检测第三名	2021年	墨竹工卡县人民政府
墨竹工卡县甲玛乡希望小学	第二届中小学生校园足球联赛优秀组织奖	2021年	墨竹工卡县人民政府
墨竹工卡县甲玛乡希望小学	2020—2021学年第一学期全县四年级质量检测总成绩第一名	2021年	墨竹工卡县人民政府
墨竹工卡县甲玛乡希望小学	2020—2021学年第一学期全县三年级质量检测第三名	2021年	墨竹工卡县人民政府

续表 1

获奖单位	获奖名称	表彰时间	授予单位
墨竹工卡县甲玛乡希望小学	2020—2021 学年第一学期全县二年级质量检测第一名	2021 年	墨竹工卡县人民政府
墨竹工卡县甲玛乡希望小学	2021 年春季学期全县一年级质量检测第一名	2021 年	墨竹工卡县人民政府
墨竹工卡县甲玛乡希望小学	庆祝中国共产党成立 100 周年和西藏和平解放 70 周年“童心向党・礼赞百年”学生文艺大赛三等奖	2021 年	墨竹工卡县人民政府
墨竹工卡县唐加乡东布岗村	墨竹工卡县第三届全民运动会暨“中国农民丰收节”拔河比赛第三名	2021 年	墨竹工卡县人民政府
墨竹工卡县扎西岗乡人民政府	庆祝中国共产党成立 100 周年活动表现突出集体	2021 年	墨竹工卡县人民政府
墨竹工卡县扎西岗乡人民政府	墨竹工卡县农业大检查第二名	2021 年	墨竹工卡县人民政府
墨竹工卡县扎雪乡格老窝村委会	文明村镇	2021 年	墨竹工卡县人民政府

说明：由于各单位资料提供不全，可能有遗漏。

墨竹工卡县受县(区)级以上表彰的先进个人一览表

表2

姓名	性别	民族	工作单位	获奖名称	表彰时间	授予单位
索朗加措	男	藏族	墨竹工卡农牧业净土产业发展有限公司	全国脱贫攻坚先进个人	2021年	国务院
达　多	男	藏族	墨竹工卡县财政局	中国人民解放军总政治部预备役军官荣誉章	2021年	中国人民解放军总政治部
何　川	男	汉族	墨竹工卡县乡村振兴局	全国乡村振兴(扶贫)系统先进个人	2021年	人力资源社会保障部、国家乡村振兴局
任松涛	男	汉族	墨竹工卡县委党校	2021年度优秀班干部	2021年	中共中央党校研究生院
拥　青	女	藏族	墨竹工卡县文化和旅游局(墨竹工卡县文物局)	全国石窟寺专项调查优秀个人	2022年	国家文物局
阿旺曲珍	女	藏族	墨竹工卡县人力资源和社会保障局	西藏自治区就业创业工作先进个人	2022年	中共西藏自治区委员会、西藏自治区人民政府
巴桑次仁	男	藏族	墨竹工卡县唐加乡仲尼村	全区脱贫攻坚先进个人	2021年	中共西藏自治区委员会、西藏自治区人民政府
巴桑次仁	男	藏族	墨竹工卡县委办公室	全区脱贫攻坚先进个人	2021年	中共西藏自治区委员会、西藏自治区人民政府
丹增贡嘎	女	藏族	墨竹工卡县乡村振兴局	全区脱贫攻坚先进个人	2021年	中共西藏自治区委员会、西藏自治区人民政府
巴　珠	男	藏族	墨竹工卡县唐加乡拉东村	2020年度自治区级先进双联户	2021年	中共西藏自治区委员会
吾坚卓玛	女	藏族	墨竹工卡县唐加乡拉东村	2020年度自治区级先进双联户	2021年	中共西藏自治区委员会
黄　丹	男	汉族	墨竹工卡县人民医院	全区优秀党务工作者	2021年	中共西藏自治区委员会
次　达	男	藏族	墨竹工卡县尼玛江热乡人民政府	全区脱贫攻坚先进个人	2021年	西藏自治区人民政府
李毅立	男	汉族	墨竹工卡县尼玛江热乡人民政府	全区脱贫攻坚先进个人	2021年	西藏自治区人民政府
贺小军	男	汉族	墨竹工卡县尼玛江热乡人民政府	全区脱贫攻坚先进个人	2021年	西藏自治区人民政府
次旺贡布	男	藏族	墨竹工卡县甲玛乡人民政府	优秀宣讲员	2021年	中共西藏自治区党委宣传部
曹　静	女	汉族	墨竹工卡县人民检察院	首届全区检察机关未成年人检察业务竞赛一等奖	2021年	西藏自治区人民检察院
泽巴拉姆	女	藏族	墨竹工卡县人民检察院	全区第一届行政检察业务竞赛优秀奖	2021年	西藏自治区人民检察院
陈　刚	男	汉族	墨竹工卡县公安局治安大队	个人二等功(追计)	2021年	西藏自治区公安厅
拉　旺	男	藏族	墨竹工卡县扎西岗乡南京希望小学	课堂实录《苦味巧克力》2020全区中小学优质教育教学资源征集活动语文组优秀奖	2021年	西藏自治区教育厅

续表 2

姓名	性别	民族	工作单位	获奖名称	表彰时间	授予单位
拉　旺	男	藏族	墨竹工卡县扎西岗乡南京希望小学	制作课件《荷叶·母亲》2020 全区中小学优质教育教学资源征集活动语文组优秀奖	2021 年	西藏自治区教育厅
洛桑群觉	男	藏族	墨竹工卡县扎西岗乡南京希望小学	课堂实录《晨读》2020 全区中小学优质教育教学资源征集活动藏语文组二等奖	2021 年	西藏自治区教育厅
洛桑群觉	男	藏族	墨竹工卡县扎西岗乡南京希望小学	制作课件《晨读》2020 全区中小学优质教育教学资源征集活动藏语文组二等奖	2021 年	西藏自治区教育厅
珠　扎	男	藏族	墨竹工卡县唐加乡中心小学	第二批自治区级中小学骨干教师	2021 年	西藏自治区教育厅
德　央	女	藏族	墨竹工卡县唐加乡双语幼儿园	第二批自治区级中小学教学能手	2021 年	西藏自治区教育厅
小达娃卓玛	女	藏族	墨竹工卡县中学	西藏自治区教学技能大赛地理组一等奖	2021 年	西藏自治区教育厅
石　曲	男	藏族	墨竹工卡县中学	西藏自治区教师技能大赛道法组三等奖	2021 年	西藏自治区教育厅
甘臣龙	男	藏族	墨竹工卡县气象局	西藏五一劳动奖章	2021 年	西藏自治区总工会
罗　旦	男	藏族	墨竹工卡县尼玛江热乡中心小学	优秀指导老师	2021 年	共青团西藏自治区委员会
邹芳娥	女	汉族	墨竹工卡县气象局	拉萨市气象局 2020 年度事业单位个人嘉奖	2021 年	西藏自治区气象局
次仁白玛	女	藏族	墨竹工卡县统计局	自治区统计工作先进个人	2021 年	西藏自治区统计局
扎西旺堆	男	藏族	墨竹工卡县委巡察办	参加九届自治区党委第九轮巡视表现优秀干部	2021 年	西藏自治区党委巡视办
洛桑克珠	男	藏族	墨竹工卡县委宣传部	第三届“中华民族一家亲、同心奋进新征程”民族团结摄影作品二等奖	2021 年	西藏自治区民事委员会、西藏自治区文学艺术界联合会
次仁卓玛	女	藏族	墨竹工卡县疾病预防控制中心	2020 年度西藏心血管病高危人群早起筛查与综合干预项目先进个人	2021 年	西藏自治区疾病预防控制中心
普布次仁	男	藏族	墨竹工卡县纪委监委	先进驻村工作队队员	2021 年	中共拉萨市委员会、拉萨市人民政府
次旺贡布	男	藏族	墨竹工卡县甲玛乡人民政府	拉萨市先进工作者	2021 年	中共拉萨市委员会、拉萨市人民政府
索朗加措	男	藏族	墨竹工卡农牧业净土产业发展有限公司	拉萨市劳动模范	2021 年	中共拉萨市委员会、拉萨市人民政府
张　玺	男	汉族	墨竹工卡县委办公室	拉萨市庆祝西藏和平解放 70 周年活动表现突出个人	2021 年	中共拉萨市委员会、拉萨市人民政府

续表 2

姓名	性别	民族	工作单位	获奖名称	表彰时间	授予单位
白玛欧珠	男	藏族	墨竹工卡县唐加乡人民政府	2021 年度全市优秀共产党员	2021 年	中共拉萨市委员会
扎　西	男	藏族	墨竹工卡县唐加乡拉东村	2020 年度市级先进双联户	2021 年	中共拉萨市委员会
怕　加	男	藏族	墨竹工卡县工卡镇塔巴村	全市优秀党务工作者	2021 年	中共拉萨市委员会
益西多吉	男	藏族	墨竹工卡县“松赞”艺术团	拉萨市第五届县（区）艺术团文艺调演最佳新人奖	2021 年	拉萨市人民政府、中共拉萨市委宣传部
王　虎	男	汉族	墨竹工卡县尼玛江热乡人民政府	拉萨市第十期专武干部培训优秀学员	2021 年	中共拉萨市委组织部、拉萨警备区参谋部
叶发亮	男	汉族	墨竹工卡县纪委监委	优秀共产党员	2021 年	拉萨市纪委监委
旦增卓玛	女	藏族	墨竹工卡县唐加乡东布岗村	2020 年度全市优秀共青团员	2021 年	共青团拉萨市委员会
巴　桑	女	藏族	墨竹工卡县总工会	拉萨市最美家庭	2021 年	拉萨市妇女联合会
杜从义	男	藏族	墨竹工卡县工卡镇人民政府	拉萨市第七次人口普查先进个人	2021 年	拉萨市第七次全国人口普查领导小组办公室
郎杰边巴	男	藏族	尼玛江热乡宗雪村民委员会	拉萨市第七次人口普查先进个人	2021 年	拉萨市第七次全国人口普查领导小组办公室
唐永才	男	汉族	墨竹工卡县统计局	拉萨市第七次人口普查先进个人	2021 年	拉萨市第七次全国人口普查领导小组办公室
次仁白玛	女	藏族	墨竹工卡县统计局	拉萨市第七次人口普查先进个人	2021 年	拉萨市第七次全国人口普查领导小组办公室
索朗央金	女	藏族	墨竹工卡县委宣传部	拉萨市第七次全国人口普查先进个人	2021 年	拉萨市第七次全国人口普查领导小组办公室
欧珠措姆	女	藏族	墨竹工卡县扎雪乡格老窝	拉萨市第七次人口普查先进个人	2021 年	拉萨市第七次全国人口普查领导小组办公室
陈　刚	男	汉族	墨竹工卡县公安局治安大队	个人三等功	2021 年	拉萨市公安局
丹真尼玛	男	藏族	墨竹工卡县公安局日多一级公安检查站	个人三等功	2021 年	拉萨市公安局
索朗曲扎	男	藏族	墨竹工卡县公安局门巴乡派出所	个人三等功	2022 年	拉萨市公安局
次仁占堆	男	藏族	墨竹工卡县公安局特警大队	成绩突出个人	2021 年	拉萨市公安局
次仁拉姆	女	藏族	墨竹工卡县公安局刑警大队	优秀党务工作者	2021 年	拉萨市公安局
张建生	男	汉族	墨竹工卡县公安局门巴乡派出所	嘉奖	2021 年	拉萨市公安局

续表 2

姓名	性别	民族	工作单位	获奖名称	表彰时间	授予单位
索朗多杰	男	藏族	墨竹工卡县公安局交警大队	嘉奖	2021 年	拉萨市公安局
向　成	男	藏族	墨竹工卡县公安局工卡镇派出所	嘉奖	2021 年	拉萨市公安局
伍金扎西	男	藏族	墨竹工卡县公安局日多乡派出所	嘉奖	2021 年	拉萨市公安局
拉巴次仁	男	藏族	墨竹工卡县公安局刑警大队	嘉奖	2021 年	拉萨市公安局
白玛次仁	男	藏族	墨竹工卡县公安局扎西岗乡派出所	嘉奖	2021 年	拉萨市公安局
嘎松尼扎	男	藏族	墨竹工卡县公安局工卡镇派出所嘎则警务室	嘉奖	2021 年	拉萨市公安局
嘎松尼扎	男	藏族	墨竹工卡县公安局工卡镇派出所嘎则警务室	嘉奖	2021 年	拉萨市公安局
拉　吉	女	藏族	墨竹工卡县人民检察院	全市民事检察业务竞赛办案能手	2021 年	拉萨市人民检察院
旺　拉	男	藏族	墨竹工卡县人民法院	拉萨市优秀法官	2021 年	拉萨市中级人民法院
尹吉海	男	汉族	尼玛江热乡人民政府	拉萨市第七次人口普查先进个人	2021 年	拉萨市统计局
巴桑扎西	男	藏族	墨竹工卡县税务局	2021 年度拉萨市税务系统优秀公务员	2022 年	拉萨市税务局
涂晓凤	女	汉族	墨竹工卡县税务局	2021 年度拉萨市税务系统优秀公务员	2022 年	拉萨市税务局
扎西旺姆	女	藏族	墨竹工卡县人力资源和社会保障局	拉萨市人社系统“最美人力社保人”	2021 年	拉萨市人力资源和社会保障局
戚振飞	男	汉族	墨竹工卡县中学	市级骨干教师	2021 年	拉萨市教育体育局
石　曲	男	藏族	墨竹工卡县中学	拉萨市教师技能大赛一等奖	2021 年	拉萨市教育体育局
小达珍	女	藏族	墨竹工卡县中学	拉萨市教师技能大赛二等奖	2021 年	拉萨市教育体育局
罗杰次旺	男	藏族	墨竹工卡县中学	市级教学能手	2021 年	拉萨市教育体育局
索朗卓嘎	女	藏族	墨竹工卡县中学	市级教学能手	2021 年	拉萨市教育局
白玛曲宗	女	藏族	墨竹工卡县中学	市级教学能手	2021 年	拉萨市教育局
小达娃卓玛	女	藏族	墨竹工卡县中学	拉萨市教学技能大赛二等奖	2021 年	拉萨市教育局

续表2

姓名	性别	民族	工作单位	获奖名称	表彰时间	授予单位
小达娃卓玛	女	藏族	墨竹工卡县中学	拉萨市教学能手	2021年	拉萨市教育局
次旦央吉	女	藏族	墨竹工卡县中学	拉萨市“建党一百周年”征文大赛优秀奖	2021年	拉萨市教育局
张文辉	男	汉族	墨竹工卡县中学	全市教育系统优秀共产党员	2021年	拉萨市教育局
白玛央金	女	藏族	墨竹工卡县门巴乡中心小学	全市教育系统共产党员	2021年	拉萨市教育局
格桑曲吉	女	藏族	墨竹工卡县门巴乡双语幼儿园	优秀教师	2021年	拉萨市教育局
格桑曲吉	女	藏族	墨竹工卡县门巴乡双语幼儿园	拉萨市首届中小学教学能手	2021年	拉萨市教育局
白玛卓拉	女	藏族	墨竹工卡县门巴乡双语幼儿园	优秀教师	2021年	拉萨市教育局
巴桑卓玛	女	藏族	墨竹工卡县门巴乡达珠村双语幼儿园	优秀教师	2021年	拉萨市教育局
次仁卓嘎	女	藏族	墨竹工卡县甲玛乡希望小学	拉萨市赛课二等奖	2021年	拉萨市教育局
白玛仁增	男	藏族	墨竹工卡县甲玛乡希望小学	拉萨市优课	2021年	拉萨市教育局
格桑曲珍	女	藏族	墨竹工卡县扎西岗乡南京希望小学	舞蹈比赛优秀指导奖	2021年	拉萨市教育局
格桑曲珍	女	藏族	墨竹工卡县扎西岗乡南京希望小学	全市教育系统优秀共产党员	2021年	拉萨市教育局
王建华	男	汉族	墨竹工卡县扎西岗乡南京希望小学	拉萨市第九届辅导员技能大赛三等奖	2021年	拉萨市教育局
土登曲扎	男	藏族	墨竹工卡县唐加乡中心小学	拉萨市2020年度“一师一优课一课一名师”活动优课	2021年	拉萨市教育局
珠扎	男	藏族	墨竹工卡县唐加乡中心小学	全市教育系统干部职工、中小学生征文活动优秀作品奖	2021年	拉萨市教育局
扎西顿珠	男	藏族	墨竹工卡县尼玛江热乡中心小学	拉萨市教育系统优秀党务工作者	2021年	拉萨市教育局
罗桑桑旦	男	藏族	墨竹工卡县尼玛江热乡中心小学	2020年拉萨市支持少先队工作好校长	2021年	拉萨市教育局
德例归吉	女	藏族	墨竹工卡县气象局	拉萨市气象局2021年度事业单位个人嘉奖	2022年	拉萨市气象局
觉列	男	藏族	墨竹工卡县唐加乡仲尼村	第二届拉萨市文明家庭	2021年	拉萨市精神文明建设指导委员会
宋凯伦	男	藏族	墨竹工卡县委宣传部	全市广播影视安全播出先进个人	2022年	拉萨市广播电视局

续表2

姓名	性别	民族	工作单位	获奖名称	表彰时间	授予单位
阿旺赤列	男	藏族	墨竹工卡县委宣传部	全市农村电影放映先进个人	2022年	拉萨市广播电视局
米玛拉姆	女	藏族	墨竹工卡县疾病预防控制中心	2020—2021年度拉萨市结核病防治工作先进个人	2022年	拉萨市疾病预防控制中心
洛桑克珠	男	藏族	墨竹工卡县委宣传部	摄影作品《春耕仪式》入围第十四届西藏珠穆朗玛摄影大展	2021年	西藏珠穆朗玛摄影大展组委会
洛桑克珠	男	藏族	墨竹工卡县委宣传部	摄影作品《欢喜》入围第十四届西藏珠穆朗玛摄影大展	2021年	西藏珠穆朗玛摄影大展组委会
占堆曲杰	男	藏族	墨竹工卡县纪委监委	优秀公务员	2022年	中共墨竹工卡县委员会、墨竹工卡县人民政府
白玛央金	女	藏族	墨竹工卡县纪委监委	优秀公务员	2022年	中共墨竹工卡县委员会、墨竹工卡县人民政府
次卓嘎	女	藏族	墨竹工卡县纪委监委	优秀公务员	2022年	中共墨竹工卡县委员会、墨竹工卡县人民政府
旦增卓玛	女	藏族	墨竹工卡县纪委监委	优秀公务员	2022年	中共墨竹工卡县委员会、墨竹工卡县人民政府
次旦央吉	女	藏族	墨竹工卡县纪委监委	优秀事业人员	2022年	中共墨竹工卡县委员会、墨竹工卡县人民政府
拉吉	女	藏族	墨竹工卡县人民检察院	2021年度信访工作先进个人	2021年	中共墨竹工卡县委员会、墨竹工卡县人民政府
洛桑旺姆	女	藏族	墨竹工卡县交通运输局	优秀公务员	2022年	中共墨竹工卡县委员会、墨竹工卡县人民政府
洛桑次仁	男	藏族	墨竹工卡县财政局	2020年信访工作先进个人	2021年	中共墨竹工卡县委员会、墨竹工卡县人民政府
巴桑	女	藏族	墨竹工卡县总工会	2020年度信访工作先进个人	2021年	中共墨竹工卡县委员会、墨竹工卡县人民政府
杨兰兰	女	汉族	墨竹工卡县唐加乡双语幼儿园	墨竹工卡县喜迎中国共产党成立100周年暨庆祝西藏和平解放70周年系列活动之“重温党史、讲好红色故事”演讲比赛优秀奖	2021年	中共墨竹工卡县委员会、墨竹工卡县人民政府
简华	男	汉族	墨竹工卡县唐加乡双语幼儿园	墨竹工卡县庆祝第37个教师节表彰优秀学前教师	2021年	中共墨竹工卡县委员会、墨竹工卡县人民政府
土旦旺久	男	藏族	墨竹工卡县尼玛江热乡人民政府	优秀共产党员	2021年	中共墨竹工卡县委员会、墨竹工卡县人民政府
土旦旺久	男	藏族	墨竹工卡县尼玛江热乡人民政府	2020年度信访工作先进个人	2021年	中共墨竹工卡县委员会、墨竹工卡县人民政府
郝苗苗	女	汉族	墨竹工卡县尼玛江热乡人民政府	墨竹工卡县第三届干部运动会暨民族传统运动会羽毛球（女子单打）第一名	2021年	中共墨竹工卡县委员会、墨竹工卡县人民政府

续表 2

姓名	性别	民族	工作单位	获奖名称	表彰时间	授予单位
边巴央吉	女	藏族	墨竹工卡县尼玛江热乡宗雪村民委员会	墨竹工卡县村级优秀妇联执委	2022 年	中共墨竹工卡县委员会、墨竹工卡县人民政府
张志文	男	汉族	墨竹工卡县人大常委会	优秀公务员	2022 年	中共墨竹工卡县委员会、墨竹工卡县人民政府
普布卓嘎	女	藏族	墨竹工卡县人大常委会办公室	优秀公务员	2022 年	中共墨竹工卡县委员会、墨竹工卡县人民政府
郭添	女	汉族	墨竹工卡县市场监督管理局	重温党史,讲好红色故事演讲比赛二等奖	2021 年	中共墨竹工卡县委员会、墨竹工卡县人民政府
贡桑次仁	男	藏族	墨竹工卡县唐加乡拉东村	2020 年度信访工作先进个人	2021 年	中共墨竹工卡县委员会、墨竹工卡县人民政府
拉巴仓决	女	藏族	墨竹工卡县卫生健康委员会	优秀公务员	2021 年	中共墨竹工卡县委员会、墨竹工卡县人民政府
雷鹏	男	汉族	墨竹工卡县乡村振兴局	2021 年度信访工作先进个人	2021 年	中共墨竹工卡县委员会、墨竹工卡县人民政府
顿珠贡嘎	男	藏族	墨竹工卡县扎雪乡格老窝村	2020 年信访工作先进个人	2021 年	中共墨竹工卡县委员会、墨竹工卡县人民政府
陈晓倩	女	汉族	墨竹工卡县人民法院	优秀共产党员	2021 年	中共墨竹工卡县委员会
哈比布拉	男	回族	墨竹工卡县工卡镇人民政府	优秀共产党员、信访先进个人	2021 年	中共墨竹工卡县委员会
旦增罗布	男	藏族	墨竹工卡县纪委监委	优秀党务工作者	2021 年	中共墨竹工卡县委员会
母乾权	男	汉族	墨竹工卡县唐加乡中心小学	优秀共产党员	2021 年	中共墨竹工卡县委员会
索朗加措	男	藏族	墨竹工卡农牧业净土产业发展有限公司	2021 年度全县优秀党务工作者	2021 年	中共墨竹工卡县委员会
曹仁建	男	汉族	墨竹工卡县委办公室	2021 年优秀共产党员	2021 年	中共墨竹工卡县委员会
吴玉姣	女	汉族	墨竹工卡县人民医院	全县优秀党务工作者	2021 年	中共墨竹工卡县委员会
郭添	女	汉族	墨竹工卡县市场监督管理局	全县优秀党务工作者	2021 年	中共墨竹工卡县委员会
央金次仁	女	藏族	墨竹工卡县唐加乡人民政府	2021 年度全县优秀共产党员	2021 年	中共墨竹工卡县委员会
贺娇	女	汉族	墨竹工卡县唐加乡人民政府	2021 年度全县优秀共产党员	2021 年	中共墨竹工卡县委员会
仁青白桑	男	藏族	墨竹工卡县唐加乡仲尼村	2021 年度全县优秀共产党员	2021 年	中共墨竹工卡县委员会
张原嘉	男	汉族	墨竹工卡县扎雪乡人民政府	优秀共产党员	2021 年	中共墨竹工卡县委员会

续表 2

姓名	性别	民族	工作单位	获奖名称	表彰时间	授予单位
次仁平措	男	藏族	墨竹工卡县扎雪乡人民政府	优秀党务工作者	2021 年	中共墨竹工卡县委员会
王　昆	男	汉族	墨竹工卡县扎雪乡人民政府	优秀共产党员	2021 年	中共墨竹工卡县委员会
韩江江	男	汉族	墨竹工卡县南京实验小学	岗位技能大练兵“以赛代培”三等奖	2021 年	墨竹工卡县人民政府
边巴卓玛	女	藏族	墨竹工卡县南京实验小学	优秀班主任	2021 年	墨竹工卡县人民政府
次旦卓玛	女	藏族	墨竹工卡县南京实验小学	优秀班主任	2021 年	墨竹工卡县人民政府
白玛曲杰	男	藏族	墨竹工卡县南京实验小学	优秀教师	2021 年	墨竹工卡县人民政府
白玛卓嘎	女	藏族	墨竹工卡县南京实验小学	优秀教师	2021 年	墨竹工卡县人民政府
拉　巴	女	藏族	墨竹工卡县南京实验小学	优秀教师	2021 年	墨竹工卡县人民政府
达娃旺姆	女	藏族	墨竹工卡县门巴乡中心小学	2020—2021 学年全县五年级数学质量检测中（五年级二班）数学单科第三名	2021 年	墨竹工卡县人民政府
索朗扎西	男	藏族	墨竹工卡县门巴乡中心小学	优秀教师	2021 年	墨竹工卡县人民政府
尼　玛	女	藏族	墨竹工卡县门巴乡中心小学	2020—2021 学年全县四年级数学质量检测中（四年级二班）数学单科第一名	2021 年	墨竹工卡县人民政府
尼　玛	女	藏族	墨竹工卡县门巴乡中心小学	第十一届小学教师“以赛代培”赛课第三名	2021 年	墨竹工卡县人民政府
顿　珠	男	藏族	墨竹工卡县门巴乡中心小学	优秀班主任	2021 年	墨竹工卡县人民政府
次旦桑布	男	藏族	墨竹工卡县门巴乡中心小学	红色故事优秀指导奖	2021 年	墨竹工卡县人民政府
次旦桑布	男	藏族	墨竹工卡县门巴乡中心小学	课堂教学大赛优秀奖	2021 年	墨竹工卡县人民政府
次旦桑布	男	藏族	墨竹工卡县门巴乡中心小学	藏文书法一等奖	2021 年	墨竹工卡县人民政府
次旦桑布	男	藏族	墨竹工卡县门巴乡中心小学	藏文书法二等奖	2021 年	墨竹工卡县人民政府
强巴索朗	男	藏族	墨竹工卡县门巴乡德仲村双语幼儿园	优秀学前教师	2021 年	墨竹工卡县人民政府

续表 2

姓名	性别	民族	工作单位	获奖名称	表彰时间	授予单位
普拉姆	女	藏族	墨竹工卡县门巴乡双语幼儿园	2021 年度优秀教师	2021 年	墨竹工卡县人民政府
巴桑卓玛	女	藏族	墨竹工卡县门巴乡达珠村双语幼儿园	2021 年度优秀教师	2021 年	墨竹工卡县人民政府
四朗群培	男	藏族	墨竹工卡县门巴乡波尔朗村双语幼儿园	2021 年度优秀教师	2021 年	墨竹工卡县人民政府
央措	男	藏族	墨竹工卡县门巴乡中心小学	藏文书法优秀奖	2021 年	墨竹工卡县人民政府
德吉卓嘎	女	藏族	墨竹工卡县甲玛乡希望小学	2020 年小学教师课堂教学大赛“以赛代培”数学组一等奖	2021 年	墨竹工卡县人民政府
拉巴卓嘎	女	藏族	墨竹工卡县甲玛乡希望小学	2020—2021 第一学期全县一年级教学质量检测语文单科成绩一等奖	2021 年	墨竹工卡县人民政府
拉巴卓玛	女	藏族	墨竹工卡县甲玛乡希望小学	2020—2021 第一学期全县五年级教学质量检测数学单科成绩三等奖	2021 年	墨竹工卡县人民政府
次松	女	藏族	墨竹工卡县甲玛乡希望小学	2020—2021 第一学期全县五年级教学质量检测综合单科成绩一等奖	2021 年	墨竹工卡县人民政府
嘎色	女	藏族	墨竹工卡县甲玛乡希望小学	2020—2021 第一学期全县五年级教学质量检测综合单科成绩一等奖	2021 年	墨竹工卡县人民政府
达珍	女	藏族	墨竹工卡县甲玛乡希望小学	课堂技能大赛一等奖	2021 年	墨竹工卡县人民政府
索朗拉姆	女	藏族	墨竹工卡县甲玛乡希望小学	2020—2021 第一学期全县一年级教学质量检测藏文单科成绩二等奖	2021 年	墨竹工卡县人民政府
达娃	女	藏族	墨竹工卡县甲玛乡希望小学	2020—2021 第一学期全县一年级教学质量检测数学单科成绩一等奖	2021 年	墨竹工卡县人民政府
李果	男	汉族	墨竹工卡县甲玛乡希望小学	课堂技能大赛三等奖	2021 年	墨竹工卡县人民政府
旦增强巴	男	藏族	墨竹工卡县甲玛乡希望小学	课堂技能大赛三等奖	2021 年	墨竹工卡县人民政府
次仁卓嘎	女	藏族	墨竹工卡县甲玛乡希望小学	优秀教师	2021 年	墨竹工卡县人民政府
次仁卓嘎	女	藏族	墨竹工卡县甲玛乡希望小学	县级赛课一等奖	2021 年	墨竹工卡县人民政府
次仁卓嘎	女	藏族	墨竹工卡县甲玛乡希望小学	县级统考一等奖	2021 年	墨竹工卡县人民政府
拉姆央宗	女	藏族	墨竹工卡县甲玛乡希望小学	县级统考一等奖	2021 年	墨竹工卡县人民政府
拉姆央宗	女	藏族	墨竹工卡县甲玛乡希望小学	优秀班主任	2021 年	墨竹工卡县人民政府
白玛仁增	男	藏族	墨竹工卡县甲玛乡希望小学	师德标兵	2021 年	墨竹工卡县人民政府

续表 2

姓名	性别	民族	工作单位	获奖名称	表彰时间	授予单位
白玛仁增	男	藏族	墨竹工卡县甲玛乡希望小学	县级统考一等奖	2021 年	墨竹工卡县人民政府
白玛仁增	男	藏族	墨竹工卡县甲玛乡希望小学	县级赛课三等奖	2021 年	墨竹工卡县人民政府
白玛仁增	男	藏族	墨竹工卡县甲玛乡希望小学	优秀教案设计者	2021 年	墨竹工卡县人民政府
顿珠杰姆	女	藏族	墨竹工卡县扎西岗乡南京希望小学	墨竹工卡县第十一届小学教师“以赛代培”课堂教学技能大赛藏文组三等奖	2021 年	墨竹工卡县人民政府
顿珠杰姆	女	藏族	墨竹工卡县扎西岗乡南京希望小学	墨竹工卡县 2020—2021 学年第一学期全校县四年级教学质量藏文单课成绩二等奖	2021 年	墨竹工卡县人民政府
次仁白珍	女	藏族	墨竹工卡县扎西岗乡南京希望小学	墨竹工卡县“青年教师技能大赛”三等奖	2021 年	墨竹工卡县人民政府
巴桑卓嘎	女	藏族	墨竹工卡县扎西岗乡南京希望小学	墨竹工卡县第十一届小学教师“以赛代培”课堂教学技能大赛综合组三等奖	2021 年	墨竹工卡县人民政府
格桑曲珍	女	藏族	墨竹工卡县扎西岗乡南京希望小学	藏文字体比赛鼓励奖	2021 年	墨竹工卡县人民政府
格桑曲珍	女	藏族	墨竹工卡县扎西岗乡南京希望小学	课堂教学技能比赛二等奖	2021 年	墨竹工卡县人民政府
张翠萍	女	汉族	墨竹工卡县扎西岗乡南京希望小学	墨竹工卡县第十一届小学教师“以赛代培”课堂技能大赛二等奖	2021 年	墨竹工卡县人民政府
坚热加措	男	藏族	墨竹工卡县扎西岗乡南京希望小学	优秀教师模范	2021 年	墨竹工卡县人民政府
李艳华	女	汉族	墨竹工卡县扎西岗乡南京希望小学	优秀教案设计者	2021 年	墨竹工卡县人民政府
梁泽琴	女	汉族	墨竹工卡县扎西岗乡南京希望小学	墨竹工卡县“青年教师技能大赛”二等奖	2021 年	墨竹工卡县人民政府
达娃玉珍	女	藏族	墨竹工卡县扎西岗乡南京希望小学	模范班主任	2021 年	墨竹工卡县人民政府
益西欧珠	男	藏族	墨竹工卡县扎西岗乡南京希望小学	师德标兵	2021 年	墨竹工卡县人民政府
强巴玉珍	女	藏族	墨竹工卡县扎西岗乡仁青林村双语幼儿园	优秀学前教师	2021 年	墨竹工卡县人民政府
赤列曲珍	女	藏族	墨竹工卡县第二双语幼儿园	师德标兵	2021 年	墨竹工卡县人民政府
张莹	女	汉族	墨竹工卡县第二双语幼儿园	优秀学前教育工作者	2021 年	墨竹工卡县人民政府
索朗次旦	男	藏族	墨竹工卡县扎雪乡中心小学	优秀组织者	2021 年	墨竹工卡县人民政府
索朗次旦	男	藏族	墨竹工卡县扎雪乡中心小学	优秀教师	2021 年	墨竹工卡县人民政府

续表 2

姓名	性别	民族	工作单位	获奖名称	表彰时间	授予单位
豆斌斌	男	汉族	墨竹工卡县扎雪乡中心小学	以赛代培文科组赛课第三名	2021 年	墨竹工卡县人民政府
央央卓玛	女	藏族	墨竹工卡县扎雪乡中心小学	优秀学前教师	2021 年	墨竹工卡县人民政府
德　曲	女	藏族	墨竹工卡县扎雪乡中心小学	模范班主任	2021 年	墨竹工卡县人民政府
达瓦多杰	男	藏族	墨竹工卡县扎雪乡中心小学	优秀教师	2021 年	墨竹工卡县人民政府
尼玛确巴	男	藏族	墨竹工卡县扎雪乡中心小学	师德标兵	2021 年	墨竹工卡县人民政府
达瓦多杰	男	藏族	墨竹工卡县扎雪乡中心小学	全县五年级数学质量检测五年级三班数学单科成绩二等奖	2021 年	墨竹工卡县人民政府
白玛央宗	女	藏族	墨竹工卡县扎雪乡中心小学	以赛代培课堂教学技能一等奖	2021 年	墨竹工卡县人民政府
桑旦卓玛	女	藏族	墨竹工卡县扎雪乡中心小学	以赛代培课堂教学技能二等奖	2021 年	墨竹工卡县人民政府
德庆卓嘎	女	藏族	墨竹工卡县扎雪乡中心小学	全县一年级藏文质量检测一年级二班藏文单科成绩三等奖	2021 年	墨竹工卡县人民政府
扎西次旦	男	藏族	墨竹工卡县扎雪乡中心小学	第 11 届教学技能大赛理科组一等奖	2021 年	墨竹工卡县人民政府
贡嘎索朗	男	藏族	墨竹工卡县扎雪乡中心小学	优秀教师	2021 年	墨竹工卡县人民政府
次仁塔决	男	藏族	墨竹工卡县扎雪乡中心小学	以赛代培文科组赛课第三名	2021 年	墨竹工卡县人民政府
旦增平措	男	藏族	墨竹工卡县扎雪乡中心小学	首届小学青年教师“以赛代培”一等奖	2021 年	墨竹工卡县人民政府
达瓦顿点	男	藏族	墨竹工卡县扎雪乡中心小学	全县一年级藏文教学质量检测一等奖	2021 年	墨竹工卡县人民政府
母乾权	男	汉族	墨竹工卡县唐加乡中心小学	墨竹工卡教育系统岗位大练兵粉笔字第一名	2021 年	墨竹工卡县人民政府
母乾权	男	汉族	墨竹工卡县唐加乡中心小学	墨竹工卡教育系统岗位大练兵硬笔字优秀奖	2021 年	墨竹工卡县人民政府
母乾权	男	汉族	墨竹工卡县唐加乡中心小学	墨竹工卡教育系统集体备课优秀教案设计者	2021 年	墨竹工卡县人民政府
母乾权	男	汉族	墨竹工卡县唐加乡中心小学	优秀教师	2021 年	墨竹工卡县人民政府
索朗曲珍	女	藏族	墨竹工卡县唐加乡中心小学	优秀教师	2021 年	墨竹工卡县人民政府
唐　雨	女	汉族	墨竹工卡县唐加乡中心小学	墨竹工卡县青年教师“以赛代培”二等奖	2021 年	墨竹工卡县人民政府

续表 2

姓名	性别	民族	工作单位	获奖名称	表彰时间	授予单位
唐　雨	女	汉族	墨竹工卡县唐加乡中心小学	优秀教师	2021 年	墨竹工卡县人民政府
阿旺桑布	男	藏族	墨竹工卡县唐加乡中心小学	墨竹工卡教育系统岗位大练兵藏文书法第三名	2021 年	墨竹工卡县人民政府
扎西曲加	男	藏族	墨竹工卡县唐加乡中心小学	优秀教师	2021 年	墨竹工卡县人民政府
扎西曲加	男	藏族	墨竹工卡县唐加乡中心小学	墨竹工卡县 2021 年民族职工运动会足球比赛第一名	2021 年	墨竹工卡县人民政府
阿旺洛桑	男	藏族	墨竹工卡县唐加乡中心小学	墨竹工卡县 2022 年民族职工运动会足球比赛第一名	2021 年	墨竹工卡县人民政府
土登曲扎	男	藏族	墨竹工卡县唐加乡中心小学	墨竹工卡教育系统岗位大练兵藏文硬笔书法鼓励奖	2021 年	墨竹工卡县人民政府
土登曲扎	男	藏族	墨竹工卡县唐加乡中心小学	墨竹工卡教育系统岗位大练兵藏文粉笔书法鼓励奖	2021 年	墨竹工卡县人民政府
卓玛群措	女	藏族	墨竹工卡县唐加乡中心小学	墨竹工卡教育系统集体备课优秀教案设计者	2021 年	墨竹工卡县人民政府
卓玛群措	女	藏族	墨竹工卡县唐加乡中心小学	墨竹工卡县第十一届小学教师“以赛代培”一等奖	2021 年	墨竹工卡县人民政府
次仁曲宗	女	藏族	墨竹工卡县唐加乡中心小学	师德标兵	2021 年	墨竹工卡县人民政府
次仁曲珍	女	藏族	墨竹工卡县唐加乡中心小学	优秀教师	2021 年	墨竹工卡县人民政府
巴　桑	女	藏族	墨竹工卡县唐加乡中心小学	模范班主任	2021 年	墨竹工卡县人民政府
仓决卓玛	女	藏族	墨竹工卡县唐加乡中心小学	墨竹工卡县 2021 年教师岗位技能大练兵教学技能大赛三等奖	2021 年	墨竹工卡县人民政府
巴　桑	女	藏族	墨竹工卡县尼玛江热乡中心小学	2021 年下学期四年级教学质量语文单科成绩一等奖	2021 年	墨竹工卡县人民政府
嘎松才措	女	藏族	墨竹工卡县尼玛江热乡中心小学	优秀教师	2021 年	墨竹工卡县人民政府
顿珠卓玛	女	藏族	墨竹工卡县尼玛江热乡中心小学	模范班主任	2021 年	墨竹工卡县人民政府
顿珠卓玛	女	藏族	墨竹工卡县尼玛江热乡中心小学	2021 年下学期六年级统考数学单科成绩一等奖	2021 年	墨竹工卡县人民政府
扎西次仁	男	藏族	墨竹工卡县尼玛江热乡中心小学	2021 年全县第三届干部职工运动会男子 100 米第二名	2021 年	墨竹工卡县人民政府
扎西次仁	男	藏族	墨竹工卡县尼玛江热乡中心小学	2021 年全县第三届干部职工运动会男子篮球第三名	2021 年	墨竹工卡县人民政府
次达瓦	男	藏族	墨竹工卡县尼玛江热乡芒热牧双语幼儿园	优秀学前工作者	2021 年	墨竹工卡县人民政府

续表2

姓名	性别	民族	工作单位	获奖名称	表彰时间	授予单位
罗　旦	男	藏族	墨竹工卡县尼玛江热乡中心小学	优秀学员	2021年	墨竹工卡县人民政府
大旦增卓嘎	女	藏族	墨竹工卡县尼玛江热乡中心小学	优秀教案设计者	2021年	墨竹工卡县人民政府
晋美旺久	男	藏族	墨竹工卡县尼玛江热乡中心小学	2021年全县赛课比赛第三名	2021年	墨竹工卡县人民政府
次仁占堆	男	藏族	墨竹工卡县尼玛江热乡中心小学	2020—2021年第一学期全县三年级教学质量数学单科成绩一等奖	2021年	墨竹工卡县人民政府
尼玛顿珠	男	藏族	墨竹工卡县尼玛江热乡芒热牧双语幼儿园	2021年全县第三届干部职工运动会男子800米第三名	2021年	墨竹工卡县人民政府
次旦央吉	女	藏族	墨竹工卡县尼玛江热乡芒热牧双语幼儿园	2021年全县第三届干部职工运动会女子200米第一名	2021年	墨竹工卡县人民政府
平措曲珍	女	藏族	尼玛江热乡羊日岗双语幼儿园	优秀教师	2021年	墨竹工卡县人民政府
曲　珍	女	藏族	墨竹工卡县尼玛江热乡中心小学	2021年教师岗位技能大练兵中汉语文书法“以赛代培”第三名	2021年	墨竹工卡县人民政府
益西卓嘎	女	藏族	墨竹工卡县尼玛江热乡中心小学	2021年下学期六年级整班移交统考中六年级一班藏文学单科成绩二等奖	2021年	墨竹工卡县人民政府
益西卓嘎	女	藏族	墨竹工卡县尼玛江热乡中心小学	2021年下学期六年级整班移交统考中六年级二班藏文学单科成绩三等奖	2021年	墨竹工卡县人民政府
益西卓嘎	女	藏族	墨竹工卡县尼玛江热乡中心小学	师德标兵	2021年	墨竹工卡县人民政府
姚尼娜	女	汉族	墨竹工卡县尼玛江热乡中心小学	2021年教师岗位技能大练兵中小学教师课堂教学大赛“以赛代培”优秀奖	2021年	墨竹工卡县人民政府
姚尼娜	女	汉族	墨竹工卡县尼玛江热乡中心小学	2021年教师岗位技能大练兵首届小学青年教师“以赛代培”三等奖	2021年	墨竹工卡县人民政府
于奥菲	女	汉族	墨竹工卡县尼玛江热乡中心小学	2021年墨竹工卡县第十一届小学教师“以赛代培”课堂教学技能大赛理科组二等奖	2021年	墨竹工卡县人民政府
索郎曲珍	女	藏族	墨竹工卡县尼玛江热乡中心小学	优秀教师	2021年	墨竹工卡县人民政府
尼　玛	男	藏族	墨竹工卡县尼玛江热乡中心小学	2021年教师岗位技能大练兵中藏语文书法“以赛代培”丘伊体钢笔字第二名	2021年	墨竹工卡县人民政府
尼　玛	男	藏族	墨竹工卡县尼玛江热乡中心小学	2021年教师岗位技能大练兵中藏语文书法“以赛代培”丘伊体粉笔字第一名	2021年	墨竹工卡县人民政府
吴飞飞	女	汉族	墨竹工卡县尼玛江热乡中心小学	2021年墨竹工卡县第十一届小学教师“以赛代培”课堂教学技能大赛综合组二等奖	2021年	墨竹工卡县人民政府

续表 2

姓名	性别	民族	工作单位	获奖名称	表彰时间	授予单位
卓玛措姆	女	藏族	墨竹工卡县尼玛江热乡芒热牧双语幼儿园	2021 年全县第三届干部职工运动会女子 200 米第三名	2021 年	墨竹工卡县人民政府
杨子艳	女	汉族	墨竹工卡县尼玛江热乡中心小学	2021 年墨竹工卡县第十一届小学教师“以赛代培”课堂教学技能大赛三等奖	2021 年	墨竹工卡县人民政府
杨子艳	女	汉族	墨竹工卡县尼玛江热乡中心小学	2021 年全县小学集体备课研学工作优秀组织者	2021 年	墨竹工卡县人民政府
仓罗布	男	藏族	墨竹工卡县尼玛江热乡中心小学	2021 年全县五年级教学质量检测英语单科成绩一等奖	2021 年	墨竹工卡县人民政府
仓罗布	男	藏族	墨竹工卡县尼玛江热乡中心小学	2021 年墨竹工卡县岗位大练兵藏文书法比赛二等奖	2021 年	墨竹工卡县人民政府
李娟娟	女	汉族	墨竹工卡县尼玛江热乡中心小学	2020—2021 学年第一学期全县四年级教学质量检测中（4 年级 4 班）英语单科二等奖	2021 年	墨竹工卡县人民政府
李娟娟	女	汉族	墨竹工卡县尼玛江热乡中心小学	2020—2021 学年第一学期全县四年级教学质量检测中（4 年级 3 班）英语单科一等奖	2021 年	墨竹工卡县人民政府
普布次仁	男	藏族	墨竹工卡县唐加乡仲尼村	墨竹工卡县第三届全民运动会暨“中国农民丰收节”抱石头比赛第二名	2021 年	墨竹工卡县人民政府
小尼玛卓玛	女	藏族	墨竹工卡县中学	教师教学技能大赛理科组二等奖	2021 年	墨竹工卡县人民政府
西热旺姆	女	藏族	墨竹工卡县中学	优秀教师	2021 年	墨竹工卡县人民政府
罗杰次旺	男	藏族	墨竹工卡县中学	模范班主任	2021 年	墨竹工卡县人民政府
白玛曲宗	女	藏族	墨竹工卡县中学	模范班主任	2021 年	墨竹工卡县人民政府
次旦央吉	女	藏族	墨竹工卡县中学	优秀教师	2021 年	墨竹工卡县人民政府
索朗卓嘎	女	藏族	墨竹工卡县中学	教学技能大赛三等奖	2021 年	墨竹工卡县人民政府
刘冀翔	男	汉族	墨竹工卡县中学	师德标兵	2021 年	墨竹工卡县人民政府

说明：由于各单位资料提供不全，可能有遗漏。

把握运用历史经验坚定信心勇毅前行 坚持不懈把全面从严治党向纵深推进 助推谱写墨竹工卡县长治久安和高质量发展新篇章

——在中国共产党墨竹工卡县第十届纪律检查委员会第二次全体会议上的工作报告

墨竹工卡县纪委副书记、监委副主任 占堆曲杰

（2022 年 3 月 19 日）

2021 年工作回顾

2021 年是党和国家历史上具有里程碑意义的一年，是“十四五”规划实施的开局之年。在市纪委监委和县委坚强领导下，县纪委常委会团结带领全县纪检监察干部忠实履行党章和宪法赋予的职责，一刻不停地推进党风廉政建设和反腐败斗争，精准把握大局大势，从严监督执纪问责，主动融入服务县委中心工作，充分发挥监督保障执行、促进完善发展作用，为建设幸福墨竹提供坚强保障。

（一）强化政治监督，“两个维护”政治责任持续拧紧。以党史学习教育、“三更”专题教育、“三新”大学习大讨论为契机，努力推动政治监督具体化、常态化，紧紧围绕习近平总书记视察西藏时的重要讲话、中央第七次西藏工作座谈会和区市县第十次党代会精神落实情况，主动靠前跟进监督，确保中央和区市决策部署落实到位。紧盯政治纪律开展监督，处置涉嫌违反政治纪律问题 3 起，给予党纪政务处分 1 人。严明换届工作纪律，资格审查县乡村换届人选 456 人，签订换届纪律承诺书 600 余份，有力保障换届工作圆满完成。围绕新冠肺炎疫情防控，开展监督检查 40 次，发现问题 10 个，对散布不实信息的 1 人给予党纪处分，压实“四方责任”，筑牢新冠肺炎疫情防控墨竹阵地。将巡视巡察反馈问题整改落实情况纳入日常监督，对 3 家单位整改情况进行监督并提出意见建议，推动问题有效整改。

（二）强化执纪审查，“三不”一体推进综合效能持续加强。持续保持惩治腐败高压态势，围绕乡村振兴、社保基金、扫黑除恶等领域，全年共接收信访举报 5 件次，处置问题线索 36 件，同比增长 44%，谈话函询 3 件，立案 21 件，同比增长 320%，给予党纪政务处分 22 人，同比增长 100%。坚持系统施治、标本兼治，针对审查调查中发现的共性问题和制度漏洞，及时下发纪律检查建议书和监察建议书、“以案促改”通知书等 13 份，推动整改问题 6 项，完善制度机制 2 项，督促责任部门深究问题发生根源，推动建章立制堵塞漏洞。精准运用“四种形态”，精准落实“三个区分开来”，全年运用第一、二种形态共批评教育和处理 37 人次，实现纪法约束有硬度、批评教育有力度、组织关怀有温度。

（三）驰而不息纠“四风”树新风，党风政风社风民风持续改善。持续深化整治形式主义官僚主义顽瘴痼疾，加大“四风”问题监督检查力度，将节前提醒教育、节点督查、节后曝光纳入规定动作，深

入36家单位开展作风整治“回头看”,反馈问题27条,收缴违规资金96万余元,求真务实、清正廉洁的新风正气不断充盈。抓长抓常、抓细抓实专项整治,排查“私车公养”问题68条、退缴资金41万余元;督促退缴违规发放下乡补助、水电费及开水费278万余元;梳理排查干部职工借用公款长期不还问题38人,督促14人还款70万余元;督促7家单位整改办公用房超标问题11个;排查辖区“两违”问题21个。紧盯违反中央八项规定精神典型问题,把盯节点与抓日常结合起来,查处违纪问题2件,处置党员无证驾驶、酒驾、醉驾、参与斗殴问题线索20件,给予党纪处分14人、组织处理2人,通报曝光9起9人,持续释放越往后执纪越严的强烈信号。

(四)站稳人民立场,正风反腐实际成效持续巩固。认真践行以人民为中心的发展思想,制定完善过渡期专项监督工作方案,采取入户走访、实地查看、查阅台账、召开座谈会等方式对“十三五”期间扶贫产业项目资金使用、项目建设、运营效益等情况进行全面摸排,督促职能部门解决问题10余件,梳理汇总十八大以来各类惠民惠农财政补贴资金问题325条,并对“一卡通”发放情况开展专项督查,处置扶贫领域问题线索1件,组织处理3人,为巩固拓展脱贫攻坚成果同乡村振兴有效衔接提供坚强纪律保障。聚焦群众关注急难愁盼问题,紧盯教育、卫生、项目、资源和生态环境等民生领域突出问题,处置“微腐败”问题线索1件,给予党纪政务处分1人,群众对纪检监察工作认可度和满意度持续提高。协同开展政法队伍教育整顿,处置涉及政法系统干部问题线索3条,给予党纪政务处分2人、组织处理1人,推进政法系统教育整顿走深走实。

(五)坚持巡改并重,政治巡察利剑作用持续彰显。坚持政治巡察定位,起草《中共墨竹工卡县委员会巡察工作规划(2021—2025年)》,实现九届县委巡察“全覆盖”目标,完成十届县委第一轮巡察工作。全年共开展2轮政治巡察,向15家党组织反馈问题155个,移交问题线索2件。抓实抓细巡察反馈问题整改,加强对被巡察单位整改情况监督检查,向14家党组织反馈整改不到位问题22个,已全部整改完成。制定完善《墨竹工卡县委巡察整改落实和成果运用暂行办法》《墨竹工卡县选派优秀干部、新提拔干部到巡察岗位锻炼实施办法》,进一步强化巡察工作体制机制建设。

(六)深化同级监督,全面从严治党责任持续深化。协助县委落实党风廉政建设主体责任,审核49家单位述责述廉报告,安排5家单位“一把手”现场述责述廉并接受质询评议,向县委常委会汇报党风廉政建设和反腐败工作2次,组织召开县委反腐败协调小组会1次。紧盯重点领域、关键部门,同有关乡镇、职能部门9名主要负责人开展谈心谈话,针对日常监督中发现的突出问题向15家单位下达督促函,问责履职不到位2人。通过列席县委常委会和政府常务会、参加各级党组织专题民主(组织)生活会、与党政领导干部开展政治生态谈心谈话等方式,强化对同级党委的监督,同3名党政领导干部开展政治生态谈心谈话,列席县委常委会、政府常务会19次,参加各级党组织专题民主(组织)生活会28场次。

(七)高标准严要求律人律己,纪检监察队伍素质能力持续提升。加强机关党的政治建设,建立纪委常委会学习第一议题机制,带头落实民主集中制,定期研究机关党建、意识形态等工作,组织集体学习16次、各类主题活动15次。顺利完成县乡纪委班子换届,选优配齐县纪委监委班子及县乡村三级纪检监察干部70人,纪检干部年龄、学历和专业结构更加优化。主要领导积极加强与县委县政府沟通,协调解决85万元用于廉政宣传阵地打造和办公环境提升。着重能力建设,制定纪检监察干部学习培训计划,举办纪检监察业务专题培训班培训37人,选派51名纪检监察干部参加本级和上级纪委监委专题培训、跟班跟案培训,有效提升业务素养。树立鲜明选人用人导向,县乡两级纪检监察系统共提拔或交流调整干部14人次,突出严管厚爱,签订禁止赌博、规范饮酒承诺书80份,给纪检监察干部划出红线、定好规矩。

回顾过去一年,我们深切体会到,十九届六中全会总结出的坚持百年奋斗10条重要历史经验,提出“两个确立”,这些都是新时代纪检监察工作实现高质量发展的根本遵循，我们一定要牢牢把握“四个必须”，边学习边思考、边探索边领悟，结合墨竹实际准确把握、坚决贯彻、认真落实。

这一年来，全县纪检监察工作取得一定成绩，但我们必须清醒认识到，反腐工作任重道远，腐败问题存量仍然较多，与上级的要求和人民群众的期盼仍有差距。主要表现在以下几个方面。从政治监督方面来看，有的党组织管党治党方面做得不到位，主体责任落实有落差，对党员和干部职工管理教育缺失，辖区频繁发生党员或公职人员无证驾驶、酒驾、醉驾等问题；有的党员政治警觉性和政治敏锐性不强，不能严格执行共产党员不得信仰宗教的相关规定，在家中设立佛堂等；有的监督不全面，特别是对“十三五”期间57个扶贫产业项目运营管理和325条惠民惠农财政补贴资金监管不到位。从作风建设方面来看，有的党组织在党的十八大后不收手、不收敛，在党的十九大后不知耻、不知止，公款吃喝、违规发放津补贴；有的党员干部组织纪律意识较为淡薄，未经批准私自外出，在调整工作岗位过程中不服从组织安排；有的党员干部利用职务便利，私自处理相关案件，向长期不在岗员工发放工资。从自身建设方面来看，有的思想认识跟不上全面从严治党形势发展要求，不善于从大局政治上思考问题；有的监督执纪执法能力欠缺，2021年县乡纪委开展监督检查98次，但未发现相关问题线索；有的对业务技能掌握不全面，履职中出现本领恐慌，在精准问责、量纪平衡方面做得不够。对此，我们必须时刻保持高度的政治警觉，采取有效措施，认真加以解决。

2022年主要工作

今年是迎接党的二十大胜利召开之年，是“十四五”顺利实施的关键之年，做好纪检监察工作任重而道远。今年工作的总体要求是：坚持以习近平新时代中国特色社会主义思想为指导，深入贯彻落实党的十九大和十九届历次全会精神以及中央第七次西藏工作座谈会精神，深入贯彻落实习近平总书记关于西藏工作的重要论述和新时代党的治藏方略，深入贯彻落实十九届中央纪委六次全会和区市第十次党代会及区市纪委十届二次全会精神，捍卫“两个确立”，增强“四个意识”、坚定“四个自信”、做到“两个维护”，弘扬党百年奋斗形成的宝贵经验和优良作风，坚持全面从严治党战略方针，坚持稳中求进工作总基调，以党的政治建设为统领，全面推进党的建设，巩固拓展反腐败斗争压倒性胜利，一体推进不敢腐、不能腐、不想腐，不断健全监督体系，推动全面从严治党取得更大制度性成果和更大治理效能，为着力推进“四个创建”、努力做到“四个走在前列”，推动谱写墨竹工卡县长治久安和高质量发展新篇章，注入强有力的监督保障，以优异成绩迎接党的二十大胜利召开。

（一）自觉践行“两个维护”，推动政治监督具体化常态化取得新成效。巩固拓展党史学习教育成果，把学习习近平新时代中国特色社会主义思想作为首要和长期政治任务，深刻领会把握“两个确立”“十个坚持”，切实增强“两个维护”的政治自觉和思想自觉。聚焦党的十九届六中全会、习近平总书记视察西藏时的重要讲话、中央第七次西藏工作座谈会和区市第十次党代会精神，围绕“十四五”规划、巩固拓展新冠肺炎疫情防控和脱贫攻坚与乡村振兴有效衔接、生态环境保护等重点任务，强化政治监督，确保党中央和区市县委决策部署贯彻到位。加强对同级党委的监督，继续开展政治生态谈心谈话，探索“一把手”监督方式。严明政治纪律和政治规矩，坚决防止“七个有之”问题，突出反分裂斗争纪律，强调党员不信仰宗教，以强有力的监督保障墨竹社会大局长期和谐稳定。

（二）保持反腐败政治定力，一体推进“三不”体制机制建设。持续释放零容忍反腐震慑，继续紧盯国有企业、教育卫生系统、粮食食品药品安全等领域。继续紧盯关键岗位、关键少数，围绕政治问题和经济问题交织、政策支持力度大、资源资金投资密集、权力集中的领域和环节，严肃查处基础设施建设、项目审批、公共资源交易、金融领域方面腐败问题，实现职务犯罪“零突破”。健全反腐败协调小组工作机制，研究解决当前存在的突出问题。尽快完成“走读式”谈话场所扩建并投入使用。加强廉洁文化建设，继续做好违纪违法多发频发领域深度剖析，用好“三书”，督促发案单位查漏洞、补短板、建制度。改造墨竹工卡县廉政警示教育基地，发挥“廉洁墨竹”微信公众号作用，进一步提高警示教育的针对性、时效性和覆盖面，不断提升“三不”一体推进治理成效。

（三）锲而不舍正风肃纪，不断加固中央八项规定堤坝。以开展改进作风狠抓落实工作为契机，着力解决一批影响中央和区市县委决策部署贯彻落实，推诿扯皮、玩忽职守、不思进取、不作为慢作为等问题。时刻警惕、严查快处无接触送礼、收送电子红包等隐形变异行为，继续加大查处党员干部和国家公职人员参赌涉赌、酒驾醉驾等问题。继续加大整治“两违”、借用公款长期不还、学生餐“微腐败”、惠民惠农补贴资金“一卡通”、采购价虚高、违规发放津补贴、公务接待中“吃公函”等问题。紧盯脱贫攻坚同乡村振兴有效衔接过程中政策执行、资金分配等重点领域、重点人群，建立“十三五”“十四五”扶贫产业项目清单，以项目管理、运营、分红为突破口开展专项治理，严肃查处发生在群众身边的不正之风和腐败问题。持续巩固政法队伍教育整顿成果，常态化查处涉黑涉恶和“保护伞”。

（四）继续抓好“关键少数”，努力营造风清气正的良好政治生态。持续抓牢“关键少数”履职，充分运用重大事项请示报告、提出意见建议、监督推动党委决策落实等方式，协助同级党委落实全面从严治党主体责任。抓好党委在政策落实中的主体责任和党政一把手“第一责任人”责任，协助同级党委加强对各类监督力量的领导和指导，健全沟通协作机制，推动主体责任、监督责任、协助职责顺畅有效贯通。加强对县委常委会、政府常务会、民主生活会等监督，做细“一把手”监督和同级监督。综合采取监督检查、调查研究、谈心谈话、线索受理等方式深化日常监督，督促党员干部习惯在监督中履职。深化运用“四种形态”，准确把握政策界限，注重纪法情理贯通融合，坚持“三个区分开来”；压实党委全面从严治党主体责任，鼓励干部担当作为，将红脸出汗作为常态，将监督提醒挺在前面，规范高效开展政治生态分析研判。

（五）着力增强政治巡察质效，充分发挥系统优势和整体监督作用。把发现问题作为衡量巡察效果的首要标准，聚焦巡政治、巡责任、巡重点人员、巡事和权、巡制度、巡作风，有序推进政治巡察。全面总结九届县委巡察工作，科学拟定2022年巡察工作计划。加强巡察整改和成果运用，坚持党政领导参加分管部门巡察反馈，夯实被巡察党组织整改政治责任和主体责任。联合纪检监察机关、组织部门开展整改落实情况的监督检查，对存在虚假整改、文字整改等问题的单位，严肃追责问责，督促做好巡察整改“后半篇文章”。

（六）坚持不懈深化纪检监察体制改革，切实提升监督治理效能。积极配合推动内设机构改革，建立协作片区工作机制，强化协同合力，推动监督有形有效全覆盖，围绕监督检查、审查调查等关键环节，加强对乡镇纪委（派出监察室）的领导，每季度听取一次乡镇纪委书记述职汇报，建立乡镇交叉协作办案机制，着力解决乡镇纪检干部不敢、不会、不愿问题。落实“四项监督”统筹衔接意见，积极配合做好“县案市审”工作，提高办案质量。健全反腐败协调机制，整合运用监督力量，推动纪律监督、监察监督及巡察监督贯通协同，促进党内监督与人大监督、民主监督、司法监督等协调融合，推动各类监督力量同向发力、同增质效。

（七）自觉接受严格的约束和监督，努力做党和人民的忠诚卫士。把准纪检监察机关政治属性、政治功能，扎实推进系统内改进作风狠抓落实工作，对照王君正书记“八个必须”“六个表率”要求，充分利用“学习强国”平台和各类培训资源，举办“读书班”活动，组织党支部集中学习，加强对习近平总书记系列讲话精神特别是视察西藏时重要讲话精神、新时代党的治藏方略及纪检监察业务等内容学习，进一步加强对乡村纪检监察工作的指导，强化基层纪检监察队伍建设。认真学习《中国共产党纪律检查委员会工作条例》《中华人民共和国监察法实施条例》，紧盯涉案财物管理、立案、处分等关键环节，理清监督执纪执法权力边界，健全完善内控机制，实现规范化、法治化、正规化建设。探索建立纪检监察干部考核机制和科室干部轮岗交流机制，让干部在不同岗位上得到锻炼提升。拓宽选人用人视野，加大对外交流力度的同时，把好选人用人关，优化纪检监察队伍结构。主动接受党内和社会各方面监督，开展系统内部督查，及时发现问题、改错纠偏，严查执纪违纪、执法违法、失职失责行为，坚决防止“灯下黑”问题，自觉做遵纪守法的标杆。

新时代赋予纪检监察机关新的使命，指引纪检监察工作新的征程，让我们更加紧密地团结在以习近平同志为核心的党中央周围，在市纪委监委和县委的坚强有力领导下，不忘初心、牢记使命，贯通运用党的百年奋斗历史经验，坚定信心、勇毅前行，推动全县全面从严治党工作开创新篇章，为实现新时代墨竹工卡县长足发展和长治久安努力奋斗，以实际行动迎接党的二十大胜利召开。

墨竹工卡县人民法院工作报告

——在墨竹工卡县第十四届人民代表大会第三次会议上

墨竹工卡县人民法院院长　索朗多吉

（2022 年 1 月 19 日）

2021 年工作回顾

2021 年墨竹法院在县委的坚强领导、人大的有力监督、上级法院的正确指导和政府、政协及社会各界的关心支持下，坚持以习近平新时代中国特色社会主义思想为指导，全面贯彻党的十九大和十九届历次全会精神，深入贯彻落实中央第七次西藏工作座谈会、中央政法工作会议精神，认真落实区党委九届十次全会、自治区第十次党代会精神、拉萨市第十次党代会精神、市委九届十次及县委十届二次全会会议精神和上级法院部署，坚持服务大局、司法为民、公正司法，忠实履行宪法法律赋予的职责，充分发挥审判职能作用，积极参与基层治理衔接乡村振兴工作，各项工作取得新进展。

一、以党建为统领，开展全年工作

——始终把党的政治建设摆在首位。一是严格贯彻落实《中国共产党政法工作条例》《中国共产党重大事项请示报告条例》，向县委、政法委汇报重大事项 3 项、重要案件 1 件、顽瘴痼疾问题线索 8 人 25 条，确保人民法院始终沿着正确的方向前进。二是强化院基层组织建设。2021 年圆满完成了支部换届工作，依托“三会一课”平台，召开党支部委员会 12 次，全体党员大会 4 次、召开组织生活会、民主生活会 5 次，党内政治生活更加规范严格；三是强化民主集中制。按照《党组工作规则》，坚持执行“三重一大”议事制度，召开党组会议 34 次，及时研究解决我院工作重大问题，确保重大决策严格按照民主集中制原则，做到集体决策、民主决策、科学决策。四是督导检查整改落实。在政法队伍教育整顿期间，中央第十四督导组、区第一驻点指导组、市县教整办、拉萨中院、县纪委、县组织部先后共 11 次督导检查我院教育整顿、队伍建设工作，对于督导检查反馈的问题，我院以高度的政治自觉，主动对照认领，全部完成了整改。

——扎实推进队伍“四化”建设。一是大兴学习之风、建设学习型机关。把政法队伍教育整顿与党史学习教育、“三更”教育，“三新”大学习大讨论相结合，开展党员集中学习 100 余次、主题党日活动 12 次、理论学习中心组学习 9 次、党组书记、党支部书记讲党课 4 次，全院干警人均撰写心得体会 40 余篇、学习笔记 2 万余字，干警“四个意识”更加牢固、“四个自信”更加坚定、“两个维护”更加坚决、思想认识更加统一。二是依托上级法院、对口支援法院、县委党校组织各类学习培训 22 次 46 人，组织法官及时开展常态化业务学习及讨论 7 次，提升法官办案能力水平，促进干警知识结构的更新和司法能力的提高。三是持之以恒正风肃纪。年初层层签订党风廉政建设责任书，每季度召开党风廉政与审判执行同部署会议，明确了班子成员和部门负责人的“一岗双责”责任。加大廉政警示教育力度，开展专题警示教育 9 次，安排全院干警观看警示教育纪录片 2 次，学习党章、防止干预司法“三个规定”等党规党纪和国家法律法规，组织干警参观廉政警示教育基地 2 次，召开警示教育大会 4 次，切实提高了干警拒腐防变能力。2021年，全院干警未出现违纪违法情况。

二、在维护稳定上担当作为，推进平安和谐墨竹建设

2021年全院共受理各类案件529件，审（执）结494件，结案率93.38%。为减轻当事人诉累，加快办案进度，节约诉讼成本，加大适用简易程序力度，适用简易程序审理案件294件，占已结民刑案件总数的97.67%。今年新收民事案件281件，适用简易程序审理262件，简易程序适用率达93.24%；新收刑事案件20件，适用简易程序审理19件，简易程序适用率为95%，有效地缩短了办案时间，实现了案件质量和诉讼效率双赢的局面，切实提高了审判工作质效。

——坚持惩教并举，依法打击刑事犯罪。一是全力维护社会安全稳定。受理刑事案件22件，审结22件，结案率100%，判处罪犯22人，其中依法审理盗窃等侵财犯罪案件5件8人；针对我县醉驾、危险驾驶等犯罪行为多发的实际，重点防治道路安全犯罪，坚持“预防”和“打击”双管齐下的原则，严厉打击危害公共安全类犯罪，依法审结危险驾驶罪15件15人；严惩危害人民群众生命安全犯罪，审理强奸罪案件1件1人；审理由上级法院指定管辖的重大责任事故罪1件3人，所有审结案件均进行了同步庭审直播且实现了刑事案件律师全覆盖。受新冠肺炎疫情影响，我院刑事案件的被告人在看守所羁押的，全部通过远程视频进行了公开开庭审理。二是年内，我院将2018年至今没有主动缴纳罚金的17件刑事案件全部移送至执行局强制执行，真正杜绝了刑事裁判文书出现“空判”的现象。

——聚焦合法权益保障，妥善化解民事纠纷。发挥民商事审判调解社会关系、营造公平正义法治环境的职能作用，受理各类民事案件293件，已结279件，结案率95.22%。调撤结案136件，调撤率达48.75%。加强民生权益司法保障，依法审理赡养、继承、婚姻等家事纠纷案件39件，审理买卖、租赁等合同纠纷230件，有效保护了市场秩序；审理涉劳动纠纷3件，追索劳动报酬案件1件，切实地保障了农民工的合法权益。年内，妥善处理了一起首例分家析产纠纷引起的第三人撤销之诉，承办法官通过实地走访当事人所在村落，邀请村委会书记全程共同参与，在保证原判决既判力的前提下，进行了调解，有效保护了第三人的合法权益，实现了案结事了人和。

——聚焦执行攻坚，维护司法权威。受理执行案件213件，执结192件，结案率90.14%，执结标的额1699.27万元。一是对涉民生案件推行“三快一优先”案件办理模式，设立绿色便捷通道，对执行立案、分案和案款发放的每一环节均设定时间限制，由专人负责、专人监督，快速执结涉民生案件44件。二是坚持多措并举，利用网络信息技术，发布执行悬赏公告，动员社会力量共同化解执行难题，成功执结一批执行案件；积极探索运行司法拍卖程序，今年成功挂拍7件物品，实现我院网拍工作“零的突破”。三是加大失信惩戒力度。加强社会各界联动，合力编织失信惩戒天网，着力构建“一处失信、处处受限”的信用监督和惩戒机制，为诚信建设注入法治力量，年内对36人次采取了限制高消费措施；对拒不履行执行生效法律文书的被执行人进行布控15人，实际拘留3人；将36人次纳入失信被执行人名单；共罚款13人次，罚款金额总计19716.55元。四是为秉承以人民为中心的司法理念，充分彰显法治精神和司法温度，我院在加大失信惩戒力度的基础上兼顾司法温情，年内，邀请县委政法委、县财政局、县民政局召开1次司法救助听证会，发放司法救助金10000元，成功帮助1名困难申请人。

——聚焦便民利民，深化立案诉讼服务。一是立案渠道多样化。今年当场立案476件，包含网上立案29件，跨域立案6件，邮寄立案43件，另外互联网远程庭审、调解、调查162件，占年度已审结案件的32.80%，真正践行了“让数据多跑路，让群众少跑腿”的司法为民工作理念，有效缓解了当事人诉累。二是提供优质高效便捷的司法服务。为了方便当事人及律师进行诉讼，我院在立案大厅专门配置了联网计算机、打印机，方便当事人及律师进行资料查阅打印，另设立了导诉台，每日由专人值守，为当事人、律师提供法律咨询服务及对不同案

件进行分类导诉。

——聚焦法治乡村建设，充分发挥乡镇人民法庭职能。我院下设工卡镇法庭、日多乡法庭、直孔法庭三个法庭，工卡镇法庭和日多乡法庭于今年6月份正式投入使用，其中工卡镇法庭和直孔法庭设为常驻法庭，配备1名法官、1名法官助理、1名书记员开展各项工作，因日多乡法庭仅覆盖一个乡镇，我院将日多法庭设为流动法庭，选派1名法官和1名法官助理开展日常工作。今年，三个法庭共受理案件212件，已结199件，三个法庭承办了我院40.08%的案件，在缓解法庭人员不足的同时更是减轻了院内干警的办案压力；为了拓展法庭在乡村治理中的职能作用，三个法庭以巡回办案、上门立案、上门调解、以案说法的方式进行就地解纷，调解结案95件，撤诉27件，调撤率达61.31%，其中日多法庭与日多乡人民政府、派出所达成矛盾纠纷调处合作关系，年内已开展3次大型法律宣传，诉前调解并执行6起矛盾纠纷。

——聚焦"长效常治"，常态化开展扫黑除恶专项斗争。紧紧围绕县委部署，在县委政法委的组织领导下，强化政治担当，坚持主动作为，由专人负责扫黑除恶日常管理工作，持之以恒地统筹推进扫黑除恶各项工作。年内，院党组研究部署扫黑除恶专题会议2次，开展扫黑除恶法治宣传工作6次，向县人大汇报扫黑工作2次，对2017年至今审理的1906件案件进行全面梳理，目前尚未发现辖区内涉黑涉恶涉"保护伞"线索。

三、主动延伸司法服务，积极参与社会综合治理

——落实维稳任务，在维护墨竹长治久安上持续加力。一是合力做好安保维稳工作。今年召开专题会议部署安排我院维稳综治工作，积极组织干警参加县城维稳、一线指挥部坐班、院内值班、中石油值班等工作，共派车辆300余台次，圆满完成中国共产党成立100周年、西藏和平解放70周年大庆等各项安保维稳工作任务。二是做好常态化防疫工作。我院按照县委县政府安排，选派干警作为新冠肺炎疫情防控志愿者参与县域新冠肺炎疫情防控服务工作，院内严格落实新冠肺炎疫情防控区域消毒、外来人员体温检测、庭审会议佩戴口罩、新冠肺炎疫苗接种等工作，我院干警第二针新冠肺炎疫苗接种率达100%。

——主动深入基层，狠抓法制宣传工作。一是统一调配司法资源。为切实解决偏远地区群众诉讼不便问题，我院始终努力将化解矛盾端口前移，统一调配司法资源，将审判工作、法宣工作、巡回办案三个方面统筹谋划，以"车载流动法庭""驻乡镇派出法庭"为依托，结合"八五"普法，坚持"有案办案，无案法宣"的务实工作方式，坚决落实"谁执法谁普法"工作部署，年内通过制定藏语汉语宣传资料、订做法宣礼品共计花费法宣物资30000元，开展巡回办案91次，行程约8224公里，开展法制宣传22次，发放宣传材料1万余份，受教育人员1.5万人。二是明确分工、责任到人。我院结合法官工作实际，最大限度地发挥法官个人优势，根据法官民族的不同，划分法官普法宣传领域，充分集合双语的力量制定了实际可行、具有操作性的《墨竹工卡县人民法院法官包村工作机制》，实现了我县七乡一镇所有村居、学校、矿企、寺庙的普法宣传全覆盖。

——服务县委中心工作，有效衔接乡村振兴。我院党组高度重视"强基础惠民生"驻村工作，按照县委要求选派4名民警前往章达村和宗雪村开展驻村工作，且从驻村民警中选派2名民警兼任为期2年的干部，在做好强基惠民七项重点任务的同时，积极协助当地乡镇、村两委开展纠纷调处、政策宣讲、法律宣讲，在服务乡村振兴工作上，争取到乡村振兴帮扶项目3个，资金2231万元，落实项目1个，资金31万元，协调上级有关部门解决群众在饮水、住房方面的急难愁盼问题4件，开展温暖行动为章达村幼儿园学生捐赠总价值5800元的鞋子。为实现巩固脱贫攻坚成果与乡村振兴有效衔接，我院在32名民警与37名贫困户结对子的基础上，以党支部为单位开展了2次以"宣政策察民意，走访入户话家常"为主题的结对帮扶慰问工作，详细了解结对户生活现状及思想动态并宣传党的政策方针和惠民政策，现37名贫困户无返贫的迹象。

——不断延伸审判职能，积极开展案件回访工作。为充分发挥审判职能，结合2021年政法队

伍教育整顿工作,我院制定了《墨竹工卡县人民法院民事案件回访工作机制》和《墨竹工卡县人民法院刑事案件回访帮教制度》,刑事法官通过走访及时了解刑满释放人员或社区矫正人员的生活状况及思想动态,民事法官通过带案下访的方式主动深入群众之中,听取群众诉求,解决群众的合理诉求,确保案结事了,做到回访工作有温度、有准度、有速度。

四、稳步推进司法体制改革,增强内生动力

——*深化改革创新动力,提升工作实效*。坚持在党委的领导下,稳妥推进各项改革工作。完善法官、合议庭办案责任制,改革审判权力运行机制,实现“让审理者裁判,由裁判者负责”。坚持院庭长带头办案常态化,以身作则,逐级压实责任,深入推进以“四类案件”为切入点的院庭长监督管理机制,今年院庭长带头办案399件,占全院已结案的80.7%,充分发挥了示范引领作用,有效促进了整体办案质效和司法公信力的提升。

——*主动接受监督,不断改进法院工作*。依法接受人大监督,认真落实县第十三届人大六次会议上决议和代表提出的意见建议,逐项细化分工,加强跟踪督办;邀请县人大代表、政协委员听取法院教育整顿工作报告2次6人、旁听案件2次4人,列席法院会议3次6人,主动向县人大汇报工作3次,向县政协汇报工作1次,主动接受人民陪审员监督,邀请人民陪审员参审案件13件15人次,组织人民陪审员参加培训1次12人。在中国裁判文书网公开裁判文书440份、公开信息87件,上网率为83.11%,上传各类案件电子卷宗500件、电子卷宗制作率100%;在中国庭审公开网直播案件99件,让公平正义经得起围观,让在线旁听庭审成为群众尊法学法守法用法新平台。

五、坚持以人民为中心,适应新形势下法院发展新需要

为适应新形势法院工作发展,我院开拓创新、勇于担当,始终坚持“以人民中心”的发展理念,聚焦审判执行工作。

——*实现值班律师全覆盖*。为进一步方便被告人获得法律援助服务,我院按照《最高人民法院、最高人民检察院、公安部、国家安全部、司法部关于印发〈法律援助值班律师工作〉的通知》规定,制定了《墨竹工卡县人民法院关于开展刑事案件律师全覆盖工作的实施细则》,在完善值班律师制度和法律援助制度的基础上,今年我院实现了刑事案件律师全覆盖。

——*缴费工作取得新进展*。为方便当事人诉讼费缴费、资金往来收付管理、规范公共房屋租赁费上缴,我院已开通墨竹工卡县人民法院案件受理费专用存款账户,严格按照规定落实了收支两条线并积极与县农行对接,开通了聚合码支付功能,同时支持支付宝、微信两种App扫码支付,安装了POS机支持刷卡缴纳诉费,目前已成功通过“电子票据”直缴模式上缴2021年第四季度公有住房租赁费,代表着我院全面走向“电子票据”新阶段。

——*做到原告胜诉退费应退尽退*。为持续推进“我为群众办实事”工作,聚焦群众反映的难点堵点问题,结合我院工作实际,在群众反映的原告胜诉退费难问题上,规范了退费规程。在案件审结后,由案件承办法官随裁判文书向当事人送达《诉讼费结算通知书》,并告知当事人自裁判文书生效之日起15日内可以申请退费及退费所需材料,全力做到“应退尽退”,让当事人明明白白交费、清清楚楚退费,绝不走过场。

今年以来,墨竹法院各项工作取得了一定的成绩,但也存在一些困难和问题,主要表现在:一是一站式建设诉讼服务体系建设还不完善,服务群众、保障经济社会发展的作用发挥还不充分;二是法庭人员力量不足,信息化建设相对滞后;三是司法理念、司法能力、工作机制与新时代形势发展和人民群众需求相比还有一定差距。针对上述问题和困难,我们将坚持不回避,紧紧依靠党的领导和人民群众,采取有效措施,努力加以解决。

2022年工作计划

2022年,墨竹法院将坚持党对司法工作的绝对领导,坚定不移的贯彻落实县委决策部署,充分履行职责,依法维护经济发展和社会稳定大局,以服

务大局和提高人民满意度为己任，充分履行职责，为墨竹经济发展和社会稳定大局提供有力司法服务和保障。

——着力建设忠诚干净担当的过硬法院队伍。加强人民法院党的政治建设，进一步细化学习教育计划，切实抓好各项学习进度安排，强化政法队伍教育整顿实效，锻造一支政治过硬、业务过硬、责任过硬、纪律过硬、作风过硬的高素质队伍。夯实全面从严治党主体责任，严格执行防止外部和内部人员干预过问司法“三个规定”等铁规禁令。

——着力抓好审判执行，持续提高服务保障能力。紧紧围绕县委、县政府中心工作抓好审判执行工作，依法惩治各类犯罪，准确把握宽严相济刑事政策，维护社会安全稳定；妥善审理好涉民生、经济领域各类案件，保障人民安居乐业；坚持稳中求进工作总基调，切实巩固“基本解决执行难”成果，健全完善执行工作长效机制，不断提升执行工作能力水平，坚定不移向解决执行难目标迈进。

——着力夯实法庭力量配备，助推法庭工作全面铺开。推进法庭信息化建设进程。以提高法庭审判信息化水平为着眼点，推动法庭网上办公、办案，全面提高审判工作效率；强化法庭人员力量配备。我院 3 个法庭已全部投入使用，2 个法庭无人员编制，将通过向县委县政府申请招聘法庭书记员、聘用制法警的方式缓解法庭人员力量不足的压力。

——着力推进一站式建设，持续提升司法服务便民度。坚持把非诉讼纠纷解决机制挺在前面，推动纠纷化解端口前移，为群众提供更加丰富快捷的解纷渠道；深入推进“分调裁审”改革，推进巩固和拓展“互联网+诉非衔接”多元化纠纷解决机制；引入律师、人民调解员、退休法官进驻诉讼服务中心，参与诉前调处工作；加快推进诉讼服务中心项目建设，全面推行跨域立案、网上立案、远程开庭、移动微法院等诉讼服务，努力建设规范化、集约化的现代诉讼服务中心，主动回应人民群众诉讼服务新需求。

——立足新起点，聚焦新使命。墨竹法院将在县委的坚强领导下，在县人大和上级法院的监督指导下，在县政府、县政协及社会各界的关心支持下，忠实履行宪法法律赋予的职责，不断提升司法能力、审判质量和司法公信力，以出色的工作业绩为墨竹经济社会发展提供有力的司法服务和保障。

名词解释

1. 本报告数据统计周期为 2021 年 1 月 1 日至 2021 年 12 月 31 日。

2. “四化”队伍：2019 年，在中央政法工作会议上，习近平总书记提出“加快推进政法队伍革命化、正规化、专业化、职业化建设”的重要指示，为法院推进高素质干警队伍提供了根本遵循。

3. “三更”教育：政治标准要更高、党性要求要更严、组织纪律性要更强。

4. “三新”大学习大讨论：立足新发展阶段、贯彻新发展理念、构建新发展格局。

5. “四类案件”：为加强人民法院司法责任体系建设，健全与新型审判权力运行机制相适应的监督管理体系，进一步完善权责明晰、权责统一、监督有力、制约有效、运转有序的“四类案件”监督管理工作机制，2021 年 11 月 4 日，最高人民法院印发了《关于进一步完善“四类案件”监督管理工作机制的指导意见》的通知，该意见中“四类案件”是指重大、疑难、复杂、敏感的；涉及群体性纠纷或者引发社会广泛关注，可能影响社会稳定的；与本院或者上级人民法院的类案裁判可能发生冲突的；有关单位或者个人反映法官有违法审判行为的。

6. 分调裁审：即分流+调解+速裁+快审。

7. 互联网+诉非衔接：即一种多元化矛盾纠纷解决机制，是将司法调解、行政调解、人民调解有机结合起来，搭建起审判机关与行政单位、行业组织、企事业单位等机构的互联网信息互通平台，实现多部门联合，将大量矛盾纠纷化解在诉讼外。

8. 基本解决执行难：2016 年 3 月，最高人民法院院长周强在十二届全国人大四次会议上报告最高人民法院工作时，代表最高人民法院做出了“用两到三年时间，基本解决执行难问题”的庄严承诺。人民法院所要解决的执行难主要是指“有财产可供执行而不能得到及时全部执行的情况”，基本解决执行难就是要“采取坚强有力的措施，确保有财产可供执行案件全部或部分得到及时有效执行”。对于被执行人丧失履行能力、确实无财产可供执行而导致客观“执行不能”，是市场经济当中商业风险、交易风险的体现，必须理性看待，做到社会宣传和法律释明工作。

9. 司法“三个规定”：《领导干部干预司法活动、插手具体案件处理的记录、通报和责任追究规定》《司法机关内部人员过问案件的记录和责任追究规定》《关于进一步规范司法人员与当事人、律师、特殊关系人、中介组织接触交往行为的若干规定》。

10. “八五”普法：中央宣传部、司法部关于开展法治宣传教育的第八个五年规划。

11. “三快一优先”：在执行案件中，立案快、查询冻结快、结案发款快，对涉民生案件启动绿色通道，做到快速执行、主动执行、优先执行。

墨竹工卡县人民检察院工作报告

——在墨竹工卡县第十四届人民代表大会第三次会议上

墨竹工卡县人民检察院检察长 卢 刚

（2022 年 1 月 19 日）

2021 年工作回顾

2021 年，我院坚持以习近平新时代中国特色社会主义思想为指导，全面贯彻党的十九届四中、五中、六中全会精神，认真领会习近平总书记“七一”和在西藏考察时的重要讲话精神，在县委和上级检察院的坚强领导下，在县人大及其常委会的有力监督下，在县政府、县政协和社会各界的大力支持下，紧紧围绕全县工作大局，忠实履行法律监督职责，检察工作迈上新台阶。

一、围绕中心履职尽责，着力提升服务大局水平

聚焦服务大局目标，主动谋划，积极作为，以更优的检察履职服务“六稳”“六保”工作。

*主动服务，保障群众安全。*立足平安墨竹建设，积极提升群众安全感，紧紧围绕社会和谐稳定发挥检察职能，积极落实“少捕慎诉慎押”司法理念，共受理公安机关提请批准逮捕各类刑事案件 19 件 33 人，批准逮捕 7 件 14 人，不批准逮捕 12 件 19 人，其中无羁押必要性不批准逮捕 9 件 16 人，因证据不足不批准逮捕 3 件 3 人（含 1 件 1 人复议）；受理移送审查起诉案件 33 件 42 人，提起公诉 12 件 14 人，相对不起诉 4 件 4 人，正在审查 17 件 24 人，有罪判决率达 100%，认罪认罚适用率 100%，确定刑量刑建议采纳率 100%。截至 2021 年年底，开展立案监督活动 14 次，办理拉萨市人民检察院交办的立案监督案件 1 件 3 人，已判决；提前介入 2 件 4 人；侦查活动监督 1 件 1 人，已下发纠正违法通知书。

*认真开展为民办实事活动。*坚持以人民为中心的发展理念，结合党史学习教育和政法队伍教育整顿工作，院党组书记、检察长带头深入基层到驻村工作点扎西岗乡加尔多村和县级干部联系点日多乡拉龙村，主动加强与人民群众之间的沟通交流，及时了解人民群众的急难愁盼问题，为扎西岗乡加尔多村六组修建简易桥争取到 9.5 万元资金，协调解决了日多乡拉龙村曲间组和玛组修缮道路及桥梁问题，切实做到为人民群众排忧解难。同时，组织干警深入联系点，走访结对户，宣传党的十九届六中全会精神和区市十次党代会精神，将党的“好声音”传递到基层，并送去慰问品。

*积极开展法治宣传教育工作。*制定 2021 年法治宣传工作方案，推进“法律七进”工作，共开展法治宣传教育活动 52 次，其中，318 国道边开展法治宣讲活动 8 次，法治宣讲进校园活动 5 次，法治进寺庙活动 12 次，法治进乡村活动 26 次，法治活动进单位 1 次，发放宣传资料 2000 余份，宣传制品 500 余份，利用横幅、电子屏开展法治宣讲活动 60 余次。

二、紧扣民心这个最大政治，以检察为民增进民生福祉

坚持以人民为中心的发展思想，紧盯人民群众的操心事、烦心事、揪心事，自觉在保障人民权益中担当作为。

*凝心聚力守护生态环境。*结合第十五次全国检察工作会议精神，依据《关于加强墨竹工卡县检察院生态检察工作的督办通知》要求，紧紧围绕

习近平总书记在中央第七次西藏工作座谈会上关于全面贯彻新时代党的治藏方略建设团结富裕文明和谐美丽的社会主义现代化新西藏的讲话精神，创新“生态检察+”模式，高标准促进生态建设。制定《墨竹工卡县人民检察院关于发挥检察职能作用推进“生态检察”的实施意见》，以探索建立“生态检察+生态修复”“侵权方担责治理+检察院持续监督”“生态检察+品牌创新”为重点，细化七项生态保护措施，着力打造集宣教、预防、办案、修复“四位”一体的生态建设窗口。

着力强化未成年人检察工作。以贯彻执行新修订的《中华人民共和国未成年人保护法》和《中华人民共和国预防未成年人犯罪法》为重点，持续落实“一号检察建议”和强制报告制度，联合县公安局、县教育局在全区率先开展教职员工入职查询全覆盖专项行动，对辖区内50家教育机构的1356名教职工信息进行了核查，织密保护未成年人权益防护网；对涉罪未成年人开展社会调查1人次，对轻微犯罪并有悔罪表现的做出相对不起诉1人。同时，探索“未检+”工作模式，联合县消防大队开展校园及周边安全排查工作1次，校园安全检查1次，发现三项消防安全隐患，已督促校方整改。与拉萨市人民检察院“卓・吉”宣讲团共同开展“百校送法，护‘未’成长”活动，为全县2300余名师生进行预防校园欺凌等法治教育。

守护“舌尖上”和“脚底下”的安全。为深入贯彻党中央和最高检关于推进健康中国建设的战略部署，顺应人民群众对食品安全的新期待，根据上级检察机关和县委的工作部署，我院积极组织开展“保障千家万户舌尖上的安全”专项监督活动5次，活动范围覆盖七乡一镇，检查结果及时反馈至县市场监管局，并与其建立协同监督的长效机制。为深入贯彻落实最高检“四号检察建议”，推动有关部门重视窨井盖安全问题，维护人民群众“脚底下的安全”，认真开展安全排查工作，积极走访相关行政职能部门，书面送达“四号检察建议”，并向主管单位了解我县窨井盖管理的现状和存在的问题，对因窨井盖安全问题引发的一系列侵权问题及违法犯罪问题进行讲解，建议有关部门重视窨井盖安全问题，压实安全责任，形成常态化巡查机制。

三、全面强化法律监督，促进“四大检察”提质增效

依法履行法律监督职责，统筹推进刑事、民事、行政和公益诉讼检察协调发展，更好地维护司法公正和法治权威。

不断加强立案和侦查活动监督。以侦查监督平台涵盖的28类436个监督项目为指引，积极开展立案监督和侦查活动监督，增强监督工作精准度，受理立案监督案件1件3人，监督立案1件3人，有效防止有案不立、有罪不究。对于未落实未成年犯罪嫌疑人特别程序的案件，向侦查机关书面制发《纠正违法通知书》1份。

继续深化刑事执行检察监督。我院从交付环节入手，定期通报核查矫正人员信息，检察社区矫正各环节工作，确保社区矫正人员按时入矫，防止矫正人员脱漏管。与县司法局定期沟通，充分掌握司法所社区矫正工作动态、工作难点和存在的问题。2021年以来，我县在册社区矫正人员9人，累计解除19人，均为期满解除，开展社区监督检查7次，集中谈心谈话活动4次，有效维护了社会稳定，提高群众社会安全感。同时，结合政法队伍教育整顿整治任务，在开展社区矫正监督中，针对减刑、假释、暂予监外执行在内的刑罚变更执行，强力推进检察监督工作，探索建立动态监督机制，全面清扫司法腐败、司法不公等问题，杜绝以权“赎身”和“提钱”出狱。

稳步推进民事行政监督。以学习贯彻《中华人民共和国民法典》为契机，以贯彻落实《人民检察院民事诉讼监督规则》《人民检察院行政诉讼监督规则》为切入点，强化精准监督理念，深入推进对生效裁判及调解书、虚假诉讼、审判程序及执行活动等领域的监督。共办理民事审判程序和执行活动监督案件33件，向相关单位制发检察建议2份。同时，持续更新监督理念，把化解行政争议、解决群众合法诉求作为行政检察监督的工作重点，探索行政执法和行政诉讼监督模式，通过制发检察建议等方式督促行政机关履职尽责，共办理行政执法监督案件13件，向相关单位制发检察建议3件，达到了双赢多赢共赢的法律监督效果。

*着力拓展公益诉讼检察。*践行“检察官是公共利益代表”的职责使命，我们以聚合力、拓案源、强基础、重监督为抓手，悉心组织，多措并举，统筹推进公益诉讼工作，共受理公益诉讼案件线索90件，立案73件，召开案件磋商会1次、座谈会1次，发出行政公益诉讼诉前检察建议10件。为进一步扩大监督效果，根据《西藏自治区人民检察院西藏自治区林业和草原局关于印发〈全区国家级自然保护区公益诉讼检察联络室设立方案〉的通知》（藏检字〔2021〕113号）文件精神，与县自然资源局协作设立“西藏雅鲁藏布江中游河谷黑颈鹤国家级自然保护区检察公益诉讼保护区”警示宣传牌并在县自然资源局挂牌成立公益诉讼检察联络室。

四、持续加强自身建设，着力提升检察履职能力

坚持党对检察工作的绝对领导，完成政法队伍教育整顿任务，抓基础谋长远，加快推进检察队伍革命化、正规化、专业化、职业化建设。

*始终确保政治上的敏锐度。*深学践悟习近平新时代中国特色社会主义思想和党的十九大精神，紧密结合党史学习教育、“三更”专题教育、“三新”大学习大讨论和政法系统开展的“政法队伍教育整顿”工作，组织开展集体学习40余次、研讨7次、撰写心得体会和研讨材料400余篇、赴林周县强嘎乡党员党性教育基地和拉萨市人民检察院党史、检史厅等开展实地教育活动，确保干警学出坚定信仰、学出理想信念、学出担当作为。

*更加注重检察形象的外塑。*紧紧围绕检察工作主题，坚持把检察宣传工作作为展示检察机关公众形象，以提高检察机关的影响力，凝聚检察正能量，为检察工作不断发展营造良好舆论氛围。2021年以来，我院通过网络平台推送各类宣传信息共计521条，其中门户网30条，微博141条、微信340条、今日头条10条。

*加强注重内部规范监督。*充分运用统一业务应用平台，加强案件数据化管理，向办案部门、办案人员发送期限预警通知13次，案件流程监控13次，促进各办案组执法规范化水平和办案效率的明显提升。并按照《人民检察院刑事诉讼涉案财物管理规定》的要求，结合政法队伍教育整顿工作整治重点，对本院2018年1月至2021年12月涉案财物的查封、扣押、冻结、保管和处理情况开展自查。同时，结合政法队伍教育整顿工作安排部署，与县人民法院、公安局、司法局开展案件办理等方面的交叉检查工作，进一步找差距、查不足、析原因，不断规范执法司法活动。

*持续加强业务素能建设。*针对检力紧张的现状，抓好年轻干警生力军，不断强化对干警的培训力度，坚持在实训中练兵、在办案中强兵。在人员紧缺的情况下派1名干警到江苏挂职锻炼，先后组织本院干警参加案例研讨、民法典知识竞赛及刑事、民事、行政检察业务竞赛等活动，全方位提升实战能力，提振精气神，干警素能明显增强。3人在市院业务竞赛中获奖，2人在全区业务竞赛中获得优异成绩，其中一人获得全区检察机关未成年人检察业务竞赛一等奖。

*持续强化纪律作风建设。*做好巡察“后半篇文章”，完善党组议事、中心组等10余项长效机制，努力将巡察成果转化为新做法、新机制、新成效。坚持全面从严治党不动摇，压紧压实“两个责任”，研究涉及“三重一大”党组会议题37次。深化正风肃纪，结合典型案例，开展廉政警示教育，严格落实“三个规定”和重大事项记录报告制，开展“禁酒令”等4次专项督察，结合政法队伍教育整顿“七查”工作要求，倒查检察人员办案失范等问题，使党纪国法、纪律规矩内化于心、外践于行。

五、自觉接受各方监督，着力提升检察公信力

人民检察院必须对人民负责、受人民监督，努力答好人民考卷。

*自觉接受人大监督。*我院向同级人大及其常委会报告工作3次，邀请人大代表、政协委员参加检察机关重要会议、检察开放日、专题讲座、听证会、民主生活会，积极听取代表、委员对检察工作的意见建议，高度重视提出的意见建议，结合政法队伍教育整顿工作要求，办结代表、委员建议4件，并及时反馈结果。

*以公开促公正。*以“案件管理中心”为重要窗口，着力解决律师会见难、阅卷难、取证难等问题。2021年案管办共受理5次电话咨询，接待律师4人，

其中律师阅卷4次。案件程序性公开41件，法律文书公开17份。同时，贯彻落实最高人民检察院张军检察长关于公开听证的讲话精神和指示要求，召开公开听证会2次、不公开听证会1次，把听证作为开展检察监督的重要方式和有力抓手，接受社会各界的监督，让公平正义看得见，努力实现政治效果、社会效果和法律效果的有机统一。

过去的一年，县检察院以充分履职服务大局、以重点工作带动整体工作、以狠抓落实实现提质增效的一年。成绩的取得，离不开县委和上级检察院的正确领导，离不开县人大及其常委会的有力监督，离不开县政府、县政协以及社会各界的支持帮助。

同时，我们清醒地认识到，新时代墨竹检察工作还有亟待解决的问题和短板。一是检察理念还需持续更新，检察机关融入国家治理体系、促进经济社会发展还有差距；二是司法办案质量、效率还需提升，与人民群众日益增长的法治需求相比，还有不足；三是法律监督能力需要进一步提升，“四大检察”发展还不够全面、协调、充分；四是检察队伍专业素能还不能完全适应新时代检察工作发展需要，培育业务骨干、优化人才梯队力度还需加大。对这些问题，我们将紧盯不放，下大力气解决。

2022年工作安排

2022年，我们将以习近平新时代中国特色社会主义思想为指导，全面贯彻落实习近平法治思想，立足新发展阶段、贯彻新发展理念、构建新发展格局，更加注重系统观念、法治思维、强基导向，讲政治、顾大局、谋发展、重自强，以高度的政治自觉、法治自觉、检察自觉、行动自觉，扎实开展各项检察工作，为墨竹高质量发展贡献检察力量。

*旗帜鲜明讲政治，切实增强政治自觉。*坚持把深入学习贯彻十九届六中全会精神、习近平总书记在西藏考察时的重要讲话精神和习近平法治思想等作为首要党课和终身必修课，进一步提高政治判断力、政治领悟力、政治执行力。认真学习《中国共产党政法工作条例》《中国共产党重大事项请示报告条例》《政法工作条例》，严格落实重大事项请示报告制度，不断增强政治意识，保持政治定力，把握政治方向，承担政治责任，提高政治能力。

*围绕中心顾大局，切实增强法治自觉。*找准检察机关服务大局的发力点、切入点，始终把维护安全稳定作为头等大事，严厉打击各类危害国家安全和社会稳定的犯罪活动。围绕中心目标任务，精准服务打好三大攻坚战，依法严惩金融、脱贫攻坚、生态环保等领域的犯罪活动。落实平等保护理念，扎实开展涉民营企业“挂案”专项清理，为企业发展营造法治化的营商环境。常态化推进扫黑除恶专项斗争，巩固专项斗争成果。充分发挥公益诉讼检察职能，携手共护墨竹绿水青山。

*立足职能强监督，切实增强检察自觉。*持续更新监督理念，履行刑事诉讼主导责任，坚持该用尽用认罪认罚从宽制度，最大限度减少社会对立面，努力做优刑事检察。坚持以更好地保障群众合法权益为目标，学好用好《民法典》，深化虚假诉讼领域深层次违法行为监督专项活动，努力做强民事检察。坚持以行政争议实质性化解为导向，集中办理一批群众急难愁盼的行政争议案件，努力做实行政检察。坚持以履行“公益代表”职责为使命，积极稳妥拓展公益诉讼新领域，以诉前程序为最佳途径，携手各方共同维护好国家利益和社会公共利益，努力做好公益诉讼检察。

*持之以恒抓落实，切实增强行动自觉。*深入学习贯彻习近平法治思想、习近平总书记在西藏考察时的重要讲话精神，深化“以案促改”工作和警示教育，持续推进政法队伍教育整顿，坚持以人民为中心思想，抓实做细为民服务实事，从办准办好群众身边的“小案”入手，让人民群众的获得感成色更足。充分发挥认罪认罚从宽、公开听证、检察建议等制度在促进矛盾化解、社会治理方面的作用，助推法治墨竹建设。

新的一年，县检察院将更加紧密团结在以习近平同志为核心的党中央周围，始终坚持党对检察工作的绝对领导，始终践行“立检为公、司法为民”的初心和使命，认真落实本次人代会部署要求，砥砺奋进、真抓实干，为加快建设幸福美好新墨竹做出新的贡献。

墨竹工卡县2021年国民经济和社会发展计划执行情况与2022年国民经济和社会发展计划报告

——在墨竹工卡县第十四届人民代表大会第三次会议上

墨竹工卡县发展和改革委员会

（2022年1月18日）

一、2021年国民经济和社会发展计划执行情况

今年是中国共产党成立100周年、西藏和平解放70周年，也是“十四五”规划开局之年，在中央、区、市党委政府的坚强领导下，我县坚持以习近平新时代中国特色社会主义思想为指导，深入贯彻党的十九大和十九届历次全会及中央第七次西藏工作座谈会精神、中央民族工作会议精神，深入贯彻习近平总书记关于西藏工作的重要论述、视察西藏重要讲话精神和新时代党的治藏方略，有力落实县委、县政府决策部署，坚持稳中求进工作总基调，统筹新冠肺炎疫情防控和经济社会发展，巩固拓展脱贫攻坚成果同乡村振兴有效衔接，推动高质量发展不断取得新成效。

2021年，全县地区生产总值完成48.69亿元，同比增长6.2%左右；农牧民人均可支配收入完成21066元，同比增长15.8%；全县固定资产投资增速96.7%；规模以上工业增加值同比增长9.6%左右；全县公共财政预算收入完成5.6亿元；社会消费品零售总额完成4.75亿元，同比增长7.7%。

过去一年，我们勠力同心、攻坚克难，主要推动了以下六个方面的工作，并取得了良好的成绩。

（一）优化产业结构，发展质量明显提高。严守耕地红线、粮食安全底线，播种面积11.11万亩，新建高标准农田2万亩，粮食总产2.5万吨，粮经饲占比达到66 ∶ 23 ∶ 11，涉农行政村农业机械化普及率达100%；完成3242头黄牛改良、317头牦牛（犏牛）经济杂交，年内，农牧业总产值实现6.41亿元，同比增长1.3%。投入7445万元，大力推进以格桑花开产业园为载体的农村产业融合示范园区经济，完成吨袋厂、弥盛陶瓷、藏文具厂等企业入驻园区；巨龙一期年底将顺利投产，榨油厂销售额、建材厂累计利润额均突破千万，建设完成5G基站53个，全力保障数字产业发展要素。年内，全县7家规模以上工业企业，总产值实现70亿元，同比增长43.6%；落实招商引资项目36个，累计到位资金35.49亿元，完成目标任务的154.3%；新增市场主体753户，加快改善县域旅游基础设施，加大温泉旅游资源开发力度，整治景区环境，建设平安景区，全面提升旅游服务质量。年内，县域旅游达7.98万人次，其中乡村旅6.27万人次，综合收入397万元。

（二）巩固保障能力，发展效益明显提升。一是就业创业成效显著。超目标完成转移就业、大学生就业创业任务，实现城镇新增就业862人，农牧民转移就业10731人，城镇失业登记率控制在3%以内。组织86名大中专毕业生赴福州大学开展定向委培，组织62名群众在市城投公司务工，17名劳务经纪人组织化输送群众673名，探索实施“乡村振

兴能工巧匠100+”培训计划；同时，持续深化“格桑花开人才+”计划和“格桑花开成长学院”成果，协调华泰龙、巨龙、县城投公司实现246人稳定就业，500名应届高校毕业生就业率达100%。二是教育事业蓬勃发展。持续创建“互联网+教育”示范县，实现中学生公交车免费接送，完成南京实验小学、唐加乡中心小学智慧教室建设等项目，8所小学、40所幼儿园供暖工程实现全覆盖；29名小学生考入援藏地西藏班，第二批12名援藏教师到任，组织250人次教师参加培训。三是医疗卫生成果突出。持续巩固国家级县域医共体试点创建成果，实施县人民医院传染病房、疾病预防控制中心等项目，组织17名先心病、髋关节脱位、唇腭裂患者赴南京免费接受治疗；规范开展家庭医生签约服务，完成签约4.74万人、签约率达89.29%。同时，强化常态化新冠肺炎疫情防控工作，有序推进疫苗加强针及3—11岁儿童接种工作，构筑全民免疫屏障。四是社会保障持续发展。稳步推进国家级残疾预防综合试验区试点创建工作，投入120.5万元为全县4.9万名城乡村居购买超大额医疗补充保险，成功申请开通县医院城镇职工、离退休人员住院和门诊特殊病医保刷卡业务，申请为33个村级卫生室配备POS刷卡设备，制定出台《墨竹工卡县城乡居民“大病爱心救助基金”管理补充办法（试行）》，向24名重病患者借款365万。实施工卡镇工卡村273户棚户区基础设施改造项目和公共租赁住房440套续建项目，推动特困集中供养中心标准化建设。五是公共文化取得进展。县级文化活动中心建成并投入使用，成功举办中国共产党成立100周年、西藏和平解放70周年大庆文艺演出系列活动，完成全区“农牧民丰收节”和“第四届墨竹小油菜花文化旅游节”等活动；健全非物质文化遗产名录体系，完成第六批市级非遗传承项目及传承人申报；强化文物保护，完成全县28处佛像石刻的测量、登记等工作。

（三）完善基础设施，衔接成效明显提升。累计整合涉农资金2.31亿元、实施28个项目，持续抓好易地扶贫搬迁后续扶持工作，安排配套产业项目2个，高质量实现易地搬迁“一户一岗”；全县脱贫户人均纯收入14870.67元，同比增长15.24%。完成全县19个行政村的村庄规划编制工作，第二批“美丽乡村·幸福家园”整村推进项目有序实施，已建成的7个乡（镇）污水处理厂有序运行，甲玛乡污水处理厂已建成并调试运行，稳步推进工卡村、格桑村等人居环境整治工程，完成1253户农村厕所改造，普及率达59.3%。累计投入1.8亿元，实施党史学习教育300件民生实事，8个乡（镇）、41个行政村（居）道路通畅率、客运班线覆盖率均达到100%，续建村道、日多乡怎村牧道桥梁工程，完成“溪桥工程”（二期）、米洛村热桑热朋里能组公路改建工程、国道349线嘉黎至墨竹工卡段改造工程。审查通过《墨竹工卡县国土空间总体规划（2020—2035）》，扎实开展“四化”工作，高速出口生态恢复公园建成并投入使用，实施老城区城市污水管网、自来水管、垃圾填埋场提升改造等项目，稳步推进甲玛乡特色小城镇水厂提升改造工程。

（四）坚持绿色发展，生态建设明显增强。全县水、大气、土壤环境持续向好，按照“富民、和谐、安全、绿色、现代”矿山发展理念，完成巨龙公司绿色矿山建设自验工作，有序推进自治区级“生态文明建设示范县、乡、村”创建，科学划定生态红线。建立完善矿山生态修复“一矿一档”，督促巨龙、华泰龙公司投入2.03亿元，完成生态治理修复218万亩，全县累计种植各类苗木36万株。全面开展河（湖）“清四乱”专项活动，累计清理河（湖）垃圾92吨，对县域重点流域（领域）及县城建成区集中式饮用水、大气、土壤等42个点位开展监测工作，加强“禁白”执法、卫片执法以及森林督查，常态化开展“两违”整治，严格建设项目环评审批，建设完成墨竹工卡县检测站及湿地管理分局业务用房附属改造工程。

（五）释放发展活力，市场环境明显优化。新建县级便民服务大厅顺利搬迁并投入使用，入驻单位12个、开放窗口16个，进驻行政审批和便民服务事项100余件、网上办理事项23件，累计办理行政审批和便民事项5万余件，录入好差评数量16万个，持续深化“互联网+政务服务”。开展注册业务线上咨询、线上申请、线上审查登记资料等服务，发放营业执照903张，办理食品经营许可证230张。同时，扎实开展妨碍统一市场和公平竞争的政策清理工作。制定出台国有企业考核绩效管理办法和国有企业监督管理办法，健全完善企业内控管理制度。完成41个行政村(居)、198个村民小组的清产核资及建账工作，共清查农村集体资产1.81亿元；成立40个股份经济合作(联合)社，完成40个村组织登记赋码工作。

(六)加强社会治理，安全堡垒明显筑牢。落实领导干部信访接访机制，化解群众来信来访89件、兑现资金797.46万元，排查化解矛盾纠纷40起、兑现资金356.78万元。对全县矿山企业、道路交通、建筑施工、危化品等重点领域开展安全监督检查712次、排查隐患2276条，已整改2270条，整改率达99.74%，扎实推进自然灾害风险普查清查工作，加强食品安全、特种设备监管，持续推进“明厨亮灶”工作。坚持宗教中国化方向，依法管理宗教事务，常态化开展“遵行四条标准、争做先进僧尼”教育活动，扎实推进寺庙财税监管改革，先后组织先进僧尼43人赴全国各地参观学习。深入开展党史学习教育，全面深化民族团结进步示范创建活动，努力争创自治区级民族团结进步模范示范县。同时，深入开展双拥共建活动，增强军政军民团结。退役军人事务取得新成效，荣获2021年“自治区双拥模范县”称号。

2021年是“十四五”开局之年，是全面建设社会主义现代化国家新征程开启之年，也是在经历新冠肺炎疫情后经济重回发展正轨的关键之年，在这样的背景下，对我县经济社会发展提出了新的更高要求，但同时也出现了一些困难和问题，主要是投资增长压力逐步加大，消费潜力有待进一步激发，产业提质增效有待提高，营商环境有待进一步优化，旅游业发展还存在短板，项目建设还存在难点，对于这些问题，我们一定要高度重视，切实采取有效措施，认真加以解决。

二、2021年国民经济和社会发展预期目标和主要任务

坚持以习近平新时代中国特色社会主义思想为指导，全面贯彻习近平总书记关于西藏工作的重要论述和新时代党的治藏方略，深入贯彻习近平总书记“七一”重要讲话精神和在西藏考察时重要讲话精神，贯彻落实区市党代会和经济工作会议精神，坚持稳中求进工作总基调，立足新发展阶段，完整准确全面贯彻新发展理念，服务和融入新发展格局，聚焦稳定、发展、生态、强边“四件大事”，继续做好“六稳”“六保”工作，把“三个赋予”“一个有利于”和高质量发展要求贯穿始终，继续统筹好新冠肺炎疫情防控和经济发展工作，持续抓好民生改善、维护社会稳定，确保墨竹工卡县实现长治久安和高质量发展，以优异成绩迎接党的二十大胜利召开。

2022年全县经济社会发展的主要预期目标是：全县地区生产总值增长8%左右；一般公共预算收入保持平稳；固定资产投资保持平稳增长；规模以上工业增加值增长10%左右；社会消费品零售总额增长10%左右；农村居民人均可支配收入增长13%左右。

(一)真抓实干，推进经济发展再创新成就。一是全力推进农牧业提质增效。严守耕地红线，着力提升粮食产量和牲畜出栏，持续推进“订单式”农牧业，稳步推进未来两年6.5万亩高标准农田建设项目，纵深推进黄牛改良和牦牛经济杂交，加快建设墨竹工卡县国家农村产业融合发展示范园。二是全力推进绿色工业增产扩能。围绕“五大矿山”理念，督促引导矿山企业申报国家级绿色矿山，推进驱龙铜多金属矿投产，支持华泰龙公司稳产增产，全面加强以企招商、以业招商以及项目落地工作，切实优化产业结构、拉长产业链。三是全力推进现代服务提速升级。立足拉萨市半小时经济圈和“拉萨东部温泉片区”的定位，推进温泉小镇建设，加快融入“拉北环线”，有序实施雅嫩景区基础设施建设项目，加快沟域文化旅游编制规划，全力盘活甲玛景区，着力打造甲玛爱国主义教育基地。挖掘当地消费潜力，围绕矿山务工群体，适时打造城区“夜间经济”。

(二)真抓实干，推进民生福祉再树新标杆。一推动就业创业。提高农牧民转移就业组织化程度，持续加强建筑领域技能培训，持续开展“格桑花开人才+”计划，引导高校毕业生转变就业观念，鼓励

高校毕业生赴区外就业、返乡创业。积极落实政府投资项目“三规”政策，对接项目单位和建筑企业，大力开发工程岗位，支持农牧民就近就便转移就业。二是推动教育事业。稳步推进“互联网＋教育”国家级示范县创建工作，巩固深化“五个100%”成效，着力办好“墨竹南京班”，推进中小学规划设计、村级幼儿园暖廊项目全覆盖。三是推动医疗改革。实施《墨竹工卡县加快推进医共体国家示范点建设工作三年行动计划》，实施县医院综合住院楼项目，稳步推进村级卫生室标准化建设，健全完善重大疫情防控救治体系，扎实推进常态化新冠肺炎疫情防控工作。四是推动社会保障。规范使用“大病爱心救助基金”，构建多层级医疗保障体系，完善社会保障信息核查制度，健全多层次社会兜底保障制度，构建居家社区机构相协调、医养康养相结合的养老体系，新建公租房84套、棚户区基础设施改造95户。五是推动文化惠民。加快推进非物质文化遗产传承、保护和活化工作，强化文物保护检查力度，打造“矿山博物馆”“城市规划展览馆”，提高城市文化品质，规范管理42个村（居）演出队，有序落实基层公共文化“免费开放”工作，继续举办“万亩油菜花”“南京墨竹周”等文化活动。

（三）真抓实干，推进乡村振兴再上新台阶。一是乡村振兴效果更加巩固。完成“十四五”巩固拓展脱贫攻坚成果同乡村振兴有效衔接规划编制工作，积极申报巩固衔接类项目，健全防止返贫监测机制，壮大扶贫产业项目，强化易地搬迁后续扶持，拓宽扶贫产品销售渠道，推动巩固脱贫成果与乡村振兴有效衔接。二是基础设施更加完善。完成国道349线工程建设。推动嘎则新区客运站投入运营，有序推进龙珠岗村6、7、8组公路建设项目，推动农田水利工程和灌渠、防洪堤提升改造，完成村庄规划编制。三是城市品质更加精致。完成甲玛乡特色小城镇供水工程、老城区排水管网改造、棚户区基础设施改造等项目，推进老城区三条道路强弱电及道路改扩建项目，实施嘎则新区排水管网改造项目，推动老城区环境整治建设。四是人居环境更加优美。有序实施第二批“美丽乡村·幸福家园”第二期整村推进项目，稳步推进格桑村、塔巴村、格老窝村、东布岗村、扎雪村、斯布村等一批人居环境改造项目，完善农村供电、供水和通行保障，改善农牧区公共基础设施条件。规范县乡污水处理厂运营，持续做好垃圾分类，提高垃圾转运车使用率。

（四）真抓实干，推进生态环保再领新风尚。一是加强生态治理。继续打好蓝天、碧水、净土保卫战，加强蓝天、碧水、净土污染综合治理，加快推进国土空间规划编制，完成自治区级生态文明示范县、乡、村创建工作，适时启动国家级生态文明县创建工作。二是加强生态恢复。统筹山、水、林、天、湖、草、沙、冰一体化保护和修复，强化国体绿化后期监督管理，做好国土绿化、沙棘育苗以及沙棘林保护区封禁保护和林草地保护工作，加强土地、林地、草地以及各类自然资源地审批管理。三是加强执法监管。加强生态环境监管执法，严格项目建设环境管理和环评审批，完成固定污染源排污许可清理整顿，建立以排污许可制为基础的新型环境管理制度体系。严格项目建设环境管理及环评审批，杜绝源头污染和未批先建、批建不符、越权审批等现象。

（五）真抓实干，推进改革创新再添新引擎。一是持续升华“放管服”改革。推进县、乡、村三级便民服务大厅（中心）规范运行，探索建立县级便民服务中心机构，不断强化“互联网＋政务服务”。二是持续激发市场活力。加大跨部门“双随机、一公开”抽查力度，严格异常名录和严重违法企业名单管理。优化支持民营经济发展，继续落实好减税降费政策，完善公平竞争机制，取消各类资质库，鼓励民营企业参与项目建设、投资兴业。三是持续深化农业农村改革。全面完成农产品质量安全管理、农业行政综合执法、清产核资等体制改革，探索“牧户统一养殖＋合作社统一管理＋公司统一对接市场”模式，全面推进农村土地经营权流转制度改革，建立健全农村土地使用权、经营权、承包权三权分置管理体系。四是持续深化国企改革。进一步深化国有企业改革成果，提升国有企业发展活力、竞争能力和综合实力。

（六）真抓实干，推进交往交流再谱新篇章。一是持续深化项目援建。优化“格桑花开产业园区”运营管理，继续实施好“溪桥工程”、乡（镇）邻里服务中心、“1+4+N”基层党建社会治理建设等一批民生领域微实事项目。二是持续深化交往交流。持续深入开展“组团式”医疗、教育援藏，着力开展特色产业小组团援藏，持续开展格桑花开大学生就业创业特训营和成长营，深入实施“格桑花开人才+”计划，加强民族交往交流交融，实现互帮互促、合作共赢。三是持续深化合作平台。立足墨竹实际，筹办第四届“格桑花开·南京墨竹周”活动，进一步深化宁墨交流合作，创新搭建交往交流交融平台，打响特色品牌。四是持续深化帮扶途径。加大“融合式”援藏路径探索，集聚更多的资源、汇聚更多的力量，引进更多的社会公益组织和爱心企业赴墨开展教育、就业、消费扶贫等帮扶，开创援藏工作新局面。

（七）真抓实干，推进社会治理再筑新堡垒。一是提高维护社会稳定能力。加快推进雪亮工程建设，稳步实施县城智慧交通工程，建设智慧城市，加强宗教领域法治化建设，妥善化解各类信访矛盾纠纷。持续深入开展反分裂斗争，持续揭批十四世达赖和达赖集团的反动本质。二是提高促进民族团结能力。巩固提升党史学习教育活动成果，全面深化民族团结进步示范创建活动，争创自治区级民族团结进步模范示范县，加强双拥共建活动，创建全区示范型退役军人服务中心（站），提高强边稳边大后方。三是提高防灾减灾救援能力。树牢安全发展理念、筑牢安全生产红线，坚持以防为主、防抗救相结合，扎实推进灾害风险调查、地质灾害综合治理、自然灾害监测预警等工作。同时，加强道路交通、食品药品、建筑施工、危化品、工矿商贸等领域监管。

做好2022年经济社会发展工作意义重大，我们要更加紧密地团结在以习近平同志为核心的党中央周围，全面贯彻县委、县政府的决策部署，自觉接受县人大监督，听取县政协的意见和建议，不忘初心、牢记使命，齐心协力、锐意进取，推动新时代墨竹工卡长治久安和高质量发展，为建设中国特色社会主义现代化新墨竹而努力奋斗。

墨竹工卡县2021年财政预算执行情况和2022年财政收支预算的报告

——在墨竹工卡县第十四届人民代表大会第三次会议上

墨竹工卡县财政局

（2022年1月19日）

一、2021年财政预算执行情况及主要工作

2021年，在县委、县政府的坚强领导下，在县人大的监督指导下，财政部门坚持以习近平新时代中国特色社会主义思想为指导，深入贯彻党的十九大和十九届历次全会及中央第七次西藏工作座谈会精神，全面贯彻落实习近平总书记西藏工作重要论述和新时代党的治藏方略，深入学习贯彻习近平总书记视察西藏重要讲话精神，紧紧围绕县委、县政府决策部署和中心工作任务，科学研判财政收支形势，坚定信心，砥砺前行，从最坏处着眼，向最好处努力，全力以赴抓财政收支，坚持“三个赋予、一个有利于”的基本原则，提升公共财政治理能力，扎实做好“六稳”工作，全面落实“六保”任务，确保“十四五”开好局、起好步，有力推动我县经济社会快速、和谐、健康、持续发展。

（一）2021年财政预算执行情况

第十三届人民代表大会第六次会议批准的2021年全县财政总财力15.68亿元，其中：一般公共预算财力15.41亿元，全县政府性基金预算财力0.27亿元。

在年度预算执行过程中，根据财力变化情况，经墨竹工卡县第十四届人民代表大会第一次会议批准，全县财政总财力由15.68亿元调整至16.95亿元，其中：一般公共预算财力16.68亿元，政府性基金预算财力0.27亿元。

初步测算，2021年全县财政总财力达到23.79亿元，比上年决算增加5.41亿元，同比增长29.37%。其中：一般公共预算财力达到23.34亿元，增长36.81%（一般公共预算收入达到5.62亿元；一般公共预算支出15.76亿元，安排预算稳定调节基金7.58亿元，年内实现收支平衡）；政府性基金预算财力达到0.45亿元（含政府性基金收入0.12亿元，增长33.33%，上级补助收入0.33亿元；政府性支出达到0.15亿元，结转支出0.3亿元）。

以上财政收支决算执行数待市财政局审核批复后，将专题向县人大常委会报告。

（二）2021年财政主要工作

1. 坚持增进民生福祉，促进走共同富裕道路

全面落实巩固脱贫攻坚成果同乡村振兴有效衔接。落实涉农统筹整合及专项衔接资金2.31亿元，同比增长219.74%；支出2.1亿元，总体支出进度达90.87%、专项支出进度达到92%，基本完成上级下达的进度指标，为切实巩固好“两不愁三保障”成果，牢牢守住规模性返贫底线，持续提高脱贫质量，做好同乡村振兴有效衔接奠定了良好基础。落实资金2.07亿元，大力推动“美丽乡村·幸福家园”建设行动计划整村推进工作。落实资金1.49亿元，加大“三农”领域保险服务力度，高标准农田建设、农业生产发展、草原生态保护恢复和提高农牧业经

营主体抗风险能力,推动农牧区高质量发展。

加大资金盘活,有效增进民生福祉。为进一步加强财政资金管理,提高资金使用效益,清理盘活两年以上闲置资金 0.97 亿元,动用预算稳定调解金 1.5 亿元,支持解决各类民生项目落地,纵深推进"学党史、树新风、办实事、聚民心"党史学习教育、"三更""三新"活动,解决群众急难愁盼惠民项目,全面提升广大农民群众的获得感、幸福感。

支持常态化新冠肺炎疫情防控。落实资金 300 万元,全力支持"外防输入"各项举措落实,解决隔离场所费用,保障抗疫物资、新冠肺炎疫情监测点需求,提升核酸检测能力。

多管齐下提高社会保障水平。落实上级下达及本级的 21% 教育资金 3.38 亿元,不断增强学前教育和义务教育阶段资金投入,促进义务教育均衡发展;落实资金 0.76 亿元,落实城乡居民基本医疗保险、城乡基本养老保险、困难群众救助补助、残疾人补贴、优抚对象、60 岁及以上老人幸福养老金等相关补助政策,切实保障了基本民生,实现应保尽保;落实各项政策性补贴资金 0.73 亿元,进一步增强农牧民群众增收致富的积极性。落实 0.22 亿元,支持工卡镇工卡村 1、2、3 组棚户区基础设施改造和扎雪乡集镇人居环境整治工程项目及公租房建设配套;落实资金 0.69 亿元,支持公立医院改革,提升基本公共医疗服务和保障能力,加快覆盖城乡的公共卫生体系建设,不断提升农村医疗管理水平。

持续改善生态建设。生态环境支出力度只增不减,投入生态环境保护资金 1.45 亿元,支持蓝天保卫战、土壤污染防治、森林资源保护、县乡厕所革命、污水处理厂运行维护、垃圾处置及垃圾填埋厂维护、老城区排水管网改造、森林生态效益补偿、生态功能区建设和造林绿化等工作。

确保就业形势持续稳定。落实资金 0.48 亿元,解决人员就业补助、政府外聘岗位工资及保险、培训、全县公益性工资、社招高校毕业生工资、保险等支出,确保人员稳定就业。

全面防范化解政府债务风险。严守金融风险底线,有效化解政府隐性债务风险,坚持"拓宽"前门、"严堵"后门,通过争取再融资债券及本级预算安排 0.61 亿元,有效化解全市统一下达的易地扶贫搬迁建设及扶贫产业项目贷款资金余额,全面实现我县融资贷款隐性债务清零。

创新和加强社会治理体系建设。安排资金 0.65 亿元,为做好全县常态化公共安全、综治管理和各项维稳工作提供有效保障,确保我县社会大局持续稳定、长期稳定、全面稳定。

2. 坚持加强财政管理,不断推进财政改革力度

强化资金管理。为保障我县各项资金得到有效控制,切实提高资金使用效益,结合县委、县政府工作要求,在年初进一步压缩一般性公共支出预算的基础上,强化资金管理,完善资金拨付流程。严格落实自治区《西藏自治区差旅费管理办法》《西藏自治区本级国内公务接待经费管理办法》和拉萨市《关于规范拉萨市干部职工正常福利发放工作的实施方案》,制定出台《墨竹工卡县财政各项资金拨付管理办法》,进一步规范完善干部职工出差、下乡、值班、加班报销等制度。严格按照预算执行进度,加强对各部门的督促力度,按月及时对中央直达资金、涉农整合资金执行进度缓慢的部门下达资金执行进度督促通知书,加快各相关部门资金执行力。积极运用零基预算理念,打破财政支出固化僵化格局,合理确定支出预算规模,切实按照上级实施收付实现制要求,切实推进财政预算管理一体化系统,高效编制 2022 年预算,拓宽预决算信息公开范围,细化信息公开内容,提高信息公开规范性,主动接受社会监督。

强化国有资产管理、规范政府采购。进一步对老城区政府商品房的管理,清查现有房屋出租情况,对已出租的房屋租赁费按市场价格,在原有租赁费的基础上,根据房屋面积及地段进行调整。规范政府采购行为,严格按照政府集中采购限额,加大流程监控,构建公平竞争的政府采购营商环境。2021 年政府采购项目 63 个,涉及资金 3957.8 万元,节约资 74.9 万元、加大财政监管,不断规范财政行为。全面完成我县公务车辆清查和编制审核工作,并报上级业务部门备案通过。

切实加强财政资金使用监督管理。清理规范财政专户,将原有的 11 个财政专户撤并为 5 个,完

善国库单一账户体系，确保财政资金运行安全。严格按照区、市、县要求，开展涉嫌违反中共八项规定精神、农业财政资金、种粮农民一次性补贴、地方财政收入虚假问题等自查自纠工作，协同审计部门对全县41个行政村换届前财务进行审查。加大对全县干部职工借用公款清偿力度，归还借款75万元，有效开展公务员工资津贴补贴自查清理，收回2013年至2020年8月违规发放的水电费及下乡补助资金279.01万元。全面完成13座藏传佛教寺庙财税监管业务培训及财务账务设立、资产清查。积极做好党政领导干部经济责任、扶贫、高标准农田、自然资源及直达资金审计整改工作。

加强预算绩效管理。为有序推进本县绩效管理工作，按照《墨竹工卡县财政预算绩效管理工作实施方案》，以“花钱必问效、无效必问责”的要求，增强部门预算绩效管理的意识，逐年完善预算绩效目标申报。重点开展对2016年至2020年扶贫产业工程项目、环保部门整体支出及2020年“美丽乡村・幸福家园”整村推进试点工程项目进行了全方位绩效评价，评价结果总体良好。

深化国企改革。为规范国有企业管理，不断增强企业内生动力，激发企业工作积极性，结合我县实际，制定出台了《墨竹工卡县国有企业经营业绩考核奖惩机制管理办法（试行）》《墨竹工卡县国资委国有企业监督管理办法（试行）》；为充分发挥国有企业党支部的引领作用和职责职能，本着党管一切的原则，结合我县国有企业实际，初步制定《关于发挥国有企业决策委员会管理办法（暂行）》。聘请三方对2021年国有企业经营业绩情况进行审核评分。

二、2022年财政收支预算草案

根据《中华人民共和国预算法》《预算法实施条例》的规定，结合我县实际，认真编制完成了2022年墨竹工卡县财政预算草案。

（一）预算编制指导思想

以习近平新时代中国特色社会主义思想为指导，深入贯彻党的十九大和十九届历次全会及中央第七次西藏工作座谈会精神，深入学习贯彻习近平总书记视察西藏重要讲话精神，贯彻落实中央、区、市、县经济工作会议精神，坚持稳中求进总基调，紧紧围绕县委、县政府决策部署，立足实际，坚持“量入为出、量力而行”的原则，进一步深化预算管理制度改革，强化财政资源统筹，突出保基本、守底线，强化预算对落实区市县党委政府重大政策的保障能力。按照“政府过紧日子，人民过好日子”的要求，强化零基预算理念，加大优化支出结构力度，完善基本支出定额标准体系，推进财政支出标准化，努力提高财政支出效率。强化建立全面规范透明、标准科学、约束有力的预算编制运作机制，提高财政资金的使用效益。

（二）预算编制基本原则

1. 收支平衡原则。坚持量入为出、统筹兼顾、严控新增支出，既体现实际需求，又兼顾财力可能，科学预算全年收入预期，合理安排预算支出总规模，做到综合平衡，不编赤字预算。

2. 全口径预算管理原则。在研判经济形势的基础上，充分考虑实施减税降费等政策性因素影响，编制、测算年度所有收支项目，科学编制年度需求。

3. 坚持零基预算原则。以零点为基数，打破“基数＋增长”的固化模式，以县委、县政府的工作部署为指引，以实际财力为基础，以支出需求为导向，以提高执行率为抓手，以项目绩效为核心，以资金监督为重点，结合实际情况，对各项支出进行逐项审核，在确定的年度预算规模内，按照轻重缓急编制预算。

4. 突出重点原则。积极的财政政策更加积极有为，预算编制重点突出“六稳”“六保”工作，重点用于保居民就业、保基本民生、保市场主体、保粮食能源安全、保产业链供应链稳定、保基层运转，切实兜牢民生底线。

5. 讲求绩效原则。进一步推行预算绩效管理，项目绩效目标应与部门预算同步上报、同步审核。推进财政支出事前绩效评估，结合绩效编制部门预算，切实提高资金使用效率。

（三）2022年预算安排总体情况

1. 一般公共预算

全县收支。全县一般公共预算总财力24.11亿元，同比增加7.43亿元，增长44.54%。其中，一般公共预算收入5亿元，税收返还0.77亿元，上级一般及专项转移支付收入10.74亿元；动用预算稳定调节基金7.6亿元。全县一般公共预算支出安排24.11万元，同比增长44.54%，收支平衡。

2. 政府性基金预算

全县政府性基金预算预计财力3197.3万元（其中上级安排2597.3万元，本级政府性基金收入600万元），政府性基金预算支出安排3197.3万元，收支平衡。

3. 国有资本经营预算

全县国有资本经营预算预计财力0.36万元（全部为上级安排），国有资本经营预算支出安排0.36万元，收支平衡。

（四）县本级预算安排的重点

1. 巩固提升脱贫攻坚成果同乡村振兴有效衔接。安排资金9386.38万元，其中本级安排6744万元（本级收入12%），主要用于农村基础设施、产业、就业、教育、健康、金融扶贫等。财政农牧业投入33819万元。其中安排县级配套“美丽乡村·幸福家园”建设行动计划整村推进专项资金9000万元，政策性农业保险资金1764.92万元，中央财政农业资源及生态环境保护补助资金1734.71万元，高标准农田建设资金8639.43万元，“厕所革命”整村推进中央财政奖补资金240万元，国土林业专项资金7996.54万元，水利专项资金8794.04万元。

2. 提升创新发展引领能力。安排支持企业改革发展资金预计3493.25万元。其中净土健康产业发展资金1200万元，招商引资资金405.78万元，文化旅游发展资金679万元，公交车运营补贴资金150万元，净土健康产业及重点产业发展资金（含牲畜出售补贴）358.47万元，科学技术专项经费700万元等。

3. 完善城市功能布局。安排县、乡、村城市建设资金9079万元、“雪亮工程”及智慧交通项目4412.32万元、城市维护管理支出283万元、农村公路养护资金238.05万元。

4. 着力保障和改善民生。一是坚持教育优先发展战略，安排教育投入资金36827.52万元（含本级配套21%资金11808.3万元），支持学前教育、义务教育和改善教育教学条件等。二是全力支持就业创业，安排专项资金8646.23万元，其中政府购买公益性岗位资金1200万元，政府外出聘岗位工资2000万元，南京特训营、紫金矿业定向委培等各类培训经费621.12万元。三是支持社会保障工作，安排资金6289.63万元。其中机关事业单位养老保险、失业保险、生育保险和工伤保险财配资金3081万元，困难群众救助补助资金2950.71万元，全民健康免费体检资金170.06万元，经济困难失能老人补贴资金15.1万元，残疾人保障金支出300万元。四是支持医疗卫生事业发展，安排资金7478.26元，其中县人民医院综合楼住院楼配套设施设备项目200万元，墨竹工卡县疾病控制中心标准化建设项目650万元，县乡一体化区域医疗集团保障资金800万元，信息化建设经费550万元，医疗服务及保障能力提升200万元，城乡医疗救助资金427.06万元。五是支持文化旅游及宣传事业发展，安排资金2871.85万元。其中文化艺术节经费200万元，艺术团运转资金110万元，新时代文明实践中心100万元，融媒体中心建设300万元，创建文明城市经费200万元。六是落实生态环境保护主体责任，安排资金1726.63万元。

5. 支持党建工作。安排资金2532.71万元。其中：基层党组织建设经费653.28万元、党组织书记抓党建项目化管理工作50万元、农牧区精神文明建设资金15万元、强基工作及生活补助资金842.46万元、基层村干部补贴资金1050.8万元。

6. 合理安排预备费。安排预备费2853.05万元，占本级财力的比重为1.2%。

（五）完成2022年预算任务的主要措施

1. 认真贯彻预算法及预算法实施条例。全面落实《中华人民共和国预算法》《中华人民共和国预算法实施条例》，进一步强化预算约束，规范政府收支行为。深化预算管理制度改革，运用零基预算理念，打破支出固化格局，全面实施财政预算收付实现制，提高预算编制的科学性和精准性。认真贯彻落实党中央“六稳”“六保”决策部署，坚持从紧编预算、从严控支出，充分发挥资金使用效益。依法依规组织财政收入，严格执行经本级人大批准的预算，严控预算调剂追加。强化预算执行动态监控，完善财政衔接乡村振兴等资金监控机制。切实加强预算执行和财政资金安全管理。大力盘活财政存量资金，按规定及时收回长期沉淀资金，用于其他亟须资金支持的领域。严格执行预决算公开规定，强化主体责任，提高公开质量，接受社会监督。

2. 加快财税体制改革。继续落实好减税降费政策，抓好各项政策措施落地，巩固减税降费成果，激发市场活力，增强经济发展内生动力。进一步推进自然资源领域、生态环境领域、公共文化领域县级财政事权和支出责任划分改革。全面实施预算绩效管理，推进预算绩效评估，建立随报、随评的管理机制。建立绩效成果公开、整改和约束机制，进一步推进预算绩效评价结果应用。

3. 积极防控财政运行风险。完善财政管理机制，聚焦重点领域，优化投向结构。稳妥化解政府隐性债务，防范重大风险，牢牢守住不发生系统性、区域性风险底线。坚持尽力而为、量力而行，稳妥审慎出台民生政策，加强重大建设项目财政承受能力评估。做好“三保”支出预算审核，优化支出结构，做到足额安排，确保县级财政平稳运行。

4. 牢固树立过紧日子的思想。不折不扣落实过紧日子要求，厉行节约办一切事业，建立节约型财政保障机制。开源节流、精打细算，当好“铁公鸡”，打好“铁算盘”，做好“铁营盘”，从严从紧编制部门预算。优化支出结构，大力压减一般性支出，消减低效无效支出，提升财政资金使用效率。持续强化和规范“三公”经费管理，加强对相关支出事项必要性、合理性的审核，不安排无实质内容的公务活动。把省下的钱更多用于保障和改善民生，不断满足人民群众对美好生活的需要。

各位代表，新的一年，站在新的起点，我们将在县委、县政府的坚强领导下，在县人大、县政协的监督指导下，为服务新发展格局、融入新发展格局、引领新发展格局提供坚强财政保障，确保我县经济社会高质量发展、持续增进民生福祉、实现人民对美好生活向往的新篇章做出更大贡献。

2021年墨竹工卡县国民经济和社会发展统计公报

2021年，全县上下牢记使命、赓续过往、务实担当，紧紧围绕“四件大事”，统筹推进疫情防控和经济社会发展，扎实做好“六稳”工作，全面落实“六保”任务，经济社会发展取得优异成绩。

一、综合

区划及面积：全县下辖7乡1镇，41个村（居），198个自然村，行政区域面积5494.11平方公里。

经济增长：全县完成地区生产总值48.69亿元，增速6.2%。其中第一产业增加值3.63亿元，同比下降0.9%；第二产业增加值35.61亿元，同比增长0.7%；第三产业增加值9.45亿元，同比增长8%。

产业结构：三次产业结构由2020年的9.05 ： 73.5 ： 17.45调整为7.5 ： 73.1 ： 19.4，第一产业下降1.55个百分点，第二产业下降0.4个百分点，第三产业提高1.95个百分点。

墨竹工卡县2020—2021年主要经济指标数据情况表

表1

指标	2020年		2021年	
	总量	增速（%）	总量	增速（%）
地区生产总值（亿元）	39.25	7.4	48.69	6.2
第一产业	3.55	0.8	3.63	−0.9
第二产业	28.85	12.9	35.61	0.7
第三产业	6.85	−1.3	9.45	8

二、农牧业

农林牧渔业产值：全县农牧业总产值实现6.48亿元，同比增长2.3%，其中农业2.67亿元，增长12%，林业0.07亿元，增长17.1%，牧业3.74亿元，下降3.8%。农林牧渔增加值3.63亿元，同比下降0.9%。

农业：全县播种面积11.4万亩，同比增长2.43%，其中青稞63266.1亩，蔬菜4431.15亩，饲草6206.46亩、油料作物29293.05亩。粮食总产量5003.89万斤，同比下降0.9%，其中青稞4354.12万斤、蔬菜1104.25万斤、饲草837.6万斤、油料作物779.94万斤。

林业：实施补植补栽、“四旁”植树等项目，累计栽植苗木36万株。

牧业：全县牲畜总存栏169453头（只、匹）、同比增长25%，其中牛、马等大牲畜存栏162256头（匹），猪存栏1074头，羊存栏6123只，年末家禽数51397只。当年肉产3310.06吨，其中猪肉18.47吨，牛肉3220.5吨，羊肉5.19吨，禽肉65.9吨。

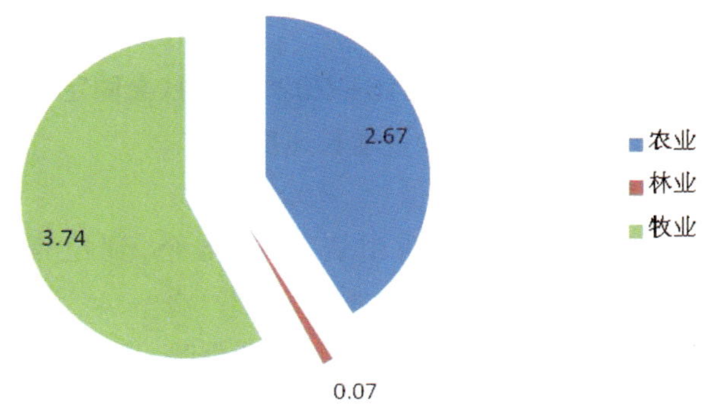

图1 墨竹工卡县2021年农林牧构成情况

三、工业

规全县规模以上工业企业7家，规模以上工业增加值同比增长9.6%。规模以下工业产值1682.8

万元,增加值 942.4 万元、增速 113.3%。

图 2 墨竹工卡县2016—2021年工业增加值增长速度

四、固定资产投资及招商引资

固定资产投资：2021 年 500 万元以上项目 102 个，当年竣工 46 个，结转 2022 年续建项目 56 个。在民间投资的强拉动下，固定资产投资完成额增速由负转正，实现 96.7%。

图 3 墨竹工卡县2016—2021年全社会固定资产投资增长速度

招商引资：招商引资项目 36 个，到位资金 40.95 亿元，同比下降 32.48%。

五、人口就业、人民生活、社会保障

人口就业：全县户籍人口 14516 户 56638 人，其中城镇户籍人口 4307 人。乡村劳动力资源数 29449 人，其中劳动年龄内 23302 人。从业人数 29449 人，其中从事农业 11056 人，从事工业 1046 人，从事建筑业 2267 人，从事交通仓储及邮电通信业 919 人，从事信息、传输、计算机服务和软件业 390 人，从事批发零售业 1487 人，从事住宿餐饮业 1892 人，从事其他行业 5521 人。

人民生活：农牧民人均可支配收入完成 21066 元、增长 15.8%。其中，工资性收入完成 8294 元，占整个收入的比例为 39.37%；经营性净收入完成 8076 元，占比为 38.34%；财产性净收入完成 1041 元，占比 4.94%；转移性净收入完成 3655 元，占比 17.35%。

社会保障：全县城镇低保 644 户 685 人、农村 310 户 974 人，五保户 206 人，临时救助 81 户 365 人。社会福利收养单位 1 个 312 张床。城乡居民医疗保险参保人数 49388 人。城乡基本养老保险参保人员 16910 人。失业保险参保 4429 人。

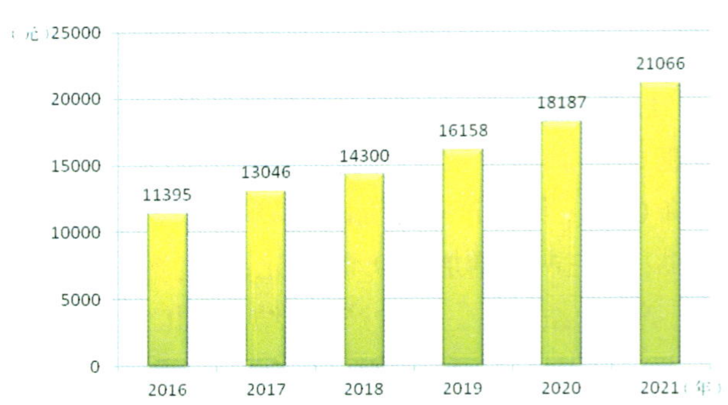

图 4 墨竹工卡县2016—2021年农牧民人均可支配收入

六、旅游贸易

旅游：全县接待国内外游客 7.98 万人次，实现旅游收入 397 万元。

图 5 墨竹工卡县2016—2021年社会消费品零售情况

全年社会消费品零售总额：限额以上贸易企业2家、个体户1家。全年社会消费品零售总额实现4.75亿元，同比增长7.7%。

七、财政金融

财政：全县财政总收入23.34亿元，同比增长36.81%。一般公共预算收入5.62亿元，同比下降3.9%。一般公共预算支出15.74亿元，同比增长6.1%，其中农林水4.97亿元，医疗卫生0.86亿元，教育3.58亿元。

金融：年末全县金融机构人民币存款余额133868万元，较年初下降39.93%。贷款余额133420万元，较年初下降47.2%。

墨竹工卡县2016—2021年财政收支情况表

表2 单位：亿元

指标	2016年	2017年	2018年	2019年	2020年	2021年
财政总收入	3.64	3.98	14.51	3.52	17.06	23.34
一般公共预算收入	3.27	3.64	4.11	3.52	5.85	5.62
公共财政预算支出	11.96	12.08	14.31	15.37	14.84	15.74

八、教育文化卫生

教育：全县学校总数49所，其中中学1所，小学8所，幼儿园40所。全县专任教师684人，其中中学165人，小学328人，幼儿园191人。教研室20人。在校生总数9897人，其中中学1961人，小学5234人，幼儿园2702人。初中毛入学率104.87%。小学适龄儿童入学率100%。学前三年毛入园率97.76%，义务教育巩固率99%以上。

文化：全县县级文化活动中心1个，乡镇综合文化站8个。41个行政村（居委会）文化室、农家书屋全部覆盖。寺庙书屋36个（不包含日追、拉康及无僧尼寺庙）。全县文物点131处，其中自治区21处、县级110处。

卫生：全县共有医疗卫生机构47个，其中医院1个、乡镇卫生院8个、疾病预防控制中心（防疫站）1个、行政村卫生室33个、寺庙卫生室2个、个体诊所2个。卫生机构床位数139张，卫生技术人员数348人。

九、交通邮电电力

交通：农村公路养护总里程690.785公里，其中县道30.593公里、乡道67.281公里、村道315.364公里、专用道路231.547公里。41个村居道路通畅率100%。农村客运班线全覆盖。

邮电：全县电信业务总量4930.5万元，同比下降3.6%。邮政业务总量196万元，同比增长2.1%。

电力：全县年用电量6961.39万千瓦时，同比增长5.9%。其中，工业用电3170.4万千瓦时，同比增长10.1%，农村用电1436.78万千瓦时，同比增长10.18%。

十、气候环境

气候：极端最高气温出现在6月、为27.4℃，全年极端最高低温出现在2月、为-14.4℃，年平均气温为7.8℃。全年总降水量543.1毫米，极端日最大降水量42毫米。全年日降水量≥5毫米天数为37天。

环境：城市PM2.5年平均浓度18.4微克/立方米。空气质量优良天数为100%。

注：

1、地区生产总值及各产业增加值指标绝对数按现价计 算，增长速度按可比价计算。

2、财政、金融、文化、民政、教育、卫生、社会保障、人口、环境保护、交通邮电等方面的数据均由相关部门提供。

3、因国家投资统计制度改革，全社会固定资产投资、工业增加值不公布完成量，只公布增速。

索 引

说明

一、本索引采用主题分析法编制。索引范围包括篇目、类目、部(门)目、条目等。
二、本索引按主题词首字汉语拼音音序(同音按音调)排列,若首字拼音相同则按第二字音序排列,以此类推。
三、索引款目后的数字表示内容所在的页码,数字后的拉丁字母(a、b、c)表示栏别(从左至右)。
四、篇目、类目、部(门)目用黑体字。

A

B

E

F

G

H

J

K

L

R

S

X

Y